Bussiek/Ehrmann · Buchführung

**Kompendium der praktischen Betriebswirtschaft**

Herausgeber Prof. Dipl.-Kfm. Klaus Olfert

# Buchführung

von

Prof. Dr. Jürgen Bussiek

Prof. Dr. Harald Ehrmann

5., überarbeitete und erweiterte Auflage

Kiehl

*Zur Herstellung dieses Buches wurde chlor- und säurefreies Papier, zur Umschlagkaschierung eine Folie verwendet, die bei der Entsorgung keine Schadstoffe entstehen läßt. Mit diesem Weg wollen wir einen aktiven Beitrag zum Schutz unserer Umwelt leisten.*

Die Deutsche Bibliothek - CIP-Einheitsaufnahme

**Bussiek, Jürgen:**
Buchführung / von Jürgen Bussiek; Harald Ehrmann. - 5., überarb. und erw. Aufl. - Ludwigshafen (Rhein) : Kiehl, 1995
(Kompendium der praktischen Betriebswirtschaft)
ISBN 3-470-70805-3

NE: Ehrmann, Harald:

Herausgeber:
Prof. Dipl.-Kfm. Klaus Olfert
Hochschule für Technik, Wirtschaft und Kultur Leipzig
Fachbereich Wirtschaftswissenschaften
Postfach 66, 04251 Leipzig

ISBN 3 470 **70805** 3 · 5., überarb. und erw. Auflage · 1995[2]

Herstellung: Druckhaus Beltz, Hemsbach

# Kompendium der praktischen Betriebswirtschaft

Das Kompendium der praktischen Betriebswirtschaft soll dazu dienen, das allgemein anerkannte und praktisch verwertbare Grundlagenwissen der modernen Betriebswirtschaftslehre praxisgerecht, übersichtlich und einprägsam zu vermitteln.

Dieser Zielsetzung gerecht zu werden, ist gemeinsames Anliegen des Herausgebers und der Autoren, die durch ihr Wirken an Hochschulen, als leitende Mitarbeiter von Unternehmen und in der betriebswirtschaftlichen Unternehmensberatung vielfältige Kenntnisse und Erfahrungen sammeln konnten.

Das Kompendium der praktischen Betriebswirtschaft umfaßt mehrere Bände, die einheitlich gestaltet sind und jeweils aus zwei Teilen bestehen:

- Dem **Textteil**, der systematisch gegliedert sowie mit vielen Beispielen und Abbildungen versehen ist, welche die Wissensvermittlung erleichtern. Zahlreiche Kontrollfragen mit Lösungshinweisen dienen der Wissensüberprüfung. Umfassende Literaturverzeichnisse zu jedem Kapitel verweisen auf die verwendete und weiterführende Literatur.

- Dem **Übungsteil**, der eine Vielzahl von Aufgaben und Fällen enthält, denen sich ausführliche Lösungen anschließen, die schrittweise und in verständlicher Form in die betriebswirtschaftlichen Fragestellungen einführen.

Als praxisorientierte Fachbuchreihe wendet sich das Kompendium der praktischen Betriebswirtschaft vor allem an:

- **Studierende** der Fachhochschulen und Universitäten, Akademien und sonstigen Institutionen, denen eine systematische Einführung in die betriebswirtschaftlichen Teilgebiete vermittelt werden soll, die eine praktische Umsetzbarkeit gewährleistet.

- **Praktiker** in den Unternehmen, die sich innerhalb ihres Tätigkeitsfeldes weiterbilden, sich einen fundierten Einblick in benachbarte Bereiche verschaffen oder sich eines umfassenden betrieblichen Handbuches bedienen wollen.

Für Anregungen, die der weiteren Verbesserung der Fachbuchreihe dienen, bin ich dankbar.

Klaus Olfert
Herausgeber

# Vorwort zur fünften Auflage

Die Buchführung gehört zu den ältesten rechnerischen Unterlagen eines Kaufmanns, hat aber bis heute nicht an Bedeutung verloren. Zu oft wird die Buchführung aber als notwendiges Übel zur Erfüllung der gesetzlichen Vorschriften des Handels- und Steuerrechts gesehen. Führungskräfte und Studenten mit Interesse für andere betriebliche Bereiche glauben daher, daß diese Materie für sie weniger von Bedeutung sei.

Die Buchführung ist jedoch Grundlage vieler rechnerischer Steuerungsinstrumente eines Unternehmens. Auf ihr bauen moderne Kosten-, Ertrags- und Liquiditätsrechnungen auf. Die Buchführung zählt daher nach wie vor zum Grundwissen einer jeden kaufmännischen bzw. betriebswirtschaftlichen Ausbildung, auch an Fachhochschulen und Universitäten.

Im vorliegenden Buch wird von dieser Konzeption der Buchführung als Grundlage des Rechnungswesens ausgegangen. Gesetzliche Feinheiten des Handels- oder Steuerrechts haben deshalb nur beschränkt Eingang gefunden. Trotzdem können handelsrechtliche Grundsatzbestimmungen nicht vernachlässigt werden.

Die 5. Auflage enthält diverse Ergänzungen im Textteil sowie eine Erweiterung des Aufgabenteils.

Bielefeld, im März 1995

Jürgen Bussiek
Harald Ehrmann

# Benutzungshinweis

## Kontrollfragen

Die Kontrollfragen dienen der Wissenskontrolle. Sie finden sich am Ende eines jeden Kapitels. Zur Wissenskontrolle wird folgende Vorgehensweise vorgeschlagen:

- Beantwortung der Kontrollfragen und Vermerk in der Spalte »bearbeitet«.
- Vergleich der beantworteten Kontrollfragen mit den in der Spalte »Lösungshinweis« gegebenen Textstellen.
- Vermerk in der Spalte »Lösung«, ob die beantworteten Kontrollfragen befriedigend (+) oder unbefriedigend (-) gelöst wurden.

## Aufgaben/Fälle

Die Aufgaben/Fälle im Übungsteil dienen der Wissens- und Verständniskontrolle. Auf sie wird jeweils im Textteil hingewiesen:

1
2
3
4
5
.
.
.

Der Übungsteil befindet sich als »blauer Teil« am Ende des Buches. Es wird empfohlen, die Aufgaben/Fälle unmittelbar nach Bearbeitung der entsprechenden Textstellen zu lösen.

# Inhaltsverzeichnis

# Übungsteil (Aufgaben/Fälle)

# A. Grundlagen

## 1. Rechnungswesen

### 1.1 Buchführung alsTeil des Rechnungswesens

Die Tätigkeit des Wirtschaftens ist auf die Deckung menschlichen Bedarfs ausgerichtet. Gegenstand wirtschaftlicher Betrachtung ist die Gesamtheit der Handlungen und Maßnahmen, die zur Deckung des Bedarfs vorgenommen werden. Diese Handlungen und Maßnahmen werden auf der Grundlage des Wirtschaftlichkeitsprinzips vorgenommen, d.h. es wird versucht, ein bestimmtes Ziel mit einem Minimum an Einsatz zu erreichen oder mit einem vorgegebenen Einsatz ein Maximum an Erreichbarem zu erzielen. Um das Wirtschaftlichkeitsprinzip einhalten zu können, müssen sowohl Einsatz wie auch Leistungen meßbar gemacht werden. Diese Quantifizierung kann zunächst in **Mengen** erfolgen. In den meisten Fällen wird eine Mengenangabe nicht genügen, da sowohl der Einsatz wie auch die Leistungen aus verschiedenartigen Größen bestehen, die nicht additionsfähig sind. Aus diesem Grund müssen die Einsatz- und Leistungsgrößen wertmäßig erfaßt werden, um sie so miteinander in Beziehung setzen zu können.

Dabei stellt sich heraus, daß es einen betrieblichen Wertumlauf gibt, der sich von der Gründung bis zur Liquidierung eines Unternehmens hinzieht. Dieser Wertumlauf besteht in der Regel aus drei Phasen, nämlich dem Prozeß der

- Leistungserzielung
- Erlöserzielung
- Erlösverteilung.

Die Leistungserzielung, also die Erstellung materieller Leistungen (Sachleistungen) und immaterielle Leistungen (Dienstleistungen), wird dadurch ermöglicht, daß man Vermögen in Bewegung setzt. Durch den Vorgang der Leistungserzielung wird das Vermögen genutzt oder verbraucht. Die Erstellung einer betrieblichen Leistung ist mit einer Veränderung der Vermögenswerte verbunden.

Die betriebliche Leistung wird verkauft und führt zu einer **Erlöserzielung**. Auch dieser Prozeß bedingt den Einsatz von Vermögensteilen.

Der Erlöserzielung folgt die **Erlösverteilung**, d.h. die erzielten Geldwerte werden wiederum in Vermögenswerte umgesetzt oder verlassen das Unternehmen in Form von Bezahlungen an Dritte.

An der geschildeten Veränderung der Vermögenswerte, d.h. an deren Erhalt bzw. Verminderung oder Vermehrung sind im Prinzip **zwei Gruppen** von Beteiligten interessiert:

- **Eine** Gruppe setzt sich aus den Personen zusammen, die im Unternehmen für eine positive Entwicklung der Vermögenswerte verantwortlich sind. Sie sind daran interessiert zu wissen, ob ihre Handlungsweise den gewünschten Erfolg erzielt hat. Sie benötigen auch Daten, um ggf. korrigierend eingreifen zu können.

- Die **zweite** Gruppe setzt sich aus dem Personenkreis zusammen, der zwar außerhalb des Unternehmens steht, aber an der Entwicklung des Unternehmens interessiert ist („Gläubigerschutzgedanke"). Hierzu zählen die Kapitalgeber (Beteiligte und Gläubiger), Lieferanten sowie der Staat als Steuergläubiger.

Die Überwachung der Daten, die den innerbetrieblichen Personenkreis interessieren, ist diesem Personenkreis zur eigenen Gestaltung überlassen. Die Betriebswirtschaftslehre hat hierzu eine Reihe von Abrechnungs- und Kontrollinstrumenten entwickelt, die den unterschiedlichsten Anforderungen genügen. Dieser Bereich war zunächst unter dem Begriff Betriebsbuchführung in der gesamten Buchhaltung des Unternehmens integriert, wurde aber in den letzten Jahrzehnten weitgehend verselbständigt und weiter entwickelt.

Er steht heute als selbständiger Bereich unter Bezeichnungen wie Kostenrechnung, betriebswirtschaftliche Abrechnungen, Controlling-Abrechnung als ein Teil des betrieblichen Rechnungswesens dem angesprochenen Personenkreis zur Verfügung.

## 1.2 Die Finanzbuchhaltung und ihre gesetzliche Grundlage

Das Interesse der außerbetrieblichen Personen wird durch den Gesetzgeber gewahrt. Dieser hat für die verschiedensten Zwecke entsprechende rechtliche Grundlagen geschaffen, die Unternehmen zu verpflichten, dem interessierten Personenkreis die gewünschten Aussagen unter einheitlichen Gesichtspunkten zur Verfügung zu stellen. Dieser Teil des Rechnungswesens, auch Finanzbuchhaltung genannt, ist im Gegensatz zur innerbetrieblichen Abrechnung nicht der freien Gestaltung des Unternehmens überlassen, sondern das Unternehmen muß diesen Teil des Rechnungswesens nach den gesetzlichen Vorschriften aufbauen.

Daß auch die Finanzbuchhaltung häufig über die rechtlichen Grundlagen hinaus wesentlich differenzierter gestaltet ist, hat seine Begründung darin, daß diese Unterlagen für die innerbetrieblichen Aussagen als Grundlage dienen und für die betriebliche Abrechnung verwendet werden. Aus diesem Grund ist bereits bei der Erfassung der Daten die notwendige Differenzierung und weitere Ausgestaltung der Buchhaltung durchzuführen, um spätere Auswertung nicht zu erschweren. Auch sagt eine differenziertere Finanzbuchhaltung für den innerbetrieblichen Personenkreis mehr aus als eine Buchhaltung nach den gesetzlichen Vorschriften. Für kleinere Betriebe stellt die Finanzbuchhaltung die einzige Grundlage für die innerbetrieblich notwendigen Aussagen, z.B. Fragen der Kalkulation.

Gesetzliche Grundlagen sind das

- Handelsrecht und das
- Steuerrecht.

Die handelsrechtlichen Bestimmungen befinden sich im Dritten Buch des HGB (§§ 238 ff.).

Die handelsrechtliche Buchführungspflicht ergibt sich aus § 238 HGB, wird aber für Kleingewerbetreibende (**Minderkaufleute**) durch § 4 Abs. 1 HGB eingeschränkt.

Das **Steuerrecht** baut auf dem Handelsrecht auf. Es enthält die Bestimmungen, die der Staat für notwendig hält, um seine Interessen unter dem Gesichtspunkt der Einnahmeerzielung wahren zu können. Der Staat unterscheidet dabei eine

- abgeleitete Buchführungspflicht, zu der alle verpflichtet sind, die nach anderen Gesetzen Bücher führen müssen (§ 140 AO) sowie eine

- originäre Buchführungspflicht, durch die er einen bestimmten Personenkreis darüber hinaus verpflichtet (§ 141 Abs. 1 AO).

Außerdem verpflichtet er einen bestimmten Kreis von Unternehmen zur **Aufzeichnung** einzelner Arten von Geschäftsvorfällen. Eine vollständige Aufzählung enthält ein Einführungserlaß des Bundesministers für Finanzen zur AO.

Grundlage der steuerrechtlichen Bestimmungen sind in jedem Fall die Vorschriften des Handelsrechts. Sofern nichts anderes bestimmt ist, gelten daher auch bei der steuerrechtlichen Erfüllung der Buchführungspflicht die handelsrechtlichen Bestimmungen. Das Steuerrecht erweitert die handelsrechtlichen Bestimmungen im Hinblick auf die Interessen des Staates.

Darüber hinaus gelten für alle Unternehmen gleichermaßen als nicht kodifizierte Generalklausel die **Grundsätze ordnungsmäßiger Buchführung.** Dies sind Regeln, nach denen der Kaufmann zu verfahren hat, d.h., wie er verfahren sollte und nicht wie der Durchschnitt verfährt. Der Bundesfinanzhof hat sich in einer Entscheidung (BStBl 1966 III S. 372) dazu wie folgt geäußert: „Der Inhalt der Grundsätze ordnungsmäßiger Buchführung richtet sich in erster Linie danach, was das allgemeine Bewußtsein der anständigen und ordentlichen Kaufmannschaft, die der Verpflichtung zur Ersichtlichmachung der Geschäftsvorfälle und der Lage des Vermögens sorgfältig nachkommen will, hierunter versteht".

Die Grundsätze ordnungsmäßiger Buchführung richten sich also nach der Verkehrsauffassung und sind durchaus einem Wandel im Laufe der Zeit unterworfen (z.B. durch Einführung der EDV-Anlagen). Auch können Spezialnormen, die als solche nur für einen Teil der Unternehmen gelten, als Grundsätze ordnungsmäßiger Buchführung allgemeine Gültigkeit erlangen.

Als **allgemeine Grundsätze** gelten:

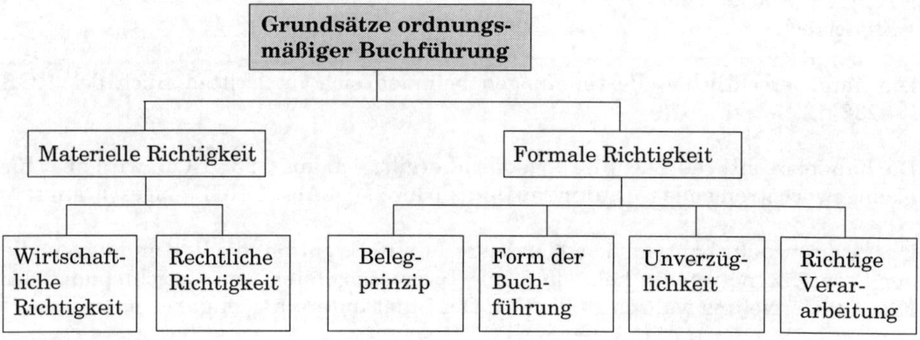


Es werden die vier Bereiche

- Buchführung,
- Inventur,
- Abschluß und
- Belegwesen

angesprochen.

Zu den Regelungen der Buchführungspflicht gehört auch die Pflicht zur ordnungsmäßigen Aufbewahrung. Die Aufbewahrungsfrist beträgt für

- Bücher, Inventar und Bilanzen 10 Jahre
- Geschäftspapiere und sonstige Unterlagen 6 Jahre.

Die Aufbewahrungsfrist **beginnt** mit dem Schluß des Kalenderjahrs, in dem die letzte Eintragung in das Buch gemacht, das Inventar, die Eröffnungsbilanz, der Jahresabschluß oder der Lagebericht aufgestellt, der Handels- oder Geschäftsbrief empfangen oder abgesandt worden oder der Buchungsbeleg entstanden ist, ferner die Aufzeichnung vorgenommen worden ist oder die sonstigen Unterlagen entstanden sind (§ 147 Abs. 4 AO).

Unter die Buchführungspflicht fallen sämtliche Vorfälle, die Einfluß auf Höhe und Zusammensetzung des Vermögens oder des Kapitals haben. Dabei sind die wirtschaftlichen Veränderungen relevant und nicht in jedem Fall die rechtlichen Veränderungen.

So wird bereits ein Verkauf und Übergang der Ware auch dann buchhaltungsmäßig erfaßt, wenn er unter Eigentumsvorbehalt steht und die Ware rechtlich noch nicht in das Eigentum des Erwerbers übergegangen ist. Forderungsabtretungen finden z.B. ebenfalls keinen Niederschlag in der Buchhaltung, wenn damit nicht das wirtschaftliche Einzugsrecht an die Empfänger übergegangen ist und somit ein Verkauf gegen Bezahlung erfolgte. Das **Vorsichtsprinzip** verlangt auch, daß absehbare Verluste bereits in der Bilanz in Form von Rückstellungen berücksichtigt werden, obwohl sie nach rechtlicher Betrachtung noch nicht existent sind (siehe Kap. F. 4).

## 1.3 Die Betriebsbuchführung und der Zusammenhang mit der Finanzbuchhaltung

Die Betriebsbuchführung hat die Aufgabe, den innerbetrieblichen Kombinationsprozeß zahlenmäßig nachzuvollziehen.

Während die Geschäfts- oder Finanzbuchführung die Außenbeziehungen des Betriebes erfaßt, beschäftigt sich die Betriebsbuchführung mit dem internen Geschehen.

Der Zusammenhang zwischen den beiden Buchführungssystemen kann sehr unterschiedlich sein und von einer sehr engen Verknüpfung bis zu einer sehr losen Verbindung reichen. Im wesentlichen unterscheidet man folgende organisatorische Zusammenhänge:

- **Reines Einkreissystem**
  Die Betriebsbuchführung wird kontenmäßig vollständig in die Geschäftsbuchführung integriert. Dieses sehr unbewegliche System ist in der Praxis nur relativ selten zu finden.

- **Einkreissystem mit tabellarischer Betriebsbuchführung**
  Neben die Geschäftsbuchführung tritt die kontenmäßige Betriebsbuchführung ergänzt durch eine Kostenverarbeitung in tabellarischer Form. Der Gemeinschaftskontenrahmen geht von dieser Buchführung aus.

  In der Geschäftsbuchführung werden die Kosten lediglich gesammelt, die Verarbeitung geschieht in tabellarischer Form. Die wichtigste Tabelle ist dabei der Betriebsabrechnungsbogen; jedoch auch andere Bereiche der Betriebsbuchführung wie die Ergebnisrechnung oder die Anlagenrechnung werden tabellarisch durchgeführt.

- **Zweikreissystem**
  Die Betriebsbuchhaltung wird als eigenes, selbständiges Buchführungssystem eingerichtet, das neben der Geschäftsbuchführung geführt wird.

Ergeben sich Geschäftsvorfälle, die beide Systeme berühren, wie etwa die Übernahme von Rohstoffen in die Produktion, bilden Ausgleichskonten die Brücke zwischen den beiden Buchführungssystemen. Dies ist erforderlich, weil jeder Sollbuchung eine Habenbuchung entgegenstehen muß.

In der betrieblichen Praxis wählt man das System, von dem man der Meinung ist, daß es den betrieblichen Gegebenheiten am besten entspricht und die Auskünfte, die man von ihm verlangt, möglichst schnell und lückenlos gibt.

Betriebsindividuelle Tatsachen und Umstände bestimmen letztlich die Form der Betriebsbuchführung. Zahlreiche Mischformen haben sich herausgebildet.

In der letzten Zeit hat sich zunehmend die Erkenntnis durchgesetzt, daß es am günstigsten ist, große Teile der Betriebsbuchhaltung aus dem Kontenbereich auszulagern und statistische Rechnungen aufzustellen; die Konten liefern lediglich die benötigten Zahlen und stehen für Verrechnungs- und Abschlußzwecke zur Verfügung (siehe Kap. E.).

## 1.4 Begriffe des Rechnungswesens

Zum Verständnis des Rechnungswesens ist die Unterscheidung folgender Begriffe erforderlich:

- **Kosten**
  = Ordentlicher, betriebsbedingter wertmäßiger Einsatz von Gütern und Leistungen bzw. betriebsnotwendiger Güter und Leistungsverzehr.

- **Leistung**
  = Mengen- oder wertmäßige Ausbringung eines Betriebes, Ergebnis des Leistungsprozesses.

  Das Begriffspaar Kosten/Leistung bezieht sich auf die betriebswirtschaftlichen Abrechnungen (Betriebsbuchhaltung, Kostenrechnung, Planung etc.).

- **Aufwand**
  = Effektiver Einsatz von Gütern und Leistungen einer Periode. Dabei wird unterschieden:

  - der ordentliche Aufwand bzw. Zweckaufwand, der den betriebsbedingten Einsatz darstellt (Kosten)

  - der außerordentliche Aufwand, der nicht betriebsbedingt ist wie z.B. Verlust durch Streik, zeitraumfremde Zahlungen (Steuernachzahlungen) oder betriebsfremder Aufwand (Spenden).

- **Ertrag**
  = Wertmäßiger Ausdruck für die zugeflossenen Ergebnisgüter. Der Zweckertrag ist die wertmäßige Güterentstehung aufgrund des eigentlichen Betriebsprozesses, der außerordentliche Ertrag umfaßt alle Ergebnisgüter, die der Unternehmung unabhängig vom Leistungsprozeß zufließen, sowie solcher Teile, die auf außerordentliche Einflüsse zurückzuführen sind.

  Das Begriffspaar Aufwand/Ertrag bezieht sich auf die Finanzbuchhaltung.

- **Ausgaben**
  = Geldabflüsse einschließlich Entstehung von Verbindlichkeiten.

- **Einnahmen**
  = Geldzuflüsse einschließlich der Erhöhung der Forderungen.

- **Auszahlungen**
  = Geldabflüsse in Form liquider Mittel (bar bzw. von Bankkonten).

- **Einzahlungen**
  = Geldzuflüsse in Form liquider Mittel (bar bzw. auf Bankkonten).

  Die Begriffspaare Einnahmen/Ausgaben bzw. Einzahlung/Auszahlung beziehen sich auf den Problemkreis der Finanzierung und Liquiditätsrechnung.

- **Erlöse**
  = am Markt abgesetzte Leistung; sofern die Leistungen den Betriebszweck betreffen, sind es Umsatzerlöse bzw. Umsatz. Darüber hinaus kann das Unternehmen auch andere Erlöse (z.B. aus Vermietung) erzielen.

- **Erfolg**
  = Erfolg i.w.S. = Ertrag
  Erfolg i.e.S. (normaler Sprachgebrauch) = Differenz zwischen Ertrag und Aufwand, d.h. Gewinn/Verlust.

In den folgenden Ausführungen im Rahmen der Finanzbuchhaltung wird entsprechend den obigen Definitionen von Aufwand und Ertrag bzw. Erfolg i.e.S. in der Betriebsbuchhaltung von Kosten und Leistungen gesprochen.

# 2. Technik der Buchführung

## 2.1 Inventar, Inventur

Das **Inventar** ist ein Verzeichnis, in dem nach § 240 HGB jeder Kaufmann bei Beginn seines Handelsgewerbes und zum Ende eines jeden Geschäftsjahres seine Grundstükke, seine Forderungen und Schulden, den Betrag seines baren Geldes und seine sonstigen Vermögensgegenstände genau zu verzeichnen hat. Nach der **mengen**mäßigen Erfassung des Inventars erfolgt die **wert**mäßige Erfassung. Einzelheiten der Bewertung werden in Kapitel G. 4.8 ausführlicher behandelt.

Das Inventar ist nach folgenden Grundsätzen zu erstellen:

- **Überprüfbarkeit**, daher Angaben über Menge, vollständige Bezeichnung, die für einen Fachmann verständlich ist, Wert pro Einheit, Wert der jeweiligen Art (Menge x Wert), Summe der Werte des Gesamtbestandes.

- Annähernd **gleichwertige oder gleichartige** Wirtschaftsgüter, bei denen ein Durchschnittswert bekannt ist, können zusammengefaßt werden (z.B. Herrensocken).

- **Roh-, Hilfs- und Betriebsstoffe** können mit **Festwerten** eingesetzt werden, wenn ihr Bestand und Größe, Wert und Zusammensetzung nur geringen Schwankungen unterliegt.

- Bewertung nach **Verkaufspreisen** ist zulässig, wenn Rohgewinnabschläge ohne beachtliche Schätzungsfehler festzustellen sind (vor allem im Einzelhandel).

- Übertriebene Anforderungen dürfen nicht gestellt werden, wenn sie unangemessen hinsichtlich der Bedeutung des Ergebnisses sind.

Die **Inventur** ist die Tätigkeit, das Inventar als Verzeichnis aufzustellen. Diese Tätigkeit beinhaltet demnach das Zählen, Messen und Wiegen der Vermögensgegenstände und Schulden. Es wird zwischen körperlicher Inventur und Buchinventur unterschieden. Im Falle einer körperlichen Inventur werden die Gegenstände körperlich aufgenommen, wie sie vor Ort aufgefunden werden. Im Falle einer Buchinventur werden die Vermögenswerte buchmäßig nach den Aufzeichnungen ermittelt (z.B. Forderungen, Bankbestände etc.). Hinsichtlich des Zeitpunktes der Inventur ermöglicht der Gesetzgeber verschiedene Verfahren. Grundsätzlich muß das Ergebnis der Inventur am Bilanzstichtag orientiert sein.

Die **Stichtaginventur**, auch zeitnahe Inventur genannt, ist eine Bestandsaufnahme, die am Bilanzstichtag selbst - zum Beispiel 31. Dezember - oder innerhalb von 10 Tagen vor oder nach dem Bilanzstichtag durchgeführt wird. Veränderungen zwischen dem Tag der Bestandsaufnahme und dem Bilanzstichtag sind dabei belegmäßig zu berücksichtigen.

Die **zeitlich verlegte** Inventur kann an einem Tag innerhalb der letzten 3 Monate vor oder der ersten 2 Monate nach dem Bilanzstichtag durchgeführt werden, wenn durch ein Fortschreibungs- oder Rückrechnungsverfahren die ordnungsmäßige Bewertung zum Bilanzstichtag sichergestellt ist. Dabei genügt die wertmäßige Fortschreibung bzw. Rückrechnung.

Beispiel für vorverlegte Inventur:

| | |
|---|---|
| Körperliche Inventur 30. November, Wert | 20.000,— DM |
| + Wareneingang vom 01. bis 31. Dezember | 30.000,— DM |
| – Wareneinsatz 01. bis 31. Dezember | 10.000,— DM |
| = Intenturwert 31. Dezemberg | 40.000,— DM |

Bei der **permanenten Inventur** erfolgt die körperliche Bestandsaufnahme an einem beliebigen Stichtag bei ordnungsmäßiger Fortschreibung nach Art, Menge und Wert der entsprechenden Vermögensgegenstände. Die permanente Inventur ermöglicht somit vor allem eine arbeitsmäßige Verteilung auf Zeiten des Jahres, in denen die Inventur leichter durchzuführen ist.

Von einer **Stichprobeninventur** wird gesprochen, wenn das Vorratsvermögen stichprobenmäßig erfaßt wird (Art, Menge, Wert), und mit Hilfe anerkannter mathematisch-statistischer Methoden das Gesamtvermögen ermittelt wird. Dies ist handelsrechtlich nach § 241 Abs. 1 HGB sowie R 30 Abs. 2 Nr. 2 Satz 3 EStR steuerlich zulässig.

In jedem Fall muß das Inventar den Nachweis ermöglichen, daß die Bestände vollständig aufgenommen worden sind. Dazu ist es auch erforderlich, die Inventur räumlich getrennt vorzunehmen, und dann das Bestandsverzeichnis entsprechend zu gliedern (Betriebsraum, Verkaufsbüro etc.).

Bei einer Bestandsaufnahme können Diktiergeräte verwendet werden. Dazu sind allerdings eine Reihe von Vorschriften zu beachten. Die besprochenen Tonbänder können gelöscht werden, wenn die Angaben in die Inventurlisten übernommen und geprüft worden sind.

Auch sogenannte rollende oder schwimmende Waren sind bestandsmäßig zu erfassen. Es ist zweckmäßig, sie gesondert aufzuführen. Lagern einige Waren in fremden Räumen (z.B. bei Spediteuren) ist eine Bestandsaufnahme vom Lagerhalter anzufordern.

Kommissionswaren im Haus sind keine eigenen Waren und daher nicht als Eigenbestand aufzunehmen. Andererseits sind eigene Waren, die den Kunden als Kommissionswaren überlassen worden sind, als Eigenbestand zu erfassen. Dazu ist der Bestandsnachweis vom Kunden anzufordern.

Auch minderwertige und wertlose Waren sind zu erfassen. Die Bewertung kann dann gegebenenfalls mit 0 DM erfolgen.

Auf die körperliche Bestandsaufnahme des beweglichen Anlagevermögens kann verzichtet werden, wenn ein besonderes **Anlagenverzeichnis** (Anlagenkartei) geführt wird. Für Gegenstände des beweglichen Anlagevermögens ist allerdings mindestens an dem Bilanzstichtag eine körperliche Bestandsaufnahme durchzuführen, der dem Hauptfeststellungszeitpunkt für die Feststellung des Einheitswertes des Betriebsvermögens vorangeht, spätestens aber an jedem 5. Bilanzstichtag (vgl. R 31 Abs. 4 EStR).

Zur Inventur gehört auch die Aufnahme sämtlicher Forderungen und Verbindlichkeiten, also die Erstellung von Saldenlisten für Schuldner und Gläubiger. Auch Besitz- und Schuldwechsel sind einzeln zu erfassen. Die Saldenlisten sind anhand der Kontokorrentkonten getrennt nach Forderung und Verbindlichkeiten aufzustellen.

Für das Inventar gibt es keine **Gliederungsvorschriften**. Gliederungsgrundsätze bzw. -vorschriften gibt es allerdings für die **Bilanz**. Da die Vermögenswerte und Schulden, die im Inventar verzeichnet werden, in die Bilanz übernommen werden, orientiert man sich in der Praxis auch für die Gliederung des Inventars grundsätzlich an der Gliederung der Bilanz, um die Übernahme zu erleichtern.

Das Vermögen wird unterteilt in **Anlagevermögen** und **Umlaufvermögen**. Zum **Anlagevermögen** gehören alle Gegenstände, die am Abschlußstichtag dazu bestimmt sind, dem Geschäftsbetrieb dauernd zu dienen, zum Beispiel Grund und Boden, Gebäude, Maschinen, Kraftfahrzeuge, Betriebs- und Geschäftsausstattung. Zum **Umlaufvermögen** gehören alle Gegenstände, die am Abschlußstichtag dazu bestimmt sind, dem Geschäftsbetrieb nur vorübergehend zu dienen, zum Beispiel Waren, Forderungen, Bargeld.

Die **Schulden** werden unterteilt in langfristige und kurzfristige Schulden. Die langfristigen Schulden werden im Inventar zuerst und die kurzfristigen Schulden zuletzt aufgeführt.

Aus dem Inventar läßt sich damit die Gleichung

**Reinvermögen** = Vermögen – Schulden

ableiten. Dieses Reinvermögen entspricht dem in der Bilanz ausgewiesenen Eigenkapital.

Der **Aufbau eines Inventars** sei am folgenden Beispiel vereinfacht und verkürzt dargestellt:

**Inventar zum 31.12.19..**

| | DM | DM |
|---|---|---|
| **A. Vermögen** | | |
| I. Anlagevermögen | | |
| 1. Grundstücke und Gebäude | | |
| Grundstücke unbebaut, Dresdner Straße 71 | 50.000 | |
| Grundstück und Gebäude, Dresdner Straße 73/75 | 450.000 | 500.000 |
| 2. Maschinen | | |
| 2 Automaten Typ Marco | 30.000 | |
| 5 Maschinen Typ 3067 | 150.000 | |
| . | . | |
| . | . | 300.000 |
| 3. Geschäftsausstattung | | |
| 5 Schreibtische Verkaufsabteilung | 10.000 | |
| 5 Stühle Verkaufsabteilung | 500 | |
| 2 PC Verkaufsabteilung | 1.500 | |
| . | . | |
| . | . | 100.000 |
| II. Umlaufvermögen | | |
| 1. Warenlager | | |
| Rohstoffe | | |
| 2 t Material 217 | 12.000 | |
| 3 Packungen Befestigungselemente | 1.000 | |
| . | . | |
| . | . | |
| Halbfertig - Fertigware | | |
| 20 Stück Artikel 3711 à 200,-- | 4.000 | |
| 30 Stück Artikel 4812 à 100,-- | 3.000 | |
| . | . | |
| . | . | 200.000 |
| 2. Forderungen | | |
| lt. Verzeichnis 23 | 250.000 | 250.000 |

| | | |
|---|---|---|
| 3. Bankguthaben | | |
| Deutsche Bank Kto. Nr. 123117 | 40.000 | |
| Dresdner Bank Kto. Nr. 123220 | 100.000 | 140.00 |
| 4. Kasse | 10.000 | 10.000 |
| Summe des Vermögens | | 1.500.000 |

**B. Schulden**

| | | |
|---|---|---|
| I. Langfristige Verbindlichkeiten | | |
| 1. Darlehen Deutsche Bank | 350.000 | |
| 2. Darlehen Dresdner Bank | 300.000 | 650.000 |
| II. Kurzfristige Verbindlichkeiten | | |
| 1. Lieferantenverbindlichkeiten lt. Aufstellung Nr. 36 | 150.000 | 150.000 |
| 2. Sonstige Verbindlichkeiten lt. Aufstellung Nr. 37 | 100.000 | 100.000 |
| Summe der Schulden | | 900.000 |

**C. Ermittlung des Reinvermögens**

| | |
|---|---|
| Summe des Vermögens | 1.500.000 |
| Summe der Schulden | 900.000 |
| Reinvermögen (Eigenkapital) | 600.000 |

Leipzig, den 31. Dezember 19..

Nach der Aufstellung des Inventars erfolgt eine Abstimmung mit den Buchwerten der entsprechenden Konten (siehe auch Kap. F. 1).

## 2.2 Bilanz

Außer der mengenmäßigen Erfassung und Bewertung der Vermögensgüter und Schulden verlangt der Gesetzgeber einen Abschluß, der das Verhältnis des Vermögens und der Schulden darstellt (§ 242 HGB). Dieser Abschluß wird Bilanz genannt.

Dabei werden Vermögen und Schulden nicht mehr hintereinander aufgelistet, sondern - um das Verhältnis des Vermögens und der Schulden darzustellen - einander gegenübergestellt.

Bei der Gegenüberstellung ergibt sich eine Differenz zwischen Vermögen und Schulden, die - wie schon im Inventar - als Eigenkapital bezeichnet wird. Damit ergeben beide Seiten der Gegenüberstellung, die Aktivseite mit den Vermögenswerten und die Passivseite mit den Schulden und dem Eigenkapital, die gleiche Summe. Von dieser

Vorstellung der Gleichheit ist auch das Wort "Bilanz" aus dem italienischen "bilanzia" (= Waage) abgeleitet.

Die entsprechenden Werte werden dem Inventar bzw. den Konten entnommen. Dabei entsprechen die Bilanzpositionen nicht den einzelnen Positionen des Inventars, sondern die Inventarpositionen werden entsprechend der vorgesehenen Bilanzgliederung zusammengefaßt.

Dem beispielhaften Inventar entspricht dann nachstehende vereinfachte Bilanz.

**Bilanz**
der Fa. August Bergmann, Leipzig

| **Aktiva** | | **Passiva** | |
|---|---|---|---|
| Anlagevermögen | | Eigenkapital | 600.000 |
| - Grundstücke und Gebäude | 500.000 | Fremdkapital | |
| - Maschinen | 300.000 | - Bankdarlehen | 650.000 |
| - Geschäftsausstattung | 100.000 | - Lieferantenverbindlichkeiten | 150.000 |
| Umlaufvermögen | | - sonstige Verbindlichkeiten | 100.000 |
| - Warenlager | 200.000 | | |
| - Forderungen | 250.000 | | |
| - Bankguthaben | 140.000 | | |
| - Kasse | 10.000 | | |
| | 1.500.000 | | 1.500.000 |

Auf der linken Seite der Bilanz stehen also konkret vorhandene Vermögensgüter, während auf der rechten Seite die Eigentumsverhältnisse als Kapitalangabe (Eigenkapital und Fremdkapital) dargestellt werden. Daraus ergibt sich die Grundgleichung der Bilanz

**Vermögen = Kapital**

oder aufgesplittert

**Vermögen** = Eigenkapital + Fremdkapital.

Die Tatsache, daß in der deutschen Bilanz das Vermögen auf der linken Bilanzseite und das Kapital auf der rechten Seite steht, beruht lediglich auf Konvention. In England werden die Werte z.B. umgekehrt dargestellt, d.h. das Kapital auf der linken und das Vermögen auf der rechten Bilanzseite.

Das HGB enthält hinsichtlich Form und Inhalt eine Reihe von Vorschriften.

Nach § 243 HGB ist der **Jahresabschluß** nach den Grundsätzen ordnungsmäßiger Buchführung aufzustellen. Er muß klar und übersichtlich sein und ist innerhalb der einem ordnungsmäßigen Geschäftsgang entsprechenden Zeit aufzustellen.

Nach § 247 HGB sind in der Bilanz grundsätzlich das Anlage- und das Umlaufvermögen, das Eigenkapital, die Schulden sowie die Rechnungsabgrenzungsposten gesondert auszuweisen und hinreichend aufzugliedern. Beim Anlagevermögen sind nur die Gegenstände auszuweisen, die bestimmt sind , dauernd dem Geschäftsbetrieb zu dienen. Dazu zählen zum Beispiel Grund und Boden, Gebäude, Maschinen, Kraftfahrzeuge, Betriebs- und Geschäftsausstattung.

Zum Umlaufvermögen gehören all die Gegenstände, die dazu bestimmt sind, dem Geschäftsbetrieb nur vorübergehend zu dienen. Insbesondere unterscheiden wir hier Material (Ware, Rohstoffe oder ähnliches) und Forderungen sowie Bankguthaben und Kassenbestände.

Auf der Passivseite wird unterteilt in Eigenkapital mit den Positionen Einlagen und Rücklagen bzw. Gewinnvortrag und dem Fremdkapital, das unterteilt wird in langfristige Schulden und kurzfristige Schulden wie Lieferantenverbindlichkeiten, kurzfristige Bankkredite, Wechselschulden etc..

Eine genau spezifizierte Art der Gliederung ist nur für die Kapitalgesellschaften in § 266 HGB vorgeschrieben. Den übrigen Unternehmen steht die Art der Gliederung im Rahmen der ordnungsmäßigen Buchführung weitgehend frei. Da das Gliederungsschema nach § 266 HGB allgemein als Ausdruck einer ordnungsmäßigen Bilanzgliederung anerkannt ist, orientieren sich auch mehr oder weniger spezifiziert die Unternehmen daran, die an dieses Schema nicht gebunden sind.

Entsprechend den Rechtsgrundlagen unterscheiden wir die **Handelsbilanz** und die **Steuerbilanz**.

Beim Vergleich der Bilanzen „Anfang und Ende eines Jahres“ werden sich in der Regel nicht nur Veränderungen bei den Vermögenswerten und den einzelnen Positionen der Schulden ergeben haben, sondern auch die Differenz zwischen Vermögen und Schulden wird eine andere sein. Je nachdem, ob diese Differenz eine Erhöhung oder eine Verringerung des Eigenkapitals darstellt, spricht man von Gewinn (Erhöhung der Differenz) oder Verlust (Verringerung der Differenz).

Um die Entwicklung deutlich zu machen, oder weil es bei bestimmten Rechtsformen vorgeschrieben ist, wird in der Bilanz zum Abschluß einer Periode häufig das Eigenkapital der vorangegangenen Periode konstant gehalten und die Veränderung im Eigenkapital entsprechend als Gewinnvortrag oder Verlust ausgewiesen. Zwangsläufig muß dann der Gewinnvortrag als Ergänzung des Eigenkapitals auf der rechten Seite (Passivseite) der Bilanz stehen, der Verlust als Verminderung des Eigenkapitals (Korrektur des zu hoch ausgewiesenen Eigenkapitals) auf der linken Bilanzseite (Aktivseite).

Damit steht auf der Aktivseite eine Position, die keinen Vermögenswert darstellt sondern als **Korrekturposten** zum Eigenkapital zu verstehen ist. Ein solcher Verlust kann auch das gesamte Eigenkapital aufzehren, so daß die Differenz zwischen Vermögen und Schulden sich in der Form darstellt, daß die Schulden überwiegen. Dadurch ergibt sich bei Aufstellung der Bilanz eine Differenz auf der Aktivseite, die den Verlust über das aufgezehrte Eigenkapital hinaus darstellt.

Die einzelnen Positionen auf der Aktiv- und Passivseite werden üblicherweise in der Reihenfolge der **Fristigkeit** ihrer Existenz dargestellt. So werden auf der Aktivseite zunächst die langfristig dem Unternehmen zur Verfügung stehenden Vermögensgüter aufgelistet (Grundstücke, Gebäude, maschinelle Anlagen und Finanzanlagen). Dann folgen die Materialien, Forderungen, Bankguthaben und Bargeld. Auf der Passivseite steht in der Regel das Eigenkapital dem Unternehmen am längsten zur Verfügung und wird deshalb auch an oberster Stelle der rechten Seite stehen. Darauf folgen die langfristigen und zum Schluß die kurzfristigen Fremdkapitalbeträge.

## 2.3 Bilanzveränderungen

Die Bilanz stellt eine Aufstellung zu einem ganz bestimmten Zeitpunkt dar. Mit der Buchführungspflicht wird aber nicht nur verlangt, daß die Lage des Vermögens ersichtlich gemacht wird, sondern daß Bücher geführt werden, in denen die Handelsgeschäfte als solche ersichtlich sind. Jede Veränderung der Vermögens- oder Kapitalwerte ist daher festzuhalten. Diese Veränderungen können sowohl Güterbewegungen wie auch Zahlungsströme sein. Sie können Veränderungen auf der Aktivseite oder auf der Passivseite verursachen, sie können aber auch beide Seiten betreffen. Der Vorgang einer Barabhebung bedeutet z.B., daß der entsprechende Betrag auf dem Bankkonto abgebucht wird und als Zugang zum Kassenbestand erfaßt werden muß. Bei Überweisung eines Kunden verringert sich die Position Forderungen um den entsprechenden Betrag und erhöht sich das Bankguthaben.

Während die bisherigen Beispiele die Aktivseite betreffen, gibt es Vorfälle, die nur die Passivseite betreffen. Bezahlt z.B. ein Unternehmen die Schulden bei einem Lieferanten mit Hilfe eines Kontokorrentkredites, so verringern sich um diesen Betrag die Lieferantenverbindlichkeiten, es erhöhen sich aber entsprechend die Schulden bei den kurzfristigen Bankkrediten. Werden die Lieferantenschulden mit einem Wechsel bezahlt, so erhöhen sich entsprechend die Wechselschulden, während sich die Lieferantenverbindlichkeiten verringern.

Eine Veränderung, die nur die Aktivseite betrifft, wird bezeichnet als

**Aktivtausch**.

Eine Veränderung, die nur die Passivseite betrifft, wird entsprechend bezeichnet als

**Passivtausch**.

Außerdem gibt es Geschäftsvorfälle, die in gleicher Weise die Aktiv- wie auch die Passivseite verändern. Dabei kann es zu einer Erhöhung der Summe der beiden Seiten kommen wie z.B. beim Zielkauf von Waren. Es wird dann der Warenbestand auf der Aktivseite erhöht und in entsprechender Weise die Position Lieferantenschulden vergrößert.

Die Bilanzsumme, d.h. die Summe aller Positionen, wird um den entsprechenden Betrag erhöht. Deshalb spricht man von

**Bilanzverlängerung** (Aktiv/+ Passiv-Vermehrung).

Vermindern sich auf beiden Seiten der Bilanz Positionen in gleicher Höhe durch einen Geschäftsvorfall, wie z.B. durch eine Bezahlung an einen Lieferanten (Verminderung des Bankkontos auf der Aktivseite und Verringerung der Lieferantenschulden auf der Passivseite), so wird dies bezeichnet als

**Bilanzverkürzung** (Aktiv/+ Passiv-Verminderung).

Die bisherigen Geschäftsvorfälle führen zu keiner Veränderung der Eigenkapitalgröße. Der Anteil des Eigenkapitals am Unternehmen bleibt unverändert. Bei einer Veränderung des Eigenkapitals werden die entsprechenden Vorfälle „erfolgswirksam" genannt.

Kommt es zu einer Erhöhung des Eigenkapitals wie z.B. bei Zinsgutschriften, Lizenzgebühren, Warenverkauf zu höheren Preisen, so ist der Vorfall positiv erfolgswirksam (Erhöhung des Bankguthabens und des Eigenkapitals). Kommt es zu einer Eigenkapitalverminderung wie z.B. bei Lohnzahlung, Mietzahlung, Verkauf zu niedrigeren Preisen etc., so ist der Vorfall negativ erfolgswirksam (Verminderung des Bankguthabens und Verminderung des Eigenkapitals).

Von einer erfolgsneutralen Eigenkapitaländerung spricht man, wenn die Änderung durch Erhöhung der Einlagen oder durch Entnahmen erfolgt.

**Regel**: Bei allen Geschäftsvorfällen bleibt die Bilanzgleichung stets erhalten, d.h. die Summe beider Bilanzseiten ist immer identisch.

# 2.4 Buchen auf Konten

## 2.4.1 Auflösen der Bilanz

Wie dargestellt wurde, ändert jeder Geschäftsvorfall die Zahlen in der Bilanz. Dies müßte theoretisch dazu führen, daß bei jedem Vorfall die Bilanz geändert wird. Praktisch ist dies nicht realisierbar, da in den Unternehmen tausende von Geschäftsvorfällen vorkommen, die jeweils zu einer neuen Aufstellung einer Bilanz führen würden. Das Gesetz verlangt auch nicht die Erstellung einer Bilanz zu jedem Zeitpunkt, sondern jeweils nur zum Ende eines Geschäftsjahres. Verlangt wird allerdings, daß die Geschäftsvorfälle festgehalten werden. Es mußte deshalb ein Weg gefunden werden, um die Geschäftsvorfälle zu verbuchen, ohne die Bilanz in jedem Fall zu verändern. Dazu wurde das Konto entwickelt.

Grundgedanke bei der Führung eines Kontos ist, jede Position der Bilanz gesondert festzuhalten und die Veränderungen dieser Position jeweils einzeln darzustellen. Diese gesonderte Darstellung der einzelnen Positionen kann auf einzelnen Blättern, Karteikarten, verschiedenen Spalten in einer Gesamtübersicht o.ä. erfolgen. Das wesentliche dieser Aufzeichnungen ist, daß zwar die Veränderungen der einzelnen Positionen dargestellt werden, daß dabei aber die übrigen Positionen, die nicht berührt werden, unverändert bleiben. Es müssen also nicht sämtliche Positionen einer Bilanz neu zusammengestellt werden, sondern nur die betroffenen Positionen.

Eine ältere Vorform des heutigen Kontos ist das Skontro (= **Nebenbuch**), das eine Staffelrechnung darstellt. In dieser Staffelrechnung wird der Vorgang als Plus- oder Minus-Betrag festgehalten und dann der neue Endbestand ausgeworfen.

Das Konto ist eine zweiseitige Rechnung, bei der die gleichartigen Vorfälle, das heißt jeweils die Plus- bzw. die Minusveränderung auf einer zugeordneten Seite, festgehalten werden. Diese Gegenüberstellung ergibt das sogenannte T-Konto, das der Form der Bilanz entspricht.

Bei den Konten, die die Positionen der Aktivseite der Bilanz aufnehmen, wird der Anfangsbestand entsprechend der Bilanzseite auf der linken Seite des Kontos - der Sollseite - gebucht. Bei den Konten, die die Positionen der Passivseite der Bilanz aufnehmen, wird der Anfangsbestand auf der rechten Seite des Kontos - der Habenseite - erfaßt.

Die im Abschnitt 2.2 dargestellte vereinfachte Bilanz soll nachstehend auszugsweise in Konten aufgelöst werden:

Als **Aktivkonten** ergeben sich dabei

| Soll | Grundstücke und | Gebäude | Haben |
|---|---|---|---|
| Anfangsbestand | 500.000 | | |

| Soll | Maschinen | | Haben |
|---|---|---|---|
| Anfangsbestand | 300.000 | | |

| Soll | Geschäftsausstattung | | Haben |
|---|---|---|---|
| Anfangsbestand | 100.000 | | |

Als **Passivkonten** ergeben sich zum Beispiel

| Soll | Eigenkapital | | Haben |
|---|---|---|---|
| | | Anfangsbestand | 600.000 |

| Soll | Bankdarlehen | | Haben |
|---|---|---|---|
| | | Anfangsbestand | 650.000 |

| Soll | Lieferantenverbindlichkeiten | | Haben |
|---|---|---|---|
| | | Anfangsbestand | 150.000 |

Die Kontoform eines T-Buchstabens mit den beiden Seiten macht das System der doppelten Buchführung deutlich. Der Begriff doppelte Buchführung beruht auf der Tatsache, daß jeder Geschäftsvorfall eine Veränderung bei zwei Positionen der Bilanz und somit nach Auflösung in Konten jeweils in zwei Konten hervorruft. Eine Buchung im Soll eines Kontos erfordert daher zum Erhalt der Bilanzgleichung eine entsprechende Buchung im Haben eines anderen Kontos in der Weise, wie bei der ursprünglichen Veränderung der Bilanz jeweils zwei Positionen verändert werden müßten.

Man spricht auch von doppelter Buchführung, weil der Erfolg doppelt festgehalten wird, einmal in der Bilanz, zum anderen in der G.u.V.

**Beispiel:**

Warenkonto

| | | | | | |
|---|---|---|---|---|---|
| | Anfangsbestand | 200.000 | 3.4. | Abgang | 70.000 |
| 1.4. | Zugang | 50.000 | 10.4. | Abgang | 60.000 |
| 15.4. | Zugang | 50.000 | 14.4. | Abgang | 30.000 |
| | | | | Saldo | 140.000 |
| | | 300.000 | | | 300.000 |

Folgende Regeln sind also festzuhalten:

- Jeder Geschäftsvorfall berührt mindestens zwei Konten.
- Ein Konto wird im Soll, ein Konto wird im Haben berührt.
- Die Bilanzveränderungen erfolgen in gleicher Höhe.
- Die Bilanzgleichung bleibt immer bestehen.

Diese Regeln ändern sich auch nicht dadurch, daß auf der einen Seite nur ein Konto und auf der anderen Seite dagegen zwei Konten berührt werden wie z.B. bei der Bezahlung einer Rechnung an einen Lieferanten teils durch Scheck (Bank), teils bar (Kasse).

In einem solchen Fall wird der Betrag (z.B. 50.000 DM) auf dem Konto Lieferantenverbindlichkeiten im Soll und anteilig auf den Konten Bank (45.000 DM) und Kasse (5.000 DM) im Haben gebucht.

Lieferantenverbindlichkeiten

| | | | |
|---|---|---|---|
| | | AB | 150.000 |
| 50.000 | | | |

Bank

| | | | |
|---|---|---|---|
| AB | 140.000 | | |
| | | | 45.000 |

Kasse

| | | | |
|---|---|---|---|
| AB | 10.000 | | |
| | | | 5.000 |

Die Differenz der Plus- und Minusvorgänge, d.h. die Differenz der beiden Seiten ergibt den Saldo, der jeweils deutlich macht, um welchen Betrag die eine Seite die Vorgänge der anderen Seite übertrifft (s. Beispiel Warenkonto). Ein Überschuß der Soll-Seite über die Haben-Seite wird bei den Konten auf der Gegenseite festgehalten, so daß unter

Einschluß der Differenz beide Seiten des Kontos bei einem Abschluß die gleiche Summe ergeben. Der Saldo, der sich aufgrund eines Überschusses der Soll-Seite demzufolge auf der Habenseite ergibt, wird ananlog dem Überschuß als Sollsaldo bezeichnet. Umgekehrt ist eine größere Summe auf der Habenseite als Saldo auf der Sollseite auszugleichen und wird als Habensaldo bezeichnet. Diese Salden stellen demnach den Bestand der entsprechenden Position dar.

Die beschriebene Form des Kontos als T-Konto stellt die grundsätzliche Überlegung der Buchung auf Konten dar. Die äußere Form hat allerdings einige Abwandlungen erfahren.

Das Konto wird heute in den verschiedensten Formen dargestellt. In der Regel hat es eine Spalte für das Datum, für einen Kurztext sowie die beiden Betragsspalten. Bei den Konten, die maschinell geführt werden und bei deren Führung der Rechenvorgang aus diesen Gründen keinen wesentlichen Aufwand darstellt, wird neben den beiden notwendigen Betragsspalten noch eine Saldospalte geführt, aus der der jeweilige Plus- oder Minussaldo ersichtlich ist. Die beiden notwendigen Betragsspalten werden traditionell mit den Bezeichnungen Soll für die linke Seite und Haben für die rechte Seite gekennzeichnet.

Darauf aufbauend werden heute viele Konten in der Form geführt, daß die Beträge bei maschineller Buchung in einer Spalte aufgelistet werden, dabei aber den Zusatz S für Soll und H für Haben tragen. Diese platzsparende Anordnung wird dadurch möglich, daß die Soll- und Habenbeträge nicht mehr manuell im nachhinein addiert werden müssen, sondern bei maschineller Buchführung maschinenintern addiert und gespeichert werden, so daß der Saldo jederzeit abgerufen werden kann.

Auch Buchungen mit Hilfe der EDV halten an diesem Prinzip fest.

## 2.4.2 Begriffe der Kontoführung

Bei der Führung eines Kontos haben sich bestimmte Begriffe entwickelt, die auf die Veränderungen in ganz bestimmten Konten zurückzuführen sind. So sind einige solcher Begriffe vom Kundenkonto abgeleitet, bei dem die Verpflichtungen und die Zahlungen des Kunden gegenübergestellt werden. Auf der Soll-Seite des Kundenkontos stehen die Forderungen an den Kunden, deren Angangsbestand aus der Position Forderungen der Bilanz übernommen wurde. Sämtliche neu entstehenden Forderungen werden auf der gleichen linken Seite zum Anfangsbestand der Forderungen addiert. Somit steht auf der Soll-Seite des Kontos, **was der Kunde zahlen soll**. Bei jeder neu entstandenen Forderung wird der Kunde mit dieser Forderung belastet. Dementsprechend spricht man bei einer Buchung auf der Soll-Seite von einer Belastung des Kontos oder auch von einer Lastschrift für den Partner, die auf der Soll-Seite verbucht wird.

Zahlungen des Kunden stellen den umgekehrten Vorgang dar und werden deshalb auf der Haben-Seite des Kundenkontos gebucht. Der Kunde **hat diesen Betrag gut**. Sein Konto wird mit diesem Betrag erkannt (erkennen = buchen auf der Haben-Seite). Es wurde eine **Gutschrift** für den Partner verbucht bzw. der Betrag wird gutgeschrieben. Der Allgemeinheit sind diese Bezeichnungen von den Bankkonten und deren Auszügen bekannt. Sollbeträge sind die Verpflichtungen gegenüber der Bank, Habenbeträge sind die Summen, die der Bankkunde hat.

Diese vom Kundenkonto abgeleiteten Begriffe werden für alle Konten gebraucht, auch wenn ihr Sinn manchmal nicht mehr im richtigen Zusammenhang mit dem Buchungsinhalt zu stehen scheint. Dies wird z.B. beim Konto Kasse deutlich. Wie beim Konto Forderungen wird entsprechend der Bilanz der Anfangsbestand auf der Soll-Seite festgehalten. Zuflüsse zur Kasse, d.h. Einnahmen, müssen demnach ebenfalls auf der linken Kontoseite gleich Soll-Seite verbucht werden. Obwohl wir diese Beträge in der Kasse **haben**, stehen also die Kassenbestände nicht auf der Habenseite, sondern auf der Soll-Seite, d.h. diese Beträge **sollen** in der Kasse sein. Eine Belastung des Kassenkontos heißt demzufolge auch, daß Beträge in die Kasse geflossen sind und ein Erkennen der Kasse heißt, daß die Beträge abgeflossen sind.

Auch bei den Begriffen **Lastschrift** und **Gutschrift** kann es im täglichen Sprachgebrauch zu Verwirrung kommen. Diese Begriffe sind im Sinne der Buchhaltung immer für den Partner gemeint, der in dem Konto angesprochen wird. Wenn der Kunde eine Gutschrift bekommt, heißt es demnach, daß diese im Haben auf dem entsprechenden Kundenkonto gebucht wird. Wenn das Unternehmen selbst dagegen vom Lieferanten eine Gutschrift bekommt, stellt diese Gutschrift für den Lieferanten eine Lastschrift dar und muß also auf dem entsprechenden Lieferantenkonto im Soll gebucht werden. Eine Gutschrift des Lieferanten an uns ist der gleiche Vorgang wie eine Lastschrift unsererseits für den Lieferanten.

## 2.4.3 Buchungssatz

Um die notwendige Buchung mit wenigen Worten deutlich machen zu können, wurde ein sog. Buchungssatz entwickelt. Bei einem solchen Buchungssatz werden die beiden anzusprechenden Konten in der jeweiligen Reihenfolge genannt mit dem Zusatz **per** vor dem Soll-Konto und dem Zusatz **an** vor dem Haben-Konto. Für das schon genannte Beispiel des Bezugs von Waren bei Inanspruchnahme eines Ziels (Zeitraum, nachdem gezahlt werden muß) lautet demzufolge der Buchungssatz:

per Warenkonto 5.000 DM an Lieferantenverbindlichkeitenkonto 5.000 DM.

Dieser Buchungssatz sagt, daß auf dem Warenkonto 5.000 DM Zugang in Bestand, d.h. auf der Sollseite gebucht werden und daß sich ebenfalls die Lieferantenverbindlichkeiten, die bestandsmäßig auf der Haben-Seite gebucht werden, um 5.000 DM erhöhen. Dieser ausführliche Buchungssatz wird in der Praxis verkürzt angewandt, da eine Reihe von Informationen selbstverständlich sind, so z.B. die Tatsache, daß die Verbuchung auf Konten erfolgt. Auch entfällt heute meist das Wort „per“. Der **verkürzte Buchungssatz** lautet daher:

Waren an Lieferantenverbindlichkeiten 5.000 DM.

Häufig werden in der Praxis darüber hinaus die verbalen Bezeichnungen Waren bzw. Lieferantenverbindlichkeiten durch die entsprechenden Kontonummern ersetzt, so daß ein Buchungssatz in noch vereinfachter Form dann lautet:

| | | |
|---|---|---|
| | 300 an 160 | 5.000 DM |
| oder | 300/160 | 5.000 DM |

Auch das Ansprechen mehrerer Konten wird entsprechend ausgedrückt. Die Bezahlung der Verbindlichkeit z.T. durch Scheck (3.000 DM), z.T. bar (2.000 DM) würde lauten

| | |
|---|---|
| Lieferantenverbindlichkeiten 5.000 DM an | Bank 3.000 DM |
| | Kasse 2.000 DM |

Durch diese verkürzte Beschreibung des Geschäftsvorfalles wird dem Buchenden die Arbeit wesentlich erleichtert, da ihm alle notwendigen Angaben ohne überflüssige Zusätze gemacht werden.

## 2.5 Bilanzkonten und Unterkonten

### 2.5.1 Bestandskonten

Sämtliche Positionen einer Bilanz werden in einzelne Konten aufgelöst.

Demzufolge unterscheiden wir

- Maschinenkonten, Warenbestandskonten, Kassenkonten etc. auf der Aktivseite sowie

- Eigenkapitalkonten, Bankdarlehenskonten, Lieferantenkonten (Verbindlichkeiten) etc. auf der Passivseite.

Entsprechend der Bilanzseite, von denen diese Konten abgeleitet sind, werden sie auch als Aktivkonto (von der Aktivseite) und Passivkonto (von der Passivseite) benannt.

Diese Konten werden auch als **Bestandskonten** bezeichnet, da sie den Bestand von Vermögensgütern und Schulden beinhalten. Diese Bestandskonten übernehmen die Werte der Eröffnungsbilanz. Die Buchhaltung des Anfangsbestandes (AB) erfolgt jeweils auf der gleichen Seite, auf der die Werte in der Bilanz stehen. Somit steht der Angangsbestand der Aktivkonten auf der Soll-Seite des Kontos, der Angangsbestand der Passivkonten auf der Haben-Seite des Bestandskontos.

Die Veränderungen der Vermögens- und Schuldwerte werden dann auf den entsprechenden Bestandskonten erfaßt.

Zum Abschluß einer Periode wird der Saldo ermittelt, der sich als Differenz der Soll- und Haben-Seite darstellt. Dabei ergibt sich der Überschuß der Soll-Seite über die

Haben-Seite als Soll-Saldo auf der Haben-Seite und umgekehrt der Haben-Saldo auf der Soll-Seite. Bei der Rückführung der Konten in die Bilanz wird zur Abwicklung der Buchung ein Schlußbilanzkonto errichtet. Die Feststellung des Saldos ist gleichzeitig der eine Teil einer Buchung, deren Gegenbuchung im Schlußbilanzkonto erfolgt. Ein Aktivkonto schließt dann also ab mit dem Buchungssatz:

Bilanzkonto an Aktivkonto,

ein Passivkonto

Passivkonto an Bilanzkonto.

Die Buchungen auf den Bestandskonten und deren Abschluß ist in der folgenden Übersicht dargestellt.

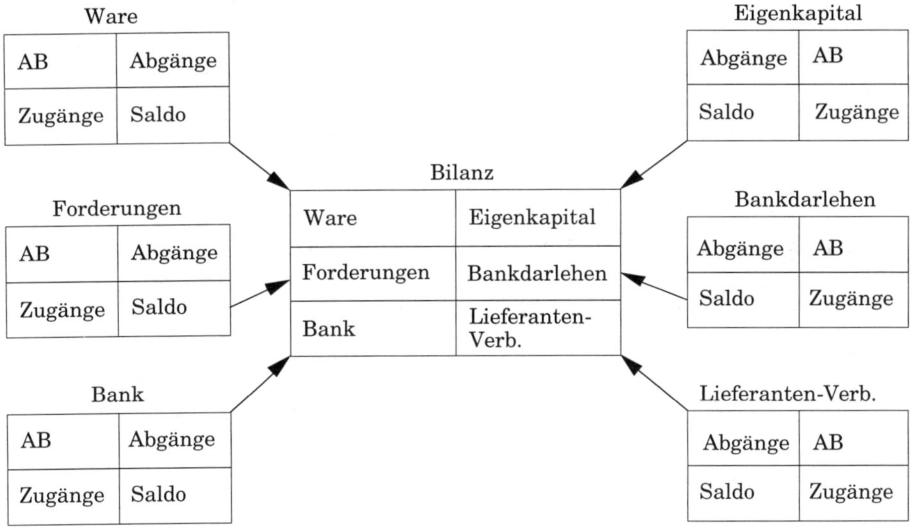


## 2.5.2 Sachkonten und Personenkonten

Die aus der Bilanz entwickelten Konten erfassen die Geschäftsvorfälle nach sachlichen Gesichtspunkten. Daher werden sie auch **Sachkonten** genannt. Als Kernstück der doppelten Buchhaltung werden aus ihnen alle anderen Konten entwickelt. Die Sachkonten Forderungen und Lieferantenverbindlichkeiten erfassen alle Kreditverkäufe bzw. Kreditkäufe. Das ist in der Praxis nicht praktikabel, da

- die Konten zu stark belastet und unübersichtlich werden,
- keine Kontrolle über den Kontostand der einzelnen Kunden bzw. Lieferanten gegeben ist,
- eine Zusammenfassung sämtlicher Lieferungen bzw. Bezüge pro Geschäftspartner fehlt.

In der Praxis werden daher das Konto Forderungen in Kontokorrentkonten für die einzelnen Kunden und das Konto Lieferantenverbindlichkeiten in Kontokorrentkonten für die einzelnen Lieferanten zerlegt. Auf diesen Kontokorrentkonten werden laufend die Bezüge und Zahlungen der Kunden bzw. die Lieferungen der Lieferanten und die entsprechende Bezahlung erfaßt und der jeweilige Saldo ausgeworfen. So ist jederzeit der Kontostand des Kunden bzw. des Lieferanten ersichtlich. Die Kunden- bzw. Lieferantenkonten werden **Personenkonten** im Gegensatz zu den übrigen Sachkonten genannt. Die Kontokorrentbuchhaltung für den Kunden heißt **Debitorenbuchhaltung**, für die Lieferanten **Kreditorenbuchhaltung**. Die Debitoren- bzw. Kreditorenbuchhaltung unterliegen einer laufenden Überwachung, um die Zahlungsein- bzw. -ausgänge unter Kontrolle zu haben. Sie stellen einen umfangreichen Teil der Finanzbuchhaltung dar. Die Verknüpfung mit der Hauptbuchhaltung erfolgt über **Sammelkonten**, in die die Personenkonten täglich, monatlich, vierteljährlich oder jährlich abgeschlossen werden. Häufig werden mehrere Sammelkonten geführt, so daß jeder Sachbearbeiter die Gegenbuchungen für seine zu betreuenden Personenkontengruppen vornehmen kann. Schließlich erscheinen die Salden sämtlicher Kundensammelkonten als gesamter Forderungsbestand auf dem **Sachkonto Forderung**, die Salden der Lieferantensammelkonten als Bestand an Verbindlichkeiten auf dem **Sachkonto** Lieferantenverbindlichkeiten.

## 2.5.3 Eigenkapitalkonto mit Unterkonten

### 2.5.3.1 Veränderungen des Eigenkapitalkontos

Bei den bisherigen Überlegungen wurden nur Umschichtungen in den Beständen vorgenommen. Eine Veränderung des Eigenkapitals erfolgte nicht. In der Praxis kommt es aber laufend zu Vermögensänderungen, die zu Veränderungen des Eigenkapitals führen. Z.B. führt eine Lohnzahlung zur Verminderung des Bankguthabens und zur Verminderung des Eigenkapitals. Die Buchung lautet:

Eigenkapital an Bank.

Umgekehrt führt zum Beispiel eine Zinsgutschrift zur Erhöhung des Bankguthabens und Erhöhung des Eigenkapitals. Der Buchungssatz lautet:

Bank an Eigenkapital.

Jede Verringerung der Vermögenswerte, die nicht gleichzeitig zu einer Verringerung der Schulden führt, ergibt als Konsequenz eine Verringerung des Eigenkapitals. Jede Erhöhung der Vermögenswerte ohne Erhöhung der Schulden stellt dann eine Erhöhung des Eigenkapitals dar.

Die Verringerung kann erfolgen durch Einsatz von Werten, d.h. durch Aufwand, oder durch einfache Entnahme durch den/die Eigentümer/Gesellschafter.

Jede Erhöhung kann erfolgen durch Ergebniszufluß, d.h. durch Ertrag, oder durch Einlagen des/der Eigentümer/Gesellschafter. Die Lohnzahlung stellt demnach **Aufwand** dar, die Zinsgutschrift **Ertrag**.

Aufwand und Ertrag sind Ausfluß der Unternehmensaktivitäten und daher erfolgswirksam, d.h. sie beeinflussen den Erfolg des Unternehmens. Ist in einer Periode der Ertrag höher, sind die Vermögenswerte gewachsen ohne entsprechende Erhöhung der Schulden. Es wurde ein positiver Erfolg, d.h. Gewinn erwirtschaftet, das Eigenkapital hat sich erhöht. Ist der Aufwand höher als der Ertrag, spricht man von negativem Erfolg, d.h. Verlust. Das Eigenkapital hat sich verringert.

## 2.5.3.2 Aufwands- und Ertragskonten

Ein Industriebetrieb hat sich zur Aufgabe gestellt, Güter herzustellen, die aus zugekauften Materialien unter Einsatz von Lohn entstehen. Diese Güter sollen zu einem höheren Preis verkauft werden als wertmäßig an Sachgütern und Arbeitsleistung verzehrt werden. Dieser Verkauf liegt aber erst in der Zukunft und der Erfolg ist ungewiß. Zunächst ergibt sich nur ein Güter- bzw. Leistungsverzehr, ohne daß eine Gegenleistung vorhanden ist. Der Güterverkehr bezieht sich nicht nur auf die verarbeiteten Materialien, sondern ebenso auf die Wertminderung der in Anspruch genommenen Maschinen und sonstigen Anlagegüter. Dieser Güter- und Leistungsverzehr (= Aufwand) verringert zunächst das Eigenkapital, da dem Verzehr nicht zwingend ein neuer Vermögenswert gegenübersteht. Der neue Vermögenswert wird erst in Form des neuen Produktes gebildet. Dieses neue Produkt stellt bereits einen Ertrag dar, dessen wirklicher Wert bis zum Verkauf nur auf rechnerischen Erwartungen beruht. Die wirkliche Realisierung des Vermögenswertes in Form eines nachweisbaren Ertrages (= Erlös) ergibt sich erst beim Verkauf des Produktes, d.h. wenn der Markt den gewünschten oder vereinbarten Preis akzeptiert hat.

Der Aufwand verringert also das Eigenkapitalkonto, der Ertrag erhöht das Eigenkapitalkonto. Bei den Aufwandsarten unterscheiden wir Aufwendungen, bei denen die entsprechende Ausgabe und die Entstehung des Aufwandes zusammenfällt. Hierzu zählen z.B. Löhne und Gehälter, Zinsaufwendungen und allgemeiner Verwaltungsaufwand. Demgegenüber gibt es Ausgaben für Vermögenswerte, die erst im Laufe längerer Zeit entsprechend dem betrieblichen Verzehr zu Aufwand werden. Hierzu gehört der Wareneinsatz bzw. der Rohstoffkauf sowie die Anschaffung von Maschinen. Die entsprechenden Aufwandsarten sollen zu einem späteren Zeitpunkt erläutert werden.

Da diese Vorgänge im Laufe einer Periode sehr häufig vorkommen, würde eine Erfassung der jeweiligen Veränderungen des Eigenkapitals zu einer unübersichtlichen Kontoaufzeichnung führen. Auch könnten die unterschiedlichen Aufwendungen und Erträge nicht in ihren Einzelsummen erkannt werden. Dies ist aber zum Beurteilen des betrieblichen Geschehens erforderlich. Aus diesem Grund werden die verschiedenen Vorgänge auf Unterkonten des Eigenkapitalkontos gebucht. So gibt es ein oder mehrere Konten für Löhne und Gehälter, für Stromkosten, für Heizöl usw.. Auf derartigen Aufwandskonten werden die gleichartigen Aufwendungen zusammengefaßt, so daß zum Schluß der Periode die Summe der gleichartigen Aufwendungen erkennbar ist.

**Beispiel**: Lohnzahlung durch Überweisung.

Bank

| | | | |
|---|---|---|---|
| | | 31.1. | 100.000 |
| | | 28.2. | 100.000 |
| | | 31.3. | 110.000 |
| | | 30.4. | 110.000 |

Lohnkonto

| | | | |
|---|---|---|---|
| 31.1. | 100.000 | | |
| 28.2. | 100.000 | | |
| 31.3. | 110.000 | | |
| 30.4. | 110.000 | | |
| | ... | | |
| | ... | | |
| | ... | Saldo | 1.400.000 |
| | 1.400.000 | | 1.400.000 |

In gleicher Weise werden die Erträge erfaßt und als Summe pro Ertragsart ermittelt.

**Beispiel**: Zinserträge bzw. Mieteinnahmen durch Überweisung eingegangen.

Mieteinnahmen

| | | | |
|---|---|---|---|
| | | 1.4. | 15.000 |
| | | 1.7. | 15.000 |
| | | | ... |
| | | | ... |
| Saldo | 180.000 | | ... |
| | 180.000 | | 180.000 |

Zinserträge

| | | | |
|---|---|---|---|
| | | 31.3. | 10.000 |
| | | 30.6. | 20.000 |
| | | | ... |
| | | | ... |
| Saldo | 60.000 | | ... |
| | 60.000 | | 60.000 |

Bank

| | | | |
|---|---|---|---|
| 31.3. | 10.000 | | |
| 1.4. | 15.000 | | |
| 30.6. | 20.000 | | |
| 1.7. | 15.000 | | |

Auch erbrachte Dienstleistungen oder Verkäufe sind Erträge für das Unternehmen. Die dafür notwendigen Aufwendungen werden auf getrennten Konten erfaßt, so daß die Erträge mit ihrer vollen Summe auf dem entsprechenden Konto als Umsatzerlöse ausgewiesen werden. Eine Ausnahme bildet lediglich die Buchung auf gemischten Warenkonten (s. Abschn. 2.5.3.3). Für die Umsatzerlöse ergeben sich dann folgende Buchungen:

Warenverkauf

| | |
|---|---|
| | 50.000 |
| | 70.000 |
| | 30.000 |
| 150.000 | |
| 150.000 | 150.000 |

Dienstleistungen

| | |
|---|---|
| | 10.000 |
| | 5.000 |
| | 3.000 |
| 18.000 | |
| 18.000 | 18.000 |

Bank

| | |
|---|---|
| 10.000 | |
| 50.000 | |
| 70.000 | |
| 5.000 | |
| 30.000 | |
| 3.000 | |

Da zum Jahresschluß der effektive Stand des Eigenkapitalkontos festgehalten werden muß, werden die verschiedenen Aufwandskonten und die verschiedenen Ertragskonten in einem Aufwands- und Ertragssammelkonto zusammengefaßt und ergeben als Differenz einen Überschuß des Ertrages über den Aufwand (= Gewinn) oder einen höheren Aufwand als Ertrag (= Verlust). Aus diesem Grund wird das „Aufwands- und Ertragskonto" auch entsprechend dem ausgewiesenen Ergebnis „**Gewinn- und Verlustkonto** (G.u.V.-Konto)" genannt. Das G.u.V.-Konto stellt also eine Zusammenfassung sämtlicher im Laufe einer Periode anfallenden Aufwendungen und Erträge dar und weist den entstandenen Gewinn oder Verlust aus. Dieser Gewinn oder Verlust ist die Größe, um die sich das Eigenkapitalkonto in der entsprechenden Periode verändert hat. Diese Veränderung kann in der Bilanz gesondert als Gewinn bzw. Verlust ausgewiesen werden. Das Konto Eigenkapital bleibt dann gegenüber dem Vorjahr konstant. In einem solchen Fall ist die Veränderung aus der Bilanz direkt ersichtlich. Häufig wird die Veränderung des Eigenkapitals aber bereits auf dem Eigenkapitalkonto erfaßt und der veränderte Eigenkapitalbetrag in die Bilanz übernommen. In einem solchen Fall ist die Veränderung des Eigenkapitalkontos, d.h. der Gewinn bzw. Verlust, nur aus einem Vergleich mit dem Eigenkapital zu Beginn des Jahres ersichtlich. Es muß also festgestellt werden, daß das G.u.V.-Konto entweder in das Eigenkapitalkonto oder direkt in die Bilanz abgeschlossen wird (siehe Beispiel).

G. u. V. -Konto

| | | | |
|---|---|---|---|
| Löhne | 1.400.000 | Warenverkauf | 1.500.000 |
| Strom | 20.000 | Dienstleistungen | 18.000 |
| Materialverbrauch | 300.000 | Mieteinnahmen | 180.000 |
| Gewinn | 38.000 | Zinserträge | 60.000 |
| | 1.758.000 | | 1.758.000 |

Eigenkapitalkonto

| | | | |
|---|---|---|---|
| | | Ab | 508.000 |
| Bilanz | 538.000 | | 38.000 |
| | 538.000 | | 538.000 |

Bilanz

| | |
|---|---|
| | Eigenkapital 538.000 |

Es wird deutlich, daß die Aufwands- und Ertragskonten und ihr Sammelkonto, das G.u.V.-Konto, als Unterkonten des Eigenkapitalkontos zu betrachten sind. Bei jeder Aufwands- und Ertragsbuchung bleibt ebenfalls die Bilanzgleichung erhalten. Ein Vermögensverzehr, d.h. eine Verminderung eines Bestandskontos auf der Aktivseite hat immer eine Gegenbuchung in dem entsprechenden Aufwandskonto (Verringerung des Eigenkapitals) zur Folge. Eine Erhöhung des Vermögenswertes veranlaßt demzufolge auch eine Buchung auf einem Ertragskonto (= Erhöhung des Eigenkapitalkontos).

### 2.5.3.3 Gemischte Konten

Neben den reinen Bestandskonten sowie den reinen Aufwands- und Ertragskonten gibt es Konten, auf denen sowohl Bestände wie auch erfolgswirksame Veränderungen erfaßt werden. Diese Konten nennt man **gemischte** Konten. Derartige Konten entstehen, wenn die erfaßten Bestände zu unterschiedlichen Preisen eingekauft und verkauft werden. Werden z.B. 10 Wertpapiere zum Kurs von 150 DM eingekauft und 5 davon zum Kurs von 160 DM verkauft, so ergibt sich folgende Buchung:

Wertpapiere

| | | | |
|---|---|---|---|
| 1) | 1.500 | | |
| | | 2) | 800 |

Bank

| | | | |
|---|---|---|---|
| | | 1) | 1.500 |
| 2) | 800 | | |

Würde nun der Saldo auf dem Wertpapierkonto ermittelt, so ergäbe sich ein Wert von 700 DM. Die Inventur zeigt aber, daß noch 5 Wertpapiere, bewertet mit den Anschaffungskosten von 150 DM, also im Wert von 750 DM im Depot sind. Daraus ergibt sich folgendes Bild:

Wertpapiere

| | | | |
|---|---|---|---|
| 1) | 1.500 | | |
| | | 2) | 800 |
| 4) Ertrag | 50 | 3) | 750 (Inventur) |
| | 1.550 | | 1.550 |

Schlußbilanzkonto

| | | | |
|---|---|---|---|
| 3) Wertpapier | 750 | | |

G.u.V.-Konto

| | | | |
|---|---|---|---|
| | | 4) Ertrag Wertpapiere | 50 |

Ein gleicher Vorgang ergibt sich, wenn Waren eingekauft und zum höheren Preis verkauft werden und die Buchungen auf einem Konto erfolgen. Auch auf den Devisenkonten zeigen sich derartige Ergebnisse. Selbst Anlagekonten wie Grundstücke oder Maschinenkonten können zu gemischten Konten werden, wenn für Anlagegüter bei deren Veräußerung ein anderer Erlös als der Buchwert erzielt wird (s. Kapital E. 5.2).

In all diesen Fällen ist der echte Bestand nur durch eine Inventur zu ermitteln. Die Differenz des Inventurwertes zum Buchwert ergibt den Erfolg, der als Ertrag oder Aufwand auf das G.u.V.-Konto gebucht wird. Der echte Bestand wird in die Bilanz abgeschlossen.

Um diese unklare Aussage der gemischten Konten zu vermeiden, werden derartige Konten in der Regel aufgelöst und als reine Bestandskonten und reine Erfolgskonten geführt. So wird der Wareneinkauf auf dem Wareneinkaufskonto erfaßt und der Warenabgang zu Einkaufspreisen auf diesem Konto abgebucht. Die entsprechende Gegenbuchung erfolgt als Wareneinsatz auf einem Aufwandskonto. Der Buchbestand auf dem Wareneinkaufskonto entspricht dann dem effektiven Bestand, wenn jede Änderung erfaßt wird (Ausnahme Diebstahl, Schwund etc., s. Kapitel D. 1.6). Der Warenverkauf zu Verkaufspreisen ist dann als Umsatzerlöskonto ein Ertragskonto und wird in die G.u.V.-Rechnung abgeschlossen (s. Kapitel D. 1.1).

In gleicher Weise kann das Wertpapierkonto aufgelöst werden. Bei Wertpapierkonten wird allerdings meistens nur der Kursgewinn auf einem separaten Ertragskonto erfaßt. Das vorangegangene Beispiel würde sich dann wie folgt darstellen:

| | | | | |
|---|---|---|---|---|
| **Einkauf**: | Wertpapiere | 1.500 | an Bank | 1.500 |
| **Verkauf**: | Bank | 800 | an Wertpapiere | 750 |
| | | | Kursgewinn | 50 |
| Abschluß: | Kursgewinn | 50 | an G.u.V. | 50 |
| | Bilanzkonto | 750 | an Wertpapierkonto | 750 |

Auch bei anderen Konten, z.B. Anlagekonten, wird beim Verkauf auf dem Bestandskonto der Abgang zum Buchwert erfaßt und die Differenz auf einem getrennten Aufwands- bzw. Ertragskonto gebucht, so daß man z.B. Aufwand und Ertrag aus Anlageverkäufen feststellen kann.

Auf diese Weise ist bereits aus den Konten der wahre Bestand und Erfolg ablesbar.

### 2.5.3.4 Privatkonto

Neben Aufwand und Ertrag verändern Privatentnahmen bzw. Privateinlagen des/der Eigentümer/Gesellschafter die Höhe des Eigenkapitalkontos. Solche Privatentnahmen bzw. Privateinlagen sind unabhängig von der Unternehmenstätigkeit, sie beeinflussen nicht den Erfolg des Unternehmens; sie sind erfolgsneutral.

Um mit solchen Geschäftsvorfällen nicht in jedem Fall das Eigenkapitalkonto berühren zu müssen, wird ein weiteres Unterkonto des Eigenkapitalkontos, nämlich das Privatkonto, gebildet. Auf diesem Privatkonto werden alle Privatbewegungen erfaßt, die im Laufe der Periode stattfinden. Hierzu gehören nicht nur Geldeinlagen oder Geldentnahmen, sondern auch die Einbringung oder Entnahme von Sachwerten.

Bei einer Geldentnahme lautet z.B. der Buchungssatz:

Privatkonto an Bank.

Eine solche Geldentnahme kann indirekt erfolgen, indem im Auftrag des Eigentümers eine Privatschuld über Bankkonto des Unternehmers bezahlt wird. Der Buchungssatz ist der gleiche. Entnimmt ein Eigentümer Güter zum eigenen Verbrauch vom Lager, ist dies einer Geldentnahme gleichzustellen, d.h. die Buchung erfolgt als Verminderung des Eigenkapitals im Soll des Privatkontos und als Verminderung des Lagerbestandes im Haben des Lagers. Buchungssatz:

Privatkonto an Lager.

Der Saldo des Privatkontos wird dann auf das Eigenkapitalkonto übernommen. Dadurch sind sämtliche Vorgänge erfaßt: das Eigenkapitalkonto stellt den Bestand unter Berücksichtigung aller Privatbewegungen dar.

1 2 3

Kontenübersicht

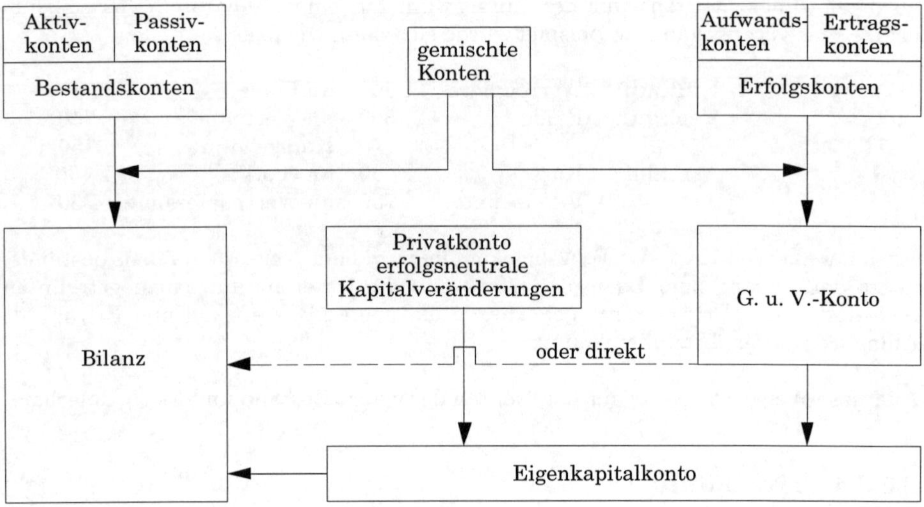


# 3. Organisation der Buchführung

## 3.1 Grundlagen

Die Buchführung dient der Information externer und interner Interessenten. Für die externen Interessenten hat der Gesetzgeber Regelungen erlassen, die bestimmte Formen vorschreiben. Die Ausgestaltung der Buchführung für die interne Informationsbeschaffung ist dem Unternehmer selbst überlassen. Um beiden Zwecken gerecht zu werden, bedarf die Buchführung organisatorischer Maßnahmen, sowohl hinsichtlich der Aufbereitung der Konten und Daten wie auch der anzuwendenden technischen Hilfsmittel.

Grundlage aller Überlegungen sind die Bestimmungen des § 239 HGB über die Führung der Handelsbücher. Diese folgen dem **Grundsatz der Ordnungsmäßigkeit** und verlangen unter anderem die Nutzung einer lebendigen Sprache bzw. die Eindeutigkeit von Ziffern, Buchstaben und Symbolen, soweit diese verwendet werden. Auch müssen die Eintragungen und sonstigen Aufzeichnungen vollständig, richtig, zeitgerecht und geordnet vorgenommen werden. § 244 HGB verlangt für den Jahresabschluß die deutsche Sprache und die Bewertung in Deutscher Mark. Die Abgabenordnung legt im § 146 die gleichen Forderungen wie im § 239 HGB zugrunde und ergänzt diese durch steuerspezifische Anforderungen. So verlangt sie die Aufbewahrung im Geltungsbereich des Gesetzes und ermächtigt die Finanzbehörde, eine Übersetzung der Handelsbücher in die deutsche Sprache verlangen zu können, wenn eine andere lebende Sprache genutzt wird. Wie bereits in Kapitel 1.2 ausgeführt, gelten darüberhinaus als nicht codifizierte Generalklausel die Grundsätze ordnungsmäßiger Buchführung.

## 3.2 Einsatz der EDV

Der Gesetzgeber schreibt weder im Handelsrecht noch im Steuerrecht eine spezielle organisatorische Form noch besondere Verfahren vor. Naturgemäß erfolgte die Buchführung anfangs durch manuelle Aufzeichnungen und wird auch heute noch in Gründungsphasen oder kleineren Unternehmen in dieser Form durchgeführt. Dabei bedient man sich besonderer Kontenblätter und speziell dafür entwickelter Bücher für die Aufzeichnungen.

Aufbauend auf dem System der **manuellen Buchführung** wurde dann in der Vergangenheit die **maschinelle Buchführung** entwickelt. Dabei werden wie bei der handgeschriebenen Buchführung die Vorgänge lesbar und nach dem bekannten Konten- und Journalprinzip maschinell geschrieben. Erst die automatische Datenverarbeitung führte zu grundlegenden neuen Techniken, weil die festgehaltenen Daten in dieser Form nicht mehr für den Menschen lesbar sind. Sie müssen erst durch einen technischen Vorgang lesbar gemacht werden. Dies ließ die Frage aufkommen, ob eine solche Handhabung den gesetzlichen Vorschriften und den Grundsätzen ordnungsmäßiger Buchführung noch entspricht. Die gesetzliche Regelung erfolgte daher bei Neufassung des HGB im § 239 Abs. 4, in dem ausdrücklich gestattet wird, daß die Handelsbücher auch auf Datenträgern geführt werden können. Dabei muß sichergestellt sein, daß die Daten während der Dauer der Aufbewahrungsfrist verfügbar sind und jederzeit innerhalb angemessener Frist lesbar gemacht werden können. Die allgemeinen Bestimmungen der Absätze 1 bis 3, die für jede Art von Buchführung zutreffen, gelten in diesem Fall sinngemäß. Fast wortgleich lautet die Bestimmung in der Abgabenordnung § 146 Abs. 5, so daß die gesetzlichen Anforderungen einheitlich sind.

Ergänzend zu den Grundsätzen ordnungsmäßiger Buchführung sind vom "Ausschuß für wirtschaftliche Verwaltung in Wirtschaft und öffentlicher Hand" unter Mitwirkung einer Arbeitsgruppe der obersten Finanzbehörde **Grundsätze ordnungsmäßiger Speicherbuchführung** (GoS) erarbeitet worden. Diese wurden im Bundessteuerblatt 1978 vom Bundesminister der Finanzen für allgemein verbindlich erklärt. Für die Anwendung dieser Grundsätze gilt folgendes:

**I.** Als Rechtsgrundlage gelten § 146 Abs. 5 und § 147 Abs. 2 AO. Als Datenträger kommen in erster Linie die nur maschinell lesbaren Datenträger wie Lochkarte, Magnetband, Magnetplatte, Diskette in Betracht.

Mit den GoS sollen die allgemeinen GoB insbesondere für den Bereich der Speicherbuchführung ergänzt werden, das heißt, die GoS sind genauso zu beachten wie die GoB und die handelsrechtlichen und steuerrechtlichen Bestimmungen.

Die Bezeichnung Speicherbuchführung bezeichnet zwar nur eine Art der ADV-Buchführung, trotzdem gelten die GoS für alle anderen ADV-Buchführungen ebenfalls.

**II. Belegaufbereitung und Belegfunktion**

Bei der ADV-Buchführung kann durch ein Programm sichergestellt werden, daß alle Vorgänge vergleichbarer Ausgangslage einheitlich verarbeitet werden. Dieser Nachweis erfolgt durch die Dokumentation des Programms. Der Dokumentation kommt daher auch die Funktion eines Dauerbelegs zu. Insofern ist zum Beispiel bei der automatischen Korrektur der Vorsteuer, bei der Inanspruchnahme von Lieferantenskonti, bei der Berechnung der Kursdifferenzen für Auslandskunden, bei der Bonusabrechnung auf der Grundlage des Jahresbezugs und in ähnlichen Fällen eine gesonderte Erstellung eines Beleges nicht erforderlich. Der Verzicht auf einen herkömmlichen Beleg darf die Möglichkeit der Prüfung allerdings nicht beeinträchtigen.

### III. Buchung

Eine verarbeitungsfähige Speicherung eines Geschäftsvorfalles ist gegeben, wenn nach der Organisation und Technik der jeweiligen Buchführung **alle** Voraussetzungen für die endgültige Verarbeitung der Angaben über den Geschäftsvorfall vorliegen und die Daten außerdem gegen eine unbefugte oder unkontrollierbare Veränderung gesichert sind. Diese Voraussetzungen sind zum Beispiel dann nicht erfüllt, wenn bei der Dateneingabe keine maschinellen Kontrollen wirksam werden, die eine Weiterverarbeitung aller gespeicherten Daten durch die ADV-Anlage gewährleisten.

### IV. Dokumentation und Prüfbarkeit

Für jedes ADV-Verfahren ist eine Dokumentation zu erstellen. Eine solche Verfahrensdokumentation muß nach Umfang und Form so gestaltet sein, daß sie es einem sachverständigen Dritten ermöglicht, neben der herkömmlichen Einzelfallprüfung eine Prüfung der Richtigkeit und Vollständigkeit der Buchung vom Verfahren her vorzunehmen. Ohne eine solche Verfahrensprüfung ist in der Regel eine Prüfung innerhalb angemessener Zeit entsprechend § 145 Abs. 1 AO nicht möglich, so daß die Buchführung nicht ordnungsmäßig wäre, wenn die erforderliche Dokumentation fehlt. Die GoS führen einzelne Bereiche auf, auf die sich die Dokumentation insbesondere erstrecken muß. Diese stellen allerdings lediglich einen Rahmen für den Umfang der Dokumentation dar. Dieser Rahmen ist nach den Verhältnissen im Einzelfall entsprechend den Prüfungsnotwendigkeiten auszufüllen.

Von Bedeutung ist auch die Ausdruckbereitschaft, die entsprechend § 239 HGB und § 146 AO erfordert, daß die Daten jederzeit innerhalb angemessener Frist lesbar gemacht werden können.

### V. Aufbewahrungsfristen

Die normalen Aufbewahrungsfristen können sich gemäß § 147 Abs. 3 Satz 2 AO verlängern, soweit und solange die Unterlagen für Steuern von Bedeutung sind, für welche die Festsetzungsfrist noch nicht abgelaufen ist.

Soweit der Inhalt der Grundsätze ordnungsmäßiger Steuerbuchführung (GoS).

Ergänzend zu diesem Erlaß des Bundesministers der Finanzen hat der "Fachausschuß für moderne Abrechnungssysteme" in seinen Mitteilungen FAMA 1/187 eine neue zusammenfassende Stellungnahme zu den GoB bei computergestützten Verfahren vorgelegt. Hierin werden die einzelnen Vorschriften über die Ordnungsmäßigkeit der Buchführung beim Einsatz von Computern noch einmal ausführlich dargelegt. Dabei wird insbesondere hingewiesen auf

- die Nachvollziehbarkeit des einzelnen Geschäftsvorfalles,
- die Nachvollziehbarkeit des Buchungsverfahrens,
- das interne Kontrollsystem als Kriterium für die Ordnungsmäßigkeit computergestützter Buchführungssysteme, bei dem insbesondere abgestellt wird auf die Prüfbarkeit des EDV-Systems und seiner Programme.

Insbesondere der letzte Punkt bedeutet für die Wirtschaftsprüfung, daß umfangreiche Kontrollen hinsichtlich des gesamten Systems einschließlich der notwendigen Dokumentationen durchgeführt werden müssen.

Somit kann gesagt werden: Die Grundsätze ordnungsmäßiger Buchführung haben sich schon immer nach der Verkehrsauffassung gerichtet und sind daher einem Wandel im Laufe der Zeit unterworfen worden. Die neuen Buchungstechniken der EDV haben zu einer Weiterentwicklung dieser GoB geführt. Aufgrund der genannten Ausarbeitungen und Veröffentlichungen sind die GoB ergänzt durch die GoS inzwischen zu einem vorläufigen Abschluß gebracht worden, so daß man heute von allgemeingültigen Regeln bei der EDV-Buchführung sprechen kann. Diese lassen sich wie folgt zusammenfassen:

Die GoB lassen auch computergestützte Systeme zu, wenn sie die Anforderungen, die durch die GoB gestellt werden, erfüllen. Ordnungsmäßige computergestützte Buchführungssysteme sind speziell entwickelte Anwendungssysteme für Datenverarbeitungsanlagen, bei denen die allgemeinen Grundsätze der formellen Ordnungsmäßigkeit wie Vollständigkeit, Richtigkeit, Zeitgerechtheit, Zuordnungsklarheit, Nachvollziehbarkeit und Sicherheit als wesentlicher Teil der Systemspezifikation erfüllt sind. Die Anforderungen an die Ordnungsmäßigkeit der Buchführung ändert sich nicht dadurch, daß die Buchhaltung mit Hilfe eines Computers erstellt wird. Grundsätze ordnungsmäßiger Datenverarbeitung können also lediglich das Ergebnis der Auslegung und Umsetzung der Grundsätze ordnungsmäßiger Buchführung für computergestützte Systeme sein. Dabei bleibt die Verantwortlichkeit für die Einhaltung der Grundsätze ungeteilt beim buchführungspflichtigen Kaufmann. Auswahl und Überwachung der mit der Funktion Buchführung und der mit der Funktion Datenverarbeitung vertrauten Personen hat der Buchführungspflichtige mit der Sorgfalt eines ordentlichen Kaufmannes vorzunehmen.

## 3.3 Der Kontenrahmen

### 3.3.1 Die Entwicklung des Kontenrahmens

Die Einführung eines computergestützen Buchführungssystems setzt eine präzise Systematik mit speziellen Ordnungskriterien voraus. Die durch die Datenverarbeitung wesentlich erleichterte Ausgestaltung der Buchführung für die interne Informationsbeschaffung und für die Weiterentwicklung zu einem Kostenrechnungs- und Controllingsystem erfordern weitere Ordnungskriterien. Eine Kontensystematik ist daher unbedingte Voraussetzung zur Nutzung eines EDV-Systems. Die Notwendigkeit einer Kontensystematik wird durch die Einführung der EDV allerdings nur noch verstärkt. Auch für die manuellen und maschinellen Buchungssysteme wurde bereits eine auf Ziffern aufgebaute Kontensystematik entwickelt. Eine solche Systematik sollte schon von Anfang an mehr aussagen als nur die Umwandlung von Worten in Ziffern. Es soll damit gleichzeitig eine Klassifizierung der Konten erreicht werden, das heißt eine Zusammenfassung zu bestimmten Gruppen. Mit diesen Gruppen kann die Weiterführung der Buchhaltung und insbesondere die Kostenrechnung erleichtert werden.

Aus den Anfängen sind im deutschen Sprachraum die Vorschläge *Schärs* (Berlin 1914) und *Schmalenbachs* (Leipzig 1927) zu nennen. Das Reichskuratorium für Wirtschaftlichkeit führte die Entwicklung weiter. Daraus entstand der Reichskontenrahmen (1937), aus dem wiederum Branchenkontenrahmen entwickelt wurden. Die Notwendigkeit der Weiterentwicklung dieser Systeme ergab sich aus der fortschreitenden Maschinenbuchhaltung und der immer weiter durchgeführten Gliederung in eine Vielzahl von Konten. Je aussagekräftiger insbesonders die Aufwands- und Ertragsrechnung sein soll, um so tiefer muß die Gliederung sein, um die einzelnen Arten unterscheiden zu können.

## 3.3.2 Die verschiedenen Kontenrahmen

### 3.3.2.1 Aufbau des Kontenrahmens

Kontenrahmen weisen einen hierarchischen Aufbau nach einem dekadischen System auf. Jede der 10 Kontenklassen (0 - 9) umfaßt 10 Kontengruppen, die sich ihrerseits in Kontenarten unterteilen lassen. Jede Kontenart kann weiter in 10 Konten unterteilt werden. Besteht ein Bedarf zu einer weitergehenden Unterteilung, so kann diese nach dem dargestellten Muster weiter vorgenommen werden. Zum Beispiel stehen nach dem Industriekontenrahmen in der Klasse 6 betriebliche Aufwendungen. Die darin enthaltene Kontengruppe 62 ist für Löhne vorgesehen, wobei 620 die Fertigungslöhne beinhaltet. Durch eine weitere Unterteilung kann man wiederum die Fertigungslöhne für die verschiedenen Fertigungsbereiche differenzieren und diese getrennt in den Konten 6201, 6202 etc. erfassen.

Die vorgestellte Systematik ist dann gleichzeitig Grundlage der Kostenrechnung. Bei einer ausgefeilten Kostenrechnung ist es erforderlich, die verschiedenen Kosten nach bestimmten Gesichtspunkten zu verteilen und zuzurechnen. Da zu einem späteren Zeitpunkt die Aufgliederung der einzelnen Werte nicht mehr vorgenommen werden kann, ist bereits bei der Ersterfassung eine solche differenzierte Erfassung erforderlich. Das bedeutet, daß entsprechende Konten vorhanden sein müssen. Wenn bereits in der Buchführung eine differenzierte Erfassung vorgenommen wird, ist es im Rahmen der Kostenrechnung und eines entsprechenden Controlling-Systems unproblematisch, die differenziert erfaßten Werte nach den verschiedensten Gesichtspunkten auszuwerten und für unternehmerische Entscheidungen zu nutzen. Daher ist ein durchdachtes System der Kontierung eine zwingende Voraussetzung für ein aussagekräftiges Kostenrechnungs- und Controlling-System.

### 3.3.2.2 Gemeinschaftskontenrahmen

Heute gibt es in der deutschen Wirtschaft verschiedene Kontenrahmen, die aus den sich verändernden Anforderungen entstanden sind. Der Bundesverband der deutschen Industrie empfahl 1949/50 als modifizierte Form des Reichskontenrahmens seinen Mitgliedern den Gemeinschaftskontenrahmen (GKR) zur Anwendung. Dieser Kontenrahmen umfaßt die Klassen 0 bis 9 und ist nach dem Prozeßgliederungsprinzip aufgebaut. Das Prozeßgliederungsprinzip beruht auf den Vorschlägen *Schmalenbachs* und versucht die Konten so anzuordnen, wie es dem Leistungsprozeß (Betriebsablauf) entspricht. Das heißt nicht, daß konsequent alle Werte alle Konten von der ersten bis zur letzten Kontenklasse durchlaufen. Das Prinzip gilt nur annäherungsweise.

Das System des GKR umfaßt damit die Finanzbuchhaltung und Betriebsbuchhaltung. Die Finanzbuchhaltung erfüllt die gesetzlichen Vorschriften, die Betriebsbuchhaltung dient der innerbetrieblichen Information. Dieses geschlossene System von Finanz- und Betriebsbuchhaltung bezeichnet man als Einkreissystem. Das System sieht folgende Einteilung vor:

**Klasse 0:** Anlagevermögen, langfristiges Kapital

**Klasse 1:** Finanz-, Umlaufvermögen und kurzfristige Verbindlichkeiten

**Klasse 2:** Außerordentliche Aufwendungen, außerordentliche Erträge und Verrechnungskonten

**Klasse 3:** Stoffebestände

**Klasse 4:** Kostenarten

**Klasse 5:** Kostenstellen

**Klasse 6:** Herstellkonten

**Klasse 7:** Halbfertig- und Fertigerzeugnisse

**Klasse 8:** Erträge

**Klasse 9:** Abschluß.

Innerhalb dieses Kontenrahmens und damit innerhalb der Kontenklassen werden dann, wie beschrieben, die einzelnen Konten gebildet und bezeichnet.

### 3.3.2.3 Industriekontenrahmen

Gegenüber dem Einkreissystem des GKR führt das Zweikreissystem zu einer Trennung von Finanz- und Betriebsbuchhaltung. Damit gibt es in der Finanzbuchhaltung auch keine kalkulatorischen Kosten bzw. die entsprechenden Verrechnungskonten.

Der Übergang von der Finanz- zur Betriebsbuchhaltung wird in solchen Fällen durch eine statistische Übernahme der Zahlen durchgeführt. Die Betriebsbuchhaltung wird dann zu einer selbständigen Kostenrechnung, die nach anderen Prinzipien aufgebaut ist, erweitert.

Somit steht im Zweikreissystem neben der Finanzbuchhaltung eine selbständige Kostenrechnung, die nicht nach dem Prinzip der doppelten Buchführung arbeitet. Dadurch stehen der Finanzbuchhaltung allein 10 Kontenklassen zur Verfügung. Hierauf aufbauend wurde der Industriekontenrahmen (IKR) entwickelt. In diesem Kontenrahmen werden der Finanzbuchhaltung die Klassen 0 bis 8 zur Verfügung gestellt. Die Klasse 9 ist für Übergangskonten zur Kostenrechnung reserviert.

Im Gegensatz zum Gemeinschaftskontenrahmen, der das Prozeßgliederungsprinzip verfolgt, ist der Industriekontenrahmen nach dem Bilanzgliederungsprinzip aufgebaut. Beim Bilanzgliederungsprinzip bedient man sich der Bilanz im weitesten Sinne, um die Kontengruppe zu systematisieren. Da der IKR sich nach der Gliederung der Bilanz richtet, ist er von der Gesetzgebung abhängig, die Gliederungsvorschriften beinhaltet. Änderungen der Gesetzgebung ziehen daher auch Änderungen des Industriekontenrahmens nach sich.

So war der Industriekontenrahmen zunächst nach den Gliederungsvorschriften des Aktiengesetzes aufgebaut. Nach den Änderungen durch das Bilanzrichtliniengesetz gelten die Vorschriften des § 266 HGB zur Gliederung der Bilanz (siehe Kap. 4.5). Entsprechend diesen Gliederungsvorschriften wurde auch der Industriekontenrahmen neu gestaltet. Danach ergeben sich folgende Klassen:

**Klasse 0:** **Immaterielle Vermögensgegenstände und Sachanlagen** entsprechend Bilanzgliederung A I und II

**Klasse 1:** Finanzanlagen entsprechend Bilanzgliederung A III

**Klasse 2:** **Umlaufvermögen und aktive Rechnungsabgrenzung** entsprechend Bilanzgliederung B I, II, III, IV und C

**Klasse 3:** **Eigenkapital und Rückstellungen** entsprechend Bilanzgliederung Passivseite A I, II, III, IV, V und B

**Klasse 4:** **Verbindlichkeiten und passive Rechnungsabgrenzung** entsprechend Bilanzgliederung C und D

**Klasse 5:** **Erträge** und zwar die Kontengruppen 50 bis 54 entsprechen der Gliederung der GuV § 275 Abs. 2 HGB (Gesamtkostenverfahren) Positionen 1 bis 4. Kontengruppen 55 bis 57 entsprechend den GuV-Positionen 9 bis 11 sowie die Kontengruppen 58, 59 entsprechen der GuV-Position 15.

**Klasse 6:** **Betriebliche Aufwendungen** mit den Untergruppierungen 60 und 61 entsprechend der GuV-Gliederung Position 5, Kontengruppe 62 bis 64 entsprechend der Position 6, Kontengruppe 65 entsprechend der Position 7, Kontengruppe 66 bis 69 entsprechend der Position 8 der GuV-Gliederung.

**Klasse 7: Weitere Aufwendungen** mit den Untergruppen 70 bis 73, die noch zur Position 8 der GuV-Gliederung gehören:
Kontengruppe 74 entsprechend Position 12,
Kontengruppe 75 entsprechend Position 13,
Kontengruppe 76 entsprechend Position 16,
Kontengruppe 77 entsprechend Position 18 und
Kontengruppe 78 entsprechend Position 19
der GuV-Gliederung.

**Klasse 8: Ergebnisrechnung** vorgesehen für die Eröffnungs- und Schlußbilanzen sowie die GuV-Rechnung.
Die Kontengruppen 81 bis 84 sind für Zusammenfassung von Kostenpositionen vorgesehen, die weiteren Kontengruppen für Korrekturkonten, kurzfristige Erfolgsrechnung und Rechnungsabgrenzung als Alternative zu den Konten 298 bzw. 498.

**Klasse 9: Frei** für Kosten- und Leistungsrechnung einschließlich Abgrenzungsrechnung. Diese Kontenklasse ermöglicht es, den Übergang in die Betriebsbuchhaltung zu vollziehen, sofern die gesamte Kostenrechnung nicht statistisch aufgebaut ist. In den meisten Fällen werden die jeweiligen Werte für die Kostenrechnung direkt aus den entsprechenden Konten abgerufen, ohne daß dem ein Buchungsvorgang im Sinne der doppelten Buchführung zugrunde liegt.

### 3.3.2.4 Der DATEV-Kontenrahmen

Der DATEV-Kontenrahmen hält sich bei der Klassifizierung noch grundsätzlich an den GKR. Somit unterteilt er in

**Klasse 0:** Anlage- und Kapitalkonten
**Klasse 1:** Finanz- und Privatkonten
**Klasse 2:** Abgrenzungskonten
**Klasse 3:** Wareneingangs- und Bestandskonten
**Klasse 4:** Betriebliche Aufwendungen
**Klasse 7:** Bestände an Erzeugnissen
**Klasse 8:** Erlöskonten
**Klasse 9:** Vortragskonten - statistische Konten.

Bei der Unterteilung innerhalb der vorgegebenen Kontenklassen baut der DATEV-Kontenrahmen aber ebenfalls auf der im HGB vorgeschriebenen Bilanzgliederung auf. Das dem Gemeinschaftskontenrahmen zugrundeliegende Prozeßgliederungsprinzip wird auch im neuen DATEV-Kontenrahmen insofern nicht mehr durchgehalten, als auf die Kontenklassen 5 und 6 verzichtet wird. Im Prinzip entspricht damit der DATEV-Kontenrahmen dem Bilanzgliederungsprinzip wie der Industriekontenrahmen nur mit einer anderen Klassennumerierung.

| | Kontrollfragen | bearbeitet | Lösungshinweis | Lösung + | Lösung - |
|---|---|---|---|---|---|
| 01 | Welchen Wertumlauf gibt es im Unternehmen? | | 17 | | |
| 02 | Welche Gruppen sind an der Veränderung der Vermögenswerte interessiert? | | 17/18 | | |
| 03 | Welche Instrumente stehen den interessierten Gruppen in der Regel zur Verfügung? | | 18 | | |
| 04 | Das Interesse welcher Gruppe wird durch den Gesetzgeber gewahrt? | | 18 | | |
| 05 | Zu welchem Teil des Rechnungswesens hat der Gesetzgeber das Unternehmen verpflichtet? | | 18 | | |
| 06 | Welche gesetzlichen Grundlagen werden für die Finanzbuchhaltung unterschieden? | | 19 | | |
| 07 | Wonach richtet sich der Inhalt der Grundsätze ordnungsgemäßer Buchführung? | | 19 | | |
| 08 | Welches sind die allgemeinen Grundsätze? | | 20 | | |
| 09 | Was sind Kosten? | | 22 | | |
| 10 | Was ist Aufwand? | | 22 | | |
| 11 | Was sind Ausgaben? | | 22 | | |
| 12 | Was ist ein Inventar? | | 23 | | |
| 13 | Nach welchen Grundsätzen muß das Inventar erstellt werden? | | 23 | | |
| 14 | Was ist die Inventur? | | 24 | | |
| 15 | Was versteht man unter Stichtaginventur? | | 24 | | |
| 16 | Was ist eine Bilanz? | | 27 | | |
| 17 | Was steht auf der Aktivseite, was auf der Passivseite einer Bilanz? | | 28 | | |
| 18 | Welche Bilanzveränderungen gibt es? | | 30 | | |
| 19 | Was ist ein Passivtausch? | | 30 | | |
| 20 | Was besagt die Bilanzgleichung? | | 31 | | |
| 21 | Warum wird die Bilanz in Konten aufgelöst? | | 31/32 | | |
| 22 | Welche 4 Regeln werden bei jeder Buchung eingehalten? | | 33 | | |
| 23 | Wie werden die Seiten eines T-Kontos bezeichnet? | | 32/33 | | |
| 24 | Was ist ein Buchungssatz? | | 35 | | |
| 25 | Was sind Bestandskonten? | | 36 | | |
| 26 | Worin unterscheiden sich Sach- und Personenkonten? | | 37/38 | | |
| 27 | Was versteht man unter Debitoren- bzw. Kreditorenbuchhaltung? | | 38 | | |
| 28 | Welche Unterkonten des Eigenkapitalkontos kennen Sie? | | 39 | | |

| | **Kontrollfragen** | bearbeitet | Lösungshinweis | Lösung + | Lösung - |
|---|---|---|---|---|---|
| 29 | Was sind erfolgswirksame, was erfolgsneutrale Geschäftsvorfälle? | | 39 | | |
| 30 | In welchem Sammelkonto werden die Aufwands- und Ertragskonten zusammengefaßt? | | 41 | | |
| 31 | Was sind gemischte Konten? | | 42 | | |
| 32 | Was verstehen Sie unter einem Kontenrahmen? | | 47/48 | | |
| 33 | Nennen Sie einige Kontenklassen des IKR. | | 50 | | |
| 34 | Worin unterscheiden sich GKR und IKR? | | 50 | | |
| 35 | Nach welchem Prinzip ist der GKR aufgebaut? | | 49 | | |
| 36 | Nach welchem Prinzip ist der IKR aufgebaut? | | 50 | | |

# B. Buchungen im Umlaufvermögen

## 1. Warenverkehr

### 1.1 Einkauf, Verkauf

Der Warenverkehr bzw. der industrielle Leistungsprozeß mit dem Einkauf von Rohmaterial, der Verarbeitung und dem Verkauf von neuen Produkten ist durch die Besonderheit gekennzeichnet, daß die Ausgaben bzw. die späteren Einnahmen nicht identisch sind mit dem Verzehr bzw. der Entstehnung der entsprechenden Leistungen. Der Kauf von Ware bei sofortiger Bezahlung bedeutet zunächst einen reinen Aktivtausch, d.h. eine Umschichtung von Geld in das Vermögensgut Ware. Verzehrt wird das Material erst, wenn es in die Produktion geht bzw. wenn es wiederverkauft wird. In diesem Augenblick wird es zum Waren- bzw. Materialeinsatz.

Diese Vorgänge finden auch in der Buchhaltung ihre Berücksichtigung. Dabei wird grundsätzlich unterschieden zwischen den Vorgängen im Handel, bei denen keine Veränderung der Ware erfolgt und den industriellen Leistungsprozessen, bei denen das Material durch Bearbeitung zu einem neuen Gut wird. Zunächst soll der Warenverkehr im Rahmen des Kaufs und Wiederverkaufs betrachtet werden.

**Beispiel:** Folgende Geschäftsvorfälle sollen buchhalterisch erfaßt werden.

Als Warenanfangsbestand lt. Inventar wurde festgestellt:

| | | | | |
|---|---|---|---|---|
| | 4000 Stück | A | à 3 DM = | 12.000 DM |
| | 500 Stück | B | à 6 DM = | 3.000 DM |
| Ware Anfangsbestand gesamt | | | | 15.000 DM |
| Zukauf auf Ziel | 3000 Stück | A | à 3 DM = | 9.000 DM |
| | 1000 Stück | B | à 6 DM = | 6.000 DM |
| Verkauf gegen bar | 4000 Stück | A | à 4 DM = | 16.000 DM |
| | 1000 Stück | B | à 8 DM = | 8.000 DM |

Als Warenschlußbestand lt. Inventar wurde festgestellt:

| | | | | |
|---|---|---|---|---|
| | 3000 Stück | A | à 3 DM = | 9.000 DM |
| | 500 Stück | B | à 6 DM = | 3.000 DM |
| Warenbestand gesamt | | | | 12.000 DM |

Die genannten Vorgänge ergeben ein Warenkonto, auf dem sowohl der Anfangsbestand, der Zukauf, der Verkauf und der Schlußbestand festgehalten werden. Diese Beträge wurden durch entsprechende Belege ermittelt. Die Differenz der beiden Seiten ergibt einen Saldo, der den Betrag auswirft, der als Überschuß des Verkaufs über den Zukauf anzusehen ist. Dies ist ein Ertrag, der in die G.u.V. abgeschlossen wird.

**Warenkonto**

| | | | |
|---|---|---|---|
| AB | 15.000 | 16.000 | |
| | 9.000 | 8.000 | |
| | 6.000 | 12.000 | Inventur |
| Rohertrag | 6.000 | | |
| | 36.000 | 36.000 | |

**Kasse**

| | |
|---|---|
| 16.000 | |
| 8.000 | |

**Lieferantenverbindlichkeiten**

| | |
|---|---|
| | 9.000 |
| | 6.000 |

**Bilanz**

| | | |
|---|---|---|
| Warenbestand | 12.000 | |

**G.u.V.**

| | | |
|---|---|---|
| | 6.000 | Rohertrag |

Das Warenkonto in dieser Form beinhaltet also Bestände und Erträge. Es wird deshalb wie schon ausgeführt als gemischtes Konto bezeichnet. In dieser Form werden vielfach z.B. Wertpapierkonten, Devisenkonten etc. geführt. Bei den Warengeschäften wird das gemischte Warenkonto aufgelöst in

- ein Waren-Einkaufskonto (WEK) und
- ein Waren-Verkaufskonto (WVK).

Das Wareneinkaufskonto ist ein reines Bestandskonto, auf dem der Bestand, der Zugang und der Abgang zu EK-Preisen erfaßt wird.

Das Waren-Verkaufskonto erfaßt die Warenabgänge zu VK-Preisen, d.h. die Verkaufsbeträge und evtl. Retouren, die einen Teil des Verkaufs rückgängig machen und auf dem entsprechenden Konto als Gegenbuchung erfaßt werden müssen. Daraus ergeben sich die Buchungen für die entsprechenden Geschäftsvorfälle wie folgt:

- Der Geschäftsvorfall
  Einkauf von 3000 Stück A à 3 DM = 9.000 DM
  ergibt den Buchungssatz
  Waren-EK an Lieferantenverbindlichkeiten 9.000 DM

- Der Geschäftsvorfall
  Einkauf von 1000 Stück B à 6 DM = 6.000 DM
  ergibt den Buchungssatz
  Waren-EK an Lieferantenverbindlichkeiten 6.000 DM

Auf den berührten Konten stellt es sich entsprechend dar.

**Wareneinkauf**

| | |
|---|---|
| 9.000 | |
| 6.000 | |

**Lieferantenverbindlichkeiten**

| | |
|---|---|
| | 9.000 |
| | 6.000 |

- Der Geschäftsvorfall
  Verkauf 4000 Stück A à 4 DM = 16.000 DM gegen bar

ergibt den Buchungssatz

Kasse an Warenkonto Verkauf 16.000 DM

- Der Geschäftsvorfall

Verkauf 1000 Stück B à 8 DM = 8.000 DM gegen bar

ergibt den Buchungssatz

Kasse an Warenkonto Verkauf 8.000 DM

Würde der Verkauf nicht gegen bar, sondern auf Rechnung erfolgen, würden statt des Kontos Kasse die entsprechenden Kundenkonten belastet.

Die Vorgänge würden sich in den Konten wie folgt niederschlagen:

| Warenverkauf | |
|---|---|
| | 16.000 |
| | 8.000 |

| Kasse | |
|---|---|
| 16.000 | |
| 8.000 | |

Die Verkäufe, d.h. der Abfluß von Ware, muß nun noch auf dem Wareneinkaufskonto als Bestandskonto erfaßt werden. Beim Handel erfolgt dies nicht direkt durch entsprechende Belege, sondern dadurch, daß durch die Inventur der Endbestand erfaßt wird und die Differenz zwischen Anfangsbestand + Zugängen und Endbestand den Betrag darstellt, der als Ware abgeflossen ist und demzufolge einen Warenaufwand („Wareneinsatz“) darstellt.

Zunächst soll der Vorgang der Differenzbildung betrachtet werden. Der Endbestand des Warenlagers wird durch Inventur ermittelt und auf der Haben-Seite des Wareneinkaufskontos festgehalten. Die entsprechende Gegenbuchung erfolgt in der Bilanz als Bestand auf der Aktiv-Seite. Der sich dann auf dem Wareneinkaufskonto ergebende Saldo ist der besagte Wareneinsatz für Verkäufe, der als Wareneinsatz in die G.u.V.-Rechnung eingeht. Häufig wird auch ein Wareneinsatzkonto zur Sammlung verschiedener Wareneinkaufskonten zwischengeschaltet.

| Wareneinkauf | | | |
|---|---|---|---|
| AB | 15.000 | 12.000 | (lt. Inventar) |
| | 9.000 | 18.000 | (Saldo = Verbrauch) |
| | 6.000 | | |
| | 30.000 | 30.000 | |

| Wareneinsatz | |
|---|---|
| 18.000 | |
| | 18.000 |

| G.u.V. | | |
|---|---|---|
| WE | 18.000 | |

Die getätigten Verkäufe, die auf dem Warenverkaufskonto erfaßt werden, gehen als Ertragssaldo ebenfalls in die G.u.V.-Rechnung als Warenerträge (auch Erlöse genannt) ein.

Auf dem G.u.V.-Konto werden somit die Warenaufwendungen zu EK-Preisen und die Warenerlöse zu VK-Preisen gegenübergestellt und ergeben unter Berücksichtigung der anderen Aufwände bzw. Erträge dann den Gewinn bzw. Verlust.

Warenverkauf

| | | | |
|---|---|---|---|
| | | | 16.000 |
| | | | 8.000 |
| Saldo | 24.000 | | |
| | 24.000 | | 24.000 |

G.u.V.

| | | | |
|---|---|---|---|
| Wareneinsatz | 18.000 | 24.000 | Warenverkauf |

In der Industrie werden nicht die gleichen Waren wieder verkauft, sondern das eingekaufte Material wird in der Fertigung einer Veränderung unterzogen und gelangt erst dann zum Verkauf. Der Materialeingang wird in einem solchen Fall auf dem entsprechenden Materialkonto als Zugang gebucht (Material an Lieferantenverbindlichkeiten).

Damit stehen wie beim Materialkonto auf der Soll-Seite die Anfangsbestände und die Zugänge. In vielen Unternehmen wird bei Ausgabe des Materials an die Fertigung ein Materialentnahmeschein erstellt, der als Buchungsbeleg gilt. Dieser Materialentnahmeschein dient zunächst als Unterlage bei der mengenmäßigen Überwachung der Materialbestände, sofern eine Materialbestandsführung erfolgt.

Die weitere buchungsmäßige Behandlung besteht darin, den Materialentnahmeschein zu bewerten und in der Finanzbuchhaltung diese Werte als Abgang auf dem Bestandskonto und als Aufwand auf dem entsprechenden Aufwandskonto zu erfassen (Materialaufwand an Materialkonto). Das so geführte Materialaufwandskonto schließt dann wiederum in die G.u.V. ab. Damit ist die Finanzbuchhaltung immer auf dem laufenden Stand. Die Inventur zeigt dann, ob die körperliche Aufnahme mit dem buchungsmäßigen Bestand übereinstimmt oder ob Inventurdifferenzen als zusätzlicher (evtl. außerordentlicher) Aufwand erfaßt werden müssen.

Die Umsatzerlöse werden im Industriebetrieb gleichermaßen auf einem Verkaufskonto oder Erlöskonto erfaßt (Forderungen an Erlöskonto). Dieses Erlöskonto schließt wiederum in die G.u.V. ab, so daß sich hier wie auch im Handel Materialaufwand und Warenerlös gegenüberstehen. In der Industrie werden dann wie im Handel noch die zusätzlichen Aufwände wie Lohn etc. im G.u.V.-Konto zusammengeführt, so daß die Umsatzerlöse den effektiven Aufwandsarten gegenüberstehen.

Neben dem **Rohmaterial** gibt es in der Industrie auch Materialien, die nicht mit Hilfe von Materialausgabescheinen erfaßt werden (**Hilfs- und Betriebsstoffe**). Sofern diese Materialien in großen Mengen bezogen werden und sukzessive verbraucht werden, erfolgt die Erfassung beim Materialeingang ebenfalls auf einem Bestandskonto.

Zum Schluß der Periode wird der Bestand erfaßt und die Differenz als Materialverbrauch in die G.u.V. übernommen. Kontinuierlich bezogene und verbrauchte Materialien werden häufig aber auch nicht mehr im Bestandskonto erfaßt, sondern zum Zeitpunkt des Bezugs sofort als Aufwand gebucht (Materialaufwand an Lieferantenverbindlichkeiten).

Das Bestandskonto, sofern überhaupt eins besteht, wird im Laufe der Periode in einem solchen Fall nicht berührt. Erst zum Abschluß der Perioden wird der **Endbestand** erfaßt und die Differenz je nachdem, ob sie positiv oder negativ ist, als Ertrag oder Aufwand **(Bestandsveränderung)** in die G.u.V. übernommen.

Neben dem geschilderten Bruttoverfahren der getrennten Abschlüsse der Einkaufs- und Verkaufskonten in die G.u.V. gibt es in einigen Unternehmen (vorzugsweise Handel) auch die sogenannte Nettoverbuchung. Der Unterschied zur Bruttoverbuchung besteht darin, daß das Wareneingangskonto mit seinem Saldo (Verbrauch) nicht als Warenaufwand in die G.u.V. abschließt, sondern der Saldo auf das Warenverkaufskonto zu Einkaufspreisen übernommen wird.

Damit stehen auf dem Warenverkaufskonto auf der Soll-Seite die getätigten Verkäufe zu Einkaufspreisen und auf der Haben-Seite die getätigten Verkäufe zu Verkaufspreisen. Die Differenz, als Haben-Saldo auf der Soll-Seite, stellt dann den sogenannten Warenerfolg (auch **Rohgewinn oder Bruttowarenrohertrag** genannt) dar und wird als Ertrag in die G.u.V. übernommen.

Wareneinkauf

| | | | |
|---|---|---|---|
| AB | 15.000 | 12.000 | Inventar |
| | 9.000 | 18.000 | W.Einsatz |
| | 6.000 | | |

Warenverkauf

| | | |
|---|---|---|
| WE | 18.000 | 16.000 |
| Rohertrag | 6.000 | 8.000 |
| | 24.000 | 24.000 |

G.u.V.

| | | |
|---|---|---|
| | 6.000 | Rohertrag |

4

## 1.2 Umsatzsteuer

Die Warenverkäufe einer Unternehmung unterliegen in der Regel der Umsatzsteuer, sofern nicht Umsatzsteuerbefreiungen vorliegen (§ 4 UStG). Die Umsatzsteuer muß ebenfalls in der Buchhaltung erfaßt werden.

Der Grundgedanke der Umsatzbesteuerung ist der, daß die erbrachte Wertschöpfung (der Mehrwert) besteuert wird. Daher spricht man in der Umgangssprache auch von Mehrwertsteuer. Der Mehrwert ergibt sich aus den erzielten Erlösen abzüglich den bezogenen Vorleistungen. Dieser rechnerischen Vorstellung folgt auch das Umsatzsteuergesetz. Die genannte Differenz

Verkaufserlöse - Vorleistungen = Mehrwert

soll mit der Umsatzsteuer belegt werden. Beträgt dieser Mehrwert z.B. 10.000 DM, so wird davon die Umsatzsteuer mit dem entsprechenden Steuersatz (z.Zt. 15 %) berechnet, d.h. 15 % von 10.000 DM = 1.500 DM. Diese Mehrwertsteuer muß der Käufer zusätzlich zum reinen Warenwert bezahlen.

Nun ist es schwierig, für jedes verkaufte Teil diesen Mehrwert zu ermitteln. Aus Vereinfachungsgründen schreibt das Gesetz daher einen anderen Weg vor. Dabei wird die o.g. Gleichung zugrundegelegt und die entsprechenden Beträge werden als Summe für eine bestimmte Periode (Monat, Vierteljahr, 1 Jahr) erfaßt. Die Berechnung erfolgt aber nicht mit den entsprechenden Summen, sondern bereits mit den Summen der diesbezüglichen Steuerbeträge. Das ergibt folgenden Gedanken:

Jedes Unternehmen weist in jeder Ausgangsrechnung den Nettowarenwert zuzüglich Umsatzsteuer aus. Ein Unternehmen, das Waren- oder Dienstleistungen bezieht, erhält Rechnungen für die Vorleistungen, in denen die Nettobeträge und die Umsatzsteuer für die Vorleistungen enthalten sind. Die Umsatzsteuer für die Vorleistung wird Vorsteuer genannt.

Das Unternehmen weist in den Ausgangsrechnungen den gesamten Nettowarenwert (einschl. der enthaltenen Vorleistungen) sowie die mit vollem Umsatzsteuersatz berechnete Umsatzsteuer auf den gesamten Warenwert aus. Die ausgewiesene Umsatzsteuer beinhaltet also auch die Vorleistungsbeträge. Da aber nur die Mehrwert-Beträge mit der Umsatzsteuer belastet werden sollen, zieht das Unternehmen von der Summe seiner berechneten Umsatzsteuerbeträge die Summe der ihm in Rechnung gestellten Vorsteuerbeträge ab. Daraus ergibt sich die echte Umsatzsteuer für den Mehrwert (Mehrwertsteuer).

Der Vorgang wird folgendermaßen behandelt:

Zahlung der Rechnung an den Lieferanten

| | |
|---|---|
| Nettowarenwert | 10.000 DM |
| + 15 % MwSt | 1.500 DM |
| Summe | 11.500 DM |

Das kaufende Unternehmen zahlt also den Nettowarenwert und die entsprechende Umsatzsteuer an das verkaufende Unternehmen.

Das Unternehmen stellt in Rechnung

| | |
|---|---|
| Nettowarenwert | 20.000 DM |
| + 15 % MwSt | 3.000 DM |
| Gesamtsumme | 23.000 DM |

Das Unternehmen bekommt vom Kunden demnach 23.000 DM.

Die Umsatzsteuer für die Vorleistungen hat das Unternehmen bereits an den eigenen Lieferanten gezahlt (dieser muß die Umsatzsteuer an das Finanzamt abführen). Das Unternehmen ist daher nur verpflichtet, die Umsatzsteuer für die Differenz („Mehrwert") an das Finanzamt abzuführen. Diese errechnet sich wie folgt:

| | |
|---|---|
| Berechnete Umsatzsteuer | 3.000 DM |
| abzüglich Vorsteuer | 1.500 DM |
| abzuführende Umsatzsteuer (= sog. Umsatzsteuer-Zahllast) | 1.500 DM |

Dieser Vorgang wird in entsprechender Weise buchungsmäßig erfaßt.

Sollten Vorleistungsrechnungen die Mehrwertsteuer nicht direkt ausweisen (bei Beträgen bis zu 200 DM möglich), so muß das buchende Unternehmen die Mehrwertsteuer herausrechnen und den Buchungsbeleg, der zunächst nur aus einer Summe besteht, in zwei Summen, nämlich Nettobetrag und Umsatzsteuer, buchungsmäßig erfassen. Auf vielen Rechnungen findet sich auch nur die Gesamtsumme einschließlich Umsatzsteuer, sowie der Hinweis: diese Rechnung enthält 15 % Mehrwertsteuer = 1.500 DM. Auch in einem solchen Fall müssen die 1.500 DM erst von der Bruttosumme subtrahiert werden, so daß die Nettosumme als Vorleistung sowie die Umsatzsteuer als Vorsteuer buchungsmäßig erfaßt werden können.

Ein Unternehmen, das seine Warenausgänge ebenfalls nur brutto erfaßt (Barverkäufe des Einzelhändlers), muß die Erlöse in Nettoerlöse und Mehrwertsteuer aufsplitten und diese Beträge getrennt als Warenerlöse und Umsatzsteuer erfassen.

Zu beachten ist, daß einige Umsätze nur mit einem ermäßigten Steuersatz (z.B. 7 %) besteuert werden. Damit in der Umsatzsteuer-Voranmeldung bzw. in der Umsatzsteuer-Erklärung die unterschiedlich belasteten Umsätze getrennt ausgewiesen werden können, sind sie buchungsmäßig zu trennen.

**Merke:** Die Vorsteuer ist eine Verbindlichkeit gegenüber dem Lieferanten, stellt aber gleichzeitig ein Guthaben gegenüber dem Finanzamt dar, das mit der eigenen Umsatzsteuerschuld aufgerechnet werden kann.

Die berechnete Mehrwertsteuer findet auf einem Bestandskonto ihren Niederschlag, das eine Umsatzsteuerschuld gegenüber dem Finanzamt ausweist. Der Gegenwert stellt eine Forderung an den Kunden dar. Das Umsatzsteuerkonto kann als **einheitliches Konto** geführt werden und ergibt dann als Saldo die Differenz zwischen Vorsteuer und Mehrwertsteuer als Zahllast, d.h. der effektiven Schuld gegenüber dem Finanzamt.

**Beispiel:**

1) Einkauf von Ware auf Ziel, Warenwert 5.000 DM

| | | | |
|---|---|---|---|
| Ware | 5.000 DM | an Lieferantenverbindlichkeit | 5.750 DM |
| Umsatzsteuer | 750 DM | | |

2) Einkauf von Büromaterial gegen bar, Warenwert 300 DM

| | | | |
|---|---|---|---|
| Büromaterial | 300 DM | an Kasse | 345 DM |
| Umsatzsteuer | 45 DM | | |

3) Verkauf von Ware gegen bar, Warenwert 8.000 DM

| | | | |
|---|---|---|---|
| Kasse | 9.200 DM | an Warenverkauf | 8.000 DM |
| | | an Umsatzsteuer | 1.200 DM |

4) Als Zahllast ergibt sich 405 DM, die an das Finanzamt zu zahlen sind.

Auf den Konten stellen sich die Vorgänge wie folgt dar:

Wareneinkauf

| | | | |
|---|---|---|---|
| 1) | 5.000 | | |

Büromaterial

| | | | |
|---|---|---|---|
| 2) | 300 | | |

Verbindlichkeiten

| | | | |
|---|---|---|---|
| | | 1) | 5.750 |

Umsatzsteuer

| | | | |
|---|---|---|---|
| 1) | 750 | 3) | 1.200 |
| 2) | 45 | | |
| 4) | 405 | | |
| | 1.200 | | 1.200 |

Warenverkauf

| | | | |
|---|---|---|---|
| | | 3) | 8.000 |

Kasse

| | | | |
|---|---|---|---|
| 3) | 9.200 | 2) | 345 |
| | | 4) | 405 |

Wenn das Umsatzsteuerkonto in ein Vorsteuerkonto und ein Mehrwertsteuerschuldkonto aufgelöst wird, ergeben sich die Buchungen 1 - 3 wie folgt:

Vorsteuer

| | | | |
|---|---|---|---|
| 1) | 750 | | |
| 2) | 45 | 4) | 795 |
| | 795 | | 795 |

MwSt-Schuld

| | | | |
|---|---|---|---|
| 4) | 795 | 3) | 1.200 |
| 5) | 405 | | |
| | 1.200 | | 1.200 |

Der Saldo der Vorsteuer wird dann als Vorgang 4) auf das MwSt-Konto übertragen und dort die Zahllast in gleicher Weise 5) ermittelt und bezahlt (MwSt-Schuld an Kasse). Dieser zunächst umständlich erscheinende Vorgang ist deshalb sinnvoll, weil es häufig zu Korrekturen der Vorsteuer und der MwSt-Schuld kommt, die durch Korrekturen der entsprechenden Rechnungen verursacht werden (z.B. Skontoabzug siehe Kapitel D. 1.4). Diese Korrekturen würden bei nur einem Konto zur Unklarheit über die effektive Höhe der Vorsteuer bzw. MwSt-Schuld führen, da MwSt-Schuld und Vorsteuer-Korrekturen auf der Haben-Seite gebucht würden und Vorsteuer und Korrektur der MwSt-Schuld auf der Soll-Seite. Auf der Umsatzsteuer-Voranmeldung bzw. Erklärung müssen aber Vorsteuer und MwSt-Schuld getrennt ausgewiesen werden, so daß eine genaue Erfassung erforderlich ist.

Aus diesem System ergibt sich, daß die Umsatzsteuer nur einen **durchlaufenden Posten** darstellt. Man bezahlt einerseits die Vorsteuer an den Lieferanten, erhält aber ein Guthaben beim Finanzamt in gleicher Höhe. Die Mehrwertsteuer berechnet man an den Kunden und führt diesen Betrag unter Verrechnung des Vorsteuerguthabens an das Finanzamt ab. Lediglich der Endverbraucher, der die Vorsteuer bei eigenen Weiterverkäufen nicht mehr berücksichtigen kann, wird mit der Umsatzsteuer voll belastet.

Aus diesem Grunde werden zwischen Unternehmen die zu beziehenden Waren im Angebot und in der Rechnung immer zu Nettopreisen ausgezeichnet mit dem Hinweis, daß die Mehrwertsteuer zusätzlich berechnet wird. Lediglich der Endverbraucher bekommt Bruttopreise und muß die Mehrwertsteuer für den gesamten Warenwert voll tragen.

Neben diesem beschriebenen Nettoverfahren, d.h. Auswerfen der Steuer bei jeder Buchung, besteht auch die Möglichkeit, bei Waren mit gleicher Besteuerung das Bruttoverfahren anzuwenden. Dabei werden die Beträge zunächst auf dem entsprechenden Konto als Bruttobeträge erfaßt und erst nach Ablauf des Voranmeldungszeitraumes für die Umsatzsteuervoranmeldung werden die entsprechenden Steuerbeträge aus diesem Bruttobetrag errechnet und umgebucht. Dies trifft vor allem für den Einzelhandel zu, der seine Kassenumsätze zunächst als Bruttobetrag erfaßt und die Tages-, Wochen- oder Monatssumme in Nettobeträge und Mehrwertsteuer umrechnet. Auf der Bezugseite werden aus Vereinfachungsgründen häufig zulässigerweise Kleinbetragsrechnungen, Fahrtausweise, Gaststättenrechnungen unter 200 DM usw. brutto erfaßt und erst zum Monatsende die entsprechende Vorsteuer herausgerechnet. Die Herausrechnungsfaktoren aus einem Bruttobetrag:

- 13,0435 % bei einem Umsatzsteuersatz von 15 %
- 6,5421 % bei einem Umsatzsteuersatz von 7 %

**Beispiel:**

Die Summe der Verkäufe in Höhe von 2.185 DM enthält 15 % MwSt, d.h. 285 DM. Diese werden als MwSt-Schuld auf das MwSt-Konto gebucht. Der Rest in Höhe von 1.900 DM ist Umsatzerlös.

Warenverkauf

| | | |
|---|---|---|
| MwSt | 285 | 575 |
| G.u.V. | 1.900 | 805 |
| | | 345 |
| | | 460 |
| | 2.185 | 2.185 |

MwSt

| | |
|---|---|
| | 285 |

G.u.V.

| | |
|---|---|
| | 1.900 |

MwSt = 13,0435 % von 2.185 DM = 285 DM.

Die Kleinbezüge an Büromaterial werden ebenfalls brutto erfaßt. Die Vorsteuer wird aus der Summe 115 DM herausgerechnet und als Vorsteuer erfaßt.

Büromaterial

| | | |
|---|---|---|
| 11,50 | Vorsteuer | 15,00 |
| 23,00 | G.u.V. | 100,00 |
| 69,00 | | |
| 11,50 | | |
| 115,00 | | 115,00 |

| Vorsteuer | | | G.u.V. | |
|---|---|---|---|---|
| 15,– | | B.-Material | 100,– | |

MwSt = 13,0435 % von 115 DM = 15 DM

Je nach Höhe der Steuerschuld erfolgt die Voranmeldung monatlich bis zum 10. des folgenden Monats (Voranmeldung und Zahlung) bzw. vierteljährlich oder in Ausnahmefällen nur jährlich. Anmeldepflichtig sind die Umsätze, unabhängig davon, ob die Rechnungen bereits bezahlt sind (= vereinbarte Entgelte; Besteuerung der Soll-Einnahmen). Es besteht aber in besonderen Fällen die Möglichkeit, die Umsatzsteuer auf Antrag nach **vereinnahmten** Entgelten zu entrichten. Im ersten Fall wäre also die Mehrwertsteuerschuld bereits fällig, unabhängig davon, ob der Kunde bereits bezahlt hat. Im Ausnahmefall muß die Mehrwertsteuer erst dann an das Finanzamt abgeführt werden, wenn der Kunde gezahlt hat (Besteuerung der Ist-Einnahmen).

Auf umsatzsteuerliche Sonderregelungen kann nicht eingegangen werden. Sonderregelungen gelten ab 1. Januar 1993 auch innerhalb der EG für den innergemeinschaftlichen Handel, gehen aber von dem gleichen Grundgedanken aus. Hierzu siehe entsprechende Spezialliteratur.

## 1.3 Fracht- und Bezugskosten

Fracht- und Bezugskosten gehören wirtschaftlich und steuerlich zum Warenwert. In der Praxis werden sie aber in der Regel erst über ein gesondertes Aufwandskonto erfaßt. Da aber der Warenwert als Bestand einschließlich Fracht- und Bezugskosten zu aktivieren ist, d.h. in der Bilanz aufgeführt werden muß, müssen diese Beträge beim Abschluß für die verbliebenen Waren auf dem Warenbestandskonto erfaßt werden. Dabei haben sich zwei Möglichkeiten des Abschlusses herausgebildet:

- Die getrennt erfaßten Fracht- und Bezugskosten werden zum Abschluß auf dem Wareneingangskonto erfaßt. Dadurch erhöht sich der Warenbestand um die Frachtkosten. Der Bestand lt. Inventar enthält ebenfalls die Bewertung einschließlich Frachten, der Wareneinsatz beinhaltet somit auch die anteiligen Frachten, die zusammen mit dem Nettowareneinsatz als Warenaufwand in die G.u.V. gebucht werden.

**Beispiel:**

| | |
|---|---|
| Warenbezug | 100.000 DM |
| Frachtkosten | 5.000 DM |
| (Mehrwertsteuer soll nicht berücksichtigt werden) | |
| 1) Wareneinkauf an Verbindlichkeiten | 100.000 DM |
| 2) Fracht an Verbindlichkeiten | 5.000 DM |
| 3) Wareneinkauf an Fracht | 5.000 DM |

Beim Abschluß ergibt sich

| | |
|---|---|
| Warenbestand einschließlich Fracht lt. Inventar | 21.000 DM |
| Saldo auf dem Wareneinkaufskonto (Warenaufwand einschließlich Fracht) | 84.000 DM |
| 4) Bilanz an Wareneinkauf | 21.000 DM |
| 5) G.u.V. an Wareneinkauf | 84.000 DM |

Wareneinkauf

| | | | |
|---|---|---|---|
| 1) | 100.000 | 4) | 21.000 |
| 3) | 5.000 | 5) | 84.000 |

Fracht

| | | | |
|---|---|---|---|
| 2) | 5.000 | | |
| | | 3) | 5.000 |

G.u.V.

| | | | |
|---|---|---|---|
| 5) | 84.000 | | |

Bilanz

| | | | |
|---|---|---|---|
| 4) | 21.000 | | |

- Eine übersichtlichere Buchung, da sie die Frachtbeträge weiterhin ausweist, ergibt sich dadurch, daß das Fracht- und Bezugskostenkonto direkt in die G.u.V. abgeschlossen wird. Die Bewertung des Warenbestandes erfolgt aber einschließlich Fracht. Dadurch vermindert sich der Wareneinsatz, der vom Warenkonto abgebucht wird, um die Fracht, die bereits gesondert auf dem G.u.V.-Konto ausgewiesen wurde.

**Beispiel:**

Abschlußbuchung

| | |
|---|---|
| Warenbestand lt. Inventar einschl. Fracht | 21.000 DM |
| Saldo auf dem Wareneinkaufskonto (Warenaufwand) ohne Fracht | 79.000 DM |
| 3) Bilanz an Warenverkauf | 21.000 DM |
| 4) G.u.V. an Wareneinkauf | 79.000 DM |
| 5) G.u.V. an Fracht | 5.000 DM |

Wareneinkauf

| | | | |
|---|---|---|---|
| 1) | 100.000 | 3) | 21.000 |
| | | 4) | 79.000 |

Fracht

| | | | |
|---|---|---|---|
| 2) | 5.000 | | |
| | | 5) | 5.000 |

G.u.V.

| | | | |
|---|---|---|---|
| 4) | 79.000 | | |
| 5) | 5.000 | | |

Wareneinkauf

| | | | |
|---|---|---|---|
| 3) | 21.000 | | |

Die Summe des Aufwandes ergibt als Ware + Fracht wie in der vorangegangenen Buchungsart zwar ebenfalls 84.000 DM, in Wirklichkeit ist aber der Wareneinsatz 80.000 DM und der Frachtanteil 4.000 DM. Es wurde in der 2. Buchungsart mehr Fracht verrechnet als anteilig angefallen ist.

Diesen geringfügigen Fehler nimmt man in der Regel in der Praxis in Kauf, da sich die Frachtanteile in den einzelnen Perioden nicht zu sehr unterscheiden. Man hat dafür aber den Vorteil, daß die Frachtkosten gesondert in der G.u.V. in Erscheinung treten und damit besser zu überwachen sind.

5 6

## 1.4 Skonto

Beim Skonto handelt es sich um einen Preisabzug, der dem Käufer für vorzeitige Zahlung gewährt wird. Wenn das Zahlungsziel z.B. 4 Wochen lautet, so ist der Käufer verpflichtet, nach 4 Wochen den Betrag zu zahlen. Wird ihm bei Zahlung innerhalb von 10 Tagen 2 % Skonto eingeräumt, so kann er unter Einhaltung dieser Frist 2 % vom Warenbetrag abziehen. Andere Konditionen lauten z.B. 3 % Skonto innerhalb 10 Tagen, 2 % Skonto innerhalb 30 Tagen, 60 Tage netto. D.h., daß bei Zahlung innerhalb der ersten 10 Tage 3 % Skonto vom Käufer abgezogen werden können, bei Zahlung innerhalb der Zeit vom 10. zum 30. Tag noch 2 % Skonto und daß spätestens nach 60 Tagen der volle Betrag gezahlt werden muß.

In der Praxis unterscheidet man zwischen

- Lieferantenskonto (von Lieferanten gewährt)
- Kundenskonti (an Kunden gewährt).

### 1.4.1 Lieferantenskonti

Zunächst sollen die Lieferantenskonti betrachtet werden. Dabei wird die Bruttobuchung sowie die Nettobuchung unterschieden:

#### 1.4.1.1 Bruttobuchung

Bei der Bruttobuchung wird zunächst der volle Warenbetrag erfaßt. Das Skonto wird als nachträgliche Minderung des Warenwertes betrachtet. Dabei ist zu beachten, daß sich auch die Vorsteuer vom Warenwert berechnet. Erfaßt man zunächst die Vorsteuer vom gesamten Warenwert, so ist bei nachträglicher Minderung auch die Vorsteuer zu reduzieren. Aus dieser Überlegung ergeben sich folgende Buchungsvorgänge:

**Beispiel:**

| | |
|---|---|
| Warenbezug | 10.000 DM |
| Vorsteuer | 1.500 DM |

Skonto bei Zahlung innerhalb 10 Tagen 2 %.

Buchungssatz bei Wareneingang:

| | | | |
|---|---|---|---|
| Warenbestand | 10.000 DM | an Verbindlichkeiten | 11.500 DM |
| Vorsteuer | 1.500 DM | | |

Bei Zahlung nach Ablauf des gesamten Ziels (Nichtausnutzung des Skontos) werden dem Gläubiger die geschuldeten 11.500 DM überwiesen, was zu einem Buchungssatz führt:

Lieferantenverbindlichkeiten an Bank 11.500 DM.

Das Konto Warenbestand und Vorsteuer bleibt unberücksichtigt. Wird innerhalb der ersten 10 Tage gezahlt, so kann der fällige Skontobetrag in Höhe von 2 % abgezogen werden. Dieser Abzug erfolgt im Augenblick der Zahlung anstelle der Zahlung. Dabei werden die Skontoabzüge vom Warenwert als Skontoerträge erfaßt, die Vorsteuerkorrektur erfolgt auf dem Vorsteuerkonto. Als Skontobeträge ergeben sich:

200 DM als Skontoerträge (Preisreduzierung auf dem Warenwert 10.000 DM)

sowie

30 DM als Korrektur der Vorsteuer.

Der gesamte Rechnungsbetrag reduziert sich also um 230 DM. Damit werden an den Lieferanten überwiesen:

|   | |
|---|---|
| | 11.500 DM |
| – | 230 DM |
| | 11.270 DM |

Daraus ergeben sich die Buchungssätze:

| | | | |
|---|---|---|---|
| Lieferantenverbindlichkeiten | 11.500 DM | an Bank | 11.270 DM |
| | | Skontoerträge | 200 DM |
| | | an Vorsteuer | 30 DM |

**Wareneinkauf**

| | | | |
|---|---|---|---|
| 1) | 10.000 | | |
| | | 3) | 10.000 |

**Vorsteuer**

| | | | |
|---|---|---|---|
| 1) | 1.500 | | |
| | | 2) | 30 |

**Lieferantenverbindlichkeiten**

| | | | |
|---|---|---|---|
| | | 1) | 11.500 |
| 2) | 11.500 | | |

**Bank**

| | | | |
|---|---|---|---|
| | | 2) | 11.270 |

**Skontoerträge**

| | | | |
|---|---|---|---|
| | | 2) | 200 |
| 4) | 200 | | |

**G.u.V.**

| | | | |
|---|---|---|---|
| | | 4) | 200 |
| 3) | 10.000 | | |

Der Wareneinsatz geht zu normalen Preisen in die G.u.V. ein, die Skontoerträge stellen außerordentliche Erträge dar.

Eine **andere Möglichkeit** besteht darin, die Skontoerträge über das Warenbestandskonto abzubuchen, wie es z.B. der Einzelhandelskontenrahmen vorsieht. Damit führen die Skontoerträge zu einer entsprechenden Reduzierung des Wareneinsatzes. Buchungsmäßig erfolgt eine Korrektur des Warenbestandes um die entsprechenden Skontobeträge. Der Buchungssatz lautet also

Lieferantenverbindlichkeiten an Warenkonto.

Wareneinkauf

| | | | |
|---|---|---|---|
| 1) | 10.000 | | |
| | | 2) | 200 |
| | | 3) | 9.800 |

G.u.V.

| | | | |
|---|---|---|---|
| 3) | 9.800 | | |

Diese Buchung führt zu einer echten Bewertung des Wareneinsatzes. Die Skontoerträge lassen sich aus der G.u.V. aber nicht ersehen. Daher wird beim Warenbezug, der im Laufe der Periode eingesetzt wird, der getrennte Ausweis der Skontoerträge bevorzugt. Beim Kauf von Anlagegütern ist aber die echte Bewertung anzusetzen, da diese in der Regel über das Periodenende hinweg dem Unternehmen zur Verfügung stehen und zu echten Anschaffungskosten aktiviert werden müssen. Der Skontoertrag ist von dem Anschaffungspreis abzuziehen. Der Skontoabzug muß daher auf dem Bestandskonto erfaßt werden. Die Rechnung lautet:

Lieferantenverbindlichkeiten an Bestandskonto.

### 1.4.1.2 Nettobuchung

Der Nettobuchung liegt ein grundsätzlich anderer Gedanke zugrunde. Man geht davon aus, daß der Lieferant zwei Leistungen verkauft und zwar einmal die Waren selbst zum Nettopreis, zum anderen eine Kreditleistung, da er bis zu 30 Tagen auf einen bestimmten Geldbetrag verzichtet. Für die Kreditleistung setzt der Lieferant ebenfalls einen Preis an, nämlich das Skonto. Der Gesamtpreis der Rechnung besteht also aus zwei Teilen, einem Warenpreis und einem Kreditpreis (Skonto). Bucht man den Rechnungsbetrag, so muß man diese Aufsplitterung beachten. Man bucht auf dem Warenkonto sofort nur den reinen Warenpreis. Daneben bucht man den Preis für die Kreditinanspruchnahme als Aufwand, d.h. man führt ein Skontoaufwandskonto.

Bei unserem Beispiel beträgt der reine Warenbetrag 9.800 DM, der Skontoaufwand für die Ware 200 DM, die Vorsteuer für beide Beträge 1.500 DM. Alle drei Summen zusammen ergeben die Lieferantenverbindlichkeit in Höhe von 11.500 DM. Daraus ergibt sich folgender Buchungssatz:

| | | | |
|---|---|---|---|
| Warenbestand | 9.800 DM | an Lieferantenverbindlichkeiten | 11.500 DM |
| Skontoaufwand | 200 DM | | |
| Vorsteuer | 1.500 DM | | |

Erfolgt die Zahlung unter Inanspruchnahme des Skontoabzuges, so wird die Kreditleistung nicht in Anspruch genommen. Der vorsorglich dafür in Rechnung gestellte

Preis muß storniert werden, desgleichen die auf das Skonto anfallende Vorsteuer. Dieser Korrekturbuchungssatz lautet:

| | | | |
|---|---|---|---|
| Lieferantenverbindlichkeiten | 11.500 DM | an Bank | 11.270 DM |
| | | an Skontoaufwand | 200 DM |
| | | an Vorsteuer | 30 DM |

Das Konto Skontoaufwand ist ausgeglichen, es muß nicht in die G.u.V. abgeschlossen werden.

Auf dem Warenbestandskonto steht der verminderte Warenbetrag, aus dem sich dann der um den Skontoabzug verminderte Wareneinsatz ergibt. Dieser verminderte Wareneinsatz geht dann in die G.u.V. ein. Rechnerisch ergibt sich damit das gleiche Ergebnis wie bei der Bruttoverbuchung, bei der einem erhöhten Wareneinsatz der Skontoertrag gegenüber stand.

Die Vorsteuerkorrektur erfolgt in gleicher Weise wie bei der Bruttoverbuchung. Der Vorsteuerbetrag wird um den anteiligen Betrag für den Skontoabzug vermindert.

Steuerlich spielt der Skontoabzug bei der Bestimmung der Grenze für die Sofortabschreibung bei geringwertigen Wirtschaftsgütern eine Rolle (z.Zt. 800 DM) (Kap. D.4). Wenn der Betrag von 810 DM durch Abzug von 2 % Skonto auf 793,80 DM sinkt, rechnet dieser Betrag zu den geringwertigen Wirtschaftsgütern und kann sofort abgeschrieben und als Aufwand gebucht werden.

## 1.4.2 Kundenskonti

So wie ein Unternehmen häufig Skonto abziehen kann, so gewährt das Unternehmen seinen Kunden ebenfalls die Möglichkeit des Skontoabzugs. Bei diesem Vorgang können entsprechend der Behandlung im Falle der Lieferantenskonti die gleichen Grundsätze angewandt werden.

### 1.4.2.1 Bruttobuchung

Zunächst werden die Waren mit dem vollen Betrag gebucht und ein späterer Skontoabzug als Warenpreisminderung und demzufolge als Aufwand betrachtet.

**Beispiel:** Rechnung Warenwert 1.000 DM, MwSt 150 DM, 2 % Skonto.

Bei Rechnungsausgang wird zunächst die Rechnung mit den vollen Beträgen gebucht. Das ergibt folgende Buchungssätze:

| | | | |
|---|---|---|---|
| Forderung | 1.150 DM | an Warenerlöskonto | 1.000 DM |
| | | Mehrwertsteuer | 150 DM |

Bei Eingang des vollen Rechnungsbetrages lautet die Buchung lediglich:

| | | | |
|---|---|---|---|
| Bank | | an Forderungen | 1.150 DM |

Zahlt der Kunde unter Abzug von 2 % Skonto, so setzt sich dieser Skontobetrag zusammen aus 20 DM für die Warenpreisminderung und 3,00 DM für die Vorsteuerkorrektur. Dabei wird die Warenpreisminderung in Höhe von 20 DM als Skontoaufwand betrachtet. Der Buchungssatz lautet also:

| | | | |
|---|---|---|---|
| Bank | 1.127 DM | an Forderungen | 1.150 DM |
| Skontoaufwand | 20 DM | | |
| Mehrwertsteuer | 3 DM | | |

Der Skontoaufwand geht beim Abschluß als besondere Aufwandsposition in die G.u.V.-Rechnung ein.

### 1.4.2.2 Nettobuchung

Bei der Buchung nach dem Nettoprinzip wird der Rechnungsbetrag wiederum zerlegt in den reinen Warenwert und die Kreditleistung, die das Unternehmen dem Kunden gewährt. Im vorliegenden Beispiel wäre also der reine Warenbetrag 980 DM und die Kreditleistung 20 DM. Die Vorsteuer würde sich für beide Beträge zusammen auf 150 DM belaufen. Die Kreditleistung in Höhe von 20 DM würde im Skontoertragskonto erfaßt. Damit lautete der Buchungssatz:

| | | | |
|---|---|---|---|
| Forderungen | 1.150 DM | an Warenerlöse | 980 DM |
| | | Skontoerträge | 20 DM |
| | | Mehrwertsteuer | 150 DM |

Wird die Rechnung bezahlt unter Skontoabzug, d.h. Nichtinanspruchnahme der Kreditleistung, so muß die berechnete Kreditleistung storniert werden.

Der Buchungssatz lautet also:

| | | | |
|---|---|---|---|
| Bank | 1.127 DM | an Forderungen | 1.150 DM |
| Skontoertrag | 20 DM | | |
| Mehrwertsteuer | 3 DM | | |

In der Praxis hat sich weitgehend das Bruttoprinzip durchgesetzt, d.h. Skontoabzüge beim Lieferanten werden als Skontoerträge erfaßt und Skontoabzüge des Kunden werden als Skontoaufwand erfaßt.

## 1.5 Rabatte, Boni

Rabatte und Boni sind Preisnachlässe, die unter bestimmten Voraussetzungen den Kunden gewährt werden. Der **Rabatt** ist bereits auf der Rechnung ausgewiesen, **Boni** werden in der Regel nachträglich gewährt, z.B. bei Erreichung eines bestimmten Umsatzes.

Da der **Rabatt** in der Regel auf der Rechnung ausgewiesen ist, und in jedem Fall in Anspruch genommen wird, ist es üblich, die Buchung netto unter Abzug des Rabattes vorzunehmen. Sowohl Verkäufer wie auch Käufer buchen daher als Warenwert den um den Rabatt verminderten Warenwert.

Trotzdem kommt es vor, daß in bestimmten Branchen die Warenbeträge brutto, d.h. einschließlich Rabatt gebucht werden und der Rabatt als Erlösschmälerung erfaßt wird. Für die Umsatzsteuer ist dabei aber in jedem Fall nur der Nettobetrag relevant. Eine solche Bruttoverbuchung wird häufig angewendet, wenn mit verschiedenen Rabattsätzen gearbeitet wird.

Da **Boni** immer nachträglich gewährt werden, kann hier nur das Bruttoprinzip Anwendung finden. Käufer und Verkäufer buchen zunächst den Bruttowarenbetrag. Wie beim Skonto werden später die Nachlässe gebucht, d.h. beim Verkäufer als Aufwand (Erlösschmälerung) und beim Käufer als Ertrag. Dabei ist zu beachten, daß die Umsatzsteuer entsprechend korrigiert wird, d.h. beim Käufer die Vorsteur um den Betrag reduziert und beim Verkäufer die Umsatzsteuer entsprechend vermindert wird.

Auch beim Bonus ergibt sich die Frage des Warenwertes im Falle der Aktivierung. Die Rechtsprechung hat festgestellt, daß ein Bonus den Warenwert mindert, d.h. der verminderte Wert in die Bilanz eingeht.

## 1.6 Schwund, Diebstahl

Der Warenbestand vermindert sich in der Regel um die Beträge, die für den Betriebszweck verbraucht werden, d.h. entweder in die Produktion eingehen oder im Handel an den Kunden abgesetzt werden. Darüber hinaus kann sich der Warenbestand unbeabsichtigt vermindern durch Schwund, Diebstahl u.ä.. Fest steht, daß die Ware nicht mehr vorhanden ist und dieser „Verbrauch“ als Aufwand erfaßt werden muß. Häufig wird deshalb auch kein Unterschied gemacht, ob die Ware für den Betriebszweck verbraucht wurde oder in andere Weise unterging.

Für das Unternehmen ist es aber interessant zu wissen, wodurch der Warenverbrauch verursacht wurde. Vor allem dann, wenn die außerordentlichen Verbräuche wie Diebstahl und Schwund nennenswerte Beträge ergeben, ist eine Kontrolle erforderlich.

Da solche nicht zweckgebundenen Verbräuche in der Regel nicht erfaßbar sind, ergeben sich diese Warenabflüsse häufig nur durch **Inventurdifferenzen** gegenüber dem buchungsmäßigen Bestand. Buchmäßig werden die regulären Warenabflüsse erfaßt, so daß der buchmäßige Bestand mit dem Inventurbestand übereinstimmen müßte. Sofern die Inventur einen niedrigeren Bestand als den Buchbestand ausweist, zeigt sich, daß nicht kontrollierte Warenabflüsse stattgefunden haben. Diese nicht kontrollierten Warenverbräuche (Inventurdifferenzen) werden von den Unternehmen häufig auf getrennten Aufwandskonten erfaßt, damit man sie unter Kontrolle behält. Dies ist vor allem bei nennenswerten Beträgen erforderlich, um für Abhilfe zu sorgen. Beachtung müssen solche Warenabflüsse in offenen Lägern, im Einzelhandel und bei verderblicher Ware finden. Für die Buchung ergibt sich dabei folgende Vorgehensweisen:

**Beispiel:**

| | |
|---|---|
| Warenanfangsbestand | 10.000 DM |
| Zugang | 100.000 DM |
| Abgang | 90.000 DM |
| Inventurbestand | 15.000 DM |

Wareneinkauf

| | | | |
|---|---|---|---|
| AB | 10.000 | Abgang | 90.000 |
| Zugang | 100.000 | I.-Bestand | 15.000 |
| | | I.-Differenz | 5.000 |
| | 110.000 | | 110.000 |

Aufwand Inventurdifferenz

| | | | |
|---|---|---|---|
| | 5.000 | | |
| | | G.u.V. | 5.000 |

G.u.V.

| | | | |
|---|---|---|---|
| I.-Differenz | 5.000 | | |

7

# 1.7 Privatentnahme

Privatentnahmen können erfolgen in Form von

- Geld
- Waren oder
- Dienstleistungen.

In einem Unternehmen, dessen Rechtsform ein Einzelunternehmen oder eine Personengesellschaft ist, reduziert die Entnahme das Eigenkapital. Die Entnahme wird daher auf dem Privatkonto - ein Unterkonto des Eigenkapitalkontos - erfaßt.

Geldentnahmen berühren je nach Art der Entnahme die Bank oder die Kasse. Eine Barentnahme von 500 DM wird daher gebucht:

Privatkonto an Kasse 500 DM

Eine **Waren**entnahme (man spricht auch von Eigenverbrauch) wird ebenso wie eine Geldentnahme gebucht. Statt der Kasse oder Bank wird das Warenkonto berührt. Im

Gegensatz zur Geldentnahme muß berücksichtigt werden, daß die Warenentnahme ein umsatzsteuerpflichtiger Vorgang (§ 1 Abs. 1 Nr. 2 UStG) ist. Aus diesem Grund wird im Falle einer Warenentnahme von 500 DM noch die fällige Mehrwertsteuer hinzugerechnet. Buchung:

| | | | |
|---|---|---|---|
| Privatkonto | 575 DM | an Ware | 500 DM |
| | | an MwSt | 75 DM |

Ein Problem stellt häufig die Bewertung der entnommenen Ware dar. Diese erfolgt nicht mit dem Verkaufspreis, sondern mit dem Preis, zu dem die Ware wiederbeschafft werden kann („Teilwert"). Bei gekaufter Ware ist damit der Preis eindeutig, bei selbst hergestellter Ware werden die Herstellkosten zuzüglich entstandener Verwaltungs- bzw. Vertriebskosten in Ansatz gebracht.

Der Eigenverbrauch von Dienstleistungen kann vielfältiger Art sein. So kann z.B. ein **Arbeitnehmer** des Unternehmens eine **Dienstleistung** für den Unternehmer in seinem privaten Bereich erbringen („Hofarbeiter arbeitet auf privatem Gelände"). In solchen Fällen wird der Eigenverbrauch entweder gegengebucht auf dem Konto Personalaufwendungen oder als außerordentlicher Ertrag erfaßt. Der Buchungssatz lautet:

| | |
|---|---|
| Privatkonto | an Personalaufwendungen (oder a.o. Erträge) |
| | an Mehrwertsteuer. |

Leistungen können auch erbracht werden, indem das Unternehmen Anlagen oder Geräte zur privaten Nutzung zur Verfügung stellt. Darunter fällt z.B. auch die private Kfz-Nutzung eines Betriebs-PKWs. Dabei wird der Anteil der gefahrenen Kilometer für Privatzwecke mit Hilfe eines Fahrtenbuches festgehalten. Ist der Einzelnachweis der Privatfahrten aufgrund eines Fahrtenbuches nicht möglich, wird die private PKW-Nutzung als Pauschale geschätzt. Gibt es keine gegenteiligen Annahmen, erfolgt eine Festsetzung zwischen 30 und 35 % der gefahrenen Kilometer als angemessene Pauschale. Wird z.B. der privat genutzte Anteil auf ein Drittel der gefahrenen Kilometer festgelegt, bei Gesamtkosten von 6.000 DM, so werden 2.000 DM als Eigenverbrauch angesetzt. Der entsprechende Buchungssatz lautet dann:

| | | | |
|---|---|---|---|
| Privatkonto | 2.300 DM | an Kfz.-Kosten (a.o. Erträge) | 2.000 DM |
| | | an Mehrwertsteuer | 300 DM |

Ähnlich verhält es sich bei der privaten Nutzung eines Teils des Unternehmensgebäudes. Der Unterschied zur Kfz.-Nutzung besteht darin, daß in solchen Fällen festgelegt ist, welche Kosten der Mieter selbst tragen muß und Mehrwertsteuer nicht anfällt (Befreiung nach § 4 Nr. 12a UStG). Geht man von dem Beispiel aus, daß ein Drittel des Gebäudes für private Nutzung vom Unternehmen zur Verfügung steht, so wird der Unternehmer für dieses Drittel wie jeder fremde Mieter behandelt. Der Unternehmer muß Miete zahlen, Schönheitsreparaturen tragen, Großreparaturen jedoch müssen vom Unternehmen getragen werden.

Werden z.B. Handwerkerrechnungen mit Schönheitsreparaturen am gesamten Gebäude zunächst vom Unternehmen gezahlt, so muß der anteilige Betrag als Privatentnahme behandelt werden.

Der Vorsteuerabzug kann im Falle von Großreparaturen nur in dem Umfang in Anspruch genommen werden, wie das Gebäude vom Unternehmen genutzt wird. Der Anteil der Vorsteuer für den privaten Bereich muß als Aufwand gebucht werden, da bei der Berechnung der Miete keine Mehrwertsteuer berechnet wird, der Vermieter daher auch nicht vorsteuerabzugsberechtigt ist.

**Beispiel:** Ein Gebäude wird zu einem Drittel privat genutzt.

Die Miete für den genutzten Teil beträgt 7.200 DM. Es erfolgt eine Dachreparatur in Höhe von 30.000 DM netto, plus 4.500 DM MwSt. Es werden im privaten Bereich Malerarbeiten durchgeführt in Höhe von 15.000 DM plus 2.250 DM MwSt, die zunächst vom Unternehmen bezahlt wurden. Daraus ergeben sich folgende Buchungssätze:

| | | | | |
|---|---|---|---|---|
| 1) | Privatkonto | | an Mietertrag | 7.200 DM |
| 2) | Gebäudeaufwand | 30.000 DM | an Bank | 34.500 DM |
| | Vorsteuer | 4.500 DM | | |
| 3) | Gebäudeaufwand | 15.000 DM | an Bank | 17.250 DM |
| | Vorsteuer | 2.250 DM | | |
| 4) | Privatkonto | 17.250 DM | an Gebäudeaufwand | 15.000 DM |
| | | | Vorsteuer | 2.250 DM |
| 5) | Gebäudeaufwand | 1.500 DM | an Vorsteuer | 1.500 DM |
| | (Umbuchung der anteiligen Vorsteuer der Dachreparatur als Aufwand). | | | |

In dieser Form werden alle Leistungen, die an den Unternehmer erfolgen, als Privatentnahme gebucht. Das Verhältnis zwischen Unternehmen und Unternehmer muß immer so gesehen werden, als wenn es sich um eine unternehmensfremde Person handelt.

# 2. Zahlungsverkehr

## 2.1 Barzahlung

Barzahlung bedeutet, daß der fällige Betrag aus der Kasse bezahlt wird bzw. in die Kasse eingeht. Bezahlt wird entweder eine Rechnung oder sofort bei Empfang der Ware gegen Aushändigung der entsprechenden Rechnung oder Quittung. Außerdem werden häufig auch Dienstleistungen in bar bezahlt.

Sofern die erworbenen Güter in den Bestand eingehen, lautet der Buchungssatz

Bestandskonto an Kasse.

**Beispiel:** Ware an Kasse 500 DM

Wenn die erworbenen Leistungen sofort als Aufwand erfaßt werden, lautet der Buchungssatz

| | | | |
|---|---|---|---|
| | Aufwandskonto | an Kasse | 300 DM |
| **Beispiel:** | Versicherungen | an Kasse | 300 DM |
| | oder Löhne | an Kasse | 2.000 DM |

Bei barem Geldeingang lautet die Buchung entsprechend. So wird der Verkauf von Ware gegen Bargeld (z.B. im Einzelhandel) gebucht als

Kasse an Warenverkauf.

Die bar bezahlte Miete wird gebucht

Kasse an Mietverträge.

Auch der bare Verkauf eines Anlagegutes, z.B. einer Maschine, wird in gleicher Weise gebucht

Kasse an Maschinen.

Der echte Kassenbestand muß immer mit dem Kontostand (Saldo) übereinstimmen.

## 2.2 Unbarer Zahlungsverkehr

Der unbare Zahlungsverkehr erfolgt in der Regel durch Überweisung oder durch Bezahlung mit Schecks. Bei **Überweisung** wird die Bank angewiesen, einen bestimmten Betrag vom Konto des Unternehmens an den Empfänger des Geldes zu überweisen. Der Betrag wird vom Bankkonto abgebucht.

Bei Bezahlung mit **Scheck** wird der Scheck dem Empfänger der Zahlung übergeben. Auf dem Scheck ist der Name dessen, der zahlen soll (Bezogener) sowie das entsprechende Konto angegeben. Der Empfänger reicht den Scheck bei einer Bank ein und erhält eine Gutschrift in Höhe des Scheckbetrages auf seinem Konto (**Verrechnungsscheck**) oder der Betrag wird bar ausgezahlt (**Barscheck**). Der Scheck wird dem Konto des Bezogenen belastet.

Da zwischen Ausstellung des Schecks und Belastung auf dem Konto in der Regel nur wenige Tage vergehen, wird der Vorgang der Ausstellung und Abbuchung vom Konto in der Praxis vielfach als ein Buchungsvorgang in die Finanzbuchhaltung übernommen. Eine Erfassung der ausgestellten aber noch nicht eingereichten Schecks erfolgt in der Regel nur zum Periodenabschluß.

Bei Überweisung und bei Scheckzahlung wird der Betrag vom Bankkonto abgebucht, d.h. der Bestand des Bankkontos verringert sich. Je nachdem, ob eine Rechnung bezahlt wird, d.h. ob Lieferantenverbindlichkeiten bestehen oder ob sofort bei Lieferung oder Leistungserbringung gezahlt wird, wird als Gegenbuchung auf dem entsprechenden Bestandskonto oder Aufwandskonto gebucht. So lautet z.B. die Bezahlung einer Rechnung:

Lieferantenverbindlichkeiten an Bank.

Gleichgültig ist, ob auf dem Bankkonto ein Guthaben oder ein Schuldbetrag steht. Sofern auf dem Bankkonto ein Guthaben steht, verringert sich das Guthaben, sofern ein Schuldbetrag besteht, erhöht sich dieser Betrag entsprechend. Zu beachten ist, daß es Bankkonten gibt, auf denen ein fester Schuldbetrag (Bankdarlehen) steht, der dem Unternehmen überwiesen wurde. Das Guthaben wird auf einem „Kontokorrentkonto" gebucht. Die laufenden Bankbewegungen werden auf dem Kontokorrentkonto erfaßt.

Außer einem Darlehen in fester Höhe kann das Unternehmen auch einen Kontokorrentkredit mit der Bank vereinbaren. Dieser Kredit, der nicht gutgeschrieben wird, besagt, daß das Unternehmen ihn nach Bedarf in Anspruch nehmen kann. Im Fall eines Kontokorrents wird nur ein Konto berührt, auf dem die jeweils anfallenden Guthaben oder Schuldbeträge erfaßt werden. Der Schuldbetrag kann bis zur vereinbarten Höhe anwachsen. Zinsen für die Schulden bzw. für die Guthaben werden entsprechend den Zinstagen berechnet.

## 2.3 Bezahlung mit Wechsel

Der Wechsel - ein Wertpapier - ist ein abstraktes Zahlungsversprechen, also losgelöst von dem Verpflichtungsgrund. Der Wechsel muß eingelöst werden, auch wenn das Grundgeschäft inzwischen nichtig ist. Rechtliche Grundlage ist das Wechselgesetz (WG).

Nach Art. 1 WG muß ein rechtsgültiger Wechsel folgende Bestandteile enthalten:

- die Bezeichnung als Wechsel im Text der Urkunde und zwar in der Sprache, in der sie ausgestellt ist,
- die unbedingte Anweisung, eine bestimmte Geldsumme zu zahlen,
- den Namen des Bezogenen,
- die Angabe der Verfallzeit,
- die Angabe des Zahlungsortes,
- den Namen des Wechselnehmers,
- die Angabe des Tages und des Ortes der Ausstellung,
- die Unterschrift des Ausstellers.

Somit lautet der übliche Text:

| |
|---|
| Gegen diesen Wechsel zahlen Sie am 5. August 1995 an eigene Order 1.000 DM<br>Bezogener: Firma Heinrich Müller, Bahnhofstr., Bielefeld<br>Zahlbar in: Bielefeld bei Commerzbank Konto-Nr. XYZ<br>Bielefeld, den 5. Mai 1995<br>Name und Unterschrift des Ausstellers:<br>Gustav Wagner, Bielefeld, Niedernstr. |

Ein solcher gezogener Wechsel (Tratte) wird zum Akzept, indem er vom Bezogenen „quergeschrieben“ wird, d.h., daß der Bezogene seine Unterschrift auf dem Wechsel leistet und zwar in der Regel auf der linken Seite quer zur normalen Schreibrichtung.

Der Wechsel kann, nachdem er vom Bezogenen akzeptiert worden ist, vom Aussteller weiter in Zahlung gegeben werden. Zu diesem Zweck schreibt der Aussteller auf die Rückseite des Wechsels:

> für mich an die Order von Herrn Kurt Winter,
> Herford, 30.Mai 1995
> Unterschrift.

Die Laufzeit eines Wechsels kann beliebig festgelegt werden. Der normale Handelswechsel hat eine Laufzeit von 3 Monaten. Bei Vorlage des Wechsels beim Bezogenen ist zunächst der Bezogene zur Zahlung verpflichtet. Verpflichtet ist aber auch der Aussteller, falls er den Wechsel weitergegeben hat, und der Bezogene den Wechsel nicht einlöst.

Der Bank können Wechsel zum Diskont eingereicht werden, d.h., daß die Bank diesen Wechsel in Zahlung nimmt und dem Einreichenden dafür den Geldbetrag abzüglich der Kreditzinsen (Diskont) gutschreibt. Die Geschäftsbank ihrerseits kann die gekauften Wechsel an die Bundesbank (d.h. die jeweilige Landeszentralbank) weitergeben (rediskontieren). Die Bundesbank fordert weitere Voraussetzungen (bundesbankfähige Wechsel):

- drei zahlungsfähige Verpflichtete (sog. gute Unterschriften),
- Handelswechsel,
- Laufzeit höchstens 3 Monate bei Ankauf,
- bei Kreditinstitut am Bankplatz zahlbar.

Der Wechsel gewährt den Bezogenen einen Zahlungsaufschub, er ist also ein Kreditinstrument. Für diesen Kredit muß er Zinsen zahlen. Diese Zinsen werden vom Empfänger gesondert in Rechnung gestellt oder sind bereits in der Wechselsumme enthalten, so daß sich die Wechselsumme zusammensetzt aus Schuld und Wechselzinsen. Die Zinsen für den Wechselkredit werden Diskont genannt. Bei Ankauf durch die Bundesbank wird ein Diskont in Höhe des festgesetzten Diskontsatzes berechnet. Die übrigen Banken diskontieren Wechsel in der Regel zu einem höheren Satz.

Außer den Zinsen fallen als Wechselspesen noch Bearbeitungsgebühr und Einzugsgebühr an. Auch diese Spesen werden in der Regel dem Kreditnehmer in Rechnung gestellt. Die zu berücksichtigenden Beträge sind daher:

- Schuldbetrag,
- Diskont,
- Spesen.

Außerdem ist die Frage der Umsatzsteuerpflicht bei den Diskontspesen zu berücksichtigen. Zwar hat der BdF mit Erlaß vom 1.4.1986 Entgelte für gesonderte Kreditgewährung unter bestimmten Voraussetzungen als nicht umsatzsteuerpflichtig bezeichnet, doch ist nicht sicher, daß darin auch der Wechseldiskont einbezogen wird. In der Regel wird die Umsatzsteuerpflicht heute verneint, wenn die Wechselzahlung nicht ausdrücklich bei Abschluß des Handelsgeschäfts als Leistungsbestandteil vereinbart ist. Das Kreditgeschäft der Banken ist umsatzsteuerfrei.

Für einen Gläubiger, der einen Wechsel in Zahlung nimmt, ergeben sich folgende Buchungen.

**Beispiel:**

| | | |
|---|---|---|
| Forderung 1.000 DM | | |
| Diskont 8 % p.a., Laufzeit 3 Monate, | Zinsen = | 20 DM |
| | Spesen | 5 DM |
| = zusätzlicher Forderungsbetrag Diskontspesen | | 25 DM |

Der Wechsel wird über die Warenforderung ausgeschrieben, die Diskontspesen werden gesondert in Rechnung gestellt und sofort bezahlt.

Buchungen:

| | | |
|---|---|---|
| Besitzwechsel an Forderung | | 1.000 DM |
| Forderung 25 DM | an Diskontertrag | 25 DM |

Nach Eingang der Diskontspesen:

| | |
|---|---|
| Bank an Forderung | 25 DM |

Es gibt nun verschiedene Verwendungsmöglichkeiten für den Wechsel:

- Nach 3 Monaten wird der Wechsel, der bis zu diesem Zeitpunkt bei dem Unternehmen blieb, dem Kunden zum Inkasso vorgelegt, die Zahlung erfolgt in bar. Der Diskontertrag ist in voller Höhe Periodenertrag und wird beim Abschluß auf das G.u.V.-Konto übertragen. Buchung:

| | |
|---|---|
| Kasse an Besitzwechsel | 1.000 DM |
| Diskontertrag an G.u.V. | 25 DM |

- Die Einlösung des Wechsels wird nicht in bar vorgenommen, sondern durch die Bank eingezogen. Als Einzugsgebühr berechnet das Kreditinstitut eine Inkassoprovision (in unserem Falle z.B. 3 DM):

| | | | |
|---|---|---|---|
| Bank | 997 DM | an Besitzwechsel | 1.000 DM |
| Diskontertrag | 3 DM | | |
| Diskontertrag | | an G.u.V. | 22 DM |

- Der Wechsel wird der Bank zum Diskont eingereicht, das Kreditinstitut kauft den Wechsel an und schreibt den Wechselbetrag abzüglich der in Rechnung gestellten Diskontspesen gut. Buchung:

| | | | |
|---|---|---|---|
| Bank | 975 DM | an Besitzwechsel | 1.000 DM |
| Diskontertrag | 25 DM | | |

- Der Wechsel wird an einen Lieferanten weitergegeben. Buchung:

| | | | |
|---|---|---|---|
| Verbindlichkeiten | 1.000 DM | an Besitzwechsel | 1.000 DM |
| Diskontspesen | 25 DM | an Verbindlichkeiten | 25 DM |
| Verbindlichkeiten | 25 DM | an Bank | 25 DM |

Befindet sich der Wechsel zum Zeitpunkt des Bilanzstichtages im Besitz des Unternehmens, müssen die im Besitz befindlichen Wechsel als Vermögenswerte erfaßt werden. Dabei ist zu berücksichtigen, daß die Wechsel zu diesem Zeitpunkt nicht den vollen Wert haben, da sie erst eine gewisse Zeit nach dem Bilanzstichtag fällig werden und die bis dahin anfallenden Zinsen den Wert vermindern.

Sind die Zinserträge unabhängig vom Wechsel als Diskonterträge erfaßt, so müssen diese dem zeitlichen Anteil entsprechend korrigiert werden. Zu diesem Zweck wird ein Konto „Wertberichtigungen“ auf „Besitzwechsel“ eröffnet. Fallen aus obigem Beispiel mit insgesamt 20 DM Zinsen, 10 DM für das alte und 10 DM für das neue Jahr an, so ergibt sich die Buchung:

Diskontertrag an Wertberichtigung auf Wechsel 10 DM

Der Diskontertrag geht also mit dem verminderten Betrag in die G.u.V.-Rechnung ein, die Position Wertberichtigung auf Besitzwechsel wird in die Schlußbilanz übernommen und mindert somit den ausgewiesenen Betrag der Besitzwechsel.

Besitzwechsel, die weitergegeben worden sind, stellen am Bilanzstichtag keinen Vermögenswert dar. Sie können aber evtl. zu einer Verbindlichkeit werden, wenn der Wechselschuldner nicht zahlt, denn der Aussteller und jeder weitere Indossant haftet. Um diese Eventualverbindlichkeit in der Bilanz zum Ausdruck zu bringen, werden die Summen als Wechselobligo unter der Bilanz festgehalten. Auch ist eine Rückstellung wegen Wechselobligo in der Bilanz möglich.

Für einen Schuldner stellt der in Zahlung gegebene Wechsel eine Schuld dar. Es handelt sich zunächst nur um eine Umwandlung von Lieferantenverbindlichkeiten in Wechselschulden. Die Buchung lautet:

Lieferantenverbindlichkeiten an Schuldwechel 1.000 DM

Die vom Aussteller des Wechsels in Rechnung gestellten Diskontspesen sind Aufwand. Die Buchung lautet:

Diskontaufwand 25 DM an Lieferantenverbindlichkeiten 25 DM

bei Bezahlung:

Lieferantenverbindlichkeiten an Bank 25 DM

Schuldwechsel werden zum Stichtag als Verbindlichkeiten in die Bilanz übernommen.

Prolongation eines Wechsels bedeutet, daß ein fälliger Wechsel durch einen neuen Wechsel ersetzt wird. Buchungen:

Der alte Wechsel wird ausgebucht, der neue Wechsel wird in den Bestand übernommen. Das Bestandskonto hat sich nicht verändert, lediglich Wechselspesen sind erneut zu berechnen und zu buchen.

Wenn der Wechselgläubiger zur Prolongation nicht bereit ist, der Bezogene aber nicht zahlungsfähig ist, geht der Wechsel zu Protest, d. h., der letzte Inhaber des Wechsel muß zum Zwecke des Rückgriffs Protest erheben.

Der Wechselprotest ist eine öffentliche Urkunde, in der von einem Gerichtsvollzieher, einem Postbeamten oder einem Notar bestätigt wird, daß der Bezogene den Wechsel nicht oder nur teilweise bezahlt hat. Der Protest verursacht Kosten, die zunächst der letzte Wechselinhaber zu zahlen hat.

Da der zu Protest gegangene Wechsel ein besonderes Risiko beinhaltet, wird er auf ein gesondertes Konto "Protestwechsel" umgebucht. Geht z.B. ein Wechsel zu Protest und wird dies von einem Notar bestätigt, und werden die Protestgebühren vom Notar in Rechnung gestellt und bar bezahlt, ergeben sich folgende Buchungen:

| | | | |
|---|---|---|---|
| Protestwechsel | 1.000,— DM | an Besitzwechsel | 1.000,— DM |
| Kosten des Geldverkehrs | 50,— DM | | |
| Vorsteuer | 7,50 DM | an Kasse | 57,50 DM |

Der Gerichtsvollzieher muß keine Umsatzsteuer berechnen.

Ist der Wechselinhaber nicht gleichzeitig der Aussteller, d. h., daß der jetzige Inhaber den Wechsel vom Aussteller oder einem weiteren Vormann bekommen hat, kann der Inhaber des Protestwechsels auf einen Vormann oder auf den Aussteller zurückgreifen und von ihm die Zahlung des Wechselbetrages verlangen. Diesen Vorgang nennt man Rückgriff (Regreß). Wer Rückgriff nimmt, kann neben der Wechselsumme noch weitere Kosten in Rechnung stellen. Dazu stellt er eine Rückrechnung auf. Bei der Inrechnungstellung ist die Rückgriffsumme in analoger Anwendung der neuesten BFH-Rechtsprechung nicht mit Umsatzsteuer zu belasten, da dieser Betrag keinen Zusammenhang mit der Leistung des Handelsgeschäfts hat, sondern einen Schadensersatz darstellt. Die Rückrechnung beinhaltet demnach:

1. Die Wechselsumme,
2. Zinsen in Höhe von 2 % über dem Bundesbankdiskontsatz, mindestens aber 6 % vom Verfalltag an gerechnet,
3. die Kosten des Protests,
4. Auslagen (zum Beispiel für Benachrichtigung),
5. 1/3 % Provision aus der Wechselsumme,
6. Rückgriffsumme.

Diese Gesamtsumme wird dem Vormann in Rechnung gestellt und stellt eine Forderung des Rückgriffnehmers an einen der Vormänner dar und führt beim Rückgriffnehmer zu folgender Buchung:

| | | | |
|---|---|---|---|
| Forderung | 1.070,— DM | an Protestwechsel | 1.000,— DM |
| | | an Kosten des Geldverkehrs | 65,— DM |
| | | an a.o. Erträge | 3,33 DM |
| | | an Zinserträge | 1,67 DM |

Bei dem Vormann, der nun Inhaber des Protestwechsels ist und die daraus entstandenen Verbindlichkeiten zu zahlen hat, ergibt sich die entsprechende Gegenbuchung

| | | | |
|---|---|---|---|
| Protestwechsel | 1.000,— DM | | |
| Kosten des Geldverkehrs | 65,— DM | | |
| a.o. Aufwendungen | 3,33 DM | | |
| Zinsaufwendungen | 1,67 DM | | |
| | | an sonst. Verbindlichkeiten | 1.070,— DM |

Der neue Inhaber kann wiederum Rückgriff nehmen auf einen weiteren Vormann bzw. den Aussteller.

## 2.4 Devisengeschäfte

Bei einem grenzüberschreitenden Handel (Import oder Export) können die Abschlüsse in deutscher Währung oder in ausländischer Währung getätigt werden. Sofern deutsche Währung Grundlage des Geschäftes ist, entstehen keine Besonderheiten. Der Buchungsvorgang ist der gleiche wie ein Geschäft im Inland.

Sofern in ausländischer Währung abgeschlossen wird, muß für die Buchhaltung der Betrag in DM umgerechnet werden. Wenn der Wechelkurs zum Zeitpunkt der Rechnungsbuchung der gleiche ist wie zum Zeitpunkt des Zahlungseinganges (bei Export) bzw. Zeitpunkt der Zahlung (bei Import), ergeben sich auch keine Probleme. Die Rechnungen bzw. Überweisungen werden mit dem Wechselkurs in deutsche Währung umgerechnet. Die deutsche Währung wird gebucht.

In der Regel wird die Buchung mit einem anderen Kurs umgerechnet als der spätere Zahlungseingang, da in der Zwischenzeit Kursschwankungen eingetreten sind. Damit entspricht zwar in der Fremdwährung die Zahlung noch dem Rechnungsbetrag, in deutscher Währung ergibt sich aber eine Differenz. Diese Differenz kann ein Wechselkursgewinn oder ein Wechselkursverlust sein.

**Beispiel:** Zu einem bestimmten Zeitpunkt wird eine Rechnung für eine Lieferung in Höhe von 780 Sfr. ausgeschrieben und gebucht. Zu diesem Zeitpunkt entspricht der Betrag von 780 Sfr. einem Betrag von 1.000 DM.

Buchung:

Forderungen an Warenverkaufskonto 1.000 DM

Zum Zeitpunkt des Zahlungseinganges entspricht der Gegenwert von Sfr. 780 einem DM-Betrag von 980. Die erwarteten 1.000 DM gehen also nicht ein. Die entsprechenden Buchungen lauten:

| | | | |
|---|---|---|---|
| Bank | 980 DM | an Forderungen | 1.000 DM |
| Kursverlust | 20 DM | | |

Umgekehrt kann es sein, daß zum Zeitpunkt des Zahlungseinganges die Sfr. 780 = 1.010 DM wert sind. Dann lauten die Buchungssätze:

| | | | |
|---|---|---|---|
| Bank | 1.010 DM | an Forderungen | 1.000 DM |
| | | an Kursgewinn (a.o. Erträge) | 10 DM |

Sowohl der Kursverlust wie auch der Kursgewinn werden in die G.u.V. abgeschlossen.

9 10

# 3. Forderungen

## 3.1 Entstehen von Forderungen

Forderungen entstehen, wenn eine Leistung an einen Kunden erfolgt und diese **Leistung nicht sofort bezahlt wird**. Eine Forderung entsteht in dem Zeitpunkt, in dem die Lieferung erfolgt oder eine sonstige Leistung erbracht wird. Ein Kaufvertrag ist seitens des Verkäufers im allgemeinen mit der Übergabe der Sache erfüllt. In der Regel darf der Verkäufer erst in diesem Zeitpunkt den Anspruch auf die Gegenleistung (Geldforderung) aktivieren (BFH, BStBl 1976 II S. 541). Auf den Zeitpunkt der Rechnungserstellung kommt es nicht an, ebenso nicht auf die Fälligkeit.

Sofern nichts anderes vereinbart ist, geht die Gefahr nach § 447 BGB beim Versendungskauf bei der Übergabe auf die Bahn bzw. an den Spediteur auf den Empfänger über. Der Absender hat zu buchen:

Kundenforderung an Warenverkauf.

Beim Abnehmer entsteht eine entsprechende Verpflichtung. Die rollende Ware ist vom Abnehmer bilanzmäßig zu erfassen.

**Forderungen im weiteren Sinne** sind auch

- Bankguthaben
- gewährte Darlehen

- Provisionsforderungen an andere
- Wechselforderungen etc..

Derartige Forderungen werden in der Regel als solche bezeichnet und getrennt als Konto geführt.

Seltener auftretende Forderungsarten werden als „**sonstige Forderungen**" erfaßt.

Aus der Tatsache, daß es beim Entstehen der Forderung nicht auf die **Fälligkeit** ankommt, ist zu erkennen, daß nicht alle Forderungen fällig sein müssen. Man unterscheidet daher

- kurzfristige und
- langfristige Forderungen.

Auch werden **DM-Forderungen von Forderungen in anderer Währung** getrennt gehalten. Allerdings werden auch Forderungen in Fremdwährung in DM bewertet und in DM-Beträgen in der Buchhaltung erfaßt, auch wenn das Kundenkonto ggf. in Fremdwährung geführt wird.

Desweiteren unterscheidet man **vollwertige, zweifelhafte** (dubiose) und **uneinbringliche** Forderungen. Die Forderungen sind abzugrenzen von den schwebenden Geschäften. Wenn ein Vertrag abgeschlossen ist, aber noch niemand geleistet hat, handelt es sich um schwebende Geschäfte. Dafür wird keine Buchung vorgenommen, und sie erscheinen in der Regel auch nicht in der Bilanz. Eine Ausnahme bilden erwartete Verluste aus schwebenden Geschäften oder Ausgaben, die bereits für das Geschäft entstanden sind.

## 3.2 Dubiose Forderungen

Zweifelhafte oder dubiose Forderungen - auch kurz „Dubiose" genannt - sind Forderungen, bei denen am Stichtag nur mit einem teilweisen Eingang oder gar nicht gerechnet werden kann. Deshalb muß der Nennwert dieser Forderungen um die Höhe des wahrscheinlichen Verlustes korrigiert werden. Dieser Verlust - man spricht von Wertberichtigung - ist ein Aufwand, der zu erfassen ist. Bei den Dubiosen handelt es sich um bereits ausgesonderte Forderungen, die auf ihre Einbringlichkeit individuell zu prüfen sind. Es erfolgt eine Einzelwertberichtigung im Gegensatz zur Pauschalberichtigung.

Die Wertkorrektur betrifft daher nur noch das Konto „dubiose Forderungen". Dieses Konto wird um den erwarteten Ausfall korrigiert, in dem der Wert direkt durch Buchung einer Abschreibung herabgesetzt wird.

**Beispiel:**

| | |
|---|---|
| Forderungsbestand | 100.000 DM |
| auszusondernde dubiose Forderungen | 20.000 DM |
| Abschreibungen auf dubiose Forderungen | 4.000 DM |

Dabei ist zu berücksichtigen, daß die Forderungen Mehrwertsteuer enthalten und damit auch der Abschreibungsbetrag einen Mehrwertsteuerbetrag in entsprechender Höhe. Da die Mehrwertsteuer nur von eingegangenen Beträgen fällig ist, reduziert sich die Mehrwertsteuerschuld beim Finanzamt um den Betrag, der auf die ausgefallenen Forderungen entfällt. Somit muß der Korrekturbetrag aufgespalten werden in den Nettobetrag und Mehrwertsteuerbetrag. Nur der **Nettobetrag** stellt einen **Aufwand** und damit Abschreibungen dar.

Als Buchungssätze dieser Wertekorrektur ergeben sich damit:

| | | | | |
|---|---|---|---|---|
| 1) | Dubiose Forderungen | 20.000 DM | an Forderungen | 20.000 DM |
| 2) | Abschreibung auf dubiose Forderungen | 3.478 DM | an dubiose | |
| | Mehrwertsteuer | 521 DM | Forderungen | 4.000 DM |

**Forderungen**

| | | | |
|---|---|---|---|
| AB | 100.000 | | |
| | | 1) | 20.000 |
| | | Saldo | 80.000 |

**Dubiose**

| | | | |
|---|---|---|---|
| 1) | 20.000 | 2) | 4.000 |
| | | Saldo | 16.000 |

**Abschreibungen auf Forderungen**

| | | | |
|---|---|---|---|
| 2) | 3.478 | | |
| | | Saldo | 3.478 |

**Mehrwertsteuer**

| | | | |
|---|---|---|---|
| 2) | 522 | | |

**Bilanz**

| | | | |
|---|---|---|---|
| Forderungen | 80.000 | | |
| Dubiose | 16.000 | | |

**G.u.V.**

| | | | |
|---|---|---|---|
| Abschreibungen | 3.478 | | |

In der Bilanz werden die „sicheren" Forderungen mit 80.000 DM
ausgewiesen, die dubiosen Forderungen mit 16.000 DM
und in der G.u.V. die Aufwandsposition Abschreibungen auf
Dubiose in Höhe von 3.478 DM

Da die Abschreibungen auf die Dubiosen in der Regel einen Schätzwert darstellen, werden die effektiven Beträge des Verlustes in der Regel nicht genau diesem Wert entsprechen, sondern größer oder kleiner sein. Daraus resultieren Korrekturen zu dem Zeitpunkt, wenn der effektive Verlust bekannt wird.

Aus diesem Grund wird häufig auch die Mehrwertsteuerkorrektur erst dann vorgenommen, wenn der Forderungsausfall in seiner Höhe feststeht. Im Gegensatz zur Pauschalwertberichtigung, bei der erst beim effektiven Forderungsverlust die Mehrwertsteuer korrigiert werden darf, sind bei der Einzelwertberichtigung beide Möglichkeiten gestattet.

Ist der Verlust bei den dubiosen Forderungen um 2.000 DM größer, gehen nicht die kompletten 16.000 DM ein, sondern nur 14.000 DM. Auch dieser zusätzliche Verlust beinhaltet wiederum Mehrwertsteuer, so daß sich der außerordentliche Aufwand um die Mehrwertsteuer von 2.000 DM auf 1.739 DM ermäßigt und sich die Mehrwertsteuerschuld beim Finanzamt um die restlichen 261 DM verringert. Daraus ergibt sich als Buchungssatz zur Berücksichtigung dieses zusätzlichen Verlustes:

| | | | |
|---|---|---|---|
| Bank | 14.000 DM | an Dubiose | 16.000 DM |
| a.o. Aufwand | 1.739 DM | | |
| Mehrwertsteuer | 261 DM | | |

Ist der effektive Verlust im nachhinein um 2.000 DM geringer als die berücksichtigten Abschreibungen, wird ein a.o. Ertrag bzw. Ertrag aus abgeschriebenen Forderungen gebucht. Gehen wir davon aus, daß sich der effektive Zahlungseingang um 2.000 DM höher stellt, als die zu Buche stehenden dubiosen Forderungen in Höhe von 16.000 DM, ergibt sich daraus ein Zahlungseingang von 18.000 DM. Der entsprechende Buchungssatz lautet:

| | | | |
|---|---|---|---|
| Bank | 18.000 DM | an Dubiose | 16.000 DM |
| | | an a.o. Ertrag aus abgeschriebenen Forderungen | 1.739 DM |
| | | Mehrwertsteuer | 261 DM |

Außerdem kann es vorkommen, daß Forderungen in voller Höhe uneinbringlich werden. Derartige Forderungen, die im laufenden Jahr als uneinbringlich erkannt werden, werden als Forderungsverluste ausgebucht. Diese Forderungsverluste stellen einen Aufwand dar. Somit ergibt sich als Buchungssatz:

| | |
|---|---|
| Forderungsverluste | an Forderungen |
| G.u.V. | an Forderungsverluste |

## 3.3 Pauschalwertberichtigung

Nicht immer lassen sich durch Einzelprüfung Forderungen bereits als zweifelhaft erkennen. In jedem Unternehmen bestehen Erfahrungswerte, in welcher Höhe mit Forderungsverlusten im Laufe eines Jahres zu rechnen ist. Aus diesem Grund haben die Unternehmen über mehrere Jahre hinweg Erfahrungswerte gesammelt, die sie in Prozent vom Forderungswert ausdrücken.

In Höhe dieses erwarteten Prozentsatzes an Verlusten wird zum Jahresende eine Pauschalwertberichtigung ermittelt in der Form, daß die Forderungen um die Höhe dieses Erfahrungssatzes abgeschrieben werden und eine entsprechende Summe als Abschreibung und somit Aufwand erfaßt wird. Dabei ist aber zu berücksichtigen, daß die Umsatzsteuerkorrektur in jedem Falle erst bei Feststellung des echten Ausfalls erfolgt. Der Forderungsbestand wird also nur um die erwarteten Nettobeträge gekürzt, die anteilige Mehrwertsteuer ist aber nicht zweifelhaft, sondern bleibt als effektive Forderung an das Finanzamt erhalten.

**Beispiel:**

| | |
|---|---|
| Forderungsbestand brutto | 100.000 DM |
| erwartete Forderungsverluste 2 % | 2.000 DM |
| darin enthaltene MwSt | 261 DM |
| somit effektiver Verlust | 1.739 DM |

Dieser Betrag wird als Abschreibung im abgelaufenen Jahr erfaßt. Daraus ergeben sich als Buchungssätze:

| | | | |
|---|---|---|---|
| Zuführung zur Pauschal-Wertberichtigung | 1.739 DM | an Pauschal-Wertberichtigung | 1.739 DM |
| Schlußbilanzkonto | | an Forderungen | 100.000 DM |
| Pauschal-Wertberichtigungen | | an Schlußbilanzkonto | 1.739 DM |
| G.u.V. | | an Zuführung zur Pauschal-Wertberichtigung | 1.739 DM |

Forderungen

| Soll | Haben |
|---|---|
| 100.000 | |
| | 100.000 |

Zuführung zur Pauschal-Wertberichtigung

| Soll | Haben |
|---|---|
| 1.739 | |
| | 1.739 |

Pauschal-Wertberichtigung

| Soll | Haben |
|---|---|
| | 1.739 |
| 1.739 | |

Schlußbilanz

| Soll | Haben |
|---|---|
| 100.000 | 1.739 |

G.u.V.

| Soll | Haben |
|---|---|
| 1.739 | |

In dem verbleibenden Forderungsbestand sind somit 98.000 DM Forderungen an Kunden, die in vollem Umfang erwartet werden sowie 261 DM Forderung an das Finanzamt als Mehrwertsteuerrückerstattungsbetrag, der erst fällig wird, wenn der Forderungsausfall eingetreten ist.

Da nicht zu erwarten ist, daß diese pauschale Wertberichtigung dem tatsächlichen Forderungsausfall entspricht, muß eine Anpassung im neuen Jahr erfolgen.

Bei einem Zahlungseingang von 97.000 DM beträgt der Forderungsverlust incl. MwSt. 3.000 DM. Darin sind enthalten 2.609 DM Nettoforderungsverluste sowie 391 DM MwSt, um die die Schuld beim Finanzamt gekürzt werden kann, die also nicht verloren sind. Um diesen Betrag wird die Mehrwertsteuerschuld auf dem Mehrwertsteuerkonto gekürzt. Daraus ergeben sich folgende Buchungen:

| | | | |
|---|---|---|---|
| Bank | 97.000 DM | | |
| Pauschal-Wertberichtigung | 1.739 DM | | |
| a.o. Aufwand | 870 DM | | |
| Mehrwertsteuer | 391 DM | an Forderungen | 100.000 DM |

Forderungen

| | |
|---|---|
| 100.000 | |
| | 100.000 |

Bank

| | |
|---|---|
| 97.000 | |

Pauschal-Wertberichtigung

| | |
|---|---|
| | AB 1.739 |
| 1.739 | |

a.o. Aufwendungen

| | |
|---|---|
| 870 | |

Mehrwertsteuer

| | |
|---|---|
| 391 | |

Bei Überdeckung, z.B. ein Zahlungseingang von 99.000 DM, ergeben sich als Buchungssätze:

| | | | |
|---|---|---|---|
| Bank | 99.000 DM | | |
| Pauschal-Wertberichtigung | 870 DM * | | |
| Mehrwertsteuer | 130 DM | an Forderungen | 100.000 DM |

Korrektur der zu hohen Wertberichtigung:

| | | | |
|---|---|---|---|
| Wertberichtigung | 869 DM* | an a.o. Ertrag | 869 DM |

Forderungen

| | |
|---|---|
| 100.000 | |
| | 100.000 |

Bank

| | |
|---|---|
| 99.000 | |

Pauschal-Wertberichtigung

| | |
|---|---|
| | AB 1.739 |
| 870 | |
| 869 | |

a.o. Ertrag

| | |
|---|---|
| | 869 |

Mehrwertsteuer

| | |
|---|---|
| 130 | |

* Beträge gerundet

Neben den Pauschalwertberichtigungen können höhere Forderungen, die zweifelhaft geworden sind, ausgesondert werden und zunächst auf dem Konto „dubiose Forderungen“ erfaßt werden. Hierauf erfolgt eine Einzelabschreibung. Von dem Rest verbleibenden allgemeinen Forderungen wird die Pauschalwertberichtigung gebildet.

## 3.4 Unabhängige Berücksichtigung von Forderungsverlusten

Die geschilderten Verfahren setzen voraus, daß Forderungsverluste, die im Laufe des Jahres eintreten und in der Wertberichtigung noch nicht berücksichtigt wurden, direkt von den Forderungen abgeschrieben werden, und die Forderungen, die bei der Wertberichtigung berücksichtigt wurden, auf diesem Konto gegengebucht werden. Da es in der Praxis aber sehr umständlich ist, bei eingetretenen Forderungsverlusten erst den Ursprung festzustellen, werden die Forderungsverluste unabhängig davon, ob sie schon in der Wertberichtigungssumme enthalten sind oder nicht, zunächst als Forderungsverluste geführt, auf dem sämtliche Forderungsverluste unabhängig von ihrem Ursprung erfaßt werden. Unabhängig von dieser Buchung werden zum Jahresende wie beschrieben Wertberichtigungen vorgenommen. Statt des Wortes Pauschalwertberichtigung wird dann häufig das Wort „Delkredere“ benutzt und statt der „Zuführung zur Pauschalwertberichtigung“ heißt es auch „Abschreibung auf Forderung“ oder „Einstellung in Delkredere“.

Der bei der Pauschalwertberichtigung aufgezeigte Buchungssatz:

„Zuführung zur Pauschalwertberichtigung an Pauschalwertberichtigung“

ändert damit nur seine Bezeichnung und heißt z.B.

„Abschreibung auf Forderung an Delkredere“

oder auch:

„Einstellung in Delkredere an Delkredere“.

Am Jahresende wird dann das Delkrederekonto den insgesamt anfallenden Forderungsverlusten gegenübergestellt. Dazu wird das Delkrederekonto über das Konto Forderungsverluste abgeschlossen, und es ergeben sich folgende Buchungssätze:

Delkredere an Forderungsverluste
G.u.V. an Forderungsverluste.

Sofern das Delkredere höher als die Forderungsverluste ist, wird nur der entsprechende Betrag über Forderungsverluste abgeschlossen. Der Restbetrag stellt einen außerordentlichen Ertrag dar und wird vom Delkrederekonto in das G.u.V.-Konto abgeschlossen. Der Buchungssatz lautet dann:

Delkredere an G.u.V.

Durch diesen Nettoabschluß erscheinen nur Differenzbeträge in der G.u.V. und evtl. als Restdelkredere ein Ertrag vom Delkredere, obwohl insgesamt Forderungsverluste eingetreten sind. Die effektiven Vorgänge sind daher aus dem Jahresabschluß nicht mehr zu ersehen. Die Praxis ist daher dazu übergegangen, die beiden Konten Delkredere und Forderungsverluste in voller Höhe über die G.u.V. abzuschließen. Dabei werden die Forderungsverluste als Aufwand in der G.u.V. erfaßt, die Auflösung des Delkrederekontos in voller Höhe als Ertrag. Daraus ergeben sich die Buchungssätze:

G.u.V. an Forderungsverluste
Delkredere an G.u.V.

Gleichzeitig erfolgt aber die Neubildung des Delkredere zum Bilanzstichtag.

Die Entwicklung des Delkredere im einzelnen:

- Delkredere an G.u.V. (Auflösung des alten Betrages)
- Abschreibung auf Forderungen an Delkredere (Neubildung)
- G.u.V. an Abschreibungen auf Forderungen
- Delkredere an Schlußbilanzkonto.

In der G.u.V. stehen sich also die Neubildungsbeträge für das Delkredere als Aufwand und die Auflösung des Vorjahresdelkredere als Ertrag gegenüber. Sofern beide Beträge gleich hoch sind, heben sie sich gegenseitig auf. Es kann aber auch die Auflösung und Neubildung des Delkredere unterbleiben und das Delkredere nur korrigiert werden („Differenz-Methode").

**Beispiel:**

| | |
|---|---|
| Kontostand am 01.01. der Periode | |
| Forderung (Aktivseite) | 100.000 DM |
| Delkredere (Passivseite) netto | 2.000 DM |
| Vorgänge in der Periode: | |
| Zahlungseingang (vom Vorjahr) | 97.000 DM |
| Forderungsausfälle | 3.000 DM |
| davon Forderungsverluste | 2.609 DM |
| Mehrwertsteuerkorrektur | 391 DM |
| | |
| Neue Forderungen aufgrund Warenverkauf | 870.000 DM |
| davon Zahlungseingang | 798.000 DM |
| eingetretene Forderungsausfälle | 2.000 DM |
| davon Forderungsverluste | 1.739 DM |
| Mehrwertsteuerkorrektur | 261 DM |

Aufgrund des neuen Forderungsbestandes am Ende des Jahres in Höhe von 70.000 DM wird das neue Delkredere auf 1.500 DM netto festgesetzt.

| | | | | |
|---|---|---|---|---|
| 1) | Bank | 97.000 DM | | |
| | Forderungsverluste | 2.609 DM | | |
| | Mehrwertsteuer | 391 DM | an Forderungen | 100.000 DM |
| 1b) | Forderungen | 870.000 DM | an Warenverkauf | 756.522 DM |
| | | | Mehrwertsteuer | 113.478 DM |
| 2) | Bank | 798.000 DM | | |
| | Forderungsverluste | 1.739 DM | | |
| | Mehrwertsteuer | 261 DM | an Forderungen | 800.000 DM |
| 3) | Schlußbilanzkonto | | an Forderungen | 70.000 DM |
| 4) | Schlußbilanzkonto | | an Bank | 895.000 DM |
| 5) | G.u.V. | | an Forderungsverluste | 4.348 DM |

Die Buchung des Delkredere bei Auflösung und Neubildung lautet:

| | | | |
|---|---|---|---|
| 6) | Delkredere | an G.u.V. | 2.000 DM |
| 7) | Abschreibungen auf Forderungen | an Delkredere | 1.500 DM |
| 8) | G.u.V. | an Abschreibung auf Forderungen | 1.500 DM |
| 9) | Delkredere | an Schlußbilanz-Konto | 1.500 DM |

Die Delkrederebuchung bei Korrektur des Delkrederebetrages lautet:

| | | | |
|---|---|---|---|
| 6a) | Delkredere | an G.u.V. (a.o. Ertrag durch Delkredere-auflösung) | 500 DM |
| 9a) | Delkredere | an Schlußbilanz-Konto | 1.500 DM |

Damit ist das Delkrederekonto z.T. über die G.u.V. und z.T. über die Schlußbilanz abgeschlossen worden. In diesem Fall ist das Delkrederekonto ein gemischtes Konto.

Auf diese Art und Weise werden sämtliche Forderungsverluste in der G.u.V. als Forderungsverluste erkennbar, und darüberhinaus werden Auflösung und Neubildung des Delkredere oder aber der Ausweis der Korrektur des Delkredere ebenfalls in der G.u.V. sichtbar. Dieser Bruttoabschluß hat demnach gegenüber dem oben beschriebenen Nettoabschluß (Abschluß des Delkrederekontos über Forderungsverluste) eine bessere Aussagekraft.

11

| | Kontrollfragen | bearbeitet | Lösungshinweis | Lösung + | Lösung - |
|---|---|---|---|---|---|
| 01 | Wodurch ist der Warenverkehr im Unternehmen gekennzeichnet? | | 55 | | |
| 02 | Was bedeutet der Kauf von Ware buchhalterisch? | | 55 | | |
| 03 | Wann wird buchhalterisch der Wareneinsatz erfaßt? | | 57 | | |
| 04 | Welcher Unterschied besteht bei der Warenbehandlung zwischen Handel und Industrie? | | 57/58 | | |
| 05 | Wie erfolgen die Buchungen auf dem gemischten Warenkonto? | | 56 | | |
| 06 | In welche Konten wird das gemischte Warenkonto in der Regel aufgelöst? | | 56 | | |
| 07 | Zu welchen Preisen wird auf dem Wareneinkaufskonto gebucht? | | 57 | | |
| 08 | Wie erfolgt die Erfassung des Warenabflusses auf dem Wareneinkaufskonto im Handel? | | 57 | | |
| 09 | Wie erfolgt die Buchung des Rohmaterialabflusses in der Industrie? | | 58 | | |
| 10 | Wie wird der Abgang von Betriebsstoffen gebucht? | | 58 | | |
| 11 | Was verstehen Sie unter Inventurdifferenz? | | 71 | | |
| 12 | Worin unterscheiden sich Brutto- und Nettoverfahren bei den Warenbuchungen? | | 59 | | |
| 13 | Worin besteht der Grundgedanke der Umsatzbesteuerung? | | 59 | | |
| 14 | Wie wird der Umsatzsteuerbetrag für die Vorleistung genannt? | | 60 | | |
| 15 | Nach welcher Grundgleichung wird die Mehrwertsteuer berechnet? | | 61 | | |
| 16 | Was muß man machen, wenn die Umsatzsteuer nicht direkt ausgewiesen ist? | | 61 | | |
| 17 | Welcher Vorgang der Erfassung von Nettoerlösen und Umsatzsteuer ist beim Einzelhandel erforderlich? | | 61/62 | | |
| 18 | Was ist die Zahllast? | | 61 | | |
| 19 | Wann erfolgen die Umsatzsteuervoranmeldungen? | | 64 | | |
| 20 | Wozu gehören wirtschaftlich gesehen die Frachtkosten? | | 64 | | |
| 21 | Wie werden Frachtkosten für nicht verbrauchte Waren im Jahresabschluß erfaßt? | | 64 | | |
| 22 | Was verstehen Sie unter einem Skontoabzug? | | 66 | | |
| 23 | Welche Erscheinungsformen des Skontos kennen Sie? | | 66 | | |
| 24 | Wie wird der Skontoertrag bei der Bruttobuchung betrachtet? | | 66 | | |
| 25 | Welcher Gedanke liegt der Nettobuchung zugrunde? | | 68 | | |

| | **Kontrollfragen** | bearbeitet | Lösungshinweis | Lösung + | Lösung - |
|---|---|---|---|---|---|
| 26 | Wie kann sich steuerlich der Skontoabzug bei der Sofortabschreibung auswirken? | | 69 | | |
| 27 | Worin unterscheiden sich Rabatte und Boni? | | 70/71 | | |
| 28 | Welcher Betrag ist bei Rabattgewährung für die Umsatzsteuer relevant? | | 71 | | |
| 29 | Wie wird der Eigenverbrauch des Unternehmers behandelt? | | 72/73 | | |
| 30 | Welche Möglichkeiten des Zahlungsverkehrs gibt es? | | 74/75 | | |
| 31 | Wird die Zeitdifferenz zwischen Ausstellung eines Schecks und Belastung des Kontos buchhalterisch berücksichtigt? | | 75 | | |
| 32 | Was wird unter einem Kontokorrentkredit verstanden? | | 76 | | |
| 33 | Was ist ein Wechsel? | | 76 | | |
| 34 | Welche gesetzlichen Bestandteile hat der Wechsel? | | 76 | | |
| 35 | Welche Laufzeit hat ein bundesbankfähiger Wechsel höchstens? | | 77 | | |
| 36 | Welche Beträge außer der Wechselsumme werden beim Diskontieren eines Wechsels gezahlt und getrennt gebucht? | | 77 | | |
| 37 | Wie werden Besitzwechsel zum Bilanzstichtag erfaßt? | | 79 | | |
| 38 | Wie werden diskontierte Wechsel, die keinen Vermögenswert darstellen, erfaßt? | | 79 | | |
| 39 | Welche Differenzen können bei Devisengeschäften auftreten? | | 81 | | |
| 40 | In welcher Währung werden Rechnungen in ausländischer Währung gebucht? | | 81 | | |
| 41 | Wann entsteht eine Forderung? | | 82 | | |
| 42 | Kommt es bei der Entstehung von Forderungen auf den Zeitpunkt der Rechnungserstellung an? | | 82 | | |
| 43 | Sind alle Forderungen, die buchhalterisch erfaßt sind, fällig? | | 83 | | |
| 44 | Was sind dubiose Forderungen? | | 83 | | |
| 45 | Wie wirken sich Schätzdifferenzen beim effektiven Eintritt eines Forderungsverlustes aus? | | 84 | | |
| 46 | Was ist eine Pauschalwertberichtigung? | | 85 | | |
| 47 | Was bedeutet Delkredere? | | 88 | | |
| 48 | Erläutern Sie den Unterschied zwischen dem Brutto- und Nettoabschluß bei der Delkrederebuchung. | | 89 | | |
| | | | | | |

# C. Buchungen im Anlagevermögen

## 1. Anlagearten

Zum Anlagevermögen gehören alle Wirtschaftsgüter, die dazu bestimmt sind, dem Betrieb auf Dauer zu dienen. Es sind Güter, die im Betrieb gebraucht werden, im Gegensatz zu den Gütern, die verbraucht oder veräußert werden. Letztere gehören zum Umlaufvermögen. Entscheidend für die Zuordnung ist die Zweckbestimmung. Entnimmt ein Möbelhändler für die Einrichtung seines Büros Möbel vom Verkaufslager, so werden die Möbel vom Umlaufvermögen (Lager zur Veräußerung bestimmt) zum Anlagevermögen (Einrichtung zum Gebrauch bestimmt).

Umgekehrt kann ein Gut, das üblicherweise zum Anlagevermögen gehört, auch zum Umlaufvermögen gerechnet werden. Ein Unternehmen erwirbt z.B. ein Grundstück, das ihm zur Absicherung einer Forderung verpfändet wurde. Das Grundstück soll baldmöglichst wieder veräußert und nicht genutzt werden. Es zählt daher zum Umlaufvermögen.

Neben Sachanlagen wie Grundstücke, Gebäude, Maschinen, Einrichtungen etc. gehören auch die Finanzanlagen (Wertpapiere) zum Anlagevermögen. Voraussetzung ist wie bei den Sachanlagen, daß sie dem Unternehmen auf Dauer dienen. Aktien, die als Beteiligung zur Einflußnahme gedacht sind und somit dem Unternehmen auf Dauer dienen sollen, gehören daher zum Anlagevermögen. Aktien, die nur zur vorübergehenden Geldanlage oder zur Spekulation gekauft werden und bald wieder verkauft werden, gehören zum Umlaufvermögen.

Auch immaterielle Wirtschaftsgüter wie z.B. Patente, Gebrauchsmuster, Warenzeichen, Geschäfts- oder Firmenwert gehören zum Anlagevermögen. Ob und in welcher Höhe die jeweiligen Güter in der Bilanz angesetzt werden: siehe S. 239. Diese bei der Erfassung einmal festgelegten Werte verändern sich im Laufe der Zeit. Diese Veränderung der Werte muß auch in der Bilanz ihren Niederschlag finden.

## 2. Wertveränderungen

### 2.1 Planmäßige Abschreibung

Man unterscheidet zwischen

- **abnutzbarem und**
- **nicht abnutzbarem Anlagevermögen** (§ 253 HGB).

Zum abnutzbaren Anlagevermögen zählen die Wirtschaftsgüter, deren Nutzung zeitlich begrenzt ist. Die Nutzungsdauer kann auch durch Fristablauf (z.B. Patent) oder durch allmählichen Verbrauch der Substanz (z.B. Kiesgrube) begrenzt sein.

Gegenstände des Anlagevermögens, deren Nutzung begrenzt ist, unterliegen der planmäßigen Abschreibung. Darunter wird verstanden, daß nach einem Plan die Werte der Bilanzposition korrigiert, d.h. abgeschrieben werden. Je nachdem, unter welchem Gesichtspunkt die Bilanzpositionen betrachtet werden, gibt es für diese Korrekturen verschiedene Interpretationen.

Die **dynamische** Bilanztheorie versteht als Aufgabe der Bilanz die Erfolgsermittlung. Danach sind unter Anlagevermögen Ausgaben zu verstehen, die noch nicht Aufwand sind. Diese Ausgaben müssen periodengerecht verteilt werden. Das geschieht mit Hilfe der Abschreibungen, in dem in jeder Abrechnungsperiode ein Teilbetrag der Ausgaben als Aufwand verrechnet wird. Abschreibungen sind also ein Hilfsmittel zur periodengerechten Ausgabenverteilung.

Die **statische** Bilanztheorie versteht als Aufgabe der Bilanz eine Darstellung des Vermögens. In der statischen Bilanztheorie werden die Bilanzpositionen als Vermögenswerte betrachtet, die zum Zeitpunkt der Aufstellung einen bestimmten Wert haben. Die Wertminderung gegenüber der vorangegangenen Periode wird in Form der Abschreibung gebucht. Die Abschreibungen sind also eine wertmäßige Berichtigung des ausgewiesenen Vermögens.

Die **organische** Bilanztheorie ist eine dualistische Theorie, die als Aufgabe der Bilanz die richtige Vermögens- und richtige Erfolgsrechnung sieht. Dabei steht die Forderung nach der **richtigen** Rechnung im Mittelpunkt. Aus diesem Grund bekommt die Bewertung der Positionen eine besondere Bedeutung.

Nach der organischen Bilanztheorie müssen die **Geldwertänderungen** ausgeschaltet werden, daher wird die Bewertung mit Wiederbeschaffungspreisen verlangt. Scheingewinne und Scheinverluste sollen vermieden werden. Die Abschreibungen sollen der Substanzerhaltung dienen und sind daher von den Wiederbeschaffungspreisen vorzunehmen. Diese Auffassung hat sich in der Gesetzgebung nicht durchgesetzt, so daß sie nur in der unternehmensinternene Kostenrechnung Berücksichtigung finden kann.

In der Finanzbuchhaltung, die sich nach gesetzlichen Vorschriften richtet, muß von den Anschaffungskosten bzw. Herstellungskosten als Grundlage der Bewertung ausgegangen werden. Unabhängig davon, ob entsprechend der dynamischen Bilanztheorie die Abschreibung eine periodengerechte Ausgabenverteilung ist oder entsprechend der statischen Bilanztheorie eine wertmäßige Berichtigung der Vermögenswerte, wird der Buchungsvorgang in gleicher Weise vorgenommen.

Der Gesetzgeber folgt in seinen Formulierungen mehr der statischen Bilanztheorie, indem er von der Bilanz als eine **Aufstellung der Vermögens- und Schuldwerte** spricht und schreibt für die Bewertung den Börsen- oder Marktpreis bzw. den Wert vor, der ihnen am Abschlußtag beizulegen ist. Andererseits spricht der Gesetzgeber davon, daß die Anschaffungs- und Herstellungskosten auf die Geschäftsjahre verteilt werden sollen. Im Steuerrecht wird das Wort Abschreibungen nicht benutzt, sondern z.T. durch verschiedene Formulierungen wie „Absetzung für Abnutzung“ (AfA), „Absetzung für Substanzverringerung“ (AfS), „Absetzung für außergewöhnliche Abnutzung“ etc. ersetzt.

Zur Ermittlung der Abschreibungsbeträge werden **verschiedene Methoden** unterschieden:

- Lineare Abschreibung
- Abschreibung nach Leistung
- geometrisch-degressive Abschreibung
- arithmetisch-degressive Abschreibung
- Abschreibung für Substanzverringerung.

## 2.1.1 Lineare Abschreibung

Die lineare Abschreibung, d.h. die gleichmäßige Verteilung der Abschreibungsbeträge auf die Nutzungsdauer, ist die in der Praxis verbreitetste Abschreibung. Bei dieser Abschreibungsmethode werden die Anfangswerte während der Nutzungsdauer jährlich um einen gleichen Betrag vermindert. Das Steuerrecht spricht dabei von „gleichmäßiger Absetzung" bei der Verteilung der Anschaffungskosten auf die Gesamtdauer der Verwendung oder Nutzung. Rechnerisch ergibt sich der Abschreibungsbetrag (a):

$$a = \frac{\text{Anschaffungskosten}}{\text{Nutzungsjahre}}$$

Während die Anschaffungskosten relativ leicht zu ermitteln sind, liegt das Problem im Ansatz der Nutzungsdauer. Die Nutzungsdauer beginnt mit der Nutzungsfähigkeit, nicht mit der tatsächlichen Ingebrauchnahme. Das Ende wird bestimmt durch eine technische oder eine wirtschaftliche Nutzungsdauer:

- Die technische Nutzungsdauer wird begrenzt durch technische Bedingungen wie natürlicher Verschleiß (Rost, Witterungseinflüsse) sowie durch gebrauchsbedingten Verschleiß durch Nutzung der Maschine.

- Die wirtschaftliche Nutzungsdauer wird begrenzt durch wirtschaftliche Gründe, d.h. durch die Frage, ob das Gut noch wirtschaftlich nutzbar ist.

So können z.B. durch technischen Fortschritt die Kosten des Anlagegutes in Relation zu neueren Anlagen zu hoch sein, wodurch das Anlagegut für das Unternehmen unwirtschaftlich wird. Auch können Marktveränderungen bei der Nachfrage z.B. Spezialmaschinen nutzlos machen, obwohl sie technisch einsatzfähig bleiben. Auch zeitliche Gründe wie der Ablauf eines Patents oder einer Lizenz, für deren Nutzung eine Maschine angeschafft wurde, können die Nutzungsdauer begrenzen. Der Wert eines Patents selbst unterliegt in gleicher Weise der Abnutzung durch den Zeitablauf.

Die für die Ermittlung der Abschreibungen anzusetzende Nutzungsdauer richtet sich nach der kürzeren Begrenzung, unabhängig davon, ob technische oder wirtschaftliche Gründe hierfür maßgeblich sind. Zur einheitlichen Behandlung wurden im Steuerrecht sog. AfA-Tabellen entwickelt, aus denen die Nutzungsdauer und damit der anteilmäßige Ansatz der Höhe der Abschreibungen für einzelne Anlagegüter zu ersehen ist.

**Beispiel:**

| | |
|---|---|
| Anschaffungskosten | 80.000 DM |
| Nutzungsdauer 10 Jahre | |
| Abschreibungen | 8.000 DM p.a. |

Ist davon auszugehen, daß ein Gut nach Ablauf der Nutzungsdauer noch einen Restwert (z.B. Schrottwert) hat, so ist dieser Betrag beim Grundwert zur Ermittlung der Abschreibung nicht zu berücksichtigen, d.h. vorher anzuziehen. Bleibt dem Unternehmen im obigen Beispiel ein Restwert von 5.000 DM, so ergibt sich die Rechnung

$$a = \frac{80.000 - 5.000}{10} = 7.500$$

d.h., daß der Abschreibungsbetrag 7.500 DM beträgt und nach 10 Jahren noch ein Restwert von 5.000 DM auf dem Konto bleibt, der als Erlös beim Verkauf erwartet wird.

## 2.1.2 Abschreibungen nach Leistung

Bei der Ermittlung der Abschreibungen entsprechend der Leistung wird nicht eine zeitlich begrenzte Nutzungsdauer zugrunde gelegt, sondern eine festgelegte Leistungssumme. Diese kann z.B. in der festgelegten Gesamtkilometerleistung eines Kraftfahrzeuges bestehen oder in der Gesamtlaufzeit einer Maschine gemessen in Stunden. Pro Jahr wird der Anteil an Abschreibungen eingesetzt, der dem Leistungsverzehr der Periode entspricht. Ein bestimmter Prozentsatz des Verzehrs an Leistung entspricht dem Prozentsatz vom Wert der Maschine. Die Abschreibungen werden zunächst ermittelt in Prozent vom Gesamtwert, daraus ergibt sich der DM-Betrag. Somit erfolgt die rechnerische Ermittlung nach der Formel:

$$a \text{ in } \% = \frac{\text{Nutzleistung} \cdot 100}{\text{Gesamtleistung}}$$

$$a = \frac{a \text{ in } \% \cdot \text{Anschaffungskosten}}{100}$$

**Beispiel:** Anschaffung eines Kraftfahrzeuges

| | | | |
|---|---|---|---|
| Anschaffungskosten | | | 80.000 DM |
| Gesamtleistung | 200.000 km | | |
| 1. Jahr | 90.000 km | = 45 % | 36.000 DM Abschreibung |
| 2. Jahr | 40.000 km | = 20 % | 16.000 DM Abschreibung |
| 3. Jahr | 70.000 km | = 35 % | 28.000 DM Abschreibung |

Dieses Abschreibungsverfahren ist interessant, wenn die Leistungen stark schwanken und der Verschleiß des Anlagegutes entsprechend unterschiedlich ist. Abschreibungen nach Leistung („Absetzung für Abnutzung nach Maßgabe der Leistung“) sind steuerlich zulässig.

### 2.1.3 Geometrisch-degressive Abschreibung

Ausgehend von der Überlegung, daß der Wertverlust eines Wirtschaftsgutes am Anfang größer ist, daß außerdem in den späteren Nutzungsjahren die Reparaturbelastung im Verhältnis zu den Anfangsjahren größer ist, werden bei der degressiven Abschreibung anfangs höhere Abschreibungsquoten angesetzt, die sich im Laufe der Jahre reduzieren. Bei der geometrisch-degressiven Abschreibung wird der Abschreibungssatz in Form eines Prozentsatzes festgelegt, der jeweils vom verbleibenden Restbuchwert abgesetzt wird.

**Beispiel:**

| | |
|---|---|
| Anschaffungskosten | 80.000 DM |
| 1. Jahr ./. 20 % | 16.000 DM |
| Restwert nach 1. Jahr | 64.000 DM |
| 2. Jahr ./. 20 % | 12.800 DM |
| Restwert nach 2. Jahr | 51.200 DM |
| 3. Jahr ./. 20 % | 10.240 DM |
| Restwert nach 3. Jahr | 40.960 DM |
| usw. | |

Da immer nur ein bestimmter Prozentsatz vom Restwert abgeschrieben wird, verbleibt jedes Mal ein weiterer Restwert, auch wenn er noch so klein wird. Null wird damit niemals erreicht.

Ein Vergleich zur linearen Abschreibung zeigt, daß bei einer ersten Quote, die ca. das 3-fache der linearen Abschreibung ergibt, sich am Ende der Nutzungsdauer ca. 3 % Restwert errechnet. Eine derartige Abschreibung ist unter bestimmten Voraussetzungen steuerlich zulässig. Es ist aber auch zulässig, zunächst mit der degressiven Abschreibung zu beginnen und zu einem bestimmten Zeitpunkt auf die lineare Abschreibung überzugehen, um auf diese Weise zum Ende der Nutzungsdauer den angestrebten Restwert zu erreichen.

Das rechnerische Problem der reinen degressiven Abschreibung besteht darin, den richtigen Prozentsatz zu ermitteln, damit zum Ende der Nutzungsdauer der gewünschte Restwert erreicht wird. Diese Berechnung erfolgt nach der Formel:

$$p = 100 \cdot \left(1 - \sqrt[n]{\frac{RW}{AK}}\right)$$

Definition:
- p = Prozentsatz
- RW = Restwert
- AK = Anschaffungskosten
- n = Anzahl der Jahre der Nutzungsdauer

Geht man von dem bereits geschilderten Beispiel aus und legt eine Nutzungsdauer von 10 Jahren und einen Restwert von 1 DM zugrunde, ergibt sich damit folgende Rechnung:

$$p = 100 \cdot (1 - \sqrt[10]{\frac{1}{80.000}})$$

$$p = 67{,}64\ \%$$

d.h., daß der Prozentsatz für die Abschreibung 67,64 betragen müßte, um nach 10 Jahren einen Restwert von 1 DM zu erreichen. Ein solcher Prozentsatz ist steuerlich nicht zulässig. Der steuerlich zulässige Abschreibungssatz für degressive Abschreibung wird vom Gesetzgeber festgelegt, ist daher Veränderungen unterworfen und auch unterschiedlich je nach Wirtschaftsgut.

Der Restwert RW bei einer Nutzungsdauer von 10 Jahren und 20 % würde sich wie folgt errechnen:

$$RW = AK \cdot (1 - \frac{p}{100})\ n$$

$$RW = 80.000\ (1 - \frac{20}{100})\ 10$$

$$RW = 8.590$$

Bei einer Abschreibungsquote von 20 % würde sich nach 10 Jahren noch ein Restwert von 8.590 DM ergeben.

Als Formel für ein einzelnes Jahre ergibt sich:

$$A = (AK - RW)\ \frac{(n - a) \cdot 2}{(1 + n) \cdot n}$$

## 2.1.4 Arithmetisch-degressive (digitale) Abschreibung

Wie bei der geometrisch-degressiven Abschreibung ist auch hier die Überlegung, daß zunächst hohe Quoten abgeschrieben werden, die im Laufe der Nutzungsjahre fallen. Bei der digitalen Abschreibung werden sowohl Quote wie auch die Prozentsätze gleichmäßig fallend angesetzt.

Rechnerisch ermittelt sich die Quote aus einem Bruch, dessen Nenner die addierten Nutzungsjahre in arithmetischer Reihenfolge darstellt und dessen Zähler die Nutzungsjahre in umgekehrter Reihenfolge beinhaltet. Somit ergibt sich für die Berechnung:

$$\text{Nenner} = 1 + 2 + 3 + 4 + \ldots n = \frac{(1 + n)}{2}\ n$$

$$\text{Zähler} = n - a$$

wobei a die Jahre der bereits erfolgten Abschreibung bedeutet. Für unser Zahlenbeispiel mit einer 10-jährigen Nutzungsdauer ergibt sich damit für den Nenner:

$$\frac{(1 + 10) \cdot 10}{2} = 55$$

Die Quote wird jährlich bestimmt durch den wechselnden Zähler:

n - a
im 1. Jahr 10
im 2. Jahr 10 - 1 = 9
im 3. Jahr 10 - 2 = 8 usw.

Das Rechenbeispiel zeigt dann folgende Werte:

| | | | | |
|---|---|---|---|---|
| | Anschaffungskosten | | | 80.000 DM |
| ./. | Abschreibungen im 1. Jahr | $\frac{10}{55}$ | = | 14.545 DM |
| | Restwert | | | 65.455 DM |
| ./. | Abschreibungen im 2. Jahr | $\frac{9}{55}$ | = | 13.090 DM |
| | Restwert nach dem 2. Jahr | | | 52.365 DM |
| ./. | Abschreibungen im 3. Jahr | $\frac{8}{55}$ | = | 11.635 DM |
| | Restwert nach dem 3. Jahr | | | 40.730 DM |

Diese Abschreibungsmethode führt zum Ende der Nutzungsdauer zum Restwert = Null.

Die arithmetisch-degressive Abschreibung ist z.Z. steuerlich nicht mehr zulässig, behält aber ihren betriebswirtschaftlichen Sinn.

### 2.1.5 Abschreibung für Substanzverringerung

Bei dieser Abschreibungsmethode handelt es sich um die Verringerung des Wertes in der Weise, wie die Substanz des abzuschreibenden Gutes sich verringert. Bei Maschinen verringert sich weder die Substanz noch in der Regel die Kapazität. Substanzverringerungen treten nur auf, wenn das Wirtschaftsgut abgebaut wird wie z.B. in einem Steinbruch. In einem solchen Fall ist feststellbar, wieviel von dem gesamten abbaufähigen Wirtschaftsgut am Ende des Jahres verblieben ist. Dies entspricht der Neubewertung des Wirtschaftsgutes. Der Abbau in der Periode wird als Abschreibung gebucht. Die Abschreibungsquote wird daher nicht rechnerisch ermittelt, sondern durch körperliche Feststellung des abgebauten Anteils.

## 2.2 Außerplanmäßige Abschreibung

Nach § 253 HGB können bei Gegenständen des Anlagevermögens außerplanmäßige Abschreibungen vorgenommen werden, ohne Rücksicht darauf, ob ihre Nutzung zeitlich begrenzt wird. Danach sind die Gegenstände mit dem niedrigeren Wert, der ihnen am Abschlußstichtag beizulegen ist, anzusetzen.

Außerplanmäßige Abschreibungen sind vorzunehmen bei einer **voraussichtlich dauernden** Wertminderung (**gemildertes** Niederstwertprinzip). Der niedrigere Wertansatz darf beibehalten werden, auch wenn die Gründe der außerplanmäßigen Abschreibung oder Wertberichtigung nicht mehr bestehen.

Auch im Bereich des Umlaufvermögens kann es zu Wertkorrekturen kommen. So muß das Umlaufvermögen auf den Börsen- oder Marktpreis des Abschlußstichtages herabgesetzt werden, wenn dieser Preis niedriger als die Anschaffungs- oder Herstellungskosten ist (strenges Niederstwertprinzip).

Nach § 254 HGB können Abschreibungen auch vorgenommen werden, um Vermögensgegenstände mit dem niedrigeren Wert anzusetzen, der auf einer nur steuerlich zulässigen Abschreibung beruht.

# 3. Buchung der Abschreibungen

Unabhängig davon, nach welcher Abschreibungsmethode der Abschreibungsbetrag ermittelt wurde, kann die Buchung nach zwei verschiedenen Arten vorgenommen werden, nach der

- direkten und der
- indirekten Abschreibung.

Bei der direkten Abschreibung wird der jährliche Abschreibungsbetrag von dem Wert des Anlagegutes direkt abgebucht und auf dem Aufwandskonto Abschreibungen erfaßt. Abgesehen von den Neuzugängen weist das Anlagekonto damit einen sinkenden Betrag aus und stellt den Wert dar, der dem Gut zugemessen wird.

Daraus ergibt sich der Buchungssatz:

| | |
|---|---|
| Abschreibungen auf Anlagen | an Maschinenkonto |
| Schlußbilanz | an Maschinenkonto |
| G.u.V. | an Abschreibungen auf Anlagen. |

In der Bilanz steht damit auf der Aktivseite der verminderte Wert, in der G.u.V. steht als Aufwand der Betrag, der als Abschreibungen verrechnet wurde.

Bei der indirekten Abschreibung bleibt der ursprüngliche Anlagewert nominell in der Bilanz erhalten, der auf der Passivseite jeweils durch einen Wertberichtigungsposten korrigiert wird. In der Bilanz entspricht damit die Differenz der Aktivposten des Anlagekontos und der Wertberichtigungsposition auf der Passivseite dem effektiven Wert der Anlage. Das Wertberichtigungskonto ist im allgemeinen ein reines Korrekturkonto und sollte bei der Ermittlung der Kapitalsumme zum Zweck der Bilanzanalyse vom Bilanzvolumen abgezogen werden. Die Buchungssätze bei der indirekten Abschreibung lauten:

| | |
|---|---|
| Abschreibungen auf Anlagen | an Wertberichtigungen auf Anlagen |
| Schlußbilanzkonto | an Maschinen (voller Betrag) |
| Wertberichtigung | an Schlußbilanzkonto |
| G.u.V. | an Abschreibung. |

Beim Vergleich der direkten und indirekten Abschreibung - beide Formen werden in der Praxis angewendet - stellt sich weniger die Frage nach der Schwierigkeit der Technik als nach der **Aussagefähigkeit bei der Bilanzanalyse**. Die indirekte Abschreibung ist aussagefähiger, weil sie den ursprünglichen Wert der Anlagen und die Höhe der getätigten Abschreibungen differenziert ausweist. Man darf aber nicht übersehen, daß es sich um aufgelaufene Beträge handelt, so daß ein hoher Abschreibungsgrad auch hohe Veralterung und geringe Neuinvestitionen bedeuten kann.

Die indirekte Abschreibung ist für Kapitalgesellschaften nicht gestattet. Um den Nachteil der saldierten Aussage bei der direkten Abschreibung auszugleichen, ist nach § 268 Abs. 2 HGB die Entwicklung der Anlagewerte in der Periode auszuweisen. Es sind die Ausgangswerte, Zugänge, Abgänge, Umbuchungen, Zuschreibungen sowie Abschreibungen gesondert aufzuführen. Dies kann entweder in der Bilanz in verschiedenen Spalten oder im Anhang geschehen.

# 4. Abschreibung geringwertiger Wirtschaftsgüter

Bewegliche Wirtschaftsgüter des Anlagevermögens, die der Abnutzung unterliegen und die einer selbständigen Nutzung fähig sind, können im Jahr der Anschaffung evtl. in voller Höhe abgeschrieben werden (§ 6 Abs. 2 EStG). Voraussetzung ist, daß die Anschaffungs- oder Herstellungskosten den Betrag von 800 DM nicht überschreiten. Dabei werden die Vorsteuerbeträge nicht eingerechnet, d.h. es wird vom Warenpreis ohne MwSt ausgegangen. Hinzuzurechnen sind allerdings Anschaffungsnebenkosten wie Transportkosten, Verpackung u.ä., die die Anschaffungskosten erhöhen. Abzuziehen sind Skonti oder Boni, die die Anschaffungskosten mindern. Die Werte werden nicht auf einem Bestandskonto erfaßt, sondern auf einem Aufwandskonto („Geringwertige Wirtschaftsgüter") gebucht.

Eine Sofortabschreibung kommt nur in Betracht bei Wirtschaftsgütern, die unter Angabe des Tages der Anschaffung oder Herstellung und der Anschaffungs- oder Herstellungskosten in einem besonderen, laufend zu führenden Verzeichnis aufgeführt sind. Diese steuerlich geforderte Aufzeichnungspflicht wird in der Regel über ein besonderes Konto zu führen sein.

Die Sofortabschreibung führt nicht zu einer Gewinnschmälerung, sondern zu einer Gewinnverlagerung, da in den Folgejahren keine Abschreibung auf diese Güter erfolgt.

# 5. Verkauf von Anlagen

Wenn Anlagegüter verkauft werden, handelt es sich nur um eine Vermögensumschichtung von Anlagegütern in Geldbeträge, also um einen Aktivtausch. Ein reiner Aktivtausch setzt aber voraus, daß der Wert des Anlagegutes dem erzielten Geldbetrag entspricht. Der erzielte Geldwert wird meist höher oder niedriger als der Buchwert sein. Beim Verkauf von Anlagen sind daher drei Möglichkeiten zu unterscheiden:

- Verkauf zum Buchwert
- Verkauf über Buchwert
- Verkauf unter Buchwert.

## 5.1 Verkauf zum Buchwert

Verkauf zum Buchwert ist der (Ausnahme-) Fall, daß der Anlagewert und der später ausgewiesene Geldwert übereinstimmen (= reiner Aktivtausch). Zu berücksichtigen ist, daß bei einem solchen Verkauf wie bei jedem Verkauf von Waren auch Mehrwertsteuer berechnet werden muß. Desweiteren muß beachtet werden, daß bei indirekter Abschreibung auf der Aktivseite der unverminderte Anfangswert des Wirtschaftsgutes gebucht ist und die Korrektur auf der Passivseite durch die Wertberichtigung erfolgte. Daraus ergeben sich zwei Varianten des Buchungsvorganges:

- Bei **direkter** Abschreibung ergibt sich der Buchungssatz bei einem Verkauf einer Maschine von 10.000 DM

| | | | |
|---|---|---|---|
| Bank | 11.500 DM | an Anlagen | 10.000 DM |
| | | an MwSt | 1.500 DM |

- Bei der **indirekten** Buchung des gleichen Vorganges muß berücksichtigt werden, daß die Maschine mit einem derzeitigen Buchwert von 10.000 DM auf der Aktivseite noch mit ihren Anschaffungskosten von 80.000 DM zu Buche steht und auf der Passivseite eine Wertberichtigung von 70.000 DM ausgewiesen wird. Damit ergibt sich die Buchung:

| | | | |
|---|---|---|---|
| Bank | 11.500 DM | an Anlagen | 80.000 DM |
| Wertberichtigung | 70.000 DM | MwSt | 1.500 DM |

Damit stellt sich der Tatbestand in der Bilanz derart dar, daß auf der Bank die Hinzugekommenen 11.400 DM den Bestand erhöht haben, daß das Wertberichtigungskonto um 70.000 DM korrigiert wurde und das Anlagekonto um die Anschaffungskosten der Anlage in Höhe von 80.000 DM verringert wurde.

## 5.2 Verkauf über Buchwert

In der Regel werden Erlös und Buchwert nicht übereinstimmen. Wenn der erzielte Nettopreis für das Anlagegut (ohne MwSt) über dem Buchwert liegt, so wurden in den vergangenen Perioden zu hohe Abschreibungen durchgeführt. Es kann auch sein, daß durch falsche Einschätzung der Nutzungsdauer das Anlagegut bereits auf den Erinnerungswert von 1 DM abgeschrieben wurde, aber noch nutzbar ist. Die Abschreibungen haben in den vergangenen Perioden den Gewinn reduziert. Dies muß nun beim Verkauf des Gutes korrigiert werden. Da die abgelaufenen Perioden abgeschlossen sind, kann die Korrektur nur in der laufenden Periode erfolgen. Der Differenzbetrag, um den der Erlös höher ist als der Buchwert, stellt einen außerordentlichen periodenfremden Ertrag der laufenden Periode dar.

Werden statt 10.000 DM für die Anlage 12.000 DM erzielt, so beträgt dieser außerordentliche Ertrag 2.000 DM. Bei direkter Abschreibung ergeben sich folgende Buchungen:

| | | | |
|---|---|---|---|
| Bank | 13.800 DM | an Anlagen | 10.000 DM |
| | | a.o. Ertrag | 2.000 DM |
| | | MwSt | 1.800 DM |

Bei der indirekten Abschreibung erfolgt entsprechend die Korrektur der Wertberichtigung und der Anlagen mit den Ursprungswerten von 70.000 DM für die Wertberichtigung und 80.000 DM für die Anlagen:

| | | | |
|---|---|---|---|
| Bank | 13.800 DM | an Anlagen | 80.000 DM |
| Wertberichtigung | 70.000 DM | a.o. Ertrag | 2.000 DM |
| | | MwSt | 1.800 DM |

## 5.3 Verkauf unter Buchwert

Wenn der umgekehrte Fall eintritt, d.h., daß die Anlagen mit einem höheren Wert zu Buche stehen als ein Erlös erzielt wurde, wurden zu niedrige Abschreibungen in den Vorperioden angesetzt. Der zu niedrig angesetzte Aufwand und damit der zu hoch ausgewiesene Gewinn muß daher in der laufenden Periode korrigiert werden. Es muß also ein außerordentlicher Aufwand, d.h. periodenfremder Aufwand in Höhe der Differenz gebucht werden. Somit lautet bei einem erzielten Preis von 8.000 DM der Buchungssatz bei direkter Abschreibung:

| | | | |
|---|---|---|---|
| Bank | 9.200 DM | an Anlagen | 10.000 DM |
| a.o. Aufwand | 2.000 DM | MwSt | 1.200 DM |

Bei der indirekten Buchung wird entsprechend das Wertberichtigungskonto wiederum mit 70.000 DM und das Anlagenkonto mit 80.000 DM berührt.

| | Kontrollfragen | bear-beitet | Lösungs-hinweis | Lösung + | Lösung - |
|---|---|---|---|---|---|
| 01 | Welche Wirtschaftsgüter gehören zum Anlagevermögen? | | 93 | | |
| 02 | Was ist für die Zuordnung zum Anlage- oder Umlaufvermögen entscheidend? | | 93 | | |
| 03 | Nennen Sie Güter, die je nach Zweckbestimmung zum Anlage- oder Umlaufvermögen gehören können. | | 93 | | |
| 04 | Was verstehen Sie unter abnutzbarem Anlagevermögen? | | 93 | | |
| 05 | Welche Gegenstände des Anlagevermögens unterliegen der planmäßigen Abschreibung? | | 93 | | |
| 06 | Was versteht die dynamische Bilanztheorie als Aufgabe der Bilanz und was ist unter diesem Gesichtspunkt das Anlagevermögen? | | 94 | | |
| 07 | Was versteht die statische Bilanztheorie als Aufgabe der Bilanz? | | 94 | | |
| 08 | Was ist unter diesem Gesichtspunkt das Anlagevermögen? | | 94 | | |
| 09 | Welche Bilanztheorie stellt die Forderung auf, daß Scheingewinn und Scheinverlust vermieden werden? | | 94 | | |
| 10 | Durch welches Verfahren sollen Scheingewinne und Scheinverluste vermieden werden? | | 94 | | |
| 11 | Können Wiederbeschaffungspreise als Grundlage der Abschreibung in der gesetzlich vorgeschriebenen Buchhaltung angesetzt werden? | | 94 | | |
| 12 | Welche Formulierungen nutzt das Steuerrecht für das Wort „Abschreibungen"? | | 95 | | |
| 13 | Welche Methoden zur Ermittlung der Abschreibungsbeträge kennen Sie? | | 95 | | |
| 14 | Was ist das Prinzip der linearen Abschreibung? | | 95 | | |
| 15 | Wie wird der Abschreibungsbetrag bei der linearen Abschreibung berechnet? | | 95 | | |
| 16 | Wodurch wird die Nutzungsdauer eines Gutes begrenzt? | | 95 | | |
| 17 | Erläutern Sie das Prinzip der Abschreibung nach Leistung. Wie wird die Abschreibung nach Leistung berechnet? | | 96 | | |
| 18 | Wann ist das Abschreibungsverfahren nach Leistung interessant? | | 96 | | |
| 19 | Erläutern Sie das Prinzip der geometrisch-degressiven Abschreibung. | | 97 | | |
| 20 | Bilden Sie ein Beispiel zur Berechnung einer degressiven Abschreibung. | | 97 | | |
| 21 | Erläutern Sie das Prinzip der digitalen Abschreibung. | | 98 | | |

| | Kontrollfragen | bearbeitet | Lösungshinweis | Lösung + | Lösung - |
|---|---|---|---|---|---|
| 22 | Erläutern Sie ein Beispiel zur Berechnung der digitalen Abschreibung. | | 99 | | |
| 23 | Bilden Sie ein Beispiel zur Berechnung der digitalen Abschreibung. | | 99 | | |
| 24 | Was verstehen Sie unter außerplanmäßiger Abschreibung? | | 99 | | |
| 25 | Erläutern Sie die Begriffe direkte und indirekte Abschreibung. | | 100 | | |
| 26 | Was verstehen Sie unter der 5-Spalten-Bilanz im Hinblick auf die Anlagewerte? | | 101 | | |
| 27 | Was besagt die Abschreibung geringwertiger Wirtschaftsgüter? | | 101 | | |
| 28 | Nehmen Sie an, daß ein Anlagegut zu hoch abgeschrieben wird. Welche Konsequenz ergibt sich beim Verkauf dieses Gutes? | | 103 | | |
| 29 | Nehmen Sie den Fall an, daß die Abschreibungsbeträge zu niedrig angesetzt wären, welche Konsequenz ergibt sich beim Verkauf dieses Gutes? | | 103 | | |

# D. Besondere Buchungen

## 1. Buchungen des Personalaufwandes

### 1.1 Löhne und Gehälter

Beim Warenverkehr sind neben der Bewegung des Bestandskontos bereits erfolgswirksame Buchungen besprochen worden. Erfolgswirksam sind Vorgänge, die den Vermögensstand verändern, d.h. für das Unternehmen sind Aufwendungen oder Erträge entstanden. Eine bedeutsame Aufwandsposition sind die Löhne und Gehälter. Um diese für die Kostenrechnung bereits getrennt zu erfassen, werden auch in der Buchhaltung verschiedene Konten geführt.

In unserem Beispiel soll nicht mit mehreren Lohn- und Gehaltskonten gearbeitet werden, so daß allgemein nur von einem Konto „Lohn“ gesprochen wird.

Der Arbeitsgeber ist gesetzlich verpflichtet, Lohnsteuer und Sozialversicherungsbeiträge einzubehalten. Daher muß er unterscheiden zwischen

- Bruttolohn und
- Nettolohn.

Während der Bruttolohn die Aufwendungen für das Unternehmen darstellen, ist der Nettolohn der Betrag, der an den Arbeitnehmer ausgezahlt wird. Demzufolge ist der Bruttolohn als Lohnaufwand zu buchen, der Nettolohn als Auszahlung oder Überweisung an den Arbeitnehmer sowie die Abzüge (Sozialbeiträge, Lohnsteuer) als Überweisung an die entsprechenden Empfänger.

Beispiel:

| | |
|---|---|
| Bruttolohn: | 2.000 DM |
| ./. Lohnsteuer | 400 DM |
| ./. Sozialversicherungsbeiträge | 300 DM |
| Nettolohn | 1.300 DM |
| Arbeitgeberanteil Sozialversicherungsbeiträge | 300 DM |

Daraus ergeben sich folgende Buchungen:

| | | | |
|---|---|---|---|
| Lohn | 2.000 DM | an Bank | 1.300 DM |
| | | sonstige Verbindlichkeiten | 700 DM |
| Sozialversicherung | | an sonstige Verbindlichkeiten | 300 DM |

Nach Überweisung der Sozialversicherungsbeiträge und Lohnsteuer ergibt sich folgende Buchung:

| | |
|---|---|
| sonstige Verbindlichkeiten | an Bank 600 DM (Sozialversicherung) |
| sonstige Verbindlichkeiten | an Bank 400 DM (Lohnsteuer) |

Die Salden des Lohnaufwandes werden in die G.u.V. abgeschlossen. Buchungssatz:

G.u.V. an Lohn
G.u.V. an sonstige Verbindlichkeiten.

Buchungstechnisch kann auch für den Bruttolohn und den Arbeitgeberanteil zur Sozialversicherung ein gemeinsames Konto „Personalaufwand“ geführt werden.

Bei Beschäftigung mehrerer Arbeitnehmer werden Lohnlisten geführt, aus denen sich die Aufgliederung des Gesamtlohnes auf die einzelnen Positionen für die einzelnen Arbeitnehmer ergibt. Die Endsummen werden in die Buchführung übernommen. Gelegentlich wird die Zahlung von Nettolöhnen vereinbart. In diesem Falle sind alle gesetzlichen Abgaben vom Arbeitgeber zu tragen. Der vereinbarte Nettolohn wird in voller Höhe als Lohn gebucht und ausgezahlt, die Verpflichtungen gegenüber dem Finanzamt und dem Sozialversicherungsträger werden als sonstige Verbindlichkeiten erfaßt und später abgeführt.

## 1.2 Vorschüsse

Ein Vorschuß wird nicht direkt auf das Konto Lohn gebucht, sondern zunächst auf einem Vorschußkonto erfaßt. Buchung:

| | | | |
|---|---|---|---|
| Vorschuß | 1.000 DM | an Kasse | 1.000 DM |

Bei der Lohnabrechnung müssen die restlichen 300 DM ausgezahlt werden; die bereits ausgezahlten 1.000 DM Vorschuß werden verrechnet. Daraus ergibt sich als Buchungssatz:

| | | | |
|---|---|---|---|
| Lohn | 2.000 DM | an Vorschuß | 1.000 DM |
| | | an Bank | 300 DM |
| | | an sonstige Verbindlichkeiten | 700 DM |

Das gleiche gilt für Abschlagszahlungen, wenn nur monatlich abgerechnet werden soll, aber wöchentlich oder 14-tägig Abschlagszahlungen geleistet werden. Statt des Kontos „Vorschuß“ wird ein Konto „Abschlagszahlung“ eingerichtet. Die Buchungen erfolgen entsprechend wie bei Vorschüssen.

## 1.3 Naturallöhne

Neben dem Geldlohn gibt es bei einer Reihe von Arbeitsverhältnissen auch Naturallohn (Sachlohn, Deputat). Die Sachzuwendungen, die ein Unternehmer im Rahmen des Dienstverhältnisses gewährt, sind Teil des Lohnes. Wenn sie mengen- und wertmäßig genau definiert werden können, werden diese Beträge in der Lohnabrechnung zugrunde gelegt. Sofern eine Einzelbewertung nicht möglich ist (z.B. freie Kost), erfolgt die Bewertung aufgrund einer Pauschale. Entsprechende Sätze werden von den zuständigen Finanzministerien festgelegt. Die in den folgenden Beispielen eingesetzten Werte sind daher nur beispielhaft zu verstehen und nicht als steuerliche relevante Werte. Je nach Art des Sachbezuges ist dieser Lohn im Gegensatz zum Geldlohn in der Regel auch umsatzsteuerpflichtig. Eine Verkäuferin bekommt freie Kost während der Tätigkeit in einem Lebensmittelgeschäft. Der Pauschalbetrag wird auf monatlich 145 DM festgesetzt. Der Bruttolohn beträgt 1.500 DM, die Lohnsteuer beträgt 350 DM. Die Sozialversicherungsbeiträge 620 DM werden zur Hälfte vom Arbeitgeber getragen. Die Buchungssätze lauten:

| | | |
|---|---|---|
| Lohn 1.645 DM | an Bank | 840 DM |
| | an sonstige Verbindlichkeiten | 350 DM |
| | an sonstige Verbindlichkeiten | 310 DM |
| | an Warenlager | 126,09 DM |
| | an MwSt | 18,91 DM |
| Sozialversicherung | an sonstige Verbindlichkeiten | 310 DM |
| sonstige Verbindlichkeiten | an Bank 620 DM | (Sozialversicherung) |
| | an Bank 350 DM | (Steuer) |

In diesem Fall wurde der Sachbezug vom Warenlager des Geschäftes genommen.

Wird dem Arbeitnehmer auch freie Unterkunft in einer Werkswohnung gewährt, so ist dies ebenfalls ein Sachbezug und muß entsprechend als Lohnanteil behandelt werden. Im Gegensatz zur Kost ist die Miete nicht umsatzsteuerpflichtig. Ist als Sachbezug "Kost und Logis" vereinbart, muß die entsprechende Pauschale in den Anteil für Kost und Unterbringung aufgespalten werden.

Beispiel:

Der Pauschsatz für "Kost und Logis" beträgt 440 DM.
Daraus ergibt sich:

| | |
|---|---|
| Bruttolohn | 2.000 DM |
| + Kost und Logis | 440 DM |
| gesamt brutto | 2.440 DM |
| ./. Lohnsteuer | 490 DM |
| ./. Sozialversicherung | 370 DM |
| Nettolohn gesamt | 1.580 DM |
| ./. Sachbezug | 440 DM |
| Barauszahlung | 1.140 DM |
| Arbeitgeberanteil Sozialversicherung | 370 DM |

Da die Kost umsatzsteuerpflichtig ist, die Miete hingegen nicht, muß der Betrag aufgeteilt werden in:

- Miete 200 DM
- Kost 240 DM

Das umsteuerpflichtige Entgelt beträgt:

| | |
|---|---|
| | 240,— DM |
| Umsatzsteuer | 31,30 DM |
| netto | 208,70 DM |

Die Buchung erfolgt entsprechend dem oben beschriebenen Buchungssatz. Die Habenbuchung des Mieteanteils erfolgt auf einem Ertragskonto für die Werkswohnung. Der Aufwand für die Werkswohnung wird normal gebucht.

## 1.4 Vermögenswirksame Leistungen

Wenn ein Arbeitnehmer einen Teil des Arbeitslohnes vermögenswirksam anlegt und das steuerpflichtige Jahreseinkommen festgelegte Grenzbeträge nicht übersteigt (die Obergrenze wird in zeitlichen Abständen neu festgelegt), erhält er vom Staat eine Arbeitnehmer-Sparzulage. Die Höhe der Sparzulage richtet sich nach der Anlageform und beträgt 10 % von der begünstigten Obergrenze der vermögenswirksamen Leistung (936 DM). Die vermögenswirksamen Leistungen werden vom Arbeitgeber einbehalten und der jeweiligen Anlage zugeführt (z. B. Bausparkasse, Lebensversicherung). Die Arbeitnehmer-Sparzulage ist eine Forderung an das Finanzamt und wird mit der abzuführenden Lohnsteuer verrechnet.

Beispiel:

| | |
|---|---|
| Bruttolohn | 2.000, 00 DM |
| ./. Lohnsteuer | 400,00 DM |
| ./. Sozialversicherungsbeiträge | 300,00 DM |
| ./. vermögenswirksame Leistungen | 78,00 DM |
| | 1.222,00 DM |
| + Arbeitnehmer-Sparzulage | 7,80 DM |
| Auszahlung | 1.229,80 DM |

Daraus ergeben sich folgende Buchungen:

| | | | |
|---|---|---|---|
| Lohn | 2.000,00 | | |
| sonstige Forderungen (AN-Sparzulage) | 7,80 | an Bank | 1.229,80 |
| | | sonstige Verbindlichkeiten | 700,00 |
| | | vermögenswirksame Leist. | 78,00 |
| ArbG-Anteil Sozialversicherung | 300,00 | an sonstige Verbindlichkeiten | 300,00 |
| vermögenswirksame Leistungen | 78,00 | an Bank | 78,00 |
| sonstige Verbindlichkeiten (Sozialversicherung) | 600,00 | an Bank | 600,00 |
| sonstige Verbindlichkeiten (Lohnsteuer) | 400,00 | an Bank | 392,20 |
| | | sonstige Forderung (AN-Sparzulage) | 7,80 |

In vielen Unternehmen erklären sich die Arbeitgeber bereit, die vermögenswirksame Leistung als freiwillige zusätzliche Leistung zu zahlen. Diese zusätzliche Leistung des Arbeitgebers entspricht der normalen Lohnzahlung, ist also ein Aufwand. Außerdem sind für diese Zahlung wie für jeden Lohn Sozialbeiträge und Lohnsteuer abzuführen. Damit ergibt sich folgende Aufstellung:

| | |
|---|---|
| Bruttolohn | 2.000,00 DM |
| freiwillige Leistung | 78,00 DM |
| ./. Lohnsteuer | 416,00 DM |
| ./. Sozialversicherungsbeiträge | 312,00 DM |
| ./. vermögenswirksame Leistungen | 78,00 DM |
| | 1.272,00 DM |
| Arbeitnehmer-Sparzulage | 7,80 DM |
| Auszahlung | 1.279,80 DM |

Daraus ergeben sich folgenden Buchungen:

| | | | |
|---|---|---|---|
| Lohn | 2.078,00 | | |
| sonstige Forderungen (AN-Sparzulage) | 7,80 | an Bank | 1.279,80 |
| | | sonstige Verbindlichkeiten | 728,00 |
| | | vermögenswirksame Leistung | 78,00 |
| Arbeitgeberant. Sozialversicherung | 312,00 | an sonstige Verbindlichkeiten | 312,00 |
| vermögenswirksame Leistungen | 78,00 | an Bank | 78,00 |
| sonstige Verbindlichkeiten (Sozialversicherung) | 624,00 | an Bank | 624,00 |
| sonstige Verbindlichkeiten (Lohn/Kirchensteuer) | 416,00 | an Bank | 408,20 |
| | | sonstige Forderung (AN-Sparzulage) | 7,80 |

13

## 2. Diverse Aufwands- und Ertragsbuchungen

In den obigen Abschnitten wurden Buchungen im Zusammenhang mit dem Warenverkehr sowie den Positionen Personalaufwendungen und Abschreibungen behandelt. Darüber hinaus gibt es aber eine Vielzahl von Aufwandspositionen und Ertragspositionen. Ihre Buchung erfolgt jeweils nach dem gleichen Prinzip. Auf dem entsprechenden Aufwandskonto wird der Aufwandsbetrag im Soll gebucht, die Gegenbuchung erfolgt je nach Vorgang auf dem Konto Kasse, Bank oder Verbindlichkeiten.

**Beispiel:** Bezahlung einer Telefonrechnung durch Überweisung
Telefonaufwand an Bank

**Beispiel:** Eingang einer Rechnung für eine Anzeige
Werbungskosten an Verbindlichkeiten
Vorsteuer

**Beispiel:** Kauf von Bleistiften in einem Geschäft bei Barzahlung
Büromaterial an Kasse
Vorsteuer.

Entsprechend werden die verschiedensten Arten von Erträgen gebucht, wobei zwischen den

- ordentlichen und
- außerordentlichen Erträgen unterschieden wird.

Auch diese beiden Ertragsarten lassen sich noch weiter differenzieren, so daß häufig mehrere Ertragskonten geführt werden. Neben dem wichtigsten Konto, auf dem die Umsatzerlöse erfaßt werden, gibt es z.B. Konten für Lizenzerträge, Mieterträge usw. sowie ein Sammelkonto „sonstige außerordentliche Erträge", auf dem die verschiedensten Arten der selten vorkommenden außerordentlichen Erträge gesammelt werden (Kursgewinne, außerordentliche Erträge bei Verkauf von Anlagen etc.). Die Gegenbuchung der Erträge erfolgt ebenfalls auf dem Bank-, Kassen- oder Forderungskonto, je nachdem, in welcher Form der Ertrag dem Unternehmen zufließt.

**Beispiel:** Mietzahlung durch Überweisung
Bank an Mieterträge

Die Aufwands- und Ertragskosten werden in dic G.u.V. abgeschlossen mit den Buchungssätzen:

G.u.V. an Aufwandskonto bzw. Ertragskonto an G.u.V..

Auf dem G.u.V.-Konto stehen also sämtliche Aufwendungen und Erträge gegenüber und weisen als Saldo den Verlust oder Gewinn einer Periode aus.

14

## 3. Buchung von Steuern

Bei den Steuern muß zwischen den verschiedenen Steuerarten im Hinblick auf ihre buchungsmäßige Behandlung unterschieden werden. Grundsätzlich sind Steuern Geldleistungen an ein öffentlich-rechtliches Gemeinwesen (Staat, Land, Gemeinde), die keine Gegenleistung für eine besondere Leistung darstellen (§ 3 Abs. 1 AO) und allen zur Erzielung von Einnahmen auferlegt werden, bei denen der Tatbestand zutrifft, an den das Gesetz die Leistungspflicht knüpft (§ 3 AO). Für das Unternehmen muß unterschieden werden zwischen

- Aufwandssteuern (abzugsfähige Steuern)
- nichtabzugsfähige Steuern
- durchlaufende Steuern.

## 3.1 Aufwandssteuern (abzugsfähige Steuern)

Zu den Aufwandssteuern zählen die Formen der Gewerbesteuer, Grundsteuer für betrieblich genutzte Grundstücke, KFZ-Steuer sowie verschiedene Verbrauchssteuern. Handelsrechtlich sind bei Kapitalgesellschaften auch die Körperschaftsteuer und Vermögensteuer Aufwandssteuern, steuerrechtlich sind diese nicht abzugsfähig. Sie müssen daher gesondert erfaßt werden und bei der Ermittlung des körperschaftsteuerpflichtigen Einkommens dem Ergebnis der Handelsbilanz hinzugerechnet werden. Die Buchung der Steuern erfolgt als Aufwand wie jeder andere Aufwand, d.h.

Steuern an Bank (bzw. Kasse etc.).

Zum Jahresabschluß müssen für die noch nicht gezahlten Steuern, die das laufende Wirtschaftsjahr betreffen, Rückstellungen gebildet werden.

Eine besondere Gruppe der Aufwandssteuern bilden die Steuerarten, die als Anschaffungskosten aktiviert werden müssen und z.T. erst durch planmäßige oder außerplanmäßige Abschreibung als Aufwand verrechnet werden. Hierzu gehören u.a. die Grunderwerbsteuer für den Erwerb von Betriebsgrundstücken wie auch die Börsenumsatzsteuer für den Erwerb von Wertpapieren.

## 3.2 Nichtabzugsfähige Steuern

Nichtabzugsfähige Steuern sind Steuern, die den steuerlichen Gewinn nicht mindern. Bei Körperschaften zählt dazu die Körperschaftsteuer und Vermögensteuer. Bei Einzelunternehmen und Personengesellschaften zählen die entsprechenden Steuerarten zu den Privatsteuern.

Die Privatsteuern sind Steuern, die vom Inhaber bzw. Gesellschafter einer Personengesellschaft geschuldet werden, aber in einem Zusammenhang mit dem Unternehmen stehen.

Hierzu gehören die:

- Einkommen- und Kirchensteuer,
- Vermögensteuer,
- Grundsteuer für privat genutzte Grundstücke,
- KFZ-Steuer für privat genutzte Kraftfahrzeuge.

Zahlungen von Privatsteuern sind wie eine Entnahme zu behandeln und über das Privatkonto zu verbuchen:

Privatkonto an Bank.

Will man die Arten der verschiedenen Entnahmen zunächst auf getrennten Konten erfassen, um einen besseren Überblick zu haben, bucht man auf einem entsprechenden Unterkonto:

Entnahme für Vermögensteuer an Bank

und zum Abschluß: Privatkonto an Entnahme für Vermögensteuer.

In gleicher Weise sind die übrigen Privatsteuern zu buchen.

## 3.3 Durchlaufende Steuern

Bei den durchlaufenden Steuern übernimmt das Unternehmen eine Art Inkasso-Funktion für Dritte. Hierzu zählen die

- einbehaltene Lohn- und Kirchensteuer sowie
- Umsatzsteuer.

Bei der Lohn- und Kirchensteuer wird die einbehaltene Steuer vorübergehend zu einer sonstigen Verbindlichkeit, die umgehend bezahlt wird. In gleicher Weise wird die dem Kunden berechnete Umsatzsteuer zu einer Umsatzsteuerschuld, die zum jeweiligen Steuertermin bezahlt wird.

## 3.4 Steuerschuld in der Bilanz

Da Steuertermine für eine Teilperiode in der Regel erst in der nächsten Teilperiode liegen bzw. Steuern für das Wirtschaftsjahr durch Vorauszahlungen nur annähernd bezahlt werden, ergibt sich am Ende eines Wirtschaftsjahres eine Steuerschuld, die die abgelaufene Periode betreffen, aber noch nicht gezahlt sind, sogar in der Höhe noch nicht genau feststehen. Aus diesem Grund müssen Rückstellungen gebildet werden, die die Steuerschuld in der Bilanz ausweisen.

15

| | Kontrollfragen | bearbeitet | Lösungshinweis | Lösung + | Lösung - |
|---|---|---|---|---|---|
| 01 | Erläutern Sie den Unterschied zwischen Bruttolohn und Nettolohn. | | 107 | | |
| 02 | Aus welchen Positionen besteht der effektive Personalaufwand? | | 108 | | |
| 03 | Wie werden Vorschüsse erfaßt? | | 108 | | |
| 04 | Was verstehen Sie unter Naturallohn? | | 108 | | |
| 05 | Wie wird der Naturallohn buchhalterisch erfaßt? | | 109 | | |
| 06 | Was ist zu beachten, wenn der Naturallohn freie Kost und Wohnung beinhaltet? | | 109 | | |
| 07 | Im Unternehmen gibt es Aufwandssteuern, Privatsteuern sowie durchlaufende Steuern. Erläutern Sie den Unterschied. | | 111 | | |
| 08 | Nennen Sie ein Beispiel für Aufwandssteuern, die aktiviert werden müssen. | | 113 | | |
| 09 | Was verstehen Sie unter durchlaufenden Steuern? | | 113 | | |

# E. Betriebsbuchführung

## 1. Inhalt der Betriebsbuchführung

Auf die Aufgaben der Betriebsbuchführung und auf den Zusammenhang zwischen Geschäftsbuchführung und Betriebsbuchführung wurde bereits an anderer Stelle eingegangen, so daß hier auf das Kapitel A. 1.3 hingewiesen werden kann.

Gegenstand der Betriebsbuchführung ist die Kosten- und Leistungsrechnung. Diese läßt sich in drei Bereiche aufgliedern, in die

- Betriebsabrechnung
- Kalkulation
- Ergebnisrechnung.

Die Betriebsabrechnung rechnet den Betrieb ab, wobei der Betriebsbegriff weit ausgelegt werden muß; die Verwaltung und der Vertrieb rechnen in diesem Zusammenhang zum Betrieb.

Die **Betriebsabrechnung** ist eine Zeitrechnung, die nur mit Kosten arbeitet.

Teile der Betriebsabrechnung sind die Kostenartenrechnung und die Kostenstellenrechnung, die in der Regel in statistischer Form durchgeführt wird. Das dabei verwendete organisatorische Mittel ist der Betriebsabrechnungsbogen.

Die **Kalkulation** ist zunächst eine Stückrechnung; sie bezieht ihre Werte aus der Betriebsabrechnung und rechnet diese den innerhalb eines Zeitraumes erstellten Leistungen zu. Man spricht in diesem Falle von der Kostenträgerstückrechnung.

Die Kalkulation als Kostenträgerzeitrechnung ist Gegenstand der Ergebnisrechnung, ganze Zeitabschnitte werden dort „kalkuliert“.

Die **Ergebnisrechnung** ist eine Zeitrechnung. Sie arbeitet nicht nur mit den Kosten, sondern auch mit den Erträgen. Sie stellt - in der Regel kurzfristig - den Erfolg, das Betriebsergebnis fest.

## 2. Begriffe der Betriebsbuchführung

- **Kosten**

  Die treffendste Definition der Kosten dürfte - auf *Gutenberg* aufbauend - *Kilger* geben: „Kosten sind der bewertete Verbrauch von Produktionsfaktoren für die Produktion und den Absatz betrieblicher Produkte und für die Aufrechterhaltung der hierfür erforderlichen Kapazität“.

  Kosten stellen den Teil der Aufwendungen dar, die betriebszweckbestimmt sind.

- **Leistungen**

  Leistungen sind das Ergebnis der betrieblichen Tätigkeit, sie stellen die Mengen und Werte dar, die aus dem innerbetrieblichen Kombinationsprozeß resultieren. Es können sowohl Güter als auch Dienste sein.

# 3. Einsatzmöglichkeiten der Kosten- und Leistungsrechnung

Die Haupteinsatzgebiete sind:

- Kontrolle des Betriebsgeschehens
- Ermittlung des Betriebserfolges
- Kalkulation
- Entscheidungshilfe bei
  - der Produktwahl
  - der Breite des Produktionsprogramms
  - der Tiefe des Produktionsprogramms
  - der Sortimentsgestaltung
  - der Festsetzung der Art der Fertigungsverfahren
  - der Frage Eigenfertigung - Fremdbezug
  - Investitionsrechnungen
  - der Wahl der Vertriebswege
- Bedarfsermittlung für
  - den Materialbereich
  - den Personalbereich
  - den Anlagenbereich
- Wirtschaftlichkeitsberechnungen
- Rentabilitätsberechnungen
- Errechnung diverser Betriebskennziffern.

# 4. Kostenrechnungssysteme

Folgende Kostenrechnungssysteme sind in der Bundesrepublik Deutschland zu finden:

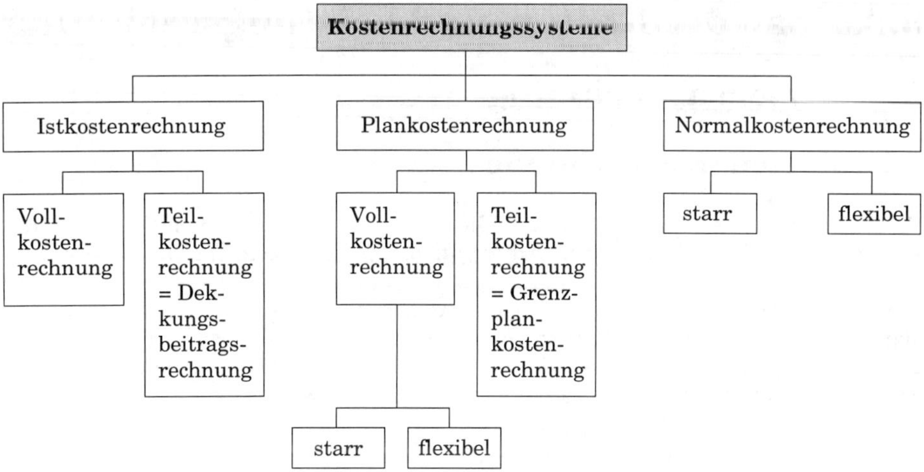


Das in der Bundesrepublik Deutschland am stärksten verbreitete System ist die Istkostenrechnung auf Vollkostenbasis.

Die folgenden Ausführungen beziehen sich zunächst in erster Linie auf dieses System.

# 5. Grundsätze der Kosten- und Leistungsrechnung

Folgende Grundsätze der Kosten- und Leistungsrechnung lassen sich aufführen:

- Wirtschaftlichkeit
- Geschlossenheit
- Vollständigkeit, Ausnahme: Teilkostenrechnung
- Formelle und materielle Kontinuität
- Einmaligkeit der Verrechnung
- Nachvollziehbarkeit
- Keine Buchung ohne Beleg

Von den genannten Grundsätzen kommt der Wirtschaftlichkeit besondere Bedeutung zu; oft sind besondere Ergebnisse in der Kostenrechnung zwar zu erreichen, der Aufwand dabei ist aber so groß, daß aus Gründen der Wirtschaftlichkeit darauf verzichtet wird („Grundsatz der Verhältnismäßigkeit der Mittel“). Häufig wird daher eine gewisse Ungenauigkeit zugunsten der Wirtschaftlichkeit in Kauf genommen.

# 6. Aufbau der Kosten- und Leistungsrechnung

## 6.1 Betriebsabrechnung

### 6.1.1 Kostenartenrechnung

Vielfach wird davon ausgegangen, daß die Kontenklasse 4 nach dem GKR bzw. die Kontenklassen 6 und 7 nach dem IKR bereits die Kostenartenrechnung darstellen.

Eine Kostenartenrechnung ist mehr als nur eine Kontenklasse; der Betrieb kann nur abgerechnet werden, wenn sämtliche Kostenarten bekannt sind, systematisiert wurden (hier leistet die Kontenklasse der Kostenarten wertvolle Dienste) und man weiß, was mit den Kosten geschehen soll, nachdem sie erfaßt wurden.

Beim Aufbau einer Kostenartenrechnung ist eine Reihe von Arbeitsschritten vorzunehmen. Zweckmäßigerweise geht man folgendermaßen vor:

- Sammlung, d.h. Feststellung aller im Betrieb vorkommender Kostenarten
- Beschreibung der wichtigsten Kostenarten
- Klassifizierung der Kosten
- Gliederung der Kosten
- Entwurf von Kontierungsrichtlinien
- Entwurf von Richtlinien für Kontrollen.

Hier soll nicht ein lückenloser Aufbau der Kostenartenrechnung aufgezeigt werden, sondern nur auf die wichtigsten **Grundsätze** eingegangen werden, die zum Verständnis der Buchführung erforderlich sind. In diesem Zusammenhang sei auf *Olfert* oder *Ehrmann*, Kostenrechnung verwiesen.

#### 6.1.1.1 Erfassung der wichtigsten Kostenarten

##### 6.1.1.1.1 Materialkosten

Materialkosten können mit Hilfe folgender Verfahren erfaßt werden:

- Skontrahierung

  Die Skontrahierung (= Verbrauchsfortschreibung) besteht darin, daß zuerst der Anfangsbestand der Materialien erfaßt wird, die Zugänge addiert und die Abgänge subtrahiert werden; daraus ergibt sich dann der jeweilige Endbestand. Die Skontrahierung kann sowohl mengen- als auch wertmäßig durchgeführt werden.

  Der Vorteil des Verfahrens liegt darin, daß der Nachweis, wo und wofür die Materialien verwendet werden, erbracht werden kann.

Die Skontrahierung ist möglich als

- **Mengenskontrahierung**, bei der lediglich die Mengenbewegungen des Verbrauchs erfaßt werden

- **Wertskontrahierung**, bei der der bewertete Verbrauch fortgeschrieben wird

- **Mengen-Wertskontrahierung**, die eine Kombination der obigen Verfahren darstellt

- **Sortenskontrahierung**, bei der Güter der gleichen Sorte fortgeschrieben werden.

Als **organisatorische Hilfsmittel** der Skontrahierung dienen

- die Lagerbuchhaltung
- der Materialentnahmeschein (bzw. ein ähnliches Instrument)
- die Stückliste.

In diesem Zusammenhang ist die **Lagerbuchhaltung** von besonderer Bedeutung. In ihr werden die Lagerzu- und -abgänge der Güter, die im Rahmen des Leistungserstellungsprozesses zu Kosten werden, tabellarisch oder in Staffelform erfaßt.

**Beispiel**:

**Tabellarische Form der Skontration (Mengen-/Wertskontration)**

| Hilfsmaterialart 3.500 Lager Nr. 12 | | | | | | | | |
|---|---|---|---|---|---|---|---|---|
| **Datum** | **Zugänge** | | | **Abgänge** | | | **Bestand** | |
| | **kg** | **DM** | **Kennziffer der Lieferanten** | **kg** | **DM** | **Empf. Kostenstelle** | **kg** | **DM** |
| 01.1. | 200 | 1.000 | | | | | 200 | 1.000 |
| 02.1. | 150 | 750 | 25 | | | | 350 | 1.750 |
| 05.1. | | | | 250 | 1.250 | 750/3 | 100 | 500 |
| 10.1. | 300 | 1.500 | 25 | | | | 400 | 2.000 |
| 12.1. | | | | 150 | 750 | 725/2 | 250 | 1.250 |
| 18.1. | | | | 100 | 500 | 716/1 | 150 | 750 |
| 20.1. | | | | 100 | 500 | 750/3 | 50 | 250 |
| 28.1. | 200 | 1.000 | 28 | | | | 250 | 1.250 |

**Skontration in Staffelform (Mengen-Wert-Skontration)**

| Hilfsmaterialart 3.500 Lager Nr. 12 | | | | |
|---|---|---|---|---|
| Datum | Bewegung kg | DM | Kennziffer der Lieferanten | Empfangende Kostenstelle |
| 01.1. | 200 | 1.000 | | |
| 02.1. | + 150 | 750 | 25 | |
| 02.1. | 350 | 1.750 | | |
| 05.1. | ./. 250 | 1.250 | | 750/3 |
| 05.1. | 100 | 500 | | |
| 10.1. | + 300 | 1.500 | 25 | |
| 10.1. | 400 | 2.000 | | |
| 12.1. | ./. 150 | 750 | | 725/2 |
| 12.1. | 250 | 1.250 | | |
| 18.1. | ./. 100 | 500 | | 716/1 |
| 18.1. | 150 | 750 | | |
| 20.1. | ./. 100 | 500 | | 750/3 |
| 20.1. | 50 | 250 | | |
| 28.1. | + 200 | 1.000 | 28 | |
| 28.1. | 250 | 1.250 | | |

- Inventur

  Durch die Inventur wird der gesamte Verbrauch einer Abrechnungsperiode erfaßt. Der Nachteil der Inventur liegt darin, daß sie keine Auskunft darüber geben kann, wo und wofür der Verbrauch erfolgte.

- Retrograde Rechnung

  Bei der retrograden Rechnung wird nach Fertigstellung der Produkte festgestellt, wie hoch der Verbrauch an einzelnen Materialien je Mengeneinheit war. Der Verbrauch wird mit der Anzahl der hergestellten Produkte multipliziert.

- Abschreibung

  Die Abschreibung als Mittel zur Erfassung des Materialverbrauchs ist nur da angebracht, wo der Materialverbrauch von der Zeit abhängig ist, wie beispielsweise in Abbaubetrieben.

- Sofortige Verrechnung der Materialeingänge

  Dieses Verfahren bietet sich bei Kleinmaterialien an. Es wird unterstellt, daß die Ausgaben mit den Kosten identisch sind.

- Sachkundige Schätzung

#### 6.1.1.1.2 Lohnkosten

Lohnkosten werden unter drei Gesichtspunkten erfaßt:

- bezüglich der Mitarbeiter (Nettolohnabrechnung)
- bezüglich des Betriebes (Gesamtlohnaufwand)
- bezüglich des Kostenträgers.

Organisatorisches Hilfsmittel für die Erfassung der Lohnstunden ist der Lohnschein.

Nach Bewertung der Stunden mit DM-Beträgen werden die Lohnscheine nach den einzelnen Abrechnungszwecken sortiert und in die vorgesehenen Listen wie Betriebsabrechnungsbogen, Arbeitsfortschrittsbogen, Nachkalkulationsbogen u.ä. eingetragen.

#### 6.1.1.1.3 Sonstige Kosten

Die sonstigen Kosten werden anhand von Rechnungen oder des Kassenbuches erfaßt. Wichtig dabei ist, daß nur die Kosten erfaßt werden, die im abzurechnenden Zeitabschnitt angefallen sind.

Die Erfassung der kalkulatorischen Kosten wird im Zusammenhang mit dem Jahresabschluß und den vorzunehmenden Abgrenzungen dargestellt.

### 6.1.1.2 Klassifizierung und Beschreibung der Kosten

Wichtig ist, daß die Kosten nach einheitlichen Gesichtspunkten klassifiziert werden, die Formalprinzipien der Klassifikation sind einzuhalten.

Entscheidend ist, daß

- die Klassenbildung eindeutig ist,
- die Klassifikationsmerkmale klar gegeneinander abgegrenzt werden können,
- nur homogene Elemente verwendet werden,
- Kostenarten nur nach Kostenartengesichtspunkten und nicht etwa nach Kostenstellen- und Kostenträgergesichtspunkten klassifiziert werden (zu vermeiden sind Kostenarten wie Betriebslöhne, Versandlöhne, Werbekosten).

Wichtig ist auch, daß das Belegwesen so organisiert wird, daß die Kosten bereits bei ihrer Entstehung eindeutig klassifiziert werden können. Es sollte dabei nicht nur eine klare Klassifizierung vorgenommen werden, sondern es sollte nach Möglichkeit bereits angegeben werden, wofür die einzelnen Kostenarten verwendet werden. Ob dabei Umlaufbelege oder Mehrschreibbelege angefertigt werden, ist bei sonst eindeutiger Organisation zweitrangig.

**Beispiel:** Die Kostenstelle Dreherei wird mit Putzlappen versorgt.

Die Dreherei hat die Kostenstellennummer 24, Putzlappen sind die Kostenart 112. Der Beleg, der ausgestellt wird, ist mit der Nummer 24 112 zu kennzeichnen.

Wird für die Herstellung von Tischen Nußbaumholz verwendet und das Holz hat die Kostenartennummer 44 erhalten, und wenn der herzustellende Tisch die Kostenträgernummer 98 trägt, wird der Materialbeleg mit der Nummer 44 98 versehen.

Die Klassifizierung der Kosten wird in den geschilderten Fällen mit der Angabe des Verwendungszweckes der Kostenart verbunden.

Wichtig ist, daß für die Klassifizierung der Kostenarten ausreichende Nummern zur Verfügung stehen und Überschneidungen vermieden werden.

Eine Beschreibung der wichtigsten Kostenarten ist deshalb von Bedeutung, weil dadurch Verwechslungen, Falschbuchungen und zeitraubende Rückfragen vermieden werden.

Wenn die Kostenarten so präzise beschrieben werden, wird nicht nur Einarbeitungszeit eingespart, sondern der Mitarbeiter wird sich an seinem Arbeitsplatz auch sofort wohler fühlen.

Durch eine eindeutige Beschreibung von Kostenarten wird auch vermieden, daß Kostenarten gebildet werden, die als sonstige Kosten, allgemeine Kosten, übrige Kosten oder ähnlich überschrieben werden. Auch das Führen von Konten „Sonstiges“ wird überflüssig, und das „Konto pro diverse“ verliert seine Daseinsberechtigung.

### 6.1.1.3 Gliederung der Kosten

Mit der Definition der Kosten besteht zwar Klarheit über den Begriff, welche Arten oder Gruppen von Kosten entstehen können, ist damit jedoch noch nicht klargestellt.

Je nach dem Zweck und der Aussagefähigkeit der Kostenrechnung ist es erforderlich, die Kosten nach bestimmten Kriterien einzuteilen.

Gliederungen bieten sich an nach:

- dem Verhältnis zum Erzeugnis
- der Tendenz, sich mit der Beschäftigung zu verändern
- der Eignung für die Planung
- der Möglichkeit zur Kontrolle und Analyse
- der Dringlichkeit der Deckung.

#### 6.1.1.3.1 Gliederung nach dem Verhältnis zum Erzeugnis

Je nachdem, ob Kosten einer Leistung dem Kostenträger direkt zugerechnet werden können oder nicht, unterscheidet man

- Einzelkosten
- Gemeinkosten.

**Einzelkosten** sind für jeden Kostenträger feststellbar und können ihm unmittelbar zugerechnet werden.

Soll beispielsweise ein Tisch hergestellt werden, stellt das Holz Einzelkostenbestandteil dar, das gleiche gilt für die Stahlbeine. In diesem Zusammenhang ist wichtig zu wissen, daß in dem Augenblick, in dem Stoffe wie Holz oder Stahl in die Produktion eingehen, diese zu Kosten werden.

Buchungssatz:

Materialkosten (Fertigungsmaterial) an Rohstoffe.

Gleichzeitig sind die Werte, die Einzelkosten darstellen, wesentlicher Bestandteil der zu erstellenden Leistung.

**Gemeinkosten** können dem Kostenträger entweder nicht unmittelbar zugerechnet werden oder die Zurechnung wäre so kompliziert, daß sie unwirtschaftlich würde.

Der bei der Tischherstellung verwendete Leim, Nägel, Schrauben und ähnliches Kleinmaterial, aber auch Löhne von Hilfskräften, Strom und Wasser sind Gemeinkosten.

Besonders deutlich lassen sich die Gemeinkosten am Beispiel der Leitungskosten erläutern.

Es ist unmöglich festzustellen, welcher Anteil der Leistung der Geschäftsleitung und damit, welcher Teil der Gehälter der Mitglieder der Geschäftsleitung auf einzelne Produkte entfallen. Wie alle anderen Gemeinkosten müssen auch diese Leitungskosten mit Hilfe von mehr oder weniger genauen Schlüsseln auf die Kostenträger umgelegt werden. Dies geschieht im zweiten Teil der Betriebsabrechnung, in der Kostenstellenrechnung, über die in einem späteren Abschnitt (s. S. 133) berichtet wird.

Die Zurechnung der Einzel- und Gemeinkosten auf die Kostenträger wird anschaulich verdeutlicht, wenn man sich das Kalkulationsschema für die **Zuschlagskalkulation** ansieht.

In diesem Schema werden die Einzelkosten aufgeführt und die Gemeinkosten als Zuschläge zu den Einzelkosten ausgewiesen. Diese Zuschläge werden mit Hilfe von Kalkulationssätzen verrechnet; die Gemeinkosten werden dabei entweder auf bestimmte Mengen- oder Zeitgrößen bezogen (Gewichtssätze, Stundensätze) oder in Prozenten der Einzelkosten ausgedrückt.

Zuschlagskalkulation:

Fertigungsmaterial (Einzelkosten)
\+ Materialgemeinkosten (im Materialbereich entstandene Gemeinkosten)
= Material- oder Stoffkosten

\+ Fertigungslohn (Einzelkosten)
\+ Fertigungsgemeinkosten (im Fertigungsbereich entstandene Gemeinkosten)
\+ Sondereinzelkosten der Fertigung (Kosten für Sonderausführungen, Modellkosten)
= Fertigungskosten

Herstellkosten
\+ Verwaltungsgemeinkosten
\+ Vertriebsgemeinkosten
\+ Sondereinzelkosten des Vertriebs (z.B. Vertreterprovisionen, Sonderfrachten u.ä.)
= Selbstkosten

Wird zu den Selbstkosten der Gewinn addiert, ergibt sich der Nettoverkaufspreis.

#### 6.1.1.3.2 Gliederung nach der Tendenz, sich mit der Beschäftigung zu verändern

Unter Beschäftigung wird der Grad der Ausnutzung der Kapazität verstanden. Wird die Kapazität gleich 100 % gesetzt, aber nur zu 70 % ausgelastet, beträgt der Beschäftigungsgrad 70 %.

Im Hinblick auf das Verhalten der Kosten bei Beschäftigungsänderungen unterscheidet man:

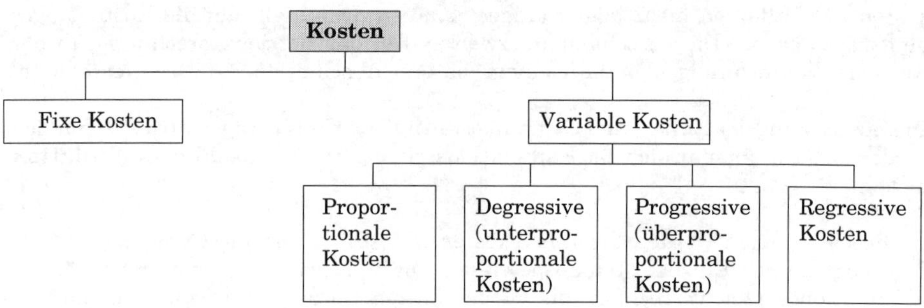

Die Abhängigkeit der Kosten von der Beschäftigung wird durch den **Reagibilitätsgrad** charakterisiert. Er gibt das Verhältnis von **prozentualer Kostenänderung** zu **prozentualer Beschäftigungsänderung** an:

$$r = \frac{\Delta K \%}{\Delta x \%}$$

**Fixe Kosten** bleiben während eines bestimmten Zeitraumes in ihrer Höhe unverändert. Sie werden auch als

- zeitabhängige Kosten oder
- Bereitschaftskosten bezeichnet.

Fremdkapitalzinsen oder Mieten beispielsweise fallen in gleicher Höhe an, ob 1.000 Mengeneinheiten eines Produktes, nur eine Mengeneinheit oder im Extremfall überhaupt nichts hergestellt wird.

Neben diesen innerhalb eines Zeitraumes absolut fixen Kosten gibt es noch sogenannte **sprungfixe** Kosten. Fixe Kosten sind solange unveränderlich, bis bestimmte Anpassungsmaßnahmen, wie beispielsweise die Inbetriebnahme einer neuen Maschine, erfolgen. Dann machen die Fixkosten einen Sprung und verharren auf der neuen Höhe, bis erneut Anpassungsmaßnahmen ergriffen werden.

Die fixen Kosten der genutzten Kapazität werden als **Nutzkosten**, die fixen Kosten der nicht genutzten Kapazität als **Leerkosten** bezeichnet. Bei Vollbeschäftigung sind die Fixkosten Nutzkosten, bei Betriebsstillstand sind die gesamten fixen Kosten Leerkosten.

Fixe Kosten haben den Reagibilitätsgrad 0. Grafisch stellen sie sich wie folgt dar:

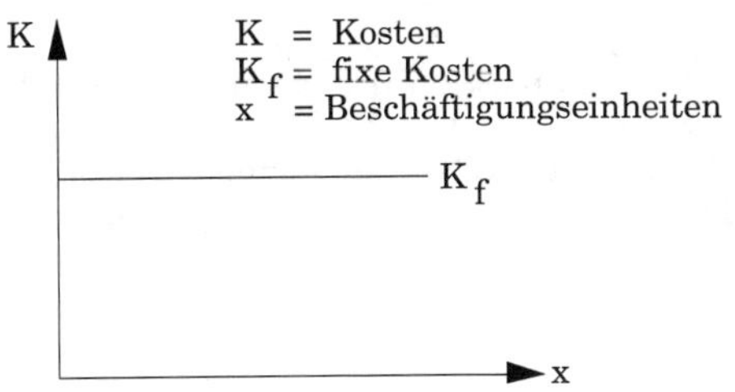


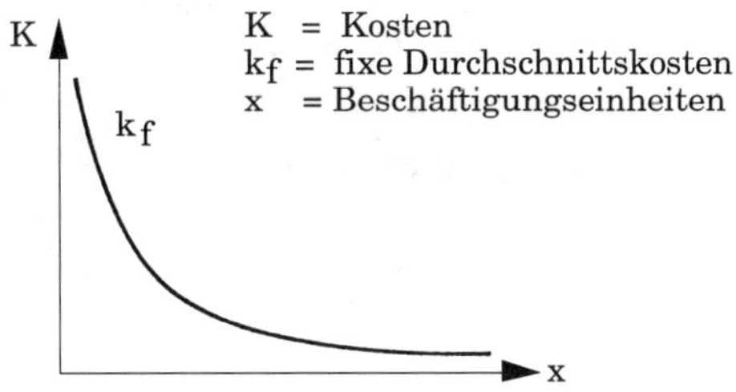


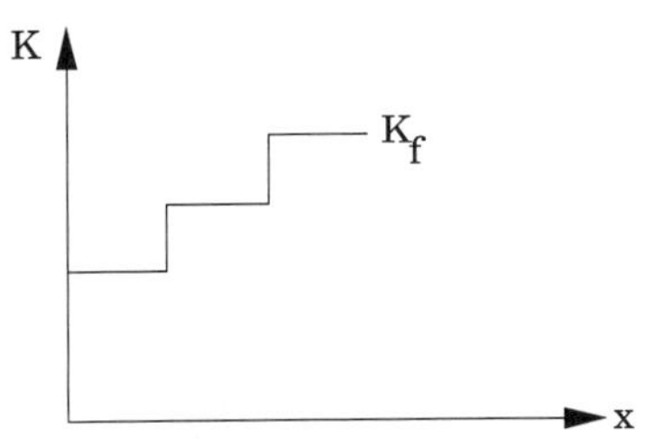


sprungfixe Gesamtkosten

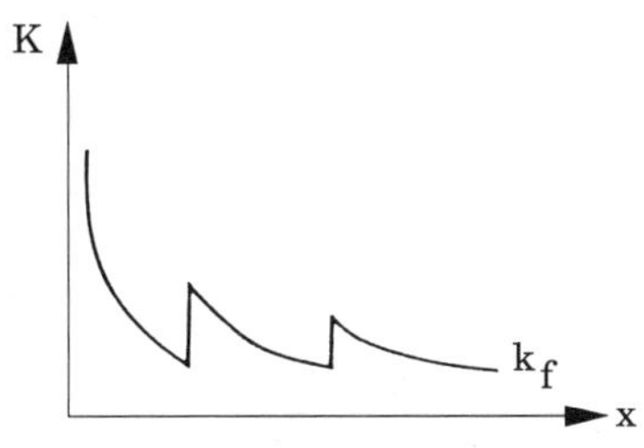


sprungfixe Durchschnittskosten

Die veränderlichen Kosten, die auf Beschäftigungsschwankungen reagieren, nennt man **variable** Kosten.

Verändern sich die Kosten im gleichen Ausmaße wie die Beschäftigung, liegen **proportionale** Kosten vor, steigen oder sinken die Kosten weniger stark als die Beschäftigung, hat man unterproportionale Kosten, und reagieren die Kosten stärker als die Beschäftigung, spricht man von **überproportionalen Kosten**.

Als Beispiel für proportionale Kosten kann das Fertigungsmaterial genannt werden; proportional sind auch Fertigungslöhne beim Stücklohnsystem.

**Unterproportional** sind im Regelfall die Gesamtkosten, da sie sich aus fixen und proportionalen Bestandteilen zusammensetzen; aber auch einzelne Kostenarten können unterproportional sein.

**Überproportionale** Kosten entstehen, wenn sich der Betrieb der Kapazitätsgrenze nähert oder diese sogar überschreitet durch erhöhte Reparaturen, höheren Energieverbrauch oder höheren Ausschuß.

- Die **proportionalen Kosten** steigen oder fallen im gleichen Ausmaß wie die Beschäftigung; ihr Reagibilitätsgrad ist 1.

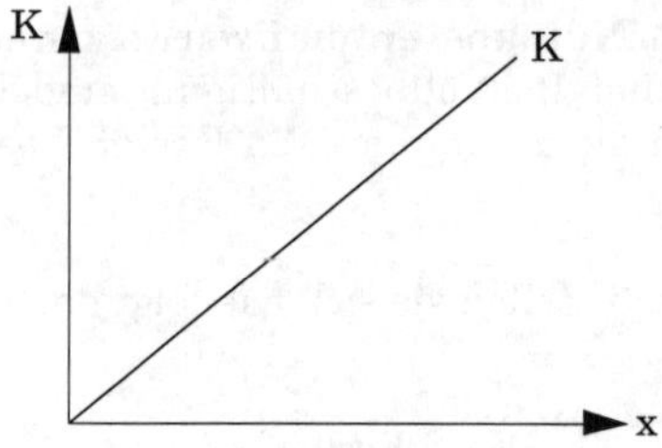


proportionale Gesamtkosten

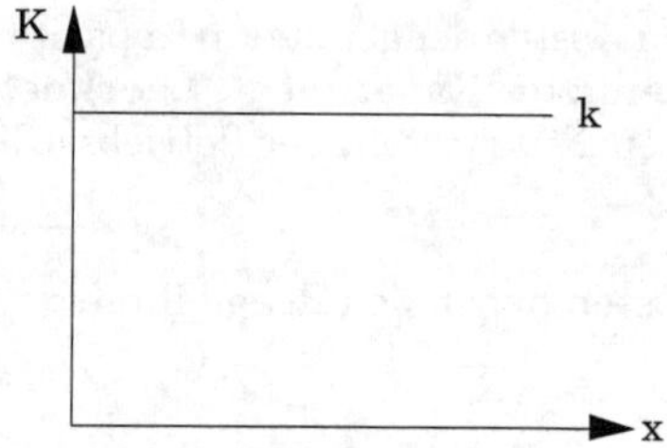


proportionale (konstante) Durchschnittskosten

- Die **unterproportionalen (degressiv verlaufenden) Kosten** steigen oder fallen auch mit zunehmender oder abnehmender Beschäftigung aber weniger stark als diese. Ihre Reagibilitätsgrade sind kleiner als 1.

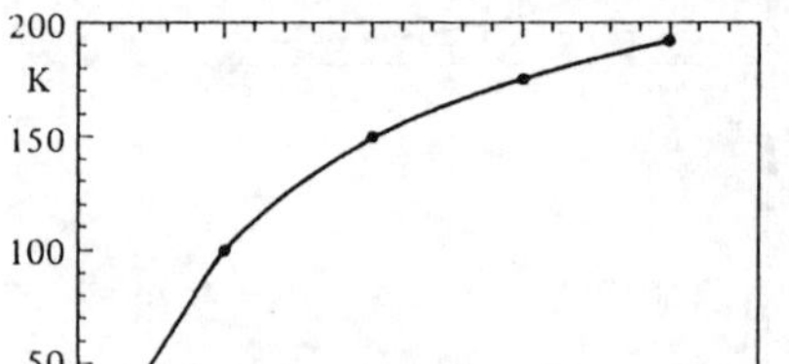


unterproportionale Gesamtkosten

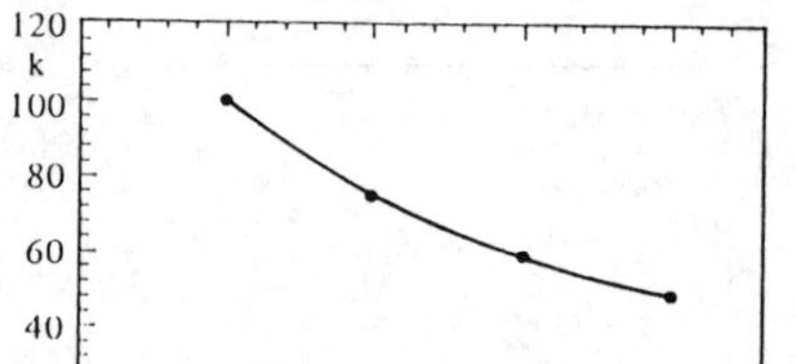


unterproportionale (degressive) Durchschnittskosten

- Die **überproportionalen (progressiv verlaufenden) Kosten** steigen oder fallen in stärkerem Maße als die Beschäftigung. Ihre Reagibilitätsgrade sind großer als 1.

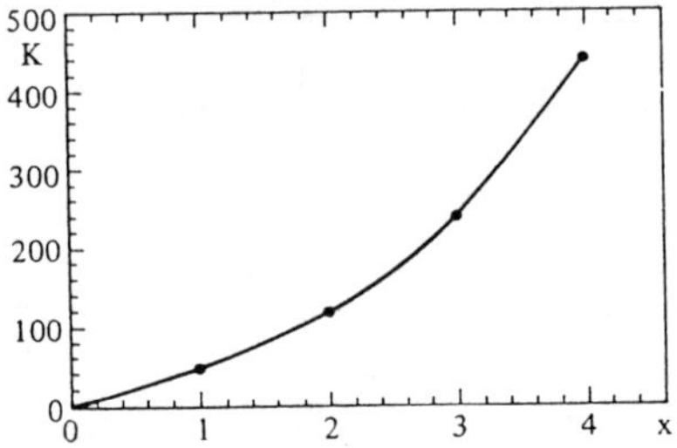


überproportionale Gesamtkosten

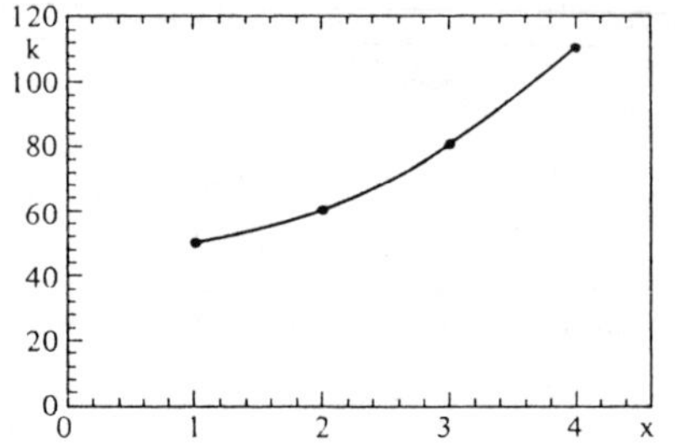


überproportionale (progressive) Durchschnittskosten

- Die **regressiven Kosten**, die selten vorkommen, nehmen mit steigender Beschäftigung ab.

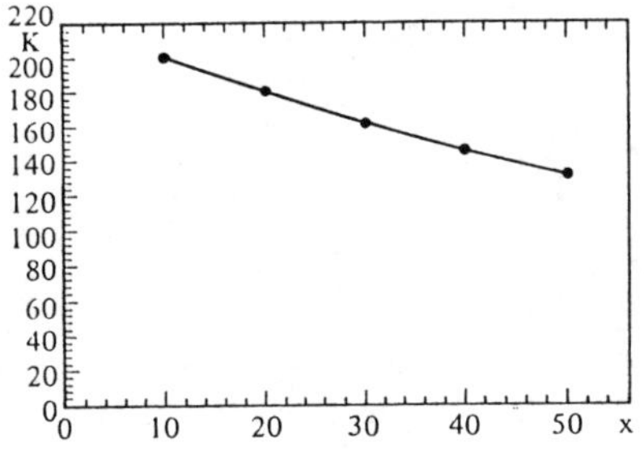


regressive Gesamtkosten

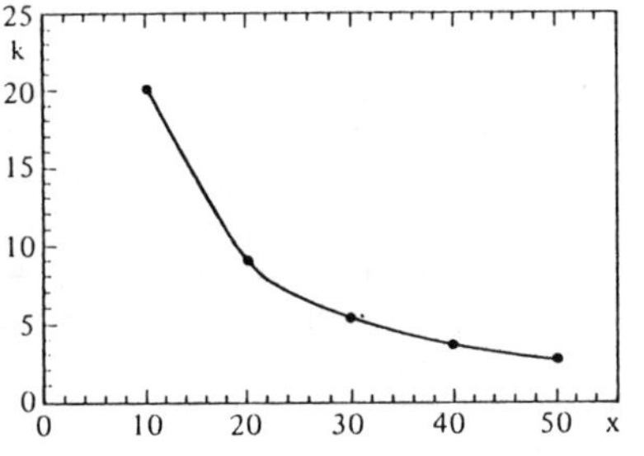


regressive Durchschnittskosten

Die bisherigen Ausführen gelten jeweils für eine Kostenart; aus ihnen können die Kostenverläufe für das ganze Unternehmen abgeleitet werden. Sie können wie folgt verlaufen:

Gesamtkosten | Durchschnittskosten

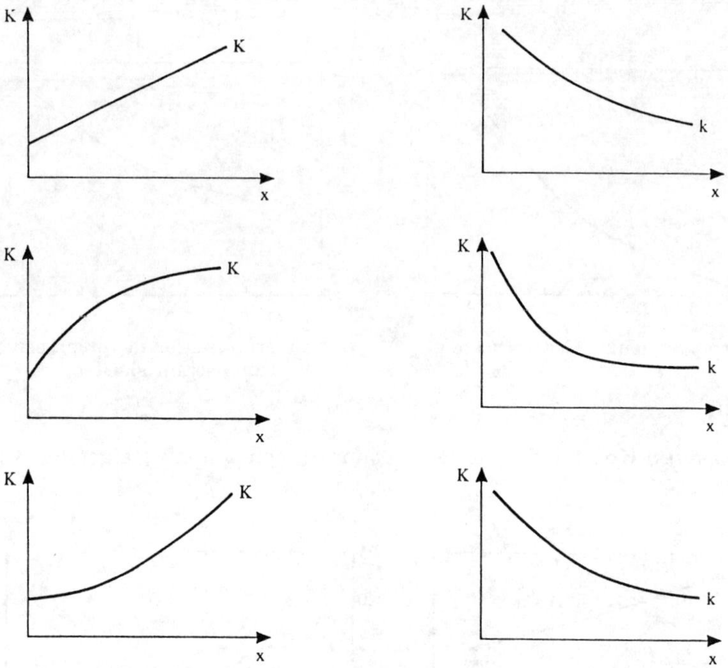


- **Linearer oder nichtlinearer Kostenverlauf.**
  Ob ein Kostenverlauf linear oder nichtlinear ist, kann kostentheoretisch oder empirisch begründet werden. Die moderne Kostenrechnung geht basierend auf zahlreichen empirischen Untersuchungen von einem linearen Kostenverlauf aus.

  - **Unterproportionale Kosten** sind Mischkosten, die sowohl fixe als auch proportionale Bestandteile haben. Ihr Verlauf stellt sich wie folgt dar:

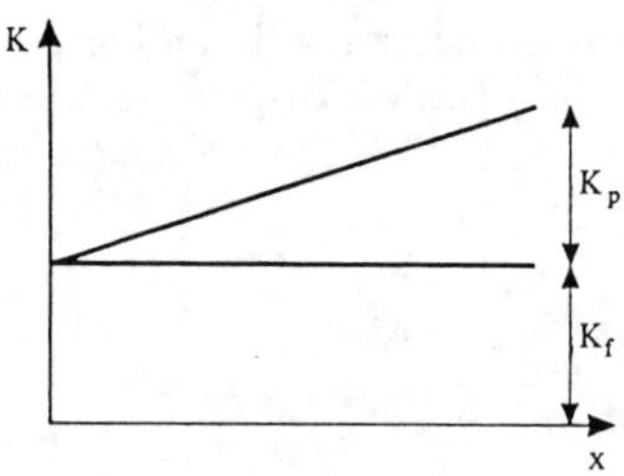


unterproportionale Gesamtkosten

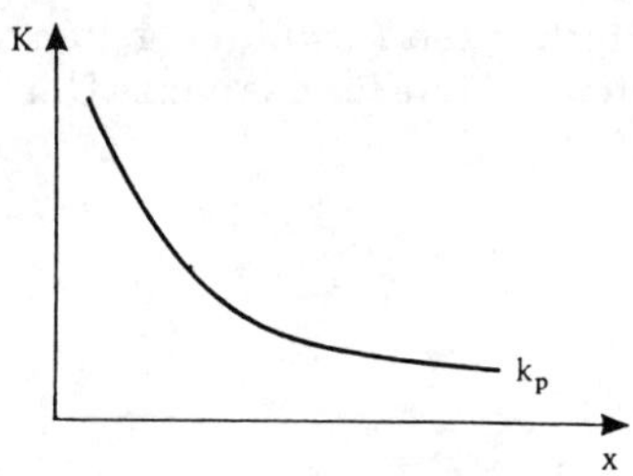


unterproportionale (degressive) Durchschnittskosten

- **Überproportionale Kosten**, die ja in stärkerem Ausmaße als die Beschäftigung steigen oder fallen, haben neben einem proportionalen einen negativen fixen Anteil. Ihr Verlauf sieht wie folgt aus:

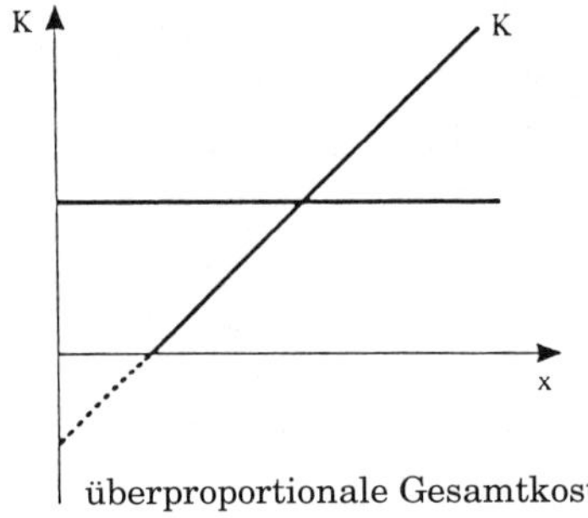

überproportionale Gesamtkosten

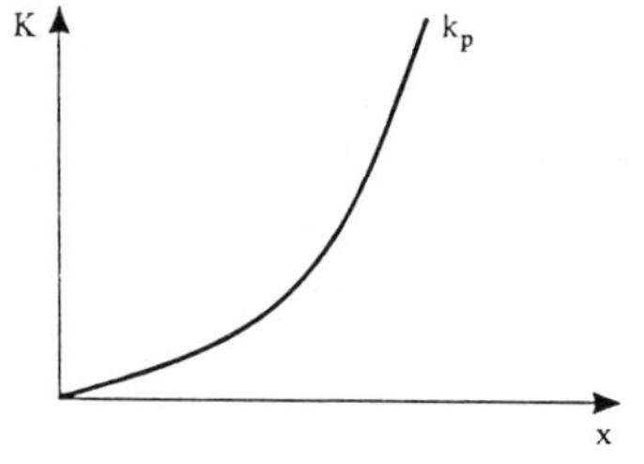

überproportionale (progressive) Durchschnittskosten

Ist der Kostenverlauf **nicht linear**, stellen sich einige wichtige Kostenkurven wie folgt dar:

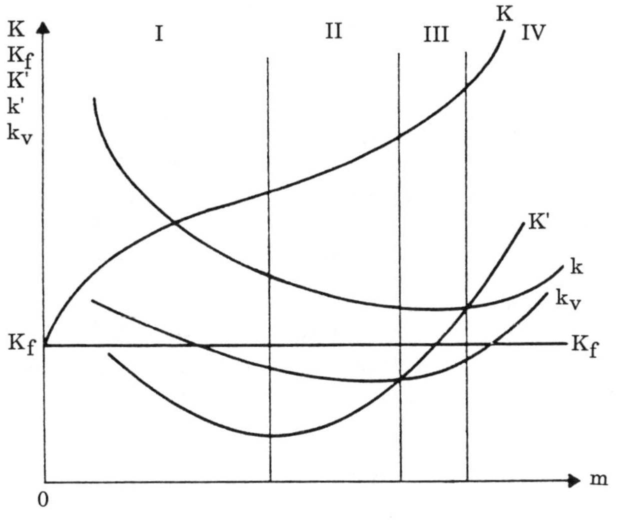


K = Gesamtkosten
$K_f$ = Gesamte fixe Kosten
K' = Grenzkosten
k = Durchschnittskosten
$k_v$ = durchschnittliche variable Kosten
m = ausgebrachte Menge

Auf kostentheoretische Grundlagen kann hier nicht eingegangen werden, es wird auf die reichhaltige Fachliteratur hingewiesen (u.a. *Olfert* oder *Ehrmann,* Kostenrechnung).

#### 6.1.1.3.2 Gliederung nach der Eignung für die Planung

Bei diesem Gliederungsprinzip werden Kosten berücksichtigt, die nicht Istkosten, sondern zukunftsorientierte Kosten sind, die für die Planung benötigt werden.

Es handelt sich im einzelnen um

- die Kosten der flexiblen Plankostenrechnung wie Plankosten, verrechnete Plankosten, Sollkosten
- Budgetkosten
- Prognosekosten
- Standardkosten.

Welche Kosten von dem Betrieb berücksichtigt werden, hängt von dem Planungs- bzw. Plankostenrechnungssystem ab.

#### 6.1.1.3.3 Gliederung nach der Möglichkeit zur Kontrolle und Analyse

Die Gliederung nach der Möglichkeit zur Kontrolle und Analyse ist weitgehend mit der nach der Eignung für die Planung identisch, da Planungs- und Plankostenrechnungssystem als ein wichtiges Hauptaufgabengebiet die Kontrolle und Analyse vor allem der Kosten haben.

#### 6.1.1.3.4 Gliederung nach der Dringlichkeit der Deckung

Jeder Betrieb muß langfristig darauf achten, daß sämtliche Kosten gedeckt werden, d.h. über den Preis dem Betrieb erstattet werden. Kurz- oder mittelfristig kann es zuweilen erforderlich werden, auf die Erstattung von Teilen der Kosten zu verzichten. In diesem Falle empfiehlt es sich, einen Kostenkatalog aufzustellen, aus dem die Dringlichkeit der Kostendeckung hervorgeht. Besonders deckungsbedürftige Kosten sind die mit Ausgaben verbundenen Kosten und die proportionalen Kosten. Auf die Deckung der fixen Kosten bzw. von Teilen der fixen Kosten kann **vorübergehend** verzichtet werden.

## 6.1.2 Kostenstellenrechnung

Die Kostenartenrechnung hat zwar im Rahmen der Betriebsabrechnung eine nicht zu unterschätzende Bedeutung, sie stellt aber im Grunde nur eine Vorbereitung der Kostenstellenrechnung dar. Allein in Betrieben, die als ein einziger Kostenverursachungsbereich angesehen werden können, mag die Kostenartenrechnung als einziger Bestandteil der Betriebsabrechnung ausreichen.

Die Kostenstellenrechnung ist der eigentliche Teil der Betriebsabrechnung: sie rechnet den Betrieb ab. Sie ordnet die Kosten den Kostenverursachungsbereichen, also den Bereichen, in denen die Kosten entstanden sind, zu und ermöglicht dadurch eine

Kostenkontrolle und verursachungsgemäße Kalkulation, d.h. eine genaue Zurechnung der Gemeinkosten auf die Kostenträger.

### 6.1.2.1 Einzelaufgaben der Kostenstellenrechnung

Als Einzelaufgaben einer Kostenstellenrechnung sind zu nennen:

- Zuordnung der Gemeinkosten auf die Kostenverursachungsbereiche
- Feststellung der Wirtschaftlichkeit der Kostenverursachungsbereiche
- Festlegung von Verantwortlichkeitsbereichen
- Gewinnung von Unterlagen für die Kalkulation.

### 6.1.2.2 Kostenverursachungsbereiche

Für folgende Bereiche wird die Kostenverursachung in der Regel festgestellt:

- Stoff- oder Materialbereich
- Fertigungsbereich
- Entwicklungs- und Konstruktionsbereich
- Verwaltungsbereich
- Vertriebsbereich
- Allgemeiner Bereich.

#### 6.1.2.2.1 Aufgliederung der Kostenverursachungsbereiche in Kostenstellen

Je nach Größe des Betriebes und der Art der Fertigung kann es erforderlich werden, die Kostenverursachungsbereiche weiter aufzugliedern. Die Einheiten, die dabei entstehen, sind die **Kostenstellen**.

Je heterogener ein Leistungserstellungsprozeß ist, um so mehr Kostenstellen müssen für einen Kostenverursachungsbereich eingerichtet werden. Ungleiche Arbeitsgänge erfordern mehr Kostenstellen als dies bei gleichen und ähnlichen Arbeitsgängen der Fall wäre, will man die Kosten verursachungsgemäß ermitteln und den Kostenträgern zurechnen.

Kostenstellen können nach folgenden **Gesichtspunkten** gegliedert werden:

- nach gleichen Funktionen
- nach gleichartigen Tätigkeiten
- nach Arbeitsplätzen (Platzkostenrechnung).

Eine Gliederung nach Verantwortungsbereichen, wie vielfach in der Fachliteratur gefordert, ist abzulehnen, da **sachliche** Momente bei der Kostenbildung dominieren müssen und nicht Personen in den Vordergrund gestellt werden dürfen. Jede Kostenstelle soll für sich ein abgeschlossener Verantwortungsbereich sein, der aber vorher nach anderen Kriterien gebildet wurde.

Ebenfalls ist eine Gliederung nach abrechnungstechnischen Gesichtspunkten nicht angebracht, da sich die Abrechnung Sachfragen unterordnen muß und sich nicht wichtige Betriebsbereiche an der Abrechnungstechnik orientieren sollen.

#### 6.1.2.2.2 Arten von Kostenstellen

Man unterscheidet

- Hauptkostenstellen und
- Hilfskostenstellen oder Vorkostenstellen.

**Hauptkostenstellen** sind die Kostenstellen, in denen die Hauptleistungen erbracht werden. In einer Maschinenfabrik beispielsweise sind dies die Dreherei, Schweißerei, Montage etc.. Hauptkostenstellen sind gleichzeitig die Endkostenstellen, in denen die Zuschlagssätze für die Kalkulation gebildet werden.

**Hilfskostenstellen** erbringen Leistungen für die Hauptkostenstellen und geben am Ende der Abrechnungsperiode ihre Kosten an diese ab. Sie können allgemeine Vorkostenstellen sein, die Hilfsleistungen für den ganzen Betrieb erbringen wie etwa der Sozialbereich oder der Fuhrpark, oder sie sind Fertigungshilfsstellen, die Vorleistungen für die Fertigungshauptstellen erbringen. Solche Fertigungshilfsstellen sind die Reparaturwerkstätten oder die Modellbauerei.

Hilfskostenstellen sind auch gemeinsame Kostenstellen, die dem ganzen Betrieb dienen; die Wasserversorgung oder der Grundstücksdienst zählen dazu.

#### 6.1.2.2.3 In den Kostenstellen verarbeitete Kosten

In den Kostenstellen werden entweder

- **sämtliche** Kosten (unüblich) verarbeitet
- oder die besonders **kontrollbedürftigen** Kosten.

  Diese können sein
  - die Gemeinkosten,
  - die proportionalen Kosten oder
  - die Plankosten.

Am häufigsten enthält die Kostenstellenrechnung die Gemeinkosten.

### 6.1.2.3 Formen der Kostenstellenrechnung

Die Kostenstellenrechnung wird entweder

- buchhalterisch oder
- statistisch geführt.

Da die **buchhalterische** Form der Kostenstellenrechnung viel zu umständlich ist und einen hohen Zeitaufwand erfordert, hat sich die **statistische** Form der Kostenstellenrechnung durchgesetzt. Das dabei verwendete organisatorische Hilfsmittel ist der **Betriebsabrechnungsbogen**.

Er übernimmt die Zahlen der Buchhaltung (Kontenklasse 4 nach dem GKR, Kontenklassen 6 und 7 nach dem IKR) und gliedert sie nach Kostenstellengesichtspunkten um.

Die Kostenarten werden umgeformt. Aus zahlreichen einzelnen Kostenarten werden durch die Umformung Materialgemeinkosten, Fertigungsgemeinkosten, Entwicklungs- und Konstruktionsgemeinkosten, Verwaltungsgemeinkosten und Vertriebsgemeinkosten.

### 6.1.2.4 Verteilung der Kostenarten auf die Kostenstellen

Die Verteilung der Gemeinkosten auf die Kostenstellen kann einfach sein, wenn es sich um die sogenannten **Stelleneinzelkosten** handelt. Bei diesen ist von vornherein bekannt, für welche Kostenstelle sie entstanden sind. So weiß man etwa, in welcher Höhe bestimmte Hilfslöhne in der Kostenstelle Schlosserei angefallen sind, oder wieviel Schmieröl die Kostenstelle Dreherei benötigte. Diese Art von Gemeinkosten kann folglich den Kostenstellen unmittelbar zugerechnet werden.

Anders sieht es mit den **Stellengemeinkosten** oder Schlüsselkosten aus. Diese müssen mit Hilfe von mehr oder weniger genauen Schlüsseln auf die Kostenstellen umgelegt werden. Es ist entweder nicht möglich, die Stellengemeinkosten unmittelbar den Kostenstellen zuzurechnen oder die direkte Zurechnung würde die Installierung von teueren Zähl- oder Meßvorrichtungen voraussetzen, so daß die direkte Kostenumlage zu unwirtschaftlich würde.

Heizkosten, die Kosten des Lichtstroms, des Gebrauchswassers, die Kosten, die Putzfrauen verursachen, aber auch Kosten der Lohnabrechnung, Arbeitsvorbereitung oder die Meistergehälter, die Gehälter der Geschäftsleitung können nicht ohne weiteres den Kostenstellen zugerechnet werden, sondern müssen aufgeschlüsselt werden.

Entscheidend bei der **Wahl der Kostenverteilungsschlüssel** ist, daß zwischen den zu verteilenden Kosten und den Kostenverteilungsschlüsseln Proportionalität besteht. Die Kosten und ihre Verteilungsschlüssel müssen korrelieren.

Als Schlüssel kommen Mengen und Werte in Frage.

Mengenschlüssel sind

- Flächen,
- Rauminhalte,
- Anschlußstellen,
- Heizkörper,
- Glühbirnen u.ä..

Zu den Wertschlüsseln zählen

- Kapital,
- Umsätze usw..

**Beispiele:**

| **Kostenarten** | **Verteilungsschlüssel** |
|---|---|
| Heizkosten | Beheizter Rauminhalt, Anzahl der Heizkörper |
| Lichtstrom | Beleuchteter Rauminhalt |
| Hilfslöhne | Anzahl der Beschäftigten |
| Unfallversicherungsprämie | Kopfzahl x Gefahrenklasse |

## 6.1.2.5 Aufbau und Arten des Betriebsabrechnungsbogens

Wird der Betriebsabrechnungsbogen tabellarisch erstellt, werden in der Vertikalen die Kostenarten und in der Horizontalen die Kostenstellen ausgewiesen:

| Kostenstellen | Material | Fertigung | Verwaltung | Vertrieb |
|---|---|---|---|---|
| Kostenarten | | | | |
| Löhne | | | | |
| Gehälter | | | | |
| Strom | | | | |
| Gas | | | | |
| Wasser | | | | |
| Steuern | | | | |
| Versicherungen | | | | |
| Abschreibungen | | | | |
| Zinsen | | | | |
| usw. | | | | |

Der Betriebsabrechnungsbogen wird als

- einstufiger Betriebsabrechnungsbogen und als
- mehrstufiger Betriebsabrechnungsbogen

geführt.

Der **einstufige** Betriebsabrechnungsbogen enthält nur Haupt- oder Endkostenstellen, während der **mehrstufige** Betriebsabrechnungsbogen auch Hilfs- oder Vorkostenstellen aufweist.

Nach Verteilung der Gemeinkosten auf Vor- und Hauptkostenstellen, müssen die Vorkostenstellen auf die Hauptkostenstellen umgelegt werden. Zweckmäßigerweise ordnet man die Hilfskostenstellen so an, daß sie stufenförmig umgelegt werden können:

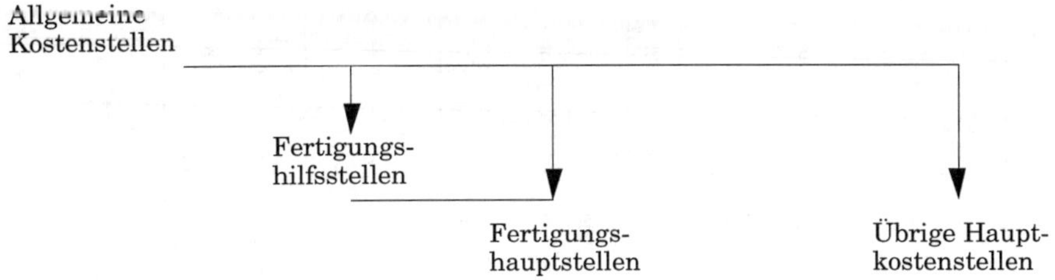


Die Vorkostenstellen werden im Verhältnis ihrer Inanspruchnahme durch die Hauptkostenstellen auf diese umgelegt.

Ist eine stufenweise Anordnung der Hilfs- oder Vorkostenstellen nicht möglich bzw. belasten sich diese Kostenstellen gegenseitig, d.h. die Vorkostenstellen geben Kosten an andere Vorkostenstellen ab und empfangen gleichzeitig von diesen auch Kosten, empfiehlt sich für die Kostenumlage die Aufstellung eines Gleichungssystems unter Anwendung der Matrizenrechnung.

### 6.1.2.6 Berücksichtigung der innerbetrieblichen Eigenleistungen im Betriebsabrechnungsbogen

Innerbetriebliche Eigenleistungen sind Leistungen, die der Betrieb erbringt, die aber nicht für den Absatz unmittelbar bestimmt sind.

Dabei handelt es sich entweder um zu aktivierende innerbetriebliche Eigenleistungen wie selbsterstellte Anlagen oder um Gemeinkostenaufträge. Diese werden entweder in eigenen Vorkostenstellen erbracht und dann im Rahmen der Umlage dieser Kostenstellen den Hauptkostenstellen zugerechnet oder von Hauptkostenstellen durchgeführt. In diesem Falle stehen mehrere Verfahren zur Verfügung, mit deren Hilfe die innerbetrieblichen Eigenleistungen in den Betriebsabrechnungsbogen eingebaut werden können.

Empfohlen wird, die Herstellkosten der innerbetrieblichen Eigenleistungen zu ermitteln und den empfangenden Kostenstellen zuzurechnen. Die leistenden Kostenstellen müssen um diese Herstellkosten entlastet werden. Erfolgt diese Entlastung nicht, kommt es zu einer Doppelverrechnung der Kosten und das Kostenverursachungsprinzip wird durchbrochen.

Will man nicht die Herstellkosten der Gemeinkostenaufträge ermitteln, kann man für diese innerbetrieblichen Eigenleistungen Verrechnungswerte einsetzen und mit diesen im Betriebsabrechnungsbogen arbeiten.

Der folgende Betriebsabrechnungsbogen (s. S. 138) ist mehrstufig aufgebaut, er enthält fünf Hauptkostenstellen und zwei Hilfskostenstellen. Es wird nicht nur der Aufbau eines Betriebsabrechnungsbogens gezeigt, sondern auch die Umlage der Hilfskostenstellen verdeutlicht.

| Kostenarten | Abgegrenzte S. d. Finanzbuchh. | Allgem. Bereich (Fuhrpark) | Materialbereich (Lager) | Fert.Hilfsstelle | Fertigungsbereich Dreherei | Fertigungsbereich Fräserei | Verwaltung | Vertrieb |
|---|---|---|---|---|---|---|---|---|
| GK-Material | 20.000 | 5.000 | | 8.000 | 3.000 | 4.000 | | |
| Brennstoffe/Energie | 8.000 | 4.000 | 1.000 | 500 | 1.500 | 1.000 | | |
| GK-Löhne | 50.000 | | 15.000 | | 25.000 | 10.000 | | |
| Gehälter | 100.000 | 10.000 | 10.000 | 4.500 | 15.500 | 10.000 | 40.000 | 10.000 |
| Sozialkosten | 140.000 | 11.000 | 11.000 | 5.000 | 23.000 | 15.000 | 60.000 | 15.000 |
| Instandhaltung | 60.000 | 20.000 | 3.000 | 2.000 | 10.000 | 15.000 | 10.000 | |
| Steuern | 80.000 | 20.000 | | 5.000 | 12.000 | 13.000 | 30.000 | |
| Gebühren | 10.000 | 2.000 | | | | | 3.000 | 5.000 |
| Versicherungen | 20.000 | 5.000 | 2.000 | 1.000 | 4.000 | 3.000 | 4.000 | 1.000 |
| Mieten | 80.000 | 15.000 | 10.000 | | 15.000 | 10.000 | 30.000 | |
| Werbekosten | 100.000 | | | | 2.000 | | 8.000 | 90.000 |
| Kalk. Abschreibungen | 200.000 | 40.000 | 5.000 | | 50.000 | 65.000 | 30.000 | 10.000 |
| Kalk. Zinsen | 60.000 | 5.000 | | | 20.000 | 20.000 | 10.000 | 5.000 |
| Kalk. Wagnisse | 30.000 | | 10.000 | | 5.000 | 5.000 | 5.000 | 5.000 |
| Gemeinkosten vor Umlage | 958.000 | 137.000 | 67.000 | 26.000 | 186.000 | 171.000 | 230.000 | 141.000 |
| Umlage allg. Br. | 0 | – 137.000 | 8.000 | 30.000 | 50.000 | 20.000 | 25.000 | 4.000 |
| Umlage Fert.Hi. St. | 0 | | | – 56.000 | 35.000 | 21.000 | | |
| Sa. GK n. Umlage | 958.000 | / | 75.000 | / | 271.000 | 212.000 | 255.000 | 145.000 |
| Fert.-Löhne | 200.000 | | | | 100.000 | 100.000 | | |
| Fert.-Material | 300.000 | | 300.000 | | | | | |
| Ist-Zuschlag | | | 25 % | | 271 % | 212 % | 24,1 % | 13,71 % |
| Normal-Zuschlag | | | 30 % | | 275 % | 160 % | 20,0 % | 15,0 % |
| Verr. Normal-GK | 883.750 | | 90.000 | | 275.000 | 160.000 | 205.000 | 153.750 |
| Ist-GK | 958.000 | | 75.000 | | 271.000 | 212.000 | 255.000 | 145.000 |
| (+) Überdeckung/ (–) Unterdeckung 1) | – 74.250 | | + 15.000 | | + 4.000 | – 52.000 | – 50.000 | + 8.750 |
| Anteil der Ist-GK an den Gesamt-GK | 958.000 = 100 % | | 7,8 % | | 28,3 % | 22,1 % | 26,6 % | 15,2 % |

1) Überdeckung = Verrechnete Normal GK - Ist-GK
Unterdeckung = Ist-GK - Verrechnete Normal GK

**Ermittlung der Ist- und Normalherstellkosten**

| | Ist-HK | Normal-HK |
|---|---|---|
| FM | 300.000 | 300.000 |
| + MGK | 75.000 | 90.000 |
| + FL | 200.000 | 200.000 |
| + FGK | 483.000 | 435.000 |
| HK | 1.058.000 | 1.025.000 |

Verrechnete Normal-Vw-K = 205.000
Verrechnete Normal-Vt-K = 153.750

## 6.1.2.7 Auswertung der Kostenstellenrechnung

Nach Verrechnung der Gemeinkosten auf die Kostenstellen und Umlage der Vorkostenstellen werden die verbleibenden Hauptkostenstellen aufaddiert. Nach diesem letzten Arbeitsgang kann die Auswertung der Kostenstellenrechnung beginnen.

### 6.1.2.7.1 Ermittlung der Kalkulationssätze

Die Gemeinkosten der Hauptkostenstellen werden zu bestimmten Bezugsgrößen in Relation gesetzt, um die Kalkulationssätze zu erhalten. Es kommen mehrere Bezugsgrößen in Frage. Entscheidend ist, daß zwischen den Gemeinkosten und den Bezugsgrößen ein proportionales Verhältnis besteht.

Zuschlagsgrundlage können entstandene Stunden, bearbeitete Gewichte, hergestellte Stückzahlen und ähnliche Größen sein. Aber auch Einzelkosten bieten sich als Zuschlagsbasis an.

Im vorliegenden Muster-Betriebsabrechnungsbogen wurden folgende Zuschlagsgrundlagen verwendet:

- Materialgemeinkosten: das Fertigungsmaterial
- Fertigungsgemeinkosten: der Fertigungslohn
- Verwaltungsgemeinkosten: die Herstellkosten
- Vertriebsgemeinkosten: die Herstellkosten.

Die Kalkulationssätze, die ermittelt wurden, stellen prozentuale Zuschlagssätze dar. Sie wurden folgendermaßen errechnet:

Material-Zuschlagssatz: $\frac{75.000 \cdot 100}{300.000} = 25\ \%$

Fertigungskosten-Zuschlagssatz für die Dreherei: $\frac{271.000 \cdot 100}{100.000} = 271\ \%$

Fertigungskosten-Zuschlagssatz für die Fräserei: $\frac{212.000 \cdot 100}{100.000} = 212\ \%$

Verwaltungsgemeinkosten-Zuschlagssatz: $\frac{255.000 \cdot 100}{1.058.000} = 24{,}1\ \%$

Vertriebsgemeinkosten-Zuschlagssatz: $\frac{145.000 \cdot 100}{1.058.000} = 13{,}71\ \%$

Mit diesen Zuschlagssätzen wird jeder Auftrag kalkuliert, wobei das Kalkulationsschema verwendet wird, das im Rahmen der Darstellung der Kostengliederung bereits vorgestellt wurde.

Beispiel: Ein Auftrag verursacht Fertigungsmaterial in Höhe von 2.000 DM und Fertigungslohn in Höhe von 1.000 DM in der Dreherei und 500 DM in der Fräserei.

| | | |
|---|---|---|
| Fertigungsmaterial | 2.000 DM | |
| + Materialgemeinkosten 25 % | 500 DM | |
| | | 2.500 DM |
| Materialkosten | | |
| + Fertigungslohn Dreherei | 1.000 DM | |
| + Fertigungsgemeinkosten 271 % | 2.710 DM | |
| + Fertigungslohn Fräserei | 500 DM | |
| + Fertigungsgemeinkosten 212 % | 1.060 DM | |
| Fertigungskosten | | 5.270 DM |
| Herstellkosten | | 7.770 DM |
| + Verwaltungsgemeinkosten 24,10 % | | 1.873 DM |
| + Vertriebsgemeinkosten 13,71 % | | 1.065 DM |
| Selbstkosten | | 10.708 DM |

Die Zuschlagssätze stehen erst am Ende einer Abrechnungsperiode zur Verfügung, können folglich für die laufende Periode noch nicht nutzbar gemacht werden. Da aber bereits während des Abrechnungszeitraumes Vorkalkulationen durchgeführt werden müssen, muß mit anderen als den Istzuschlagssätzen gearbeitet werden; dies sind die **Normalzuschlagssätze**.

In der Regel werden diese als Durchschnittssätze vergangener Perioden errechnet, wobei zukünftige Entwicklungen mit Berücksichtigung finden. Die Kosten, die mit Hilfe dieser Normalzuschlagssätze ermittelt werden, werden den Kostenträgern zugerechnet. Da sie auf die Kostenträger verrechnet werden, nennt man sie **verrechnete Gemeinkosten**.

Sind die verrechneten Kosten höher als die im Betriebsabrechnungsbogen ermittelten Istkosten, liegt eine **Überdeckung** vor, im anderen Falle eine **Unterdeckung**.

Im vorliegenden Muster-Betriebsabrechnungsbogen ergibt sich im Materialbereich und in der Fertigungssstelle Dreherei sowie im Vertriebsbereich jeweils eine Überdeckung: es sind mehr Kosten auf die Kostenträger verrechnet worden als entstanden sind. In der Fräserei und in dem Verwaltungsbereich ist jeweils eine Unterdeckung festzustellen, also wurden weniger Kosten verrechnet als entstanden sind.

### 6.1.2.7.2 Kostenkontrolle mit Hilfe der Kostenstellenrechnung

Die Kostenstellenrechnung kann auch zu Zwecken der Kostenkontrolle verwendet werden. Die Wirtschaftlichkeit der Kostenstellen ist dabei das Untersuchungsobjekt.

Dabei führt man entweder einen zwischenbetrieblichen (externen) Vergleich oder einen Zeitvergleich (internen Vergleich) durch. Am häufigsten sind interne Vergleiche, da externe Vergleiche wegen der Verschiedenartigkeit der Kostenstellen der vergleichenden Betriebe wenig aussagefähig sind.

Auch die internen Vergleiche erbringen bei einer Istkostenrechnung keine zuverlässigen Aussagen.

Wenn beispielsweise die Zahlen der Kostenstelle Dreherei aus mehreren Abrechnungsperioden einander gegenübergestellt werden, erkennt man zwar die Kostensteigerung oder Kostensenkung, man weiß aber nicht ohne weiteres, worauf die Differenzen zurückzuführen sind.

| | |
|---|---|
| Periode 1 | 250.000 DM |
| Periode 2 | 230.000 DM |
| Periode 3 | 271.000 DM |
| Periode 4 | 300.000 DM |
| Periode 5 | 260.000 DM |

**Falsch** wäre folgende Interpretation: In der Periode 2 wurde am wirtschaftlichsten gearbeitet, die Periode 4 hat das wirtschaftlich schlechteste Ergebnis und in der Periode 5 kehrte man wieder zur Wirtschaftlichkeit zurück.

Ohne die Gründe für die Veränderung der Zahlen zu kennen, ist eine Interpretation nur schwer möglich. Man müßte die einzelnen Kostenbestimmungsfaktoren isolieren, um ein aussagefähiges Ergebnis zu erhalten. Es müßte also bekannt sein, in welchem Ausmaße sich Löhne und Gehälter verändert haben, wie die Beschäftigungssituation in den einzelnen Perioden war, ob sich die Auftragszusammensetzung geändert hatte oder ob die Qualität der eingesetzten Produktionsfaktoren Schwankungen unterworfen war.

In einem System wie es die Istkostenrechnung darstellt, ist eine solche Isolierung der Kostenbestimmungsfaktoren nur unter großem Arbeitsaufwand möglich. Ein Zahlenvergleich kann folglich nur grobe Anhaltspunkte bieten.

### 6.1.2.8 Einordnung der Kostenstellen in das Buchführungssystem

Wie bereits dargelegt wurde, wird die Kostenstellenrechnung in der Regel rein **statistisch außerhalb der Buchhaltung** geführt, dieser werden lediglich die Kostenarten von den Konten der Kostenarten entnommen. Unabhängig von der Kostenstellenrechnung werden die Kostenkonten mit dem Betriebsergebnis abgeschlossen. Die Über-/Unterdeckungen, die im Betriebsabrechnungsbogen ausgewiesen werden, werden deshalb buchhalterisch auch nicht wirksam.

Es gibt allerdings auch einige Betriebe, die den Betriebsabrechnungsbogen in ihr Buchführungssystem einbauen wollen. Dies wird möglich, wenn man Verrechnungskonten einführt. Im Gemeinschaftskontenrahmen für die Industrie befinden sich diese Verrechnungskonten in der Kontenklasse 5, im Industriekontenrahmen muß die Verrechnung innerhalb der Kontenklasse 9 durchgeführt werden; in der Abrechnungstechnik ergeben sich keine gravierenden Unterschiede.

Im folgenden **Beispiel** wird die Vorgehensweise auf Konten ohne Angabe der Kontennummern dargestellt; auf die Hauptunterschiede zwischen dem Gemeinschaftskontenrahmen für die Industrie und dem Industriekontenrahmen wird im Kapitel 9 eingegangen.

(1) Buchung der Kosten in der Kontenklasse der Kostenarten.

(2) Übertragung der Gemeinkosten in den Betriebsabrechnungsbogen.

(3) Umformung der Gemeinkosten in dem Betriebsabrechnungsbogen.

(4) Übertragung der Einzelkosten auf die Konten verrechnetes Fertigungsmaterial und verrechneter Fertigungslohn.

(5) Übernahme der Istgemeinkosten vom Betriebsabrechnungsbogen auf die Sollseite der Verrechnungskonten: verrechnete Materialgemeinkosten, verrechnete Fertigungsgemeinkosten, verrechnete Verwaltungsgemeinkosten und verrechnete Vertriebsgemeinkosten.

(6) Übertragung der Über-/Unterdeckungen auf die Konten, die die verrechneten Gemeinkosten enthalten und Übertragung auf das Konto Über-/Unterdeckungen.

(7) Übertragung des Saldos der Konten verrechnetes Fertigungsmaterial und verrechnete Fertigungslöhne auf das Konto Selbstkosten des Umsatzes.

(8) Übertragung des Saldos der Konten, die die verrechneten Gemeinkosten enthalten auf das Konto Selbstkosten des Umsatzes, dieses enthält jetzt die Kosten, die auf die Kostenträger insgesamt verrechnet wurden.

(9) Übertragung des Saldos des Kontos Über-/Unterdeckungen auf das Konto Selbstkosten des Umsatzes, nun weist das Konto die Istkosten des Umsatzes aus.

(10) Buchung der Verkaufserlöse auf dem Erlöskonto.

(11) Ermittlung des Saldos auf dem Konto Selbstkosten des Umsatzes und Übertragung auf das Konto Erlöse.

(12) Bildung des Saldos auf dem Konto Erlöse und Übertragung auf das Betriebsergebniskonto

(13) Abschluß des Betriebsergebniskontos.

Kostenarten

| Soll | | Fertigungsmaterial | Haben |
|---|---|---|---|
| Fin.Kto. | 300.000 | Verr. FM) | 300.000 |

| Soll | | Versicherungen | Haben |
|---|---|---|---|
| Fin.Kto . | 20.000 | BAB) | 20.000 |

| Soll | | Fertigungslöhne | Haben |
|---|---|---|---|
| Fin.Kto. | 200.000 | Verr. FL) | 200.000 |

| Soll | | Mieten | Haben |
|---|---|---|---|
| Fin.Kto. | 80.000 | BAB) | 80.000 |

| Soll | | Brennstoffe, Energie | Haben |
|---|---|---|---|
| Fin.Kto . | 8.000 | BAB) | 8.000 |

| Soll | | Werbekosten | Haben |
|---|---|---|---|
| Fin.Kto. | 100.000 | BAB) | 100.000 |

| Soll | | Gemeinkostenlöhne | Haben |
|---|---|---|---|
| Fin.Kto. | 50.000 | BAB) | 50.000 |

| Soll | | kalk. Abschreibungen | Haben |
|---|---|---|---|
| Verr. kalk. A. | 200.000 | BAB) | 200.000 |

| Soll | | Gehälter | Haben |
|---|---|---|---|
| Fin.Kto. | 100.000 | BAB) | 100.000 |

| Soll | | kalk. Zinsen | Haben |
|---|---|---|---|
| Verr. kalk. Zi | 60.000 | BAB) | 60.000 |

| Soll | | Sozialkosten | Haben |
|---|---|---|---|
| Fin.Kto. | 140.000 | BAB) | 140.000 |

| Soll | | kalk. Wagnisse | Haben |
|---|---|---|---|
| Verr. kalk. W) | 30.000 | BAB) | 30.000 |

| Soll | | Instandhaltungen | Haben |
|---|---|---|---|
| Fin.Kto. | 60.000 | BAB) | 60.000 |

| Soll | | Gemeinkostenmaterial | Haben |
|---|---|---|---|
| Fin.Kto. | 20.000 | BAB) | 20.000 |

| Soll | | Steuern | Haben |
|---|---|---|---|
| Fin.Kto. | 80.000 | BAB) | 80.000 |

| Soll | | Gebühren | Haben |
|---|---|---|---|
| Fin.Kto. | 10.000 | BAB) | 10.000 |

Verrechnete Kostenarten

| Soll | | Verr.Fertigungsmaterial | Haben |
|---|---|---|---|
| FM) | 300.000 | Sk Umsatz) | 300.000 |

| Soll | | Verr.Fertigungslöhne | Haben |
|---|---|---|---|
| FL) | 200.000 | Sk Umsatz) | 200.000 |

| Soll | Verr.Mat.Gemeink. | | Haben |
|---|---|---|---|
| BAB | 75.000 | Sk Umsatz | 90.000 |
| Ü/U De. | 15.000 | | |
| | 90.000 | | 90.000 |

| Soll | Selbstk.d.Umsatzes | | Haben |
|---|---|---|---|
| Verr.FM | 300.000 | Erlöse | 1.458.000 |
| Verr.FL | 200.000 | | |
| Verr.MGK | 90.000 | | |
| Verr.FGK | 435.000 | | |
| Verr.VwGK | 205.000 | | |
| Verr.VtGK | 153.750 | | |
| Ü/U De.) | 74.250 | | |
| | 1.458.000 | | 1.458.000 |

| Soll | Verr.Fertg.Gemeink. | | Haben |
|---|---|---|---|
| BAB) | 483.000 | Sk Umsatz) | 435.000 |
| | | Ü/U De.) | 48.000 |
| | 483.000 | | 483.000 |

| Soll | Verr.Verw.Gemeink. | | Haben |
|---|---|---|---|
| BAB) | 255.000 | Sk Umsatz) | 205.000 |
| | | Ü/U De.) | 50.000 |
| | 255.000 | | 255.000 |

| Soll | Erlöse | | Haben |
|---|---|---|---|
| Sk Umsatz | 1.458.000 | kl 1) | 1.770.000 |
| Betr. Ergeb. | 312.000 | | |
| | 1.770.000 | | 1.770.000 |

| Soll | Verr.Vertr.Gemeink. | | Haben |
|---|---|---|---|
| BAB) | 145.000 | Sk Umsatz) | 153.750 |
| Ü/U De. | 8.750 | | |
| | 153.750 | | 153.750 |

| Soll | Betriebsergebniskonto | | Haben |
|---|---|---|---|
| G+V | 312.000 | Erlöse | 312.000 |

| Soll | Über-/Unterdeckungen | | Haben |
|---|---|---|---|
| Verr.FGK) | 48.000 | Verr.MGK) | 15.000 |
| Verr.VwGK | 50.000 | Verr.VtGK | 8.750 |
| | | Sk Umsatz | 74.250 |
| | 98.000 | | 98.000 |

# 7. Kalkulation

Den dritten Teil der Betriebsbuchführung stellt die Kalkulation dar. Die Zuschlagskalkulation wurde bereits bei der Auswertung der Kostenstellenrechnung kurz vorgestellt. Neben der Zuschlagskalkulation finden sich noch andere Kalkulationsarten.

Jede Kalkulation hat die Aufgabe, die entstandenen Kosten einem Kostenträger möglichst verursachungsgerecht zuzurechnen, welche Form der Kalkulation man dabei wählt, hängt von der Art der zu kalkulierenden Leistung und dem Herstellungsvorgang ab.

Nach dem **Zeitpunkt der Kalkulation** unterscheidet man

- die Vorkalkulation
- die Zwischenkalkulation
- die Nachkalkulation.

Die **Vorkalkulation** ist im Normalfall eine Angebotskalkulation und arbeitet mit Normal- oder Planwerten.

Die **Zwischenkalkulation** kommt in der Regel bei längerfristigen Projekten vor und will über die Kostensituation während des Leistungserstellungsprozesses informieren.

Die **Nachkalkulation** erfolgt nach Beendigung des Leistungserstellungsprozesses und will feststellen, ob die in der Vorkalkulation angenommenen Werte auch tatsächlich eingehalten wurden. Die Nachkalkulation stellt also einen Soll-/Istvergleich dar.

Nach der **Art der Zuordnung** der Kosten auf die Kostenträger unterscheidet man die

- Divisionskalkulation
- die Äquivalenzziffernrechnung
- die Zuschlagskalkulation.

Die **Divisionskalkulation** bietet sich bei homogener Fertigung an, wenn gleichzeitig wenige oder gar keine Bestandsveränderungen vorkommen.

Die Divisionskalkulation kommt in einer

- einstufigen und in einer
- mehrstufigen Form vor.

Bei der **einstufigen** Divisionskalkulation wird vorausgesetzt, daß sich die Produktion auf einer einzigen Stufe vollzieht.

Die gesamten Kosten einer Abrechnungsperiode werden durch die Anzahl der hergestellten Produkte geteilt, das Ergebnis stellt die Kosten je Mengeneinheit dar.

Diese sehr einfache Form der Kalkulation wird z.B. in Ziegeleien angewandt und hat den großen Nachteil, daß nicht festgestellt werden kann, an welchen Stellen des Betriebes die Kosten entstanden sind.

Die **mehrstufige** Divisionskalkulation kann angewandt werden, wenn die Produktion in mehreren Stufen abläuft. Am häufigsten wird dabei das Abwälzverfahren verwendet. Die Kosten jeder Produktionsstufe werden gesammelt und auf die nächste Stufe abgewälzt, bis man auf der letzten Stufe die Kosten je Mengeneinheit insgesamt erhält.

Auch die mehrstufige Divisionskalkulation ist kein ideales Kalkulationsverfahren, da die Bestandsveränderungen nicht korrekt erfaßt werden können. Bei ihrer Berücksichtigung wird immer unterstellt, daß Mehr- oder Minderbeständen der Wertansatz der laufenden Periode zugrunde liegt.

**Beispiele**:

**Einfache Divisionskalkulation**

In einer Brauerei sind in einer Abrechnungsperiode Gesamtkosten in Höhe von 1,8 Mio DM angefallen. Die Produktion betrug 15.000 hl.

$$k = \frac{1.800.000\ \text{DM}}{15.000\ \text{hl}};\quad k = \underline{\underline{120\ \text{DM/hl}}}$$

**Einfache Divisionskalkulation mit Bestandsveränderungen**

In einem Unternehmen fielen während einer Periode Gesamtkosten in Höhe von 917.500 DM an. Die Herstellkosten betrugen 625.000 DM, die Verwaltungskosten des Produktionsbereichs 62.500 DM, die Verwaltungskosten des Absatzbereichs 30.000 DM und die Vertriebskosten 200.000 DM; es wurden 10.000 ME produziert und 8.000 ME abgesetzt.

$$k = \frac{625.000 + 62.500}{10.000} + \frac{30.000 + 200.000}{8.000}$$

$$k = 68{,}75 + 28{,}75$$

$$k = \underline{\underline{97{,}50\ \text{DM/ME}}}$$

**Mehrstufige Divisionskalkulation**

| | | |
|---|---|---|
| 1. Stufe: | Rohstoffeinsatz | 125.000 DM |
| | Bearbeitungskosten | 62.500 DM |
| | Produktionsmenge | 31.250 kg |
| 2. Stufe: | Einsatz aus Stufe 1 | 37.500 kg |
| | Bearbeitungskosten | 204.688 DM |
| | Ausbringung | 34.375 kg |
| 3. Stufe: | Einsatz aus Stufe 2 | 27.500 kg |
| | Bearbeitungskosten | 123.750 DM |
| | Ausbringung | 25.000 kg |
| 4. Stufe: | Einsatz | 21.250 kg |
| | Bearbeitungskosten | 52.625 DM |
| | Ausbringung | 22.500 kg |

**Lösung**:

| | | | |
|---|---|---|---|
| 1. Stufe: | Rohstoffeinsatz | 125.000 DM | |
| | Bearbeitungskosten Stufe 1 | 62.500 DM | |
| | Gesamtkosten der Stufe 1 | 187.500 DM | |
| | Ausbringung | 31.250 kg | |
| | Kosten je kg Stufe 1 | | 6,00 DM |

| | | | |
|---|---|---|---|
| 2. Stufe: | Einsatz aus Stufe 1 | | |
| | 37.500 x 6,-- DM | 225.000 DM | |
| | Bearbeitungskosten Stufe 2 | 204.688 DM | |
| | Gesamtkosten der Stufe 2 | 429.688 DM | |
| | Ausbringung | 34.375 kg | |
| | Kosten je kg Stufe 2 | | 12,50 DM |
| 3. Stufe: | Einsatz aus Stufe 2 | | |
| | 27.500 kg x 12,50 DM | 343.750 DM | |
| | Bearbeitungskosten Stufe 3 | 123.750 DM | |
| | Gesamtkosten der Stufe 3 | 467.500 DM | |
| | Ausbringung | 25.000 kg | |
| | Kosten je kg Stufe 3 | | 18,70 DM |
| 4. Stufe: | Einsatz aus Stufe 3 | | |
| | 21.250 kg x 18,70 DM | 397.375 DM | |
| | Bearbeitungskosten Stufe 4 | 52.625 DM | |
| | Gesamtkosten der Stufe 4 | 450.000 DM | |
| | Ausbringung | 22.500 kg | |
| | Kosten je kg Endprodukt | | 20,00 DM |

In den einzelnen Stufen wurden unfertige Erzeugnisse vom Lager entnommen bzw. nicht weiter bearbeitet, sondern auf Lager genommen.

Die **Äquivalenzziffernrechnung** wird bei der Sortenfertigung angewandt. Immer wenn gleiche oder eng verwandte Grundstoffe verwendet werden, sich die Erzeugnisse aber in Form, Größe, Farbe und Qualität unterscheiden, ist die Äquivalenzziffernrechnung angebracht. Durch Angleichungs- oder Äquivalenzziffern werden die einzelnen hergestellten Sorten einander angeglichen.

Bei der Herstellung von Blechen unterschiedlicher Stärke, bei der Bier- oder Seifenherstellung ist die Äquivalenzziffernrechnung anzutreffen.

**Beispiel**:

In einer Brauerei werden vier Biersorten hergestellt. Die Gesamtkosten betragen 54.737.500 DM. Die weiteren für die Kalkulation benötigten Angaben sind in der folgenden Tabelle enthalten.

| Sorte | Ausstoß in hl | Äquivalenzziffern | Recheneinheiten | Gesamtkosten | Kosten je hl |
|---|---|---|---|---|---|
| A | 187.500 | 1,00 | 187.500 | 27.187.500[1] | 145,00 |
| B | 125.000 | 0,80 | 100.000 | 14.500.000 | 116,00 |
| C | 50.000 | 0,75 | 37.500 | 5.437.500 | 108,75 |
| D | 75.000 | 0,70 | 52.500 | 7.612.500 | 101,50 |
| | 437.500 | | 377.500 | 54.737.500 | |

$$\frac{\text{Gesamtkosten } 54.737.500}{\text{Recheneinheiten } 377.500} = 145 \text{ DM je Recheneinheit}$$

1)
145 DM x 187.500
145 DM x 100.000
145 DM x 37.500
145 DM x 52.500

Die **Zuschlagskalkulation** kommt bei heterogener Fertigung vor. Folgende Formen lassen sich unterscheiden:

- globale Betriebszuschlagskalkulation
- verfeinerte Betriebszuschlagskalkulation
- summarische Kostenstellenzuschlagskalkulation
- verfeinerte Kostenstellenzuschlagskalkulation.

Bei der globalen **Betriebszuschlagskalkulation** wird der ganze Betrieb als eine einzige Kostenstelle angesehen. Der Zuschlagssatz ergibt sich, indem sämtliche Gemeinkosten auf eine Zuschlagsgröße bezogen werden, bei der prozentualen Zuschlagskalkulation drückt man die Gemeinkosten in Prozenten der Einzelkosten aus.

Die **verfeinerte Betriebszuschlagskalkulation** teilt den Betrieb in die Hauptkostenverursachungsbereiche auf. Für jeden dieser Bereiche wird ein Zuschlagssatz ermittelt, also für die Materialgemeinkosten, die Fertigungsgemeinkosten, die Verwaltungsgemeinkosten und die Vertriebsgemeinkosten. Arbeitet man wiederum mit Prozentzuschlägen, werden die Materialgemeinkosten in Prozenten des Fertigungsmaterials, die Fertigungsgemeinkosten in Prozenten des Fertigungslohnes und die Verwaltungs- und Vertriebsgemeinkosten jeweils in Prozenten der Herstellkosten ausgedrückt.

Die summarische **Kostenstellenzuschlagskalkulation** begnügt sich nicht mit einem Zuschlagssatz je Kostenverursachungsbereich, sondern die Kostenverursachungsbereiche werden noch weiter in Kostenstellen unterteilt und für jede Kostenstelle wird ein Kalkulationssatz ermittelt.

Das Kalkulationsbeispiel (s. S. 149) bei der Auswertung des Betriebsabrechnungsbogens stellt eine summarische Kostenstellenzuschlagskalkulation dar.

Eine **verfeinerte Kostenstellenzuschlagskalkulation** schließlich liegt vor, wenn je Kostenstelle nicht nur mit einem, sondern mit mehreren Kalkulationssätzen gearbeitet wird. Dies ist immer dann erforderlich, wenn sich die Kosten einer Kostenstelle nicht prozentual zu einer einzigen Zuschlagsgrundlage verhalten.

**Beispiel**: Als Beispiel dazu soll die eben erwähnte Kalkulation herangezogen werden, wobei eine Erweiterung im Fertigungsbereich vorgenommen wird.

Bei einem Leistungserstellungsprozeß wird für 2.000 DM Fertigungsmaterial verwendet, der Zuschlagssatz für die Materialgemeinkosten beträgt 25 %, in der Dreherei fällt ein Fertigungslohn von 1.000 DM und in der Fräserei von 500 DM an.

Von den im Betriebsabrechnungsbogen ausgewiesenen 271.000 DM Fertigungsgemeinkosten der Dreherei sind 80.000 DM gewichtsabhängig, 100.000 DM stückabhängig und 91.000 DM fertigungslohnabhängig; das Erzeugungsgewicht beträgt 1.000 kg, und es werden in der Kostenstelle 5.000 Stück des Produktes hergestellt. Als Kalkulationssätze ergeben sich dann 80 DM je kg und 20 DM je Stück, der Zuschlagssatz für die Restgemeinkosten, die lohnabhängig sind, beläuft sich auf 91 %.

Die Fertigungsgemeinkosten der Fräserei sind voll fertigungslohnabhängig, so daß mit dem errechneten Zuschlagssatz von 212 % kalkuliert werden kann; für die Verwaltungsgemeinkosten und die Vertriebsgemeinkosten wird der jeweils ermittelte Zuschlagssatz von 24,10 % und 13,71 % verwendet.

Zu kalkulieren ist ein Auftrag, für neben den bereits genannten Werten folgende Angaben anfallen:

bearbeitetes Gewicht in der Fräserei 25 kg
bearbeitete Stückzahl 40

Die verfeinerte Kostenstellenzuschlagskalkulation hat dann folgendes Aussehen:

| | | |
|---|---|---|
| Fertigungsmaterial | 2.000 DM | |
| + Materialgemeinkosten 25 % | 500 DM | |
| Materialkosten | | 2.500 DM |
| + Fertigungslohn Dreherei | 1.000 DM | |
| + gewichtsabhängige Fertigungsgemeinkosten 25 kg 80 DM | 2.000 DM | |
| + stückabhängige Fertigungsgemeinkosten 40 St. 20 DM | 800 DM | |
| + fertigungslohnabhängige Fertigungsgemeinkosten 91 % von 1.000 DM | 910 DM | |
| + Fertigungslohn Fräserei | 500 DM | |
| + Fertigungsgemeinkosten 212 % | 1.060 DM | |
| Fertigungskosten | | 6.270 DM |
| Herstellkosten | | 8.770 DM |
| + Verwaltungsgemeinkosten 24,10 % | | 2.114 DM |
| + Vertriebsgemeinkosten 13,71 % | | 1.202 DM |
| Selbstkosten | | 12.086 DM |

Nach der summarischen Kostenstellenzuschlagskalkulation wurden Selbstkosten in Höhe von 10.708 DM ermittelt, so daß die Differenz 1.378 DM beträgt.

Wäre nach der summarischen statt nach der verfeinerten Kostenstellenzuschlagskalkulation kalkuliert worden, wären die Selbstkosten um den Betrag von 1.378 DM zu niedrig veranschlagt worden.

Hinsichtlich Einzelheiten über die einzelnen Kalkulationsverfahren wird auf *Olfert* oder *Ehrmann*, Kostenrechnung, verwiesen.

# 8. Ergebnisrechnung

Die Ergebnisrechnung als dritter Teil der Betriebsbuchführung ermittelt den Erfolg einer Abrechnungsperiode und arbeitet demnach mit Kosten und Leistungen. Hauptleistungen sind dabei

- die Umsatzerlöse
- die Erlöse aus sonstigen betrieblichen Leistungen und
- die innerbetrieblichen Eigenleistungen.

Da das Betriebsergebnis, also der Erfolg, meistens kurzfristig ermittelt wird, nimmt die Ergebnisrechnung sehr häufig die Form der kurzfristigen Erfolgsrechnung an.

## 8.1 Verfahren der Ergebnisrechnung

### 8.1.1 Gesamtkostenverfahren

Das Verfahren, das den Erfolg oder das Betriebsergebnis auf dem kürzesten Weg ermittelt, ist das Gesamtkostenverfahren. Es hat seinen Namen daher, weil in ihm den gesamten Leistungen die gesamten Kosten gegenübergestellt werden.

Die Kosten werden in der Kontenklasse der Kostenarten gebucht und über das Betriebsergebniskonto abgeschlossen. Da die diversen Erlöse auch auf das Betriebsergebniskonto gebucht werden, ergibt der Saldo das Betriebsergebnis, wenn keine Bestandsveränderungen existieren. Weichen hingegen bei den fertigen und unfertigen Erzeugnissen Anfangsbestand und Endbestand voneinander ab, sind die sich ergebenden Differenzen Bestandsveränderungen, die auf dem Betriebsergebniskonto mit zu berücksichtigen sind.

| |
|---|
| Bestandsminderungen erhöhen die Kosten!<br>Bestandsmehrungen erhöhen die Leistungen! |

Liegt bei den Fertigerzeugnissen eine Bestandsmehrung vor, ist mehr hergestellt als verkauft worden. Die Kosten, die ausgewiesen werden, betreffen die ganze Leistung, die Umsatzleistung und die Leistung, die nicht abgesetzt wurde, folglich müssen die Bestandsmehrungen den Umsätzen zugerechnet werden.

Ein Mehrbestand an unfertigen Erzeugnissen wird auch aktiviert, die der Bestandszunahme entsprechenden Erfolgsbestandteile werden ebenfalls ausgewiesen.

Bei einer Bestandsminderung der Fertigerzeugnisse wurde in der Abrechnungsperiode mehr verkauft als hergestellt. Die ausgewiesenen Kosten sind zu niedrig und entsprechen nicht dem Umsatz, also müssen die Kosten um die Bestandsminderung erhöht werden. Bei einer Bestandsminderung der unfertigen Erzeugnisse werden mehr unfertige Erzeugnisse in der Abrechnungsperiode zu Ende produziert als Kosten für neue noch im Produktionsstadium befindliche Erzeugnisse entstehen.

Das Gesamtkostenverfahren ist wegen seiner kurzen Abrechnungswege stark verbreitet, aber auch mit Nachteilen verbunden.

Der Hauptnachteil liegt darin, daß das Betriebsergebnis nicht rekonstruiert werden kann. Gerade in einem Mehrproduktunternehmen sind die Quellen des Erfolges nicht feststellbar; den gesamten Leistungen werden die gesamten Kosten gegenübergestellt, bei welchen Erzeugnissen der Erfolg angefallen ist, ist nicht feststellbar. Auch wie die Kostenentwicklung im Produktions-, Verwaltungs- und Vertriebsbereich verlaufen ist, läßt sich nicht nachvollziehen.

Im folgenden wird das Gesamtkostenverfahren anhand eines **Beispiels** in Kontenform dargestellt.

In einem Industriebetrieb liegen folgende Monatszahlen vor:

| | | |
|---|---|---|
| Unfertige Erzeugnisse: | Anfangsbestand | 98.000 DM |
| | Endbestand | 61.000 DM |
| Fertigerzeugnisse: | Anfangsbestand | 80.000 DM |
| | Endbestand | 55.000 DM |

| Kosten | | davon auf die Herstellung entfallend: |
|---|---|---|
| Fertigungsmaterial | 100.000 DM | 100.000 DM |
| Fertigungslöhne | 80.000 DM | 80.000 DM |
| Gehälter | 60.000 DM | 20.000 DM |
| Hilfslöhne | 30.000 DM | 27.000 DM |
| Sozialer Aufwand | 85.000 DM | 64.000 DM |
| Instandhaltungen | 15.000 DM | 12.000 DM |
| Steuern | 20.000 DM | 5.000 DM |
| Miete | 5.000 DM | 3.000 DM |
| Kalkulatorische Abschreibungen | 20.000 DM | 18.000 DM |
| Kalkulatorische Zinsen | 8.000 DM | 7.000 DM |
| Kalkulatorische Wagnisse | 8.000 DM | 4.000 DM |
| Beiträge | 1.000 DM | |
| Sonstige Gemeinkosten | 34.000 DM | 20.000 DM |
| Sondereinzelkosten der Fertigung | 5.000 DM | 5.000 DM |
| Sondereinzelkosten des Vertriebs | 3.000 DM | |
| Bilanzmäßige Abschreibungen | 25.000 DM | |
| Gezahlte Zinsen | 5.000 DM | |
| Istwagnisse | 10.000 DM | |
| Verkaufserlöse | 60.000 DM | |

| Soll | verr.kalk.Abschbg. | | Haben |
|---|---|---|---|
| Neutr.Erg. | 20.000 | K.Absb. | 20.000 |

| Soll | verr.kalk.Zinsen | | Haben |
|---|---|---|---|
| Neutr.Erg. | 8.000 | K.Zinsen | 8.000 |

| Soll | verr.kalk.Wagnisse | | Haben |
|---|---|---|---|
| Neutr.Erg. | 8.000 | K.Wagnisse | 8.000 |

| Soll | Fertigungsmaterial | | Haben |
|---|---|---|---|
| Rohst. | 100.000 | BE | 100.000 |

| Soll | Fertigungslohn | | Haben |
|---|---|---|---|
| Fin.Kto. | 80.000 | BE | 80.000 |

| Soll | Miete | | Haben |
|---|---|---|---|
| Fin.Kto. | 5.000 | BE | 5.000 |

| Soll | kalk.Abschbg. | | Haben |
|---|---|---|---|
| verr.k.Ab. | 20.000 | BE | 20.000 |

| Soll | kalk.Zinsen | | Haben |
|---|---|---|---|
| verr.kalk.Z. | 8.000 | BE | 8.000 |

| Soll | kalk.Wagnisse | | Haben |
|---|---|---|---|
| verr.kalk.W. | 8.000 | BE | 8.000 |

| Soll | Beiträge | | Haben |
|---|---|---|---|
| Fin.Kto. | 1.000 | BE | 1.000 |

| Soll | SEK-Fertigung | | Haben |
|---|---|---|---|
| Div. | 5.000 | BE | 5.000 |

| Soll | SEK-Vertrieb | | Haben |
|---|---|---|---|
| Div. | 3.000 | BE | 3.000 |

| Soll | Gehälter | | Haben |
|---|---|---|---|
| Fin.Kto. | 60.000 | BE | 60.000 |

| Soll | Hilfslöhne | | Haben |
|---|---|---|---|
| Fin.Kto. | 30.000 | BE | 30.000 |

| Soll | Sozialer Aufwand | | Haben |
|---|---|---|---|
| Fin.Kto. | 85.000 | BE | 85.000 |

| Soll | Instandhaltungen | | Haben |
|---|---|---|---|
| Div. | 15.000 | BE | 15.000 |

| Soll | Steuern | | Haben |
|---|---|---|---|
| Fin.Kto. | 20.000 | BE | 20.000 |

| Soll | Sonstige Gemeinkosten | | Haben |
|---|---|---|---|
| Div. | 34.000 | BE | 34.000 |

| Soll | Unfertige Erzeugnisse | | Haben |
|---|---|---|---|
| Bil. | 98.000 | Bil. | 61.000 |
| | | Best.V. | 37.000 |
| | 98.000 | | 98.000 |

| Soll | Fertigerzeugnisse | | Haben |
|---|---|---|---|
| Bil. | 80.000 | Bil. | 55.000 |
| | | Best.V. | 25.000 |
| | 80.000 | | 80.000 |

| Soll | Verkaufserlöse | | Haben |
|---|---|---|---|
| BE | 600.000 | Fin.Kto. | 600.000 |

| Soll | Bestandsveränderungen | | Haben |
|---|---|---|---|
| UE | 37.000 | BE | 62.000 |
| FE | 25.000 | | |
| | 62.000 | | 62.000 |

| Soll | Betriebsergebnis | | Haben |
|---|---|---|---|
| FM | 100.000 | Verk.Erl. | 600.000 |
| FL | 80.000 | | |
| Geh. | 60.000 | | |
| Hi.L. | 30.000 | | |
| Soz.A. | 85.000 | | |
| Insth. | 15.000 | | |
| Steuern | 20.000 | | |
| Miete | 5.000 | | |
| K.Abschr. | 20.000 | | |
| K.Zinsen | 8.000 | | |
| Kalk. Wagnisse | 8.000 | | |
| Beiträge | 1.000 | | |
| SEK-Fert. | 5.000 | | |
| SEK-Vertr. | 3.000 | | |
| Sonst.GK | 34.000 | | |
| Best.Ver. | 62.000 | | |
| G + V | 64.000 | | |
| | 600.000 | | 600.000 |

| Soll | Neutrales Ergebnis | | Haben |
|---|---|---|---|
| Bil.A. | 25.000 | Verr.K.A. | 20.000 |
| Gez.Zi. | 5.000 | Verr.K.Zi. | 8.000 |
| Istwagnisse | 10.000 | Verr.K.W. | 8.000 |
| | | G + V | 4.000 |
| | 40.000 | | 40.000 |

| Soll | Gewinn u. Verlustrechnung | | Haben |
|---|---|---|---|
| Neutr.Erg. | 4.000 | Betr.E. | 64.000 |
| EK | 60.000 | | |
| | 64.000 | | 64.000 |

## 8.1.2 Umsatzkostenverfahren

Während das Gesamtkostenverfahren in seiner Ausrichtung produktionsorientiert ist, ist das Umsatzkostenverfahren absatzausgerichtet. Das Betriebsergebnis wird nach dem Umsatzkostenverfahren ermittelt, indem die verkauften Güter und die von ihnen verursachten Kosten einander gegenübergestellt werden.

Eine Berücksichtigung der Bestandsveränderungen ist somit nicht erforderlich.

Im Gegensatz zum Gesamtkostenverfahren kann beim Umsatzkostenverfahren der Betriebserfolg rekonstruiert werden.

Ein einzurichtendes **Herstellkonto** nimmt alle Kosten auf, die mit der Produktion unmittelbar zu tun haben, dazu zählt auch der Materialbereich. Alle Kosten, die die Verwaltung und den Betrieb betreffen, werden auf das Konto Verkaufserlöse gebucht.

Diese Vorgehensweise setzt voraus, daß bereits als Vorarbeit die Kosten in einer Nebenrechnung (statistisch) nach Herstellkosten und Verwaltungs- und Vertriebskosten aufgegliedert werden. Von den Konten der Kostenarten wird also ein Teil der Kosten auf das Herstellkonto, ein Teil auf das Erlöskonto gebucht. Um zu dokumentieren, daß der Fertigungsprozeß noch nicht abgeschlossen ist, wird der Anfangsbestand des Kontos unfertige Erzeugnisse auf das Herstellkonto umgebucht (diese Buchung kann auch entfallen).

Das Herstellkonto enthält am Ende der Abrechnungsperiode sämtliche Kosten der Herstellung. Diese werden auf das Konto unfertige Erzeugnisse übertragen. Setzt man auf diesem Konto den Endbestand ein, verbleiben die Herstellkosten der fertiggestellten Produkte; dieser Saldo wird auf das Konto Fertigerzeugnisse übertragen. Dieses Konto enthält jetzt im Soll die Herstellkosten der zu Ende produzierten Erzeugnisse. Setzt man auf der Haben-Seite den Endbestand ein, stellt der sich jetzt ergebende Saldo den Herstellwert der verkauften Erzeugnisse dar.

Die Herstellkosten der fertigen Erzeugnisse werden auf das Konto Verkaufserlöse gebucht. Da bereits die Verwaltungs- und Vertriebskosten im Soll erfaßt wurden, weist die Sollseite die Selbstkosten der verkauften Produkte aus. Der Vergleich mit den Verkaufserlösen auf der Haben-Seite ergibt das Betriebsergebnis, das auf das Betriebsergebniskonto gebucht wird.

Variationen im geschilderten Buchungsablauf sind selbstverständlich möglich.

In den bisherigen Ausführungen wurde unterstellt, daß ein Einproduktunternehmen vorliegt, bzw. daß die Kosten aller hergestellten Erzeugnisse auf ein Herstellkonto, Erlöskonto und Fabrikatekonto gebucht werden.

Werden mehrere Produkte gefertigt, kann selbstverständlich für jedes Produkt bzw. für jede Produktgruppe ein eigenes Herstellkonto geführt werden; ein eigenes Konto unfertige Erzeugnisse, Fertigerzeugnisse und Verkaufserlöse wird dann auch erforderlich. Werden diese Konten geführt, läßt sich feststellen, in welchem Ausmaße die Kosten der Herstellung bzw. Verwaltung und des Vertriebs der einzelnen Erzeugnisse zum Erfolg beigetragen haben.

Im folgenden wird ein **Beispiel** für das Umsatzkostenverfahren dargestellt. Es werden die gleichen Zahlen verwendet wie dies schon beim Gesamtkostenverfahren der Fall war.

Auf einen formgerechten Abschluß der Konten wird verzichtet. Ebenso werden die Konten für die verrechneten kalkulatorischen Kosten nicht mehr geführt, und es wird kein Konto Neutrales Ergebnis mehr eingerichtet. Diese Konten unterscheiden sich von denen des Gesamtkostenverfahrens nicht.

| Soll | Fertigungsmaterial | | Haben |
|---|---|---|---|
| Rohst. | 100.000 | HK | 100.000 |

| Soll | Fertigungslohn | | Haben |
|---|---|---|---|
| Fin.Kto. | 80.000 | HK | 80.000 |

| Soll | Gehälter | | Haben |
|---|---|---|---|
| Fin.Kto. | 60.000 | HK | 20.000 |
| | | Vkf. | 40.000 |
| | 60.000 | | 60.000 |

| Soll | Hilfslöhne | | Haben |
|---|---|---|---|
| Fin.Kto. | 30.000 | HK | 27.000 |
| | | Vkf. | 3.000 |
| | 30.000 | | 30.000 |

| Soll | Sozialer Aufwand | | Haben |
|---|---|---|---|
| Fin.Kto. | 85.000 | HK | 64.000 |
| | | Vkf. | 21.000 |
| | 85.000 | | 85.000 |

| Soll | kalk.Zinsen | | Haben |
|---|---|---|---|
| Verr.k.Z. | 8.000 | HK | 7.000 |
| | | Vkf. | 1.000 |
| | 8.000 | | 8.000 |

| Soll | kalk.Wagnisse | | Haben |
|---|---|---|---|
| Verr.kalk.W. | 8.000 | HK | 4.000 |
| | | Vkf. | 4.000 |
| | 8.000 | | 8.000 |

| Soll | Beiträge | | Haben |
|---|---|---|---|
| Fin.Kto. | 1.000 | Vkf. | 1.000 |

| Soll | SEK-Fertigung | | Haben |
|---|---|---|---|
| Div. | 5.000 | HK | 5.000 |

| Soll | SEK-Vertrieb | | Haben |
|---|---|---|---|
| Div. | 3.000 | Vkf. | 3.000 |

| Soll | Instandhaltungen | | Haben |
|---|---|---|---|
| Div. | 15.000 | HK | 12.000 |
| | | Vkf. | 3.000 |
| | 15.000 | | 15.000 |

| Soll | Steuern | | Haben |
|---|---|---|---|
| Fin.Kto. | 20.000 | HK | 5.000 |
| | | Vkf. | 15.000 |
| | 20.000 | | 20.000 |

| Soll | Miete | | Haben |
|---|---|---|---|
| Fin.Kto. | 5.000 | HK | 3.000 |
| | | Vkf. | 2.000 |
| | 5.000 | | 5.000 |

| Soll | kalk.Abschreibungen | | Haben |
|---|---|---|---|
| Verr.k.A. | 20.000 | HK | 18.000 |
| | | Vkf. | 2.000 |
| | 20.000 | | 20.000 |

| Soll | Herstellkosten | | Haben |
|---|---|---|---|
| UE | 98.000 | UE | 463.000 |
| FM | 100.000 | | |
| FL | 80.000 | | |
| Geh. | 20.000 | | |
| Hi.L. | 27.000 | | |
| Soz.A. | 64.000 | | |
| Insthtg. | 12.000 | | |
| Steuern | 5.000 | | |
| Miete | 3.000 | | |
| kalk.A. | 18.000 | | |
| kalk.Z. | 7.000 | | |
| kalk.W. | 4.000 | | |
| SEK-Fert. | 5.000 | | |
| Sonst.GK | 20.000 | | |
| | 463.000 | | 463.000 |

| Soll | Sonstige Gemeinkosten | | Haben |
|---|---|---|---|
| Div. | 34.000 | HK | 20.000 |
| | | Vkf. | 14.000 |
| | 34.000 | | 34.000 |

| Soll | Unfertige Erzeugnisse | | Haben |
|---|---|---|---|
| Bil. | 98.000 | HK | 98.000 |
| HK | 463.000 | Bil | 61.000 |
| | | FE | 402.000 |
| | 561.000 | | 561.000 |

| Soll | Fertigerzeugnisse | | Haben |
|---|---|---|---|
| Bil. | 80.000 | Bil. | 55.000 |
| UE | 402.000 | Vkf. | 427.000 |
| | 482.000 | | 482.000 |

| Soll | Betriebsergebnis | | Haben |
|---|---|---|---|
| G + V | 64.000 | Vkf. | 64.000 |

| Soll | Verkaufserlöse | | Haben |
|---|---|---|---|
| Geh. | 40.000 | Fin.Kto. | 600.000 |
| Hi.L. | 3.000 | | |
| Soz.A. | 21.000 | | |
| Insthtg. | 3.000 | | |
| Steuern | 15.000 | | |
| Miete | 2.000 | | |
| kalk.A. | 2.000 | | |
| kalk.Z. | 1.000 | | |
| kalk.W. | 4.000 | | |
| Beiträge | 1.000 | | |
| SEK-Vt. | 3.000 | | |
| Sonst.GK | 14.000 | | |
| FE | 427.000 | | |
| BE | 64.000 | | |
| | 600.000 | | 600.000 |

## 8.1.3 Kostenträgerzeitrechnung

Die Kostenträgerzeitrechnung kann als Instrument zur Ermittlung des Betriebsergebnisses oder als Ergänzung des Gesamtkostenverfahrens gesehen werden.

Im Gegensatz zur Kostenträgerstückrechnung (Kalkulation), in der einzelne Mengeneinheiten kalkuliert werden, wird in der Kostenträgerzeitrechnung ein ganzer Zeitraum abgerechnet.

Die Kostenträgerzeitrechnung bedient sich des **Kostenträgerzeitblattes**, das so aufgebaut ist, daß in der Waagerechten die einzelnen Kostenträger aufgeführt werden und in der Senkrechten ein erweitertes Kalkulationsschema aufscheint.

Den in einer Summenspalte eingetragenen Istkosten laut Betriebsabrechnungsbogen werden die verrechneten Kosten gegenübergestellt, die letzte Spalte weist die Über-/Unterdeckungen aus.

Über die Stoffkosten und Fertigungskosten werden die Herstellkosten der Rechnungsperiode ermittelt. Werden diese um die Bestandsveränderungen der unfertigen Erzeugnisse korrigiert, erhält man die Herstellkosten der fertiggestellten Menge. Berichtigt man diese um die Bestandsveränderungen der Fertigerzeugnisse, ergeben sich die Herstellkosten des Umsatzes. Addiert man zu diesen die Verwaltungs- und Vertriebskosten, werden die Selbstkosten des Umsatzes ausgewiesen. Stellt man diesen Selbstkosten die Verkaufserlöse gegenüber, erhält man das Umsatzergebnis.

Wird das Umsatzergebnis schließlich um die Über-/Unterdeckungen erhöht bzw. vermindert, wird das Betriebsergebnis sichtbar.

Das nachfolgende Muster verdeutlicht den Abrechnungsablauf.

Die Kostenträgerzeitrechnung ist ein geeignetes Instrument zum Nachweis, wie der Erfolg entstanden ist, insbesondere welchen Anteil die einzelnen Kostenträger am Erfolg haben.

| | | | Verrechnete Kosten | | | | | |
|---|---|---|---|---|---|---|---|---|
| **Kostenart** | **Ist-Kosten** | **%** | **A** | **B** | **C** | **iEL** | **Summe** | **Über/ Unterd.** |
| FM<br>MGK | | | | | | | | |
| Stoffkosten<br>FL 1<br>FGK 1<br>FL 2<br>FGK 2 | | | | | | | | |
| Fertig. Kosten<br>HK der Rechnungsperiode<br>+ Bestandsveränderung UE | | | | | | | | |
| HK d. fertiggestellten Menge<br>+ Bestandsveränderung FE | | | | | | | | |
| HK des Umsatzes<br>- iEL | | | | | | | | |
| HK des Außenumsatzes<br>Vw GK<br>Vt GK | | | | | | | | |
| SK des Umsatzes<br>Vkf. Erlöse | | | | | | | | |
| Umsatzergebnis<br>+ Über/Unterdeckung | | | | | | | | |
| Betriebsergebnis | | | | | | | | |

# 9. Wesentliche Unterschiede in der Vorgehensweise bei der Anwendung des Gemeinschaftskontenrahmens für die Industrie (GKR) und des Industriekontenrahmens (IKR)

## 9.1. Gemeinschaftskontenrahmen (GKR)

Der Gemeinschaftskontenrahmen für die Industrie (GKR) geht im Prinzip vom Einkreissystem, d.h. von der Integration der Betriebsbuchführung in die Finanzbuchführung aus. Da ein reines Einkreissystem zu aufwendig, schwerfällig und unübersichtlich ist, wurden Modifikationen vorgenommen, diese bestehen darin, daß wesentliche Teile der Betriebsbuchführung nicht kontenmäßig, sondern tabellarisch durchgeführt werden. Es handelt sich dabei in erster Linie um die Kostenstellen- und Kostenträgerzeitrechnung.

Im GKR spiegeln die Kontenklassen 0, 1 und 3 die Außenbeziehungen des Unternehmens wider, während die Klassen 4 bis 7 den innerbetrieblichen Leistungserstellungsprozeß zahlenmäßig darstellen. Die Klasse 8 beinhaltet die Erlöse, den Eigenverbrauch, die aktivierten Eigenleistungen und die Bestandsveränderungen und die Klasse 9 die Eröffnungs- und Abschlußkonten.

Entscheidend für die Betriebsbuchführung ist das Vorhandensein der für die Zwecke der Kostenrechnung vorgesehenen Kontenklassen 4, 5, 6 und 7 als Ausdruck des Prozeßgliederungsprinzips. Von großer Bedeutung ist auch die Kontenklasse 2, die der sachlichen und kalkulatorischen Abgrenzung dient und die Aufgabe hat, alle Aufwendungen von der Kostenrechnung fernzuhalten, die keinen Kostencharakter haben. Die Klasse 2 enthält die betriebsfremden, periodenfremden und außerordentlichen Aufwendungen.

## 9.2. Industriekontenrahmen (IKR)

Der nach dem Abschlußgliederungsprinzip aufgebaute Industriekontenrahmen geht vom Zweikreissystem aus.
Die Ausgestaltung des Zweikreissystems ist in mehreren Formen möglich, jedoch hat sich die tabellarisch durchgeführte Betriebsbuchführung durchgesetzt.

Der Industriekontenrahmen beinhaltet zwei Regelkreise. Der Regelkreis 1 erstreckt sich auf die Finanzbuchhaltung und umfaßt die vier Kontengruppen Aktive Bestandskonten, Passive Bestandskonten, Erfolgskonten und Eröffnungs- und Abschlußkonten.

Im einzelnen hat der Regelkreis 1 folgende **Konteninhalte**:

**Klasse 0**: Immaterielle Vermögensgegenstände und Sachanlagen
**Klasse 1**: Finanzanlagen

**Klasse 2**: Umlaufvermögen und aktive Rechnungsabgrenzung
**Klasse 3**: Eigenkapital und Rückstellungen
**Klasse 4**: Verbindlichkeiten und passive Rechnungsabgrenzungsposten
**Klasse 5**: Erträge
**Klasse 6**: Betriebliche Aufwendungen
**Klasse 7**: Weitere Aufwendungen
**Klasse 8**: Ergebnisrechnungen.

Im Gegensatz zum GKR sind im IKR keine Kontenklassen für die Durchführung der Kostenrechnung vorgesehen, und auch eine Kontenklasse für die Abgrenzung von Kosten und Aufwendungen fehlt.

Im Industriekontenrahmen wird die Kontenklasse 9 für Zwecke der Kosten- und Leistungsrechnung freigelassen, wobei es jedem buchführenden Unternehmen freigestellt ist, ob diese Kontenklasse genutzt wird und wie sie ausgestaltet wird.

Die Mehrzahl der Unternehmen, und dabei die größeren Unternehmen nahezu ausschließlich, bedient sich der Kontenklasse 9 nicht, sondern führt die Kosten- und Leistungsrechnung tabellarisch-statistisch durch.

Die **Kontenklasse 9** als Regelkreis 2 kann wie folgt gegliedert werden:

**Kontengruppe 90**: Abgrenzung zur Geschäftsbuchführung
**Kontengruppe 91**: Kostenrechnerische Korrekturen
**Kontengruppe 92**: Verrechnete Leistungen und Kosten
**Kontengruppe 93**: Kostenstellen
**Kontengruppe 94**: Kostenträger
**Kontengruppe 95**: Erzeugnisse
**Kontengruppe 96**: Interne Lieferungen und Leistungen sowie deren Kosten
**Kontengruppe 97**: Umsatzkosten und sonstige Betriebskosten
**Kontengruppe 98**: Umsätze
**Kontengruppe 99**: Ergebnisausweise.

Von dieser Gliederung kann abgewichen werden, Spezifizierungen können vorgenommen werden.

Die beiden Regelkreise stellen zwei selbständige Bereiche dar, sie werden buchungsmäßig unabhängig voneinander behandelt; Buchungen zwischen ihnen werden nicht durchgeführt. Die Abstimmungen zwischen den beiden Kreisen finden nur statistisch statt.

Die Betriebsbuchführung erhält ihre Daten aus der Finanzbuchführung und erfaßt sie in der Kontengruppe 92, etwa auf dem Konto 92 verrechnete Kosten und Leistungen. Bevor die Konten in der eigentlichen Betriebsbuchführung entsprechend verarbeitet werden, ist die sog. Abgrenzungsrechnung durchzuführen. In dieser Rechnung werden die neutralen Aufwendungen und Erträge, also die betriebsfremden, periodenfremden und außergewöhnlichen Posten, von den Kosten bzw. betriebsbedingten Erträgen abgegrenzt. Darüber hinaus werden die kalkulatorischen Kosten von den "bilanzmäßigen" Aufwendungen getrennt.

Alle diese nicht von der Kostenrechnung benötigten Aufwendungen und Erträge münden letztendlich in das neutrale Ergebnis-Konto.

Das Gegenkonto für die aus der Finanzbuchhaltung übernommenen Zahlen stellt das betriebliche Abschlußkonto dar, es erfaßt die Erträge auf der Sollseite und die Kosten auf der Habenseite. Dieses Konto ist das Spiegelbildkonto des Ergebniskontos der Finanzbuchführung, es hat eine Abstimmungsfunktion zwischen dem Regelkreis 1 und 2.

Die Kontengruppen 90 und 91 sind für die Abstimmungsrechnung vorgesehen, die Kontengruppe 92 stellt, wie bereits dargelegt wurde, die verrechneten Kosten und Leistungen dar, in den Gruppen 93 bis 98 wird die Kosten- und Leistungsrechnung durchgeführt, und in der Kontengruppe 9 werden die Ergebnisse ausgewiesen.

Im folgenden wird unter Verwendung der Zahlen aus dem Kapitel 8 "Ergebnisrechnung" eine mögliche Vorgehensweise bei der Verwendung der Kontenklasse 9 in der Betriebsabrechnung vorgestellt. Voraussetzung ist das Vorhandensein eines zumindest groben Betriebsabrechnungsbogens, der die Kosten in die der Herstellung und des Umsatzes aufgliedert.

Folgende **Buchungsschritte** fallen an:

**1.** Übernahme der Kosten aus der Finanzbuchführung
92 verrechnete Kosten an 999 betriebliches Abschlußkonto

**2.** Übernahme der Erträge aus der Finanzbuchführung
999 betriebliches Abschlußkonto an 980 Umsatzleistungen

**3.** Abgrenzung der neutralen Aufwendungen und Erträge
900 - 902 neutrale Aufwendungen und Erträge an 999 betriebliches Abschlußkonto

**4.** Verrechnung der Anderskosten
911 Anderskosten an 999 betriebliches Abschlußkonto
92 verrechnete Kosten an 911 Anderskosten

**5.** Ermittlung der Bestandsveränderungen und Umbewertung der Erzeugnisse
In vielen Fällen erfolgt die Bewertung der Erzeugnisse in der Finanzbuchführung zu anderen Werten als in der Betriebsbuchführung, dies erfordert eine entsprechende Umbewertung der Bestände. Im vorliegenden Fall wird angenommen, daß keine Bewertungsunterschiede bestehen, so daß lediglich die Bestandsveränderungen erfaßt werden

912 Umbewertung der FE und UE an 999 betriebliches Abschlußkonto bei Bestandsminderungen

999 betriebliches Abschlußkonto an 912 Umbewertung der FE und UE bei Bestandsmehrungen

außerdem müssen die Anfangs- und Schlußbestände gebucht werden:

94 Unfertige Erzeugnisse an 912 Umbewertung der FE und UE
95 Fertigerzeugnisse an 912 Umbewertung der FE und UE
912 Umbewertung der FE und UE an 94 Unfertige Erzeugnisse
912 Umbewertung der FE und UE an 95 Fertigerzeugnisse

**6.** Buchung der Einzelkosten
94 Unfertige Erzeugnisse an 92 verrechnete Kosten

**7.** Buchung der Sondereinzelkosten der Fertigung
95 Fertigerzeugnisse an 92 verrechnete Kosten

**8.** Buchung der Sondereinzelkosten des Vertriebs
970 Umsatzkosten an 92 verrechnete Kosten

**9.** Buchung der Gemeinkosten
94 Unfertige Erzeugnisse an 92 verrechnete Kosten
970 Umsatzkosten an 92 verrechnete Kosten

**10.** Buchung der Herstellkosten der fertiggestellten Menge
95 Fertigerzeugnisse an 94 Unfertige Erzeugnisse

**11.** Buchung der Herstellkosten der abgesetzten Menge
989 Umsatzleistungen an 95 Fertigerzeugnisse

**12.** Buchung der Umsatzkosten
980 Umsatzleistungen an 970 Umsatzkosten

**13.** Ermittlung des Betriebsergebnisses
980 Umsatzleistungen an 991 Betriebsergebnis

**14.** Ermittlung des neutralen Ergebnisses
992 neutrales Ergebnis an 901 betriebsfremde Aufwendungen
902 außerordentliche Aufwendungen
903 periodenfremde Aufwendungen
(diese Buchungen entfallen in der vorliegenden Aufgabe)
992 neutrales Ergebnis an 991 Anderskosten
(in der vorliegenden Aufgabe umgekehrte Buchung auch möglich)

**15.** Übertragung des Betriebsergebnisses auf das Konto Gesamtergebnis
991 Betriebsergebnis an 993 Gesamtergebnis

**16.** Übertragung des neutralen Ergebnisses auf das Konto Gesamtergebnis
993 Gesamtergebnis an 992 neutrales Ergebnis
(in der vorliegenden Aufgabe umgekehrte Buchung auch möglich)

**17.** Abschluß des Kontos Gesamtergebnis
993 Gesamtergebnis an 999 betriebliches Abschlußkonto

Das geschilderte Verfahren bietet noch einige Variationsmöglichkeiten, die betriebsindividuell berücksichtigt werden können.

**92 verrechnete Kosten**

| | | | | |
|---|---|---|---|---|
| 999) | 100.000 | 94) | 100.000 | FM |
| 999) | 80.000 | 94) | 80.000 | FL |
| 999) | 30.000 | 94) | 180.000 | HKGK |
| 999) | 60.000 | 95) | 5.000 | SEK Fertg. |
| 999) | 85.000 | 970) | 3.000 | SEKVt. |
| 999) | 20.000 | 970 | 106.000 | Ums.GK |
| 999) | 15.000 | | | |
| 999) | 5.000 | | | |
| 999) | 1.000 | | | |
| 999) | 34.000 | | | |
| 999) | 5.000 | | | |
| 999) | 3.000 | | | |
| 911) | 20.000 | | | |
| 911) | 8.000 | | | |
| 911) | 8.000 | | | |
| | 474.000 | | 474.000 | |

**911 Anderskosten**

| | | | |
|---|---|---|---|
| 999) | 25.000 | 92) | 20.000 |
| 999) | 5.000 | 92) | 8.000 |
| 999) | 10.000 | 92) | 8.000 |
| | | 992) | 4.000 |
| | 40.000 | | 40.000 |

**912 Umbewertung FE und UE**

| | | | |
|---|---|---|---|
| 999) | 62.000 | 94) | 98.000 |
| 94) | 61.000 | 95) | 80.000 |
| 95) | 55.000 | | |
| | 178.000 | | 178.000 |

**94 Unfertige Erzeugnisse**

| | | | |
|---|---|---|---|
| 912) | 98.000 | 912) | 61.000 |
| 92) | 100.000 | 95) | 397.000 |
| 92) | 80.000 | | |
| 92) | 180.000 | | |
| | 458.000 | | 458.000 |

**95 Fertigerzeugnisse**

| | | | |
|---|---|---|---|
| 912) | 80.000 | 912) | 55.000 |
| 92) | 5.000 | 980) | 427.000 |
| 94) | 397.000 | | |
| | 482.000 | | 482.000 |

**970 Umsatzkosten**

| | | | |
|---|---|---|---|
| 92) | 3.000 | 980) | 109.000 |
| 92) | 106.000 | | |
| | 109.000 | | 109.000 |

**980 Umsatzleistungen**

| | | | |
|---|---|---|---|
| 95) | 427.000 | 999) | 600.000 |
| 970) | 109.000 | | |
| 991) | 64.000 | | |
| | 600.000 | | 600.000 |

991 Betriebsergebnis

| | | | |
|---|---|---|---|
| 993) | 64.000 | 980) | 64.000 |

992 neutrales Ergebnis

| | | | |
|---|---|---|---|
| 911) | 4.000 | 993) | 4.000 |

999 Betriebliches Abschlußkonto

| | | | |
|---|---|---|---|
| 980) | 600.000 | 92) | 100.000 |
| | | 92) | 80.000 |
| | | 92) | 30.000 |
| | | 92) | 60.000 |
| | | 92) | 15.000 |
| | | 92) | 85.000 |
| | | 92) | 5.000 |
| | | 92) | 1.000 |
| | | 92) | 34.000 |
| | | 92) | 5.000 |
| | | 92) | 3.000 |
| | | 911) | 25.000 |
| | | 911) | 5.000 |
| | | 911) | 10.000 |
| | | 912) | 62.000 |
| | | 993) | 60.000 |
| | 600.000 | | 600.000 |

993 Gesamtergebnis

| | | | |
|---|---|---|---|
| 992) | 4.000 | 991) | 64.000 |
| 999) | 60.000 | | |
| | 64.000 | | 64.000 |

Ein anderes Verfahren, das die Kontenklasse 9 berücksichtigt, geht einen völlig anderen Weg als die vorher geschilderte Vorgehensweise. Der Vorteil dieses Ablaufs liegt in der deutlichen Widerspiegelung des Leistungserstellungsprozesses.

Bei der Darstellung dieses Verfahrens werden die gleichen Zahlen, die oben verwendet wurden, eingesetzt.

Auf dem Konto unfertige Erzeugnisse werden im Soll die Einzelkosten erfaßt; das Konto Kostenstellen nimmt im Soll die Gemeinkosten auf. Gegenkonto für die Erfassung der Einzel- und Gemeinkosten ist das Konto verrechnete Kosten und Leistungen. Auf diesem werden auf der Soll-Seite die Verkaufserlöse (Gegenkonto Umsatzleistungen) gebucht, der Saldo wird von einem Kontrollkonto aufgenommen und stellt das Betriebsergebnis dar.

Auf dem Kostenstellen-Konto wird eine Aufteilung nach Gemeinkosten der Herstellung und Gemeinkosten der Umsatzleistung vorgenommen. Die Herstellkosten werden auf das Konto unfertige Erzeugnisse und die Kosten der Umsatzleistung auf das Konto Umsatzkosten gebucht. Die Sondereinzelkosten der Fertigung gehen auf das Konto Fertigerzeugnisse und die Sondereinzelkosten des Vertriebs auf das Konto Umsatzkosten.

Die Bestandsänderungen werden von den Konten unfertige Erzeugnisse und Fertigerzeugnisse aufgenommen. Die Gegenbuchung erfolgt auf dem Konto verrechnete Kosten und Leistungen.

Der Saldo des Kontos unfertige Erzeugnisse wird auf das Konto Fertigerzeugnisse übertragen, dieses gibt wiederum seinen Saldo an das Konto Umsatzleistungen ab.

Dieses Konto erhält auch den Saldo des Kontos Umsatzkosten und weist nun die Selbstkosten der umgesetzten Leistungen aus.

Da auf der Haben-Seite die Verkaufserlöse erfaßt wurden, ist der Saldo das Betriebsergebnis und wird auf das Konto Betriebsergebnis gebucht.

Eine Verbindung zur Geschäftsbuchführung wird hergestellt, wenn auf dem Konto Kostenrechnerische Korrekturen im Soll die bilanzmäßigen Abschreibungen, die gezahlten Zinsen und die Istwagnisse als Aufwand laut Geschäftsbuchführung gebucht werden. Im Haben werden die kalkulatorischen Kosten eingetragen.

Als Gegenkonto fungiert ein Konto Abgrenzung Geschäftsbuchführung/Betriebsbuchführung.

Der Saldo des Kontos Kostenrechnerische Korrekturen wird auf das Ergebnis-Konto gebucht und der identische Saldo auf dem Abgrenzungskonto auf das Kontrollkonto. Ergebnis-Konto und Kontroll-Konto zeigen nun den Unternehmungserfolg auf.

Die Konten Abgrenzung Geschäftsbuchführung/Betriebsbuchführung und Kontrollkonto werden eingerichtet, damit die Systematik der Buchführung eingehalten wird und jeder Soll- eine Habenbuchung entgegensteht.

92 Verrechnete Kosten u. Leistungen

| | | | | |
|---|---|---|---|---|
| 980) | 600.000 | 94) | 100.000 | FM |
| | | 94) | 80.000 | FL |
| | | 93) | 30.000 | Hilfsl. |
| | | 93) | 60.000 | Gehält. |
| | | 93) | 85.000 | Soz.Kos. |
| | | 93) | 20.000 | kalk.Ab. |
| | | 93) | 8.000 | kalk.Zi. |
| | | 93) | 20.000 | Steuern |
| | | 93) | 8.000 | kalk.Wag. |
| | | 93) | 15.000 | Instandh. |
| | | 93) | 5.000 | Miete |
| | | 93) | 1.000 | Beiträge |
| | | 93) | 34.000 | Sonst.Ko. |
| | | 95) | 5.000 | SEK-Ftg. |
| | | 970) | 3.000 | SEK-Vt. |
| | | 94) | 25.000 | Best.-Ver.FE |
| | | 95) | 37.000 | Best.-Ver.UE |
| | | 915) | 64.000 | |
| | 600.000 | | 600.000 | |

94 UE

| | | | | |
|---|---|---|---|---|
| 92) | 100.000 | FM | 95) | 397.000 |
| 92) | 80.000 | FL | | |
| 92) | 37.000 | Best.Ver. | | |
| 93) | 180.000 | HK | | |
| | 397.000 | | | 397.000 |

95 FE

| | | | | |
|---|---|---|---|---|
| 92) | 5.000 | SEK.Fert. | 980) | 427.000 |
| 92) | 25.000 | Best.Ver. | | |
| 94) | 397.000 | | | |
| | 427.000 | | | 427.000 |

970 Umsatzkosten

| | | | | |
|---|---|---|---|---|
| 92) | 3.000 | SEK.-Vt. | 980) | 109.000 |
| 93) | 106.000 | Ums.Ko. | | |
| | 109.000 | | | 109.000 |

93 Kostenstellen

| | | | | |
|---|---|---|---|---|
| 92) | 30.000 | Hilfsl. | 94) | 180.000 |
| 92) | 60.000 | Gehält. | | (HK-GK) |
| 92) | 85.000 | Soz.Ko. | 970) | 106.000 |
| 92) | 20.000 | kalk.Ab. | | (Ums.GK) |
| 92) | 8.000 | kalk.Zi. | | |
| 92) | 20.000 | Steuern | | |
| 92) | 8.000 | kalk.Wag. | | |
| 92) | 15.000 | Instandh. | | |
| 92) | 5.000 | Miete | | |
| 92) | 1.000 | Beiträge | | |
| 92) | 34.000 | Sonst.Ko. | | |
| | 286.000 | | | 286.000 |

910 Kostenr.Korrekturen

| Aufw.lt.GB | | Kost.lt.KLR | |
|---|---|---|---|
| 90) | 25.000 | 90) | 20.000 |
| 90) | 5.000 | 90) | 8.000 |
| 90) | 10.000 | 90) | 8.000 |
| | | 99) | 4.000 |
| | 40.000 | | 40.000 |

980 Umsatzleistungen

| | | | |
|---|---|---|---|
| 95) | 427.000 | 92) | 600.000 |
| 970) | 109.000 | | |
| 990) | 64.000 | | |
| | 600.000 | | 600.000 |

990 Ergebnis

| | | | |
|---|---|---|---|
| 910) | 4.000 | 980) | 64.000 |

900 Abgrenzung GB/BB

| | | | |
|---|---|---|---|
| 91) | 20.000 | 91) | 25.000 |
| 91) | 8.000 | 91) | 5.000 |
| 91) | 8.000 | 91) | 10.000 |
| 915) | 4.000 | | |
| | 40.000 | | 40.000 |

9150 Kontrollkonto

| | | | |
|---|---|---|---|
| 92) | 64.000 | 90) | 4.000 |

16 17 18 19

| | **Kontrollfragen** | bearbeitet | Lösungshinweis | Lösung + | Lösung - |
|---|---|---|---|---|---|
| 01 | Welchen Inhalt hat die Betriebsbuchführung? | | 117 | | |
| 02 | Wodurch unterscheiden sich Kosten und Leistungen? | | 117 | | |
| 03 | Welches sind die Haupteinsatzgebiete der Kosten- und Leistungsrechnung? | | 118 | | |
| 04 | Wie lauten die wichtigsten Grundsätze der Kosten- und Leistungsrechung? | | 119 | | |
| 05 | Aus welchen Teilen besteht die Betriebsabrechnung? | | 117 | | |
| 06 | Welche Aufgaben hat die Kostenartenrechnung? | | 120 | | |
| 07 | Welche wichtigen Schritte sind beim Aufbau einer Kostenartenrechnung erforderlich? | | 120 | | |
| 08 | Mit Hilfe welcher Verfahren werden die Materialkosten erfaßt? | | 120/121 | | |
| 09 | Wie können die Kosten gegliedert werden? | | 124 | | |
| 10 | Wodurch unterscheiden sich Einzelkosten und Gemeinkosten? | | 125 | | |
| 11 | Welche Beziehungen bestehen zwischen Kosten und Beschäftigung? | | 126 | | |
| 12 | Nach welchen Gesichtspunkten können Kostenstellen gebildet werden? | | 133 | | |
| 13 | Welche Kostenstellenarten kennen Sie? | | 134 | | |
| 14 | Welche Formen der Kostenstellenrechnung unterscheidet man? | | 134 | | |
| 15 | Wodurch unterscheiden sich Stelleneinzelkosten und Stellengemeinkosten? | | 135 | | |
| 16 | Welche Anforderungen müssen an Kostenverteilungsschlüssel gestellt werden? | | 135/136 | | |
| 17 | Welche Auswertungsmöglichkeiten bietet der BAB? | | 136 f. | | |
| 18 | Welche Kalkulationsarten unterscheidet man nach dem Zeitpunkt der Kalkulation? | | 144 | | |
| 19 | Welche Kalkulationsverfahren sind nach der Zuordnung der Kosten auf die Kostenträger zu unterscheiden? | | 145 ff. | | |
| 20 | Welche Verfahren der Ergebnisrechnung kennen Sie? | | 150 f. | | |
| 21 | Wodurch unterscheiden sich Gesamtkosten- und Umsatzkostenverfahren? | | 150 ff. | | |
| 22 | Welche Rolle spielen die Bestandsveränderungen beim Gesamtkostenverfahren? | | 150 | | |
| 23 | Wann ist das Umsatzkostenverfahren dem Gesamtkostenverfahren vorzuziehen? | | 153 | | |
| 24 | Welche Aufgaben hat die Kostenträgerzeitrechnung? | | 156 | | |
| 25 | Wie baut man das Kostenträgerzeitblatt zweckmäßig auf? | | 156/157 | | |

# F. Vorbereitung des Abschlusses

Zum Ende einer Abrechnungsperiode ist der Abschluß zu erstellen. Sämtliche Konten müssen aufaddiert und saldiert, die Inventur muß durchgeführt werden, soweit man nicht von der Möglichkeit Gebrauch macht, eine vom Bilanzstichtag abweichende Inventur zu wählen, und die Bilanz und die Gewinn- und Verlustrechnung sind aufzustellen. Es genügt nun allerdings nicht, allein die Salden der Konten zu ermitteln, um daraus die Bilanz und G+V-Rechnung zu entwickeln, sondern es müssen noch zahlreiche Vorarbeiten geleistet werden, die zu einem Abschluß führen, der einen hohen Aussagewert hat und den gesetzlichen Vorschriften entspricht.

Die Vorarbeiten nennt man vorbereitende Abschlußbuchungen.

## 1. Inventur

Bereits im Kapitel B wurden Wesen und Aufgaben der Inventur dargestellt.

In diesem Zusammenhang soll nochmals auf die Inventur eingegangen werden, da sie einerseits eine wichtige Rolle im Abschlußprozeß spielt und zum anderen erst jetzt, nachdem buchhalterische Grundkenntnisse vorhanden sind, das volle Verständnis für mit der Inventur verbundene Probleme besteht.

### 1.1 Zweck der Inventur

Unabhängig von der Verpflichtung durch den Gesetzgeber (§ 240 HGB, R 30 EStR) eine Inventur durchzuführen, liegt die Bestandsaufnahme auf jeden Fall auch im Interesse des Bilanzierenden, hat doch die Inventur den Zweck

- alle Vermögensgegenstände, die sich im wirtschaftlichen Eigentum des Bilanzierenden befinden, zu erfassen
- eine sachgemäße Bewertung zu ermöglichen
- das Reinvermögen zu errechnen
- die Bilanzansätze nachprüfbar zu machen
- die Abstimmung der Buchbestände mit den tatsächlichen Beständen zu ermöglichen.

### 1.2 Vorgehensweise bei der Inventur

#### 1.2.1 Inventurplanung

Die Inventurplanung umfaßt

- den Einsatz der Mitarbeiter
- den Entwurf der Arbeitsunterlagen (Aufnahmepapiere)

- die Aufteilung des Betriebes in einzelne Aufnahmebereiche
- die Festsetzung der Reihenfolge der Aufnahmearbeiten
- die Zeitdauer
- den Entwurf der Richtlinien für die Bewertung.

### 1.2.2 Durchführung der Inventur

Die Inventur erfolgt durch körperliche Bestandsaufnahme in den Lagern, Läden und Produktionsstätten und muß

- vollständig
- richtig
- genau
- klar
- nachprüfbar sein.

Die Inventurlisten erfassen die aufgenommenen Wirtschaftsgüter artweise und mengenmäßig und müssen in Fertigungsbetrieben bei Gegenständen, die noch nicht fertig produziert wurden (unfertige Erzeugnisse) den Grad der Fertigstellung enthalten.

Die Listen müssen die Standorte der Güter enthalten und von den aufnehmenden Mitarbeitern unterschrieben werden.

Bei der Inventur soll das „Vieraugenprinzip“ angewandt werden: man soll also die Aufnahme bestimmter Gegenstände nicht einer Person überlassen, sondern eine zweite heranziehen. Zweckmäßigerweise zählt und wiegt ein Aufnehmer, der zweite fungiert als Schreiber. Nach der körperlichen Bestandsaufnahme erfolgt die Bewertung. Auf diese Frage wird im Rahmen der Bilanzierung ausführlich eingegangen.

## 1.3 Inventurarten

Nach dem Umfang der Inventur unterscheidet man

- die Vollinventur und
- die Stichprobeninventur.

Bei der **Vollinventur** wird, wie der Name es ausdrückt, eine vollständige Inventur durchgeführt.

Die nach § 241 Abs. 1 HGB zulässige **Stichprobeninventur** läßt die Aufnahme von Stichproben zu, wobei mit Hilfe mathematischer Verfahren von der Stichprobe auf die Gesamtheit geschlossen wird. Es muß darauf geachtet werden, daß die Stichprobe repräsentativ ist, und daß die Fehlerquote in einem bestimmten Rahmen gehalten wird.

Nach dem Zeitpunkt der Bestandsaufnahme gibt es

- die Stichtagsinventur
- die permanente Inventur
- die vom Bilanzstichtag abweichende Inventur.

## 1.3.1 Stichtagsinventur

Die Stichtagsinventur hat den gleichen Stichtag wie die Bilanz. Da die Inventur mit unfangreichen Arbeiten verbunden ist, kann nicht verlangt werden, daß sie an einem Tag durchgeführt wird. R 30 EStR läßt deshalb einen zeitlichen Spielraum von bis zu 10 Tagen vor und bis zu 10 Tagen nach dem Bilanzstichtag zu. Die Zugänge und Abgänge, die innerhalb dieses Spielraumes zu verzeichnen sind, müssen belegmäßig nachgewiesen werden.

**Beispiel** für ein Inventar (aus Gründen der Übersicht verkürzt):

Inventar der Firma Bussmann, Gerätebau, Bonner Straße 184, Köln

| | | |
|---|---|---|
| A. Vermögen | | |
| I. Anlagevermögen | DM | DM |
| 1. Gebäude Bonner Straße 184 | | 600.000 |
| 2. Maschinen lt. Maschinenverzeichnis Anlage 1 | | 1.650.000 |
| 3. Betriebsausstattung lt. Verzeichnis Anlage 2 | | 150.000 |
| 4. Geschäftsausstattung lt. Verzeichnis Anlage 3 | | 250.000 |
| II. Umlaufvermögen | | |
| 1. Rohstoffe lt. Verzeichnis Anlage 4 | | 270.000 |
| 2. Bezogene Fertigteile lt. Verzeichnis Anlage 5 | | 24.000 |
| 3. Hilfsstoffe lt. Verzeichnis Anlage 6 | | 120.000 |
| 4. Betriebsstoffe lt. Verzeichnis Anlage 7 | | 31.0000 |
| 5. Unfertigerzeugnisse lt. Verzeichnis Anlage 8 | | 67.000 |
| 6. Fertigerzeugnisse lt. Verzeichnis Anlage 9 | | 14.000 |
| 7. Forderungen aus Lieferungen und Leistungen | | |
| 7.1 gegenüber Fa. Selig | 112.000 | |
| 7.2 gegenüber Fa. Wirtz | 83.000 | |
| 7.3. Sonstige lt. Verzeichnis Anlage 10 | 226.000 | 421.000 |
| 8. Guthaben bei Kreditinstituten | | |
| 8.1 Dresdner Bank AG | 24.000 | |
| 8.2 Deutsche Bank AG | 16.000 | 40.000 |
| 9. Kassenbestand | | 3.000 |
| Summe des Vermögens | | 3.640.000 |

| B. Schulden | DM | DM |
|---|---|---|
| I. Langfristige Verbindlichkeiten | | |
| 1. Hypothekendarlehen der Landeshypo | 380.000 | |
| 2. Darlehen Dresdner Bank | 170.000 | |
| 3. Darlehen Colonia | 100.000 | 650.000 |
| II. Andere Verbindlichkeiten | | |
| 1. Verbindlichkeiten aus Warenlieferungen und Leistungen | | |
| 1.1 gegenüber Fa. Klein | 120.000 | |
| 1.2 sonstige lt. Verzeichnis Anlage 11 | 440.000 | 560.000 |
| 2. Verbindlichkeiten gegenüber Banken | | |
| 2.1 Dresdner Bank AG | 67.000 | |
| 2.2 Deutsche Bank AG | 83.000 | 150.000 |
| 3. Schuldwechsel lt. Verzeichnis Anlage 12 | | 132.000 |
| Summe der Schulden | | 1.492.000 |
| C. Ermittlung des Reinvermögens | | |
| Summe des Vermögens | | 3.640.000 |
| Summe der Schulden | | 1.492.000 |
| | | 2.148.000 |

Köln, 31. Dezember 19... Unterschrift

## 1.3.2 Permanente Inventur

Die permanente Inventur, die nach § 241 Abs. 2 HGB und R 30 Abs. 2 EStR zulässig ist, stellt in vielen Unternehmen eine große Arbeitserleichterung dar.

Die Inventur muß nicht zum Bilanzstichtag durchgeführt werden, wird aber für den Bilanzstichtag erstellt.

Bei der permanenten Inventur weichen der Zeitpunkt der körperlichen Inventur und der Inventaraufstellung voneinander ab. Zu beliebig gewählten Zeitpunkten im Laufe des Geschäftsjahres wird eine körperliche Bestandsaufnahme vorgenommen und bis zum Bilanzstichtag eine Fortschreibung der Bestände durchgeführt. Diese geschieht art-, mengen- und wertmäßig.

Die Inventur kann auch in einzelnen Phasen erfolgen: die einzelnen Arten von Vermögensgegenständen werden nacheinander aufgenommen, so daß im Laufe eines Geschäftsjahres praktisch jeder Gegenstand einmal körperlich aufgenommen wurde.

Voraussetzungen für die permanente Inventur sind:

- Vorhandensein einer Lagerbuchführung oder Lagerkartei
- Regelmäßiger Nachweis in Einzelangaben über Bestände, Zu- und Abgänge nach Datum, Art, Menge und Wert

- mindestens einmal jährlich erfolgte körperliche Kontrollaufnahme
- schriftliche Aufzeichnungen über die Kontrollaufnahme
- Ausweis der Fehlbestände als Abgang und der Mehrbestände als Zugang.

Steuerlich nicht zulässig ist die permanente Inventur bei besonders wertvollen Gegenständen und bei Gegenständen, deren Bestände mit unkontrollierbaren Abgängen wie Schwund, Verdunsten, Verderb, leichter Zerbrechlichkeit u.ä. verbunden sind.

Die permanente Inventur kann dann unangebracht sein, wenn der Abgang der einzelnen Mengen nach Warenarten nicht ohne weiteres festgestellt werden kann. Dies ist häufig im Einzelhandel der Fall.

Die Vorteile der permanenten Inventur gegenüber der Stichtagsinventur sind groß; die umfangreichen Inventurarbeiten können auf Zeiten verteilt werden, in denen die arbeitsmäßige Beanspruchung nicht so groß ist wie in der Zeit um den Bilanzstichtag, Kontrollen werden permanent durchgeführt und Soll-/Istdifferenzen sind schneller feststellbar.

Besonders geeignet ist diese Inventurart für kurzfristige Abschlüsse.

## 1.3.3 Vom Bilanzstichtag abweichende Inventur

Auch die vom Bilanzstichtag abweichende Inventur soll für die bilanzierenden Unternehmen eine Arbeitserleichterung darstellen und die Zeit um den Bilanzstichtag entlasten helfen.

Vom Bilanzstichtag abweichende Inventuren können bis zu einem Zeitraum von drei Monaten vor und zwei Monaten nach dem Bilanzstichtag durchgeführt werden.

Rechtsgrundlage bilden § 241 Abs. 3 HGB und R 30 Abs. 3 EStR.

Das Inventar wird bei diesem Verfahren nicht zum Bilanzstichtag aufgestellt, sondern zu einem ausdrücklich ausgewiesenen Termin innerhalb der genannten Zeiträume.

Die Erfassung der Vermögensgegenstände zwischen dem Inventurtag und dem Bilanzstichtag erfolgt buchmäßig, die Werte sind auf den Bilanzstichtag fortzuschreiben bzw. es ist eine Rückrechnung durchzuführen.

**Beispiel für vorverlegte Inventur:**

| | |
|---|---|
| Wert der Vorräte lt. Inventur am 17.10. | 3.000.000 DM |
| + Wareneingang lt. Lagerbuchführung vom 17.10. bis 31.12. | 500.000 DM |
| | 3.500.000 DM |
| - Wareneinsatz vom 17.10. bis 31.12. | 700.000 DM |
| Bestand am 31.12. | 2.800.000 DM |

**Beispiel für eine nachträgliche Inventur**:

| | |
|---|---|
| Wert der Vorräte am späteren Inventurstichtag 3.2. | 3.000.000 DM |
| - Wareneingang lt. Lagerbuchführung vom 1.1. bis 3.2. | 800.000 DM |
| | 2.200.000 DM |
| + Abgänge zu Einstandspreisen vom 1.1. bis 3.2. | 600.000 DM |
| Bestand am 31.12. | 2.800.000 DM |

Stichtagsinventur, permanente Inventur und vom Bilanzstichtag abweichende Inventur können für unterschiedliche Gruppen von Vermögensgegenständen nebeneinander vorgenommen werden.

## 1.4 Behandlung von Bestandsdifferenzen

Weichen Inventurbestand und Buchbestand voneinander ab, ist der Buchbestand zu korrigieren. Dies geschieht dadurch, daß der Mehr- oder Minderbestand auf ein Aufwandskonto gebucht wird.

Für die Korrekturbuchung bei Bestandsminderung ist die Position 5 der Gewinn- und Verlustrechnung „Aufwendungen für Roh-, Hilfs- und Betriebsstoffe und für bezogene Waren" vorgesehen.

**Beispiel**: Bei der Rohstoffart Stahlbleche wird ein Buchbestand in Höhe von 765.000 DM ausgewiesen; die Inventur ergibt einen Bestand in Höhe von 763.500 DM.

Es ist zu buchen:

Aufwendungen für Roh-, Hilfs- und Betriebsstoffe
an Rohstoffkonto Stahlblech 1.500 DM

Bei einer bestimmten Holzart beläuft sich der Buchbestand auf 53.000 DM, die Inventur weist einen Bestand in Höhe von 53.700 DM aus; hier ergibt sich ein Ertrag.

Es ist zu buchen:

Rohstoffkonto Holz an sonstige Erträge 700 DM.

# 2. Abschreibungen

Zu den wichtigsten Vorbereitungsarbeiten im Rahmen der Erstellung des Jahresabschlusses gehören die Ermittlung und Buchung der Abschreibungsbeträge. Zu den Abschreibungen s. S. 93. Die folgenden Ausführungen behandeln die Abschreibungen im Rahmen des Abschlusses.

## 2.1 Abschreibungen auf Anlagen

Betriebe setzen zur Erfüllung des Betriebszweckes Anlagegüter ein, die nicht in einer Abrechnungsperiode aufgezehrt werden, sondern über einen längeren Zeitraum hinweg genutzt werden. Die Anschaffungs- oder Herstellungskosten dieser Anlagegegenstände können daher nicht in einer Abrechnungsperiode als Kosten verrechnet werden, sondern sind auf die gesamte Nutzungsdauer zu verteilen; dies geschieht mit Hilfe der Abschreibungen.

Diesen Gedanken greift auch der Gesetzgeber auf und schreibt in § 253 HGB vor, daß bei Gegenständen des Anlagevermögens, deren Nutzung zeitlich begrenzt ist, die Anschaffungs- oder Herstellungskosten um planmäßige Abschreibungen zu vermindern sind und die Abschreibungsbeträge auf die Geschäftsjahre der Nutzung verteilt werden müssen. Auch nach § 7 EStG sind die Abschreibungen in Form von Absetzungen für Abnutzung auf die betriebsgewöhnliche Nutzungsdauer der Wirtschaftsgüter zu verteilen.

Auch wenn man die Abschreibungen weniger im dynamischen Sinne betrachtet, gelangt man aus dem Zeitwertgedanken zu dem Ergebnis, daß ihre Bildung unumgänglich ist.

## 2.2 Abschreibungen auf Vorräte

Obwohl Gegenstände des Vorratsvermögens nicht durch Abnutzung in ihrem Werte gemindert werden, kann eine Abschreibung erforderlich werden. Wenn Gegenstände des Vorratsvermögens (Roh-, Hilfs- und Betriebsstoffe, unfertige Erzeugnisse, Fertigerzeugnisse und Handelswaren) zwischen der Anschaffung oder Herstellung und der Nutzbarmachung einer Wertminderung unterliegen, ist diese in Form einer Abschreibung festzuhalten. Insbesondere das strenge Niederstwertprinzip - dem folgend das Steuerrecht - das für das Vorratsvermögen gilt (vgl. § 253 Abs. 2 HGB), zwingt zur Vornahme einer Abschreibung. Die Buchung dieser Abschreibung erfolgt analog der Abschreibung auf Anlagen durch den Buchungssatz:

Abschreibungen auf Vorratsvermögen an Vorratsvermögen.

## 2.3 Abschreibungen auf Forderungen

Sowohl das HGB als auch das EStG enthalten keine zwingenden Vorschriften für die Bewertung der Forderungen. Entsprechend den allgemeinen Bewertungsvorschriften sind die Anschaffungskosten bzw. ein niedrigerer Wertansatz gem. § 253 Abs. 3 HGB maßgeblich. Dies bedingt, daß zum Periodenende alle Forderungen auf ihre Bonität hin zu überprüfen und gegebenenfalls durch Abschreibungen zu korrigieren sind.

Nur durch diese Maßnahme ist gewährleistet, daß der Bilanzleser einen klaren Einblick in die Bilanzposition Forderung erhält und andererseits das bilanzierende Unternehmen unseriös gewordene Forderungen als Aufwand buchen kann.

# 3. Rechnungsabgrenzung

## 3.1 Zeitliche Abgrenzung

Zu den Hauptaufgaben des Jahresabschlusses gehört es, den genauen Periodenerfolg auszuweisen und das Vermögen zu einem bestimmten Zeitpunkt - dem Abschlußstichtag - darzustellen.

Um diese Aufgaben erfüllen zu können, ist es erforderlich, all die Vorgänge, die den Abschlußstichtag überschreiten, buchmäßig festzuhalten und abzugrenzen.

Wenn am Abschlußstichtag Ausgaben und Aufwendungen bzw. Einnahmen und Erträge zeitlich auseinanderfallen, sind „Posten der Rechnungsabgrenzung" zu bilden. Es muß folglich überprüft werden, ob Aufwands- und Ertragspositionen transitorischen oder antizipativen Charakter haben. Im ersten Falle liegt der Zahlungsvorgang vor der Erfolgswirksamkeit, im zweiten Falle liegt der Zahlungsvorgang nach der Erfolgswirksamkeit.

Gemäß § 250 HGB sind auf der Aktivseite Rechnungsabgrenzungsposten als Ausgaben vor dem Abschlußstichtag auszuweisen, „soweit sie Aufwand für eine bestimmte Zeit nach diesem Tag darstellen." Auf der Passivseite sind als Rechnungsabgrenzungsposten Einnahmen vor dem Abschlußstichtag auszuweisen, „soweit sie Ertrag für eine bestimmte Zeit nach diesem Tag darstellen." Ist der Rückzahlungsbetrag einer Verbindlichkeit höher als der Ausgabebetrag, so darf der Unterschiedsbetrag in den Rechnungsabgrenzungsposten auf der Aktivseite aufgenommen werden.

<table>
<tr><th></th><th colspan="3">Arten der Jahresabgrenzung</th></tr>
<tr><th rowspan="2">Konten</th><th colspan="2">Geschäftsvorfall</th><th rowspan="2">zu buchen als:</th></tr>
<tr><th>im alten Jahr</th><th>im neuen Jahr</th></tr>
<tr><td>Aktive Rechnungsabgrenzung</td><td>Ausgabe</td><td>Aufwand</td><td rowspan="2">Transitorische Posten</td></tr>
<tr><td>Passive Rechnungsabgrenzung</td><td>Einnahme</td><td>Ertrag</td></tr>
<tr><td>Sonstige Forderungen</td><td>Ertrag</td><td>Einnahmen</td><td rowspan="2">Antizipative Posten</td></tr>
<tr><td>Sonstige Verbindlichkeiten</td><td>Aufwand</td><td>Ausgabe</td></tr>
</table>

Das HGB (ebenso das Steuerrecht) läßt ausdrücklich nur transitorische Posten zu, antizipative Posten dürfen nur als sonstige Forderungen und sonstige Verbindlichkeiten gebucht werden.

**Beispiele:**

(1) Wir erhalten von einem Mieter, der eine Wohnung in unserem Verwaltungsgebäude bewohnt, die Quartalsmiete am 1. Dezember in Höhe von 1.800 DM.

Buchung am 1.12.:

Bank
an Haus- und Grundstückserträge 1.800

Buchungen am 31.12.:

Haus- und Grundstückserträge
an Passive Rechnungsabgrenzung 1.200
Haus- und Grundstückserträge
an Gewinn- und Verlustrechnung 600
Passive Rechnungsabgrenzung
an Schlußbilanzkonto 1.200

Eine Einnahme in Höhe von 1.200 DM betrifft erst das neue Jahr, es wird eine **passive Rechnungsabgrenzung** gebildet.

(2) Die Miete für eine angemietete Werkhalle wird von uns am 1. Dezember in Höhe von 2.400 DM für ein Vierteljahr überwiesen.
Buchung am 1.12.:
Raumkosten an Bank 2.400
Buchungen am 31.12.:
Aktive Rechnungsabgrenzung
an Raumkosten 1.600
G + V-Rechnung
an Raumkosten 800
Schlußbilanzkonto
an Aktive Rechnungsabgrenzung 1.600

Eine Ausgabe in Höhe von 1.600 DM betrifft erst das neue Jahr, es wird eine **aktive Rechnungsabgrenzung** gebildet.

(3) Die Miete für die angemietete Werkhalle ist bereits am 1.12. fällig, wird aber erst am 15.1. n.J. in Höhe von 800 DM überwiesen.
Buchungen am 31.12.:
Raumkosten
an sonstige Verbindlichkeiten 800
G + V-Rechnung
an Raumkosten 800
Sonstige Verbindlichkeiten
an Schlußbilanzkonto 800

Die Ausgabe erfolgt erst im neuen Jahr, obwohl der Aufwand in Höhe von 800 DM bereits im alten Jahr angefallen ist, es entsteht eine **sonstige Verbindlichkeit** (antizipativer Charakter).

(4) Unser Mieter überweist die bereits am 1.12. fällige Miete in Höhe von 600 DM erst am 15.1. n.J.

| | |
|---|---|
| Buchungen am 31.12.: | |
| Sonstige Forderungen | |
| an Haus- und Grundstückserträge | 600 |
| Haus- und Grundstückserträge | |
| an G + V-Rechnung | 600 |
| Schlußbilanzkonto | |
| an Sonstige Forderungen | 600 |

Die Einnahme erfolgt erst im neuen Jahr, obwohl der Ertrag in Höhe von 600 DM bereits im alten Jahr angefallen ist, es entsteht eine **sonstige Forderung** (antizipativer Charakter).

Die Rechnungsabgrenzungskonten werden im neuen Jahr aufgelöst. Bei der aktiven Rechnungsabgrenzung geschieht dies, indem der angefallene Aufwand ein- und der Abgrenzungsposten ausgebucht wird, bei der passiven Rechnungsabgrenzung wird der fällige Ertrag ein- und der Abgrenzungsposten ausgebucht; bei den sonstigen Forderungen und sonstigen Verbindlichkeiten wird der Zahlungseingang bzw. der Zahlungsausgang gebucht und der entsprechende Abgrenzungsposten in gleicher Höhe ausgeglichen. Im einzelnen ergeben sich die Buchungssätze:

| | |
|---|---|
| Aufwandskonto | an Aktive Rechnungsabgrenzung |
| Passive Rechnungsabgrenzung | an Ertragskonto |
| Finanzkonto | an Sonstige Forderungen |
| Sonstige Verbindlichkeiten | an Finanzkonto |

## 3.2 Sachliche Abgrenzung

Während die zeitliche Rechnungsabgrenzung die Aufgabe hat, den Erfolg einer Abrechnungsperiode zeitlich zu berichtigen, verfolgt die sachliche Abgrenzung das Ziel, betriebszweckgebundene Aufwendungen und Erträge von den „neutralen Aufwendungen und Erträgen“ zu trennen. Letztlich soll erreicht werden, daß das Gesamtergebnis in ein Betriebsergebnis und ein „neutrales Ergebnis“ aufgespalten wird. Bei dieser Art der Rechnungsabgrenzung handelt es sich um eine interne Abgrenzung, die in erster Linie die Kosten- und Leistungsrechnung betrifft, also Gegenstand der Betriebsbuchführung ist.

Wenn dennoch an dieser Stelle auf diese Form der Abgrenzung eingegangen wird, dann geschieht dies deshalb, weil sie auch im Rahmen der Vorbereitung des Jahresabschlusses vorgenommen wird.

Die sachliche Abgrenzung erfolgt dadurch, daß alle Aufwendungen, die nicht Kostencharakter haben, konten- und kontenklassenweise von den Kosten getrennt werden. Während die Kosten auf den Konten der Kostenarten (Klasse 4 im Gemeinschaftskontenrahmen für die Industrie und im Kontenrahmen für den Einzelhandel, Klasse 5 im Kontenrahmen für den Großhandel) gebucht werden, erfolgt die Buchung der Aufwendungen ohne Kostencharakter in der Kontenklasse 2, die für die neutralen Aufwendungen und Erträge reserviert ist.

Analog geht man bei den Erträgen vor, die betriebszweckgebundenen Erträge werden in den entsprechenden Ertragsklassen gebucht, die neutralen Erträge in der Kontenklasse 2.

Zu erwähnen ist, daß der Industriekontenrahmen (IKR) keine eigene Kontenklasse für die neutralen Aufwendungen und Erträge vorsieht, die Abgrenzung muß intern auf eigens einzurichtenden Konten der Klasse 9 vorgenommen werden.

Bei den auszusondernden neutralen Aufwendungen und Erträgen handelt es sich um

- Betriebsfremde Aufwendungen und Erträge
- Außerordentliche Aufwendungen und Erträge
- Periodenfremde Aufwendungen und Erträge.

**Betriebsfremde Aufwendungen und Erträge** sind z.B: Spenden, Spekulationsverluste, Schenkungen, Lotteriegewinne, alles Vorgänge, die zwar das Unternehmen betreffen, jedoch nicht im Rahmen der betrieblichen Leistungserstellung anfallen und somit abzugrenzen sind.

**Außerordentliche Aufwendungen und Erträge** stehen zwar in unmittelbarer Beziehung zu der Erreichung des Betriebszweckes, haben aber einen derart außerordentlichen Charakter, daß eine Einbeziehung in die Kosten und damit in die Kostenrechnung nicht vertretbar erscheint.

Außerordentlich können Aufwendungen und Erträge ihrer Art nach sein, wie dies bei Forderungsverlusten, Verlusten aus Anlagenverkäufen, Gewinne aus Wertpapierverkäufen u.ä. der Fall ist. Es gehört nicht zum Betriebszweck eines Industriebetriebes, Verluste aus Wertpapierverkäufen zu erzielen, somit sind diese Verluste auch abzugrenzen.

Außerordentlich können Aufwendungen und Erträge aber auch ihrer Höhe nach sein. Hierbei kann es sich etwa um außergewöhnliche Wagnisverluste, Sonderabschreibungen, sehr hohe Reparaturen oder um außergewöhnliche Kurserfolge handeln.

**Periodenfremde Aufwendungen und Erträge** entstehen zwar auch bei der Verfolgung des Betriebszweckes, müssen aber abgegrenzt werden, da sie die laufende Periode nicht mehr betreffen. Im einzelnen können es etwa Lohn- und Gehaltsnachzahlungen, Steuernachzahlungen oder Steuerrückzahlungen sein.

Zu beachten ist, daß das Gliederungsschema des § 275 HGB für die Gewinn- und Verlustrechnung für die neutralen Aufwendungen und Erträge nicht die Bezeichnungen des Kontenrahmens verwendet (vgl. Ausführungen über die Gewinn- und Verlustrechnung). Der Begriff „neutral“ wird im § 275 nicht aufgeführt.

## 3.3 Kalkulatorische Abgrenzung

Ebenso wie die sachliche Abgrenzung stellt auch die kalkulatorische Abgrenzung einen internen Vorgang dar, der die Betriebsbuchhaltung betrifft und im Zusammenhang mit der Vorbereitung des Jahresabschlusses zu sehen ist.

Eine Reihe von Aufwendungen, die im Betrieb entstehen, hat zwar Kostencharakter, dennoch dürfen diese Aufwendungen nicht in der gleichen Höhe in der Kostenrechnung verrechnet werden wie sie in der Finanzbuchhaltung erfaßt worden sind.

Viele Kosten werden in der Finanzbuchhaltung unter handels- und steuerrechtlichen oder bilanzpolitischen Gesichtspunkten gesehen und widersprechen damit kostenrechnerischen Aspekten.

Die kalkulatorische Abgrenzung hat deshalb die Aufgabe, die Kostenrechnung von den Handels- und Steuergesetzen und von der Bilanzpolitik loszulösen, um den echten Verzehr der betrieblichen Faktoren zu erhalten. Man spricht dann von den **kalkulatorischen Kosten**.

Die praktischen Schritte bei der Abgrenzung bestehen darin, daß man die unter externen Gesichtspunkten gebildeten Aufwendungen auf einem "Abgrenzungskonto" erfaßt und den "echten" Wertverzehr als Kosten wirksam werden läßt. Im **Gemeinschaftskontenrahmen für die Industrie** werden die neutralen Aufwendungen in der Kontenklasse 2 und der "echte" Wertverzehr als Kosten in der Klasse 4 gebucht. Durch eine Gegenbuchung dieser kalkulatorischen Kosten in der Kontenklasse 2 ergibt sich eine erfolgsmäßige Neutralisierung und nur die ursprünglich in der Finanzbuchhaltung gebuchten Aufwendungen wirken sich erfolgsverändernd aus.

Im **Industriekontenrahmen** werden die Aufwendungen ohne Rücksicht auf den Kostencharakter in den Kontenklassen 6 und 7 gebucht. Für Zwecke der kalkulatorischen Abgrenzung ist die Kontenklasse 9 vorgesehen. Die Aufwendungen werden in der Kontengruppe 91 gebucht, die Gegenbuchung erfolgt in der Kontengruppe 99. Zusätzlich dazu werden die kalkulatorischen Kosten als Anderskosten oder Zusatzkosten in der Kontengruppe 92 gebucht.

Die Buchungssätze lauten:

| | | |
|---|---|---|
| 91 Anderskosten/Zusatzkosten an | 999 | betriebliches Abschlußkonto |
| 92 verrechnete Kosten an | 91 | Anderskosten Zusatzkosten |

(vgl. dazu Kapitel E 9.)

Eine weitere Möglichkeit besteht darin, nur die Aufwendungen buchmäßig zu erfassen und die kalkulatorische Abgrenzung außerhalb der Buchführung statistisch vorzunehmen.

Bei den kalkulatorischen Kosten handelt es sich um

- kalkulatorische Abschreibungen
- kalkulatorische Zinsen
- kalkulatorische Wagnisse

- kalkulatorische Raumkosten
- kalkulatorischen Unternehmerlohn.

Für den betrieblichen Leistungserstellungsprozeß ist es gleichgültig, in welcher Höhe Abschreibungen aus handels- oder steuerrechtlichen Gründen gebildet wurden, ob mit Eigen- oder Fremdkapital gearbeitet wurde, ob im eigenen Gebäude oder in angemieteten Räumen produziert wird oder ob der Unternehmer im Betrieb mitarbeitet oder nicht, entscheidend ist, welchem Wertverzehr die Abschreibungen entsprechen, welches Entgelt für das eingesetzte Kapital anfällt, welche Raumkosten tatsächlich entstehen und welche Kosten die Geschäftsleitung verursacht. Die kalkulatorische Abgrenzung befreit durch die Bildung der kalkulatorischen Kosten nicht nur die Kostenrechnung von externen Einflüssen und gestaltet sie dadurch „wahr", sondern trägt auch dazu bei, daß die Vergleichbarkeit mit früheren Abrechnungsperioden und mit anderen Betrieben verbessert wird.

## 3.3.1 Kalkulatorische Abschreibungen

Durch die kalkulatorischen Abschreibungen soll der effektive Werteverzehr der Anlagen erfaßt werden, unabhängig von Handels- oder steuerrechtlichen Einflüssen.

Nur wenn die tatsächliche Abnutzung erfaßt wird, ist eine vernünftige Kalkulation möglich und eine wirksame Kostenkontrolle durchführbar. Hinzu kommt bei der kalkulatorischen Abschreibung im besonderen Maße der Finanzierungseffekt.

Unterstellt man, daß der kalkulierte Preis die Kosten auch voll abdeckt, werden über den gezahlten Preis die Abschreibungen vergütet und stehen für Reinvestitionen zur Verfügung.

In Zeiten steigender Preise der Anlagegüter darf deshalb die Abschreibung nicht vom historischen Anschaffungswert berechnet werden, sondern vom Wiederbeschaffungswert. Diesen erhält man dadurch, daß man Erkundigungen bei Lieferanten anstellt oder den Anschaffungswert der Anlagen mit einem vom Statistischen Bundesamt ermittelten Index multipliziert.

**Beispiel**: Anschaffungskosten einer Maschine vor drei Jahren 50.000 DM, Index des Statistischen Bundesamtes 1,25.

Anschaffungskosten 50.000 DM · Index 1,25 = Wiederbeschaffungswert 62.500 DM.

Wenn von einer Nutzungsdauer der Maschine von 10 Jahren ausgegangen wird, und man annimmt, daß die Anlage tatsächlich 10 Jahre lang genutzt wird, beträgt die jährliche kalkulatorische Abschreibung 6.250 DM.

Buchung:
Kalkulatorische Abschreibungen Klasse 4 (Industrie)
an verrechnete kalkulatorische Abschreibungen Klasse 2 6.250 DM
bei Verwendung des **GKR**.

Die für die Bilanz ermittelte Abschreibung wird unabhängig von der kalkulatorischen Abschreibung in der Kontenklasse 2 erfaßt, sie mündet letztlich in die G + V-Rechnung ein und wird erfolgswirksam, während die kalkulatorische Abschreibung in der G + V-Rechnung neutralisiert wird:

Gewinn- und Verlustrechnung

| | | | |
|---|---|---|---|
| bilanzmäßige Abschreibungen Kl. 2 | 7.000 | verrechnete kalkulatorische Abschreibungen Kl. 2 | 6.250 |
| kalkulatorische Abschreibungen Kl. 2 | 6.250 | | |

Die 7.000 DM wurden als bilanzmäßige Abschreibung angenommen.

Wird der **IKR** verwendet, lauten die Buchungen:

911 Anderskosten an 999 betriebliches Abschlußkonto 7.000 DM
920 verrechnete Kosten an 911 Anderskosten 6.250 DM

Was bereits im Abschnitt 4.3.1 über die Abschreibungen hinsichtlich der Verfahren gesagt wurde, gilt auch für die kalkulatorischen Abschreibungen. Es ist allerdings durchaus möglich, daß die Abschreibungen nach unterschiedlichen Methoden gebildet werden.

## 3.3.2 Kalkulatorische Zinsen

Grundlage zur Bildung kalkulatorischer Zinsen ist die Forderung, daß für das gesamte zur Erfüllung des Betriebszweckes eingesetzte Kapital eine Vergütung anzusetzen sei.

Für das aufgenommene Fremdkapital wird auf jeden Fall ein Fremdkapitalzins bezahlt, so daß die Forderung erhoben wird, auch das vom Unternehmen aufgebrachte Kapital (Eigenkapital) zu verzinsen. Als Rechtfertigung wird angegeben, daß der Unternehmer das Kapital auch außerhalb seines Unternehmens gewinnbringend einsetzen könne. Als Entgelt für den entgangenen Gewinn ergibt sich der Eigenkapitalzins.

Die kalkulatorischen Zinsen werden von dem betriebsnotwendigen Kapital berechnet. Darunter versteht man das zur Erfüllung des Betriebszweckes eingesetzte Vermögen einschließlich erforderliche Reserveanlagen. Zweckmäßigerweise geht man so vor, daß man das betriebsnotwendige Vermögen getrennt nach Anlage- und Umlaufvermögen ermittelt.

Es müssen folglich alle Anlagen darauf untersucht werden, ob sie betriebsnotwendig sind; als betriebsnotwendiges Umlaufvermögen sieht man das während der letzten 3 - 5 Jahre durchschnittlich gebundene Vermögen an.

Man kann beim Anlagevermögen sowohl von den Anschaffungs- als auch von den Wiederbeschaffungskosten ausgehen. Folgt man dem Opportunitätskostendenken, kommen eigentlich nur die Anschaffungskosten in Frage.

Problematisch ist die Wahl des Zinsfußes. Entweder geht man von einem Zinsfuß aus, der der Vergütung für das Eigenkapital bei alternativer Einsatzmöglichkeit entspricht, oder man orientiert sich am Kapitalmarktzins. Letztere Möglichkeit erscheint realistischer.

**Beispiel** für die Ermittlung der kalkulatorischen Zinsen beim Anlagevermögen:

Für eine Anlage mit einer Nutzungsdauer von 5 Jahren und Anschaffungskosten von 100.000 DM sind die kalkulatorischen Zinsen bei einem kalkulatorischen Zinsfuß von 10 % zu berechnen.

Für die Berechnung kommen zwei Methoden in Frage, die Durchschnittswertmethode und die Restwertmethode.

Die **Durchschnittswertemethode** geht davon aus, daß das durch die Maschine durchschnittlich gebundene Kapital verzinst wird. Als durchschnittlich gebunden wird das halbe Kapitel angesehen.

$$Z = \frac{Ak \cdot i}{2} \qquad i = \frac{p}{100}$$

In unserem Fall betragen die Zinsen:

$$\frac{100.000}{2} \cdot 0{,}10 = 5.000 \text{ p.a.}$$

Diese Vorgehensweise bietet den Vorteil, daß die Zinsen während der gesamten Nutzungsdauer in gleicher Höhe anfallen.

Die **Restwertmethode** berücksichtigt die Tatsache, daß das durch die Maschine gebundene Kapital mit fortschreitender Nutzungsdauer sinkt.

| Jahr | Zinsen |
|---|---|
| 1 | $(Ak_0 - \frac{1}{2} \cdot \frac{Ak_0}{n})\, i$ |
| 2 | $(Ak_0 - \frac{1}{2} \cdot \frac{Ak_0}{n} - \frac{Ak_0}{n})\, i$ |
| 3 | $(Ak_0 - \frac{1}{2} \cdot \frac{Ak_0}{n} - 2\,\frac{Ak_0}{n})\, i$ |
| m | $(Ak_0 - \frac{1}{2} \cdot \frac{Ak_0}{n} - (m-1)\frac{Ak_0}{n})\, i$ |

| Jahr | durchschnittliches Kapital | Zinsfuß % | Zinsen pro Jahr |
|---|---|---|---|
| 1 | 90.000 | 10 | 9.000 |
| 2 | 70.000 | 10 | 7.000 |
| 3 | 50.000 | 10 | 5.000 |
| 4 | 30.000 | 10 | 3.000 |
| 5 | 10.000 | 10 | 1.000 |

Nach Ablauf der Nutzungsdauer sind die Summen der Zinsen nach beiden Verfahren identisch.

Wie am dargestellten Beispiel gezeigt, muß mit sämtlichen betriebsnotwendigen Anlagen verfahren werden. Die sich daraus ergebende Summe stellt den Gesamtbetrag der kalkulatorischen Zinsen für das Anlagevermögen dar.

**Beispiel** für die Ermittlung der kalkulatorischen Zinsen für das Umlaufvermögen: Umlaufvermögen abzüglich zinsfrei überlassenes Fremdkapital.

| | | |
|---|---|---|
| 1. Jahr | 600.000 DM | |
| 2. Jahr | 650.000 DM | |
| 3. Jahr | 850.000 DM | |
| | 2.100.000 DM | : 3 = 700.000 DM durchschnittlich gebundenes Umlaufvermögen, davon 10 % = 70.000 DM. |

Die Summe der kalkulatorischen Zinsbeträge für die betriebsnotwendigen Anlagen und das durchschnittlich gebundene Umlaufvermögen ergibt die kalkulatorischen Zinsen.

Es ist auch möglich, das zinsfrei überlassene Fremdkapital außer Ansatz zu lassen, um Finanzierungsaspekte aus der Kostenrechnung auszuschalten.

Buchung der kalkulatorischen Zinsen:

Kalkulatorische Zinsen Klasse 4
an verrechnete kalkulatorische Zinsen Klasse 2
bei Verwendung des **GKR**.

Auch hier werden die kalkulatorischen Kosten in der G+V-Rechnung neutralisiert; erfolgswirksam sind nur die in der Kontenklasse 2 gebuchten Fremdkapitalzinsen. In der G+V-Rechnung ergibt sich das gleiche Bild wie bei den kalkulatorischen Abschreibungen. Bei Verwendung des **IKR** wird gebucht:

911 Anderskosten an 999 betriebliches Abschlußkonto
920 verrechnete Kosten an 911 Anderskosten

### 3.3.3 Kalkulatorische Wagnisse

Jedes Unternehmen trägt eine Reihe von Risiken, wobei zwischen dem allgemeinen Unternehmerwagnis und zahlreichen Einzelwagnissen unterschieden werden muß.

Das allgemeine Unternehmerwagnis, das mit zum Wesen einer Marktwirtschaft gehört, wird durch den Gewinn ausgeglichen und darf nicht in der Kostenrechnung erfaßt werden. Anders sieht es mit den Einzelwagnissen aus, die in unterschiedlicher Höhe anfallen. Würden solche Einzelwagnisse jedes Mal in die Kostenrechnung aufgenommen, führte dies zu einer starken Belastung der Kostenrechnung. Perioden ohne eingetretene Wagnisse hingegen hätten weniger Kosten zu verkraften und die Kalkulation wäre im Vergleich zu Vorperioden mit hohen Wagnisverlusten zu niedrig.

Ein Vergleich der Kalkulation würde sehr erschwert.

Um einen gleichmäßigen Kostenanfall zu erreichen, werden die eingetretenen Wagnisse über einen längeren Zeitraum hinweg (mehrere Jahre) statistisch erfaßt. Ein aus der Summe dieser Wagnisse errechneter Durchschnittswert wird als kalkulatorischer Kostenanteil in der Kostenrechnung berücksichtigt.

Bei den Einzelwagnissen handelt es sich im wesentlichen um:

- das Beständewagnis (Lagerverluste)
- Anlagewagnis (Maschinenschäden, Unfälle, falsche Abschreibungen)
- Vertriebswagnis (Forderungsausfälle)
- Ausschußwagnis (Materialausschuß)
- Gewährleistungswagnis (Garantieverluste)
- sonstige Wagnisse (verschiedene Einzelanlässe).

**Beispiel:**

Eingetretene Beständewagnisse:

| | | |
|---|---|---|
| 1. Jahr | 15.000 DM | |
| 2. Jahr | 18.000 DM | |
| 3. Jahr | 14.000 DM | |
| 4. Jahr | 13.000 DM | |
| | 60.000 DM | : 4 = 15.000 DM kalkulatorisches Beständewagnis. |

Man kann das Beständewagnis auch ausrechnen, indem man die eingetretenen Verluste in % einer Bezugsgröße, etwa des Wertes des Lagerbestandes der letzten Jahre, ausdrückt und diesen Prozentsatz auf den Lagerwert des Bezugsjahres anwendet.

Buchung der kalkulatorischen Wagniskosten:

kalkulatorische Wagnisse Klasse 4
an verrechnete kalkulatorische Wagnisse Klasse 2 15.000 DM.

Die tatsächlich entstandenen Wagnisverluste des Betrachtungszeitraumes werden in der Kontenklasse 2 gebucht, so daß auch hier die kalkulatorischen Kosten erfolgsneutral sind und sich nur die eingetretenen Wagnisse auf den Erfolg auswirken. Bei Verwendung des **IKR** wird gebucht:

| | |
|---|---|
| 911 Anderskosten an 999 betriebliches Abschlußkonto | 40.000 DM |
| 920 verrechnete Kosten an 911 Anderskosten | 15.000 DM |

40.000 DM wurden als Wert der eingetretenen Wagnisse angenommen.

Werden Einzelwagnisse durch Versicherungen abgedeckt, dürfen sie kostenmäßig nicht mehr berücksichtigt werden.

### 3.3.4 Kalkulatorische Miete

Für Räume oder ganze Gebäude, die gemietet werden, muß das Unternehmen eine Miete zahlen; diese wird in der Kontenklasse 2 als Haus- und Grundstücksaufwendungen erfaßt.

Um Unternehmen in gemieteten Räumen mit Unternehmen mit Räumen in eigenen Gebäuden kostenmäßig vergleichen zu können, wird empfohlen, für die eigenen Räume eine kalkulatorische Miete anzusetzen, die in ihrer Höhe der ortsüblichen Miete entspricht.

Die Buchung der kalkulatorischen Miete erfolgt wie bei den übrigen kalkulatorischen Kosten in der Klasse 4 mit der Gegenbuchung in der Klasse 2 bzw. in der Kontenklasse 9 beim IKR.

### 3.3.5 Kalkulatorischer Unternehmerlohn

Ein kalkulatorischer Unternehmerlohn ist ebenfalls aus Vergleichsgründen möglich.

Für die mitarbeitenden Eigentümer in Personenunternehmen wird eine fiktive Vergütung für ihre Unternehmertätigkeit angesetzt. Dieser Unternehmerlohn entspricht dem Einkommen leitender Angestellter. Alle Rechenformeln, die im Laufe der Zeit für die Ermittlung des Unternehmerlohnes entwickelt wurden, haben sich als nicht zweckmäßig erwiesen.

Der kalkulatorische Unternehmerlohn ist insofern von Bedeutung, als Eigentümer von Personenunternehmen für ihre Mitarbeit im Betrieb in der Kostenrechnung kein Gehalt und damit keine Kosten ansetzen dürfen.

Der Buchungssatz entspricht dem der übrigen kalkulatorischen Kosten.

## 4. Rückstellungen

Rückstellungen haben eine gewisse Verwandtschaft mit der zeitlichen Rechnungsabgrenzung, da auch sie Aufwand periodengerecht abgrenzen. Bei den Rückstellungen handelt es sich um einen Passivposten in der Bilanz, der die Aufgabe hat, Aufwand, der der abzurechnenden Periode oder auch einer früheren Abrechnungsperiode zuzurechnen ist, dessen Zahlungsvorgang jedoch in einem späteren Abrechnungszeitraum liegt, festzuhalten.

Damit ergibt sich auch, daß Rückstellungen Verbindlichkeitscharakter haben.

Von der Bilanzposition Verbindlichkeiten unterscheiden sich die Rückstellungen durch ihren **Ungewißcharakter** und die damit verbundene Schätzung.

Die Ungewißheit bezieht sich auf das Be- bzw. Entstehen der Verbindlichkeit, auf deren genauen Fälligkeitszeitpunkt und auf die exakte Höhe. Geschätzt werden muß vielfach die Höhe der Rückstellungen.

Im § 249 HGB wird aufgeführt, für welche Zwecke Rückstellungen gebildet werden müssen und für welche Rückstellungen ein Ansatzwahlrecht besteht. **Passivierungsgebote** existieren für Rückstellungen für

- ungewisse Verbindlichkeiten
- drohende Verluste aus schwebenden Geschäften
- Gewährleistungen, die ohne rechtliche Verpflichtung erbracht werden
- im Geschäftsjahr unterlassene Aufwendungen für Instandhaltung, die im folgenden Geschäftsjahr innerhalb von drei Monaten nachgeholt wird
- Abraumbeseitigung, die im folgenden Geschäftsjahr nachgeholt wird.

Ein **Passivierungwahlrecht** besteht für Rückstellungen für

- im Geschäftsjahr unterlassene Aufwendungen für Instandhaltungen, die nach Ablauf von drei aber noch innerhalb von 12 Monaten nachgeholt werden
- „ihrer Eigenart nach genau umschriebene, dem Geschäftsjahr oder einem früheren Geschäftsjahr zuzuordnende Aufwendungen, die am Abschlußstichtag wahrscheinlich oder sicher, aber hinsichtlich ihrer Höhe oder des Zeitpunktes ihres Eintrittes unbestimmt sind."
- Darüber hinaus räumt der § 274 HGB die Möglichkeit ein, Rückstellungen für Steuerabgrenzungen (latente Ertragssteuern) zu bilden.

§ 249 Abs. 3 HGB sagt aus, daß für andere als die genannten Zwecke keine Rückstellungen gebildet werden dürfen und Rückstellungen nur aufgelöst werden dürfen, soweit der Grund hierfür entfallen ist.

In der Ertragsteuerbilanz dürfen nur Rückstellungen ausgewiesen werden, für die eine Bilanzierungspflicht besteht.

Buchungssatz:

Aufwandskonto an Rückstellungen

# 4.1 Behandlung ausgesuchter Rückstellungen

## 4.1.1 Rückstellungen für ungewisse Verbindlichkeiten

Darunter werden zahlreiche Rückstellungen zusammengefaßt, denen eigen ist, daß ein eindeutiger Schuldcharakter vorliegt und daß Ungewißheit besteht über Be- oder Entstehen und/oder die Höhe der Verbindlichkeit.

Die Verpflichtung gegenüber einem Dritten muß vorliegen bzw. es darf nach genauem Abwägen aller Umstände nicht verneint werden, daß eine Verpflichtung besteht.

Zu den wichtigsten **Rückstellungen für ungewisse Verbindlichkeiten** gehören Rückstellungen für

- Provisionen, Gratifikationen und Tantiemen
- Kosten der Jahresabschlußprüfung und der Hauptversammlung
- Steuern und Abgaben
- Boni und Rabatte für das abgelaufene Geschäftsjahr
- Verpflichtung zur Einbringung von Deputaten
- Aufwendungen für Nachgewährung von Urlaub
- Ausgleichsanspruch des Handelsvertreters
- Prozeßrisiko
- Gewährleistungsrisiko
- Patent- und Markenzeichenverletzungen
- Steuern
- Pensionen.

### 4.1.1.1 Prozeßkostenrückstellungen

**Beispiel** für eine Rückstellung für das Prozeßrisiko: In einem Unternehmen wird für einen laufenden Gewährleistungsprozeß, der erst im folgenden Geschäftsjahr entschieden wird, eine Rückstellung in der geschätzten Höhe der Schadenersatzsumme in Höhe von 30.000 DM gebildet.

Buchungen im alten Jahr:

| | |
|---|---|
| Aufwandskonto | |
| an Rückstellungen für das Prozeßrisiko | 30.000 |
| G+V-Rechnung | |
| an Aufwandskonto | 30.000 |
| Rückstellungen für Prozeßrisiko | |
| an Schlußbilanz | 30.000 |

Buchungen im neuen Jahr:

| | |
|---|---|
| Eröffnungsbilanzkonto | |
| an Rückstellungen für das Prozeßrisiko | 30.000 |
| Rückstellungen für das Prozeßrisiko | |
| an Bank | 30.000 |

Ist die zu entschädigende Summe höher als die geschätzten 30.000 DM, wird ein zusätzlicher außerordentlicher Aufwand gebucht, ist die Summe niedriger als 30.000 DM, ergibt sich in dieser Höhe ein außerordentlicher Ertrag.

### 4.1.1.2 Rückstellungen für Gewerbesteuerabschlußzahlungen

Besteuerungsgrundlage sind Gewerbekapital und Gewerbeertrag. Das Gewerbekapital ergibt sich aus dem Einheitswert des Betriebes zuzüglich Hinzurechnungen und abzüglich Kürzungen, der Gewerbeertrag aus dem Reingewinn zuzüglich Hinzurechnungen und abzüglich Kürzungen.

Auf das Gewerbekapital wird eine Meßzahl von 2 % angewandt und auf den Gewerbeertrag von 5 % bei Kapitalgesellschaften und gestaffelt bis 5 % bei Einzelfirmen und Personengesellschaften. Die Hebesätze werden von den Gemeinden in unterschiedlicher Höhe festgesetzt.

Eine gewisse Schwierigkeit bei der Ermittlung der Gewerbesteuer ergibt sich daraus, daß die Gewerbeertragssteuer vom Ertrag ermittelt wird, aber selbst Betriebsausgabe darstellt.

**Beispiel**: In einer Kapitalgesellschaft liegt ein Gewerbeertrag ohne Gewerbesteuer als Aufwand in Höhe von 400.000 DM vor, das Gewerbekapital beläuft sich auf 5.000.000 DM, der Hebesatz der Gemeinde beträgt 250 %, und es wurde eine Vorauszahlung in Höhe von 60.000 DM geleistet.

- Berechnung nach der exakten Methode

| | |
|---|---|
| Gewerbeertrag | 400.000 DM |
| – Gewerbekapitalsteuer 2 ‰ von 250 % von 5.0 Mio DM | 25.000 DM |
| | 375.000 DM |
| – Gewerbeertragsteuer 5 % von 250 % von 375.000 DM = 12,5 % a.H. | 41.667 DM |
| Richtiger Gewerbeertrag | 333.333 DM |

| | | | |
|---|---|---|---|
| Gewerbekapitalsteuer | 25.000 DM | Gewerbesteuer | 66.667 DM |
| Gewerbeertragsteuer | | Vorauszahlung | 60.000 DM |
| 12,5 % von 333.333 | 41.667 DM | Rückstellung | 6.667 DM |
| Gewerbesteuer | 66.667 DM | | |

- Berechnung nach der Schätzmethode

| | |
|---|---|
| Gewerbekapitalsteuer 2‰ von 250 % von 5.0 Mio. DM | 25.000 DM |
| Gewerbeertragsteuer 5 % von 250 % von 400.000 DM | 50.000 DM |
| | 75.000 DM |
| – davon 5/6 | 7.500 DM |
| | 62.500 DM |
| – Vorauszahlung | 60.000 DM |
| Rückstellung | 2.500 DM |

Buchung:

Gewerbesteuer
an Rückstellung für Gewerbesteuer 6.667 DM bzw. 2.500 DM.

### 4.1.1.3 Pensionsrückstellungen

Pensionsrückstellungen nehmen in manchen Bilanzen, vor allem in Großunternehmen, eine sehr bedeutsame Stellung ein und weisen sehr hohe Beträge auf.

Pensionsrückstellungen werden auf Grund individueller oder tariflicher Pensionszusagen gemacht, wobei für jeden Einzelfall ein versicherungsmathematisches Gutachten erstellt werden muß.

Für Pensionsrückstellungen besteht eine **Passivierungspflicht**. Ausgenommen davon sind Rechtsansprüche Pensionsberechtigter, die ihren Rechtsanspruch vor dem 1.1.1987 erworben haben bzw. wenn sich ein vor diesem Zeitpunkt erworbener Rechtsanspruch nach dem 31.12.1986 erhöht (vgl. Art. 28 EGHGB).

Die Berechnung der Höhe der Pensionsrückstellungen regelt § 6a EStG in Verbindung mit R 41 EStR.

Demnach darf eine Pensionsrückstellung nur gebildet werden, wenn

1. der Pensionsberechtigte einen Rechtsanspruch auf einmalige oder laufende Pensionsleistungen hat,

2. die Pensionszusage keinen Vorbehalt enthält, daß die Pensionsanwartschaft oder die Pensionsleistung gemindert oder entzogen werden kann oder ein solcher Vorbehalt sich nur auf Tatbestände erstreckt, bei deren Vorliegen nach allgemeinen Rechtsgrundsätzen unter Beachtung billigen Ermessens eine Minderung oder ein Entzug der Pensionsanwartschaft oder der Pension zulässig ist, und

3. die Pensionszusage schriftlich erteilt ist.

Bei der Berechnung der Pensionsrückstellung ist der Teilwert mit 6 % als Rechnungszinsfuß zugrunde zu legen, und es sind die anerkannten Regeln der Versicherungsmathematik anzuwenden.

Eine Pensionsrückstellung darf in einem Wirtschaftsjahr höchstens um den Unterschied zwischen dem Teilwert der Pensionsverpflichtung am Schluß des Wirtschaftsjahres und am Schluß des vorangegangenen Wirtschaftsjahres erhöht werden.

Die Auflösung der Pensionsrückstellungen erfolgt entweder buchhalterisch, wobei die einzelnen Pensionsrückzahlungen vom Rückstellungskonto abgebucht werden und erfolgsneutral sind, oder versicherungsmathematisch. Bei diesem Verfahren sind die Pensionszahlungen erfolgswirksam und werden auf dem Konto Aufwendungen für Altersversorgung gebucht. Der Auflösungsbetrag ergibt sich aus dem Unterschiedsbetrag des Barwertes am Ende des laufenden Wirtschaftsjahres und des vorhergehenden Wirtschaftsjahres.

Die Pensionsrückstellungen haben zwar rechtlich Verbindlichkeitscharakter, stellen aber wegen ihrer Langfristigkeit wirtschaftlich Eigenkapital dar.

### 4.1.2 Rückstellungen für drohende Verluste aus schwebenden Geschäften

Bei dieser Form der Rückstellungen werden Geschäfte berücksichtigt, die von beiden Vertragsseiten noch nicht erfüllt wurden.

Als rückstellbarer Verlust wird der Unterschiedsbetrag zwischen dem Wert der eigenen Leistung und dem Wert der Leistung des Vertragspartners am Bilanzstichtag erfaßt.

Die wichtigsten Verluste, für die Rückstellungen gebildet werden, resultieren aus Einkaufsverträgen, die zu festen Preisen abgeschlossen wurden und bei denen die Verkaufspreise sinken und aus Verkaufsverträgen mit festen Preisen bei gestiegenen Einkaufspreisen.

### 4.1.3 Rückstellungen für unterlassene Reparaturen, die im folgenden Geschäftsjahr innerhalb von drei Monaten bzw. im folgenden Geschäftsjahr nach drei aber vor 12 Monaten nachgeholt werden

Voraussetzung für die Bildung dieser Rückstellungen ist, daß der Aufwand im laufenden Geschäftsjahr unterlassen wurde, wobei handelsrechtlich jeder unterlassene Aufwand anerkannt wird, steuerrechtlich nur Aufwand, der nicht Erhaltungsarbeiten darstellt, die erfahrungsgemäß im gleichen Umfang und in gleichen Zeitabständen anfallen und nicht turnusgemäß durchgeführt werden (vgl. R 31c EStR; jedoch hat der BFH kürzlich eine solche Rückstellung verneint).

**Beispiel**: In einem Unternehmen werden Dachreparaturen im laufenden Geschäftsjahr nicht mehr durchgeführt, da der Dachdecker arbeitsmäßig überlastet ist. Anfang März des folgenden Jahres werden die Arbeiten nachgeholt. Geschätzte Reparaturkosten 100.000 DM netto.

Nach der durchgeführten Reparatur legt der Dachdecker folgende Rechnung vor, die gleich überwiesen wird.

- über 100.000 DM, die Schätzung stimmte
- über 120.000 DM, die Rückstellung wurde zu niedrig angesetzt
- über 80.000 DM, die Rückstellung wurde zu hoch angesetzt.

Buchungen im alten Jahr

| | | |
|---|---|---|
| Haus und Grundstücksaufwendungen | | |
| an Rückstellungen für unterlassene Reparaturen | 100.000 | |
| G+V-Rechnung | 100.000 | |
| an Haus- und Grundstücksaufwendungen | | |
| Rückstellungen | | |
| an Schlußbilanzkonto | 100.000 | |

Buchungen im neuen Jahr

| | | |
|---|---|---|
| Eröffnungsbilanzkonto | | |
| an Rückstellungen für Reparaturen | 100.000 | |
| | | |
| Rückstellungen für unterlassene Reparaturen | 100.000 | |
| Vorsteuer | 15.000 | |
| an Bank | | 115.000 |
| | | |
| Rückstellungen für unterlassene Reparaturen | 100.000 | |
| Außerordentlicher Aufwand | 20.000 | |
| Vorsteuer | 18.000 | |
| an Bank | | 138.000 |
| | | |
| Rückstellungen für unterlassene Reparaturen | 100.000 | |
| Vorsteuer | 12.000 | |
| an Bank | | 92.000 |
| an außerordentliche Erträge | | 20.000 |

Durch die Möglichkeit der Rückstellungsbildung soll einerseits eine periodengerechte Abgrenzung durchgeführt werden, andererseits soll der Anreiz geboten werden, unterlassene Reparaturen auch tatsächlich durchzuführen.

### 4.1.4 Rückstellungen für latente Steuern

Die Rückstellungen für latente Steuern sind im Zusammenhang mit der Abgrenzung latenter Ertragsteuern zu sehen.

Die Ertragsteuern werden auf der Basis des steuerlichen Ergebnisses ermittelt; da das handelsrechtliche Ergebnis von dem steuerlichen in der Regel abweicht, ist vielfach keine logische Relation zwischen dem Ergebnis der Handelsbilanz und den Ertragsteuern zu sehen. Diese Diskrepanz kann nun beseitigt werden, wenn man die Steuern auch auf Grundlage des handelsrechtlichen Ergebnisses berechnet, einen sog. **fiktiven Steueraufwand** bildet. Der Unterschied zwischen diesem und den effektiv zu zahlenden Steuern ergibt die Abgrenzung latenter Ertragsteuern. Dieser Unterschied kann entweder **positiv** oder **negativ** sein. Positiv ist die Differenz, wenn der fiktive Steueraufwand höher ist als der tatsächliche Steueraufwand. Umgekehrt ist die Differenz negativ, wenn der tatsächliche Steueraufwand höher ist.

§ 274 HGB führt dazu aus: "Ist der dem Geschäftsjahr und früheren Geschäftsjahren zuzurechnende Steueraufwand zu niedrig, weil der nach den steuerrechtlichen Vorschriften zu versteuernde Gewinn niedriger als das handelsrechtliche Ergebnis ist, und gleicht sich der zu niedrige Steueraufwand des Geschäftsjahres und früherer Geschäftsjahre in späteren Geschäftsjahren voraussichtlich aus, so ist in der Höhe der voraussichtlichen Steuerbelastung nachfolgender Geschäftsjahre eine Rückstellung nach § 249 Abs. 1 Satz 1 zu bilden und in der Bilanz oder im Anhang gesondert anzugeben. Die Rückstellung ist aufzulösen, sobald die höhere Steuerbelastung eintritt oder mit ihr voraussichtlich nicht mehr zu rechnen ist.

Ist der dem Geschäftsjahr und früheren Geschäftsjahren zuzurechnende Steueraufwand zu hoch, weil der nach den steuerlichen Vorschriften zu versteuernde Gewinn höher als das handelsrechtliche Ergebnis ist, und gleicht sich der zu hohe Steueraufwand des Geschäftsjahres und früherer Geschäftsjahre in späteren Geschäftsjahren voraussichtlich aus, so darf in Höhe der voraussichtlichen Steuerentlastung nachfolgender Geschäftsjahre ein Abgrenzungsposten als Bilanzierungshilfe auf der Aktivseite der Bilanz gebildet werden. Dieser Posten ist unter entsprechender Bezeichnung gesondert auszuweisen und im Anhang zu erläutern. Der Betrag ist aufzulösen, sobald die Steuerentlastung eintritt oder mit ihr voraussichtlich nicht mehr zu rechnen ist."

Das HGB geht also von zwei Möglichkeiten der Abgrenzung aus, von einer aktivischen und einer passivischen.

Eine **passivische** Abgrenzung liegt vor, wenn die Differenz zwischen der fiktiven Steuerlast auf der Basis der Handelsbilanz und der tatsächlichen Steuerlast auf der Basis der Steuerbilanz positiv ist. Sie führt zu einer **Rückstellung für latente Steuern** (Passivierungspflicht). Eine aktivische Abgrenzung liegt im umgekehrten Falle vor und kann zur Bildung einer **aktiven Rechnungsabgrenzung** führen (Aktivierungswahlrecht).

Die Buchungssätze lauten:

1. Bei der Bildung einer latenten Steuerabgrenzung:
   latenter Steueraufwand an Rückstellung für latente Steuern

2. Bei der Auflösung der Rückstellung für latente Steuern:
   Rückstellung für latente Steuern an latenter Steuerertrag

3. Bei der Bildung einer aktiven Rechnungsabgrenzung:
   aktive Rechnungsabgrenzung an latenter Steuerertrag

4. Bei der Auflösung der aktiven Rechnungsabgrenzung:
   latenter Steueraufwand an aktive Rechnungsabgrenzung.

Die latenten Steuern können unterschiedliche Ursachen haben; zu **passiven latenten Steuern** kann z.B. die Aktivierung von Ingangsetzungskosten in der Handelsbilanz bei einem Aktivierungsverbot in der Steuerbilanz oder eine unterschiedliche Vorratsbewertung in der Handelsbilanz oder Steuerbilanz führen.

**Aktive latente Steuern** sind u.a. das Ergebnis von Bewertungsdifferenzen zwischen Handelsbilanz und Steuerbilanz, wenn etwa die Herstellungskosten in der Handelsbilanz niedriger ausgewiesen werden als in der Steuerbilanz, oder ergeben sich aus den steuerrechtlich nicht zulässigen Rückstellungen in der Handelsbilanz.

# 5. Rücklagen

Zur Vorbereitung des Jahresabschlusses zählt auch die Bildung der Rücklagen.

Im Gegensatz zu den Rückstellungen stellen Rücklagen Eigenkapital dar. Im Erfolgsbild erscheinen sie als einbehaltene Reingewinnanteile, im Bilanzbild sind sie Zusatzkapital und im Rahmen der Finanzierung werden sie als Mittel der Selbstfinanzierung gesehen.

Nach der Bildung unterscheidet man

- gesetzliche Rücklagen
- statuarische Rücklagen
- freie Rücklagen.

Nach dem Ausweis unterscheidet man

- offene Rücklagen
- stille Rücklagen.

## 5.1 Offene Rücklagen

Rücklagen können von jedem Unternehmen, unabhängig von der Rechtsform, gebildet und offen ausgewiesen werden.

Da die Rücklagen bei Kapitalgesellschaften die größte Rolle spielen, soll hier auch in erster Linie auf die Rücklagenbildung bei Kapitalgesellschaften eingegangen werden.

Das HGB behandelt die zu bildenden Rücklagen im zweiten Abschnitt, der ergänzende Vorschriften für Kapitalgesellschaften enthält.

Der Gesetzgeber schreibt im HGB erstmals ausdrücklich vor, daß für Kapitalgesellschaften zwei Gruppen von Rücklagen auszuweisen sind; es handelt sich dabei um

- Kapitalrücklagen und
- Gewinnrücklagen.

### 5.1.1 Kapitalrücklagen

Bei den nach § 272 Abs. 3 HGB zu bildenden Kapitalrücklagen handelt es sich um Rücklagen, die außerhalb des Jahresabschlusses zu bilden sind und im wesentlichen von außen in die Gesellschaften einströmen.

Im einzelnen handelt es sich um

1. den Betrag, „der bei Ausgabe von Anteilen einschließlich von Bezugsanteilen über den Nennbetrag hinaus erzielt wird“ (vgl. §§ 9, 150 und 152 Abs. 2 AktG);

2. den Betrag „der bei Ausgabe von Schuldverschreibungen für Wandlungsrechte und Optionsrechte zum Erwerb von Anteilen erzielt wird“ (vgl. § 221 AktG);

3. den Betrag „von Zuzahlungen, die Gesellschafter gegen Gewährung eines Vorzuges für ihre Anteile leisten“;

4. den Betrag „von Zuzahlungen, die Gesellschafter in das Eigenkapital leisten“.

### 5.1.2 Gewinnrücklagen

Als Gewinnrücklagen können gem. § 272 Abs. 2 HGB „nur Beträge ausgewiesen werden, die im Geschäftsjahr oder in einem früheren Geschäftsjahr aus dem Ergebnis gebildet worden sind. Dazu gehören aus dem Ergebnis zu bildende gesetzliche oder auf Gesellschaftsvertrag oder Satzung beruhende Rücklagen und andere Gewinn-Rücklagen.“

Die Gewinnrücklagen stellen folglich

- gesetzliche Rücklagen
- satzungsmäßige Rücklagen
- Rücklagen für eigene Anteile
- andere Gewinnrücklagen

dar.

**Gesetzliche Rücklagen** sind von Aktiengesellschaften zu bilden. § 150 Abs. 2 AktG schreibt vor, daß 5 % des um einen Verlustvortrag aus dem Vorjahr geminderten Jahresüberschusses in die gesetzliche Rücklage einzustellen sind, „bis die gesetzliche Rücklage und die Kapitalrücklage nach § 272 Abs. 2 Nr. 1-3 HGB zusammen den zehnten oder den in der Satzung bestimmten höheren Teil des Grundkapitals erreichen.“

Die Buchungssätze für die Rücklagenzuweisung lauten:

G+V-Rechnung an gesetzliche Rücklagen

Gesetzliche Rücklagen an Schlußbilanzkonto

G+V-Rechnung an Schlußbilanzkonto.

**Beispiel**: Das Grundkapital einer Aktiengesellschaft beträgt 10 Mio DM, die gesetzliche Rücklage weist zum Jahresanfang einen Betrag von 300.000 DM aus und der erwirtschaftete Jahresüberschuß beläuft sich auf 500.000 DM.

Da die gesetzliche Rücklage in Höhe von 300.000 DM weniger als 10 % des gezeichneten Kapitals (dies wäre 1 Mio. DM) ausmacht, sind der Rücklage 5 % des Jahresüberschusses, nämlich 25.000 DM, zuzuführen. Die gesetzliche Rücklage am Jahresende beträgt dann 325.000 DM.

Die gesetzlichen Rücklagen stehen unter einem besonderen Schutze und können deshalb nur aus bestimmten Anlässen aufgelöst werden,

- wenn die gesetzliche Rücklage und die Kapitalrücklagen 10 % des gezeichneten Kapitals nicht überschreiten,
  zum Ausgleich eines Jahresfehlbetrages, wenn kein Gewinnvortrag zum Ausgleich vorhanden ist und andere Gewinnrücklagen nicht ausreichen, zum Ausgleich eines Verlustvortrages, wenn kein Jahresüberschuß zum Ausgleich vorhanden ist und die anderen Gewinnrücklagen nicht ausreichen.

- wenn die gesetzliche Rücklage und die Kapitalrücklagen 10 % des gezeichneten Kapitals überschreiten,
  zum Ausgleich eines Jahresfehlbetrages und eines Verlustvortrages, wenn kein Gewinnvortrag bzw. Jahresüberschuß vorhanden ist; Gewinnrücklagen müssen nicht vorher aufgelöst werden, dürfen dann allerdings nicht zur Gewinnausschüttung verwendet werden.

Buchungssatz bei der Auflösung gesetzlicher Rücklagen:

Gesetzliche Rücklage an Entnahmen aus der gesetzlichen Rücklage.

**Satzungsmäßige Rücklagen** sind Rücklagen, die, wie der Ausdruck es angibt, in der Satzung bzw. im Gesellschaftsvertrag festgelegt werden.

Entweder sind diese Rücklagen, abgesehen von den Einschränkungen des § 150 AktG, beliebig auflösbar oder zweckgebunden, etwa für bestimmte Investitionen.

Bei der Aktiengesellschaft müssen zwei Hauptfälle bei der Bildung **anderer Gewinnrücklagen** unterschieden werden.

Stellen Vorstand und Aufsichtsrat den Jahresabschluß gemäß § 172 AktG fest, so können sie nach § 58 Abs. 2 AktG „einen Teil des Jahresüberschusses, höchstens jedoch die Hälfte in andere Gewinnrücklagen einstellen. Die Satzung kann Vorstand und

Aufsichtsrat zur Einstellung eines größeren Teiles als der Hälfte des Jahresabschlusses ermächtigen. Auf Grund einer solchen Satzungsbestimmung dürfen Vorstand und Aufsichtsrat keine Beträge in die anderen Gewinnrücklagen einstellen, wenn diese die Hälfte des gezeichneten Kapitals übersteigen oder soweit sie nach der Einstellung die Hälfte übersteigen würden."

Beträge, die in die gesetzliche Rücklage einzustellen sind, und ein Verlustvortrag sind vorab vom Jahresüberschuß abzuziehen.

Stellt die Hauptversammlung den Jahresabschluß fest, kann sie entsprechend § 58 Abs. 1 AktG Beträge bis zur Hälfte des Jahresüberschusses in die anderen Gewinnrücklagen einstellen; auch in diesem Falle sind die Einstellungen in die gesetzliche Rücklage und ein etwaiger Verlustvortrag vorher vom Jahresüberschuß abzuziehen.

Buchungssätze bei der Bildung anderer Gewinnrücklagen:

G+V-Rechnung an andere Gewinnrücklagen
andere Gewinnrücklagen an Schlußbilanzkonto
G+V-Rechnung an Schlußbilanzkonto.

Nähere Einzelheiten über die Bildung der anderen Gewinnrücklagen ergeben sich aus § 58 AktG.

Andere Gewinnrücklagen schließlich sind als die Rücklagen anzusehen, die das HGB nicht ausdrücklich erwähnt, die also weder gesetzliche Rücklagen noch satzungsmäßige Rücklagen oder Rücklagen für eigene Anteile sind. Es muß jeweils im Einzelfall überlegt werden, welche Rücklagen hierunter fallen.

In eine **Rücklage für eigene Anteile** ist gem. § 272 Abs. 4 HGB ein Betrag einzustellen, der dem auf der Aktivseite der Bilanz für die eigenen Anteile anzusetzenden Betrag entspricht. Näheres regeln §§ 71 ff. AktG.

### 5.1.3 Sonderposten mit Rücklagenanteil (steuerfreie Rücklagen)

Während die bisher besprochenen Rücklagen bereits bei ihrer Bildung versteuert werden, ist dies bei den Sonderposten mit Rücklagenanteil nicht der Fall, Steuern fallen erst bei der Auflösung an. Steuern werden dabei nicht eingespart, sondern auf einen späteren Termin verschoben.

Nach § 247 Abs. 3 HGB dürfen Passivposten, die für Zwecke der Steuern vom Einkommen und vom Ertrag zulässig sind, in der Bilanz gebildet werden. „Sie sind als Sonderposten mit Rücklagenanteil auszuweisen und nach Maßgabe des Steuerrechts aufzulösen."

Dieses Passivierungswahlrecht gilt im Grundsatz für alle Bilanzierende; für Kapitalgesellschaften und Unternehmen, die unter das Publizitätsgesetz fallen, macht das

HGB allerdings Einschränkungen. Nach § 273 HGB darf der Sonderposten mit Rücklagenanteil „nur insoweit gebildet werden, als das Steuerrecht die Anerkennung des Wertansatzes bei der steuerrechtlichen Gewinnermittlung davon abhängig macht, daß der Sonderposten in der Bilanz gebildet wird. Er ist auf der Passivseite vor den Rückstellungen auszuweisen; die Vorschriften, nach denen er gebildet worden ist, sind in der Bilanz oder im Anhang anzugeben.“ § 5 Abs. 1 PublG ist analog anzuwenden.

Die **wichtigsten Sonderposten mit Rücklagenanteil** sind:

- Rücklage für Ersatzbeschaffung gem. R 35 EStR
- Rücklage für Reinvestition gem. § 6 EStG, R 41 a-c EStR
- Rücklage für Kapitaleinlagen in Entwicklungsländern gem. §§ 1 und 2 EntwlStG.

### 5.1.3.1 Rücklage für Ersatzbeschaffung

Gem. Abschn. 35 EStR können für Wirtschaftsgüter, die zwangsweise infolge höherer Gewalt aus dem Betrieb ausgeschieden werden, Rücklagen für Ersatzbeschaffung gebildet werden, die zum Zeitpunkt der Bildung steuerfrei sind.

Als zwangsweises Ausscheiden infolge höherer Gewalt können Naturkatastrophen oder Enteignung gegen Entschädigung angesehen werden. Werden Wirtschaftsgüter zwangsweise aus dem Betrieb ausgeschieden und übersteigt die Entschädigungssumme den Buchwert des ausgeschiedenen Gutes, entsteht in Höhe des Differenzbetrages ein außerordentlicher Ertrag. Dieser Ertrag ist zu versteuern.

Um unbillige Härten zu vermeiden und einen Anreiz für eine Ersatzinvestition zu schaffen, bietet der Gesetzgeber die Möglichkeit, die Steuerlast hinauszuschieben.

Die Rücklage für Ersatzbeschaffung kann in Höhe des Unterschieds zwischen dem Buchwert des ausgeschiedenen Wirtschaftsgutes und der Entschädigung bzw. dem Entschädigungsanspruch gebildet werden.

Die Rücklage muß zum Zeitpunkt der Ersatzbeschaffung durch Übertragen auf die Anschaffungs- oder Herstellungskosten des Ersatzwirtschaftsgutes aufgelöst werden. Das Ersatzwirtschaftsgut wird deshalb in der Bilanz mit den Anschaffungs- oder Herstellungskosten abzüglich des Betrages der aufgelösten Rücklage für Ersatzbeschaffung angesetzt (R 35 Abs. 5 EStR).

Wird die für das ausgeschiedene Wirtschaftsgut erhaltene Entschädigung nicht in voller Höhe zur Beschaffung eines Wirtschaftsgutes verwendet, darf die Rücklage für Ersatzbeschaffung nur anteilig auf das Ersatzwirtschaftsgut übertragen werden. Die Ersatzbeschaffung muß bei beweglichen Wirtschaftsgütern am Schluß des ersten, bei einem Grundstück oder Gebäude am Schluß des zweiten auf ihre Bildung folgenden Wirtschaftsjahres aufgelöst werden.

Diese Fristen können verlängert werden, wenn glaubhaft gemacht wird, daß die Ersatzbeschaffung ernstlich geplant ist und aus besonderen Gründen noch nicht vorgenommen werden konnte.

Die Rücklage für Ersatzbeschaffung ist eine Mischposition aus Eigen- und Fremdkapital; der Steueranteil hat Fremdkapitalcharakter, der übrige Teil ist Eigenkapital.

**Beispiel**: Auf dem Betriebsgelände der X-AG wird am 30.06. eine Maschine durch einen Brand vernichtet. Die Anlage hatte am 01.01. einen Buchwert von 80.000 DM und wurde jährlich mit 10.000 DM linear abgeschrieben. Die Versicherung, der der Schaden unverzüglich gemeldet wird, überweist erst am 15.09. die vereinbarte Versicherungssumme von 150.000 DM. Am 02.01. des folgenden Jahres wird eine Ersatzbeschaffung in Höhe von 125.000 DM vorgenommen. Die Nutzungsdauer beträgt 10 Jahre.

**Maschinen**

| | | | |
|---|---|---|---|
| 1) | 80.000 | 2) | 5.000 |
| | | 3) | 75.000 |
| | 80.000 | | 80.000 |
| 7) | 125.000 | 8) | 62.500 |

**Abschreibungen**

| | | | |
|---|---|---|---|
| 2) | 5.000 | 5) | 5.000 |

**Bank**

| | | | |
|---|---|---|---|
| 4) | 150.000 | 5) | 150.000 |
| 6) | 150.000 | 7) | 143.750 |

**Rücklage für Ersatzbeschaffung**

| | | | |
|---|---|---|---|
| 5) | 75.000 | 3) | 75.000 |
| 8) | 62.500 | 6) | 75.000 |
| 9) | 12.500 | | |

**Sonstige Forderungen**

| | | | |
|---|---|---|---|
| 3) | 150.000 | 4) | 150.000 |

**Vorsteuer**

| | | | |
|---|---|---|---|
| 7) | 18.750 | | |

**außerordentlicher Ertrag**

| | | | |
|---|---|---|---|
| | | 9) | 12.500 |

1) Eröffnungsbuchung

2) Buchung der bis 30.06. angefallenen Abschreibung

3) Buchung der Forderung an die Versicherungsgesellschaft und Bildung der Rücklage für Ersatzbeschaffung in Höhe des Differenzbetrages zwischen Buchwert der Maschine und der Entschädigungssumme

4) Zahlungseingang am 15.09. und Ausbuchung der Forderung

5) Abschlußbuchungen

6) Eröffnungsbuchungen im neuen Jahr

7) Durchführung der Ersatzbeschaffung

8) Auflösung der Rücklage für Ersatzbeschaffung durch anteilmäßige Übertragung der Rücklage auf das Ersatzgut:
Das Ersatzgut in Höhe von 125.00 DM macht 83 1/3 % der Entschädigungsumme in Höhe von 150.000 DM aus.
83 1/3 % der Rücklage in Höhe von 75.000 DM = 62.500 DM
Übertragung auf das Ersatzgut
16 2/3 % der Rücklage in Höhe von 75.000 DM = 12.500 DM
Außerordentlicher Ertrag

9) Buchung des außerordentlichen Ertrages.

### 5.1.3.2 Rücklage für Reinvestition

Die Rücklage für Reinvestition weist einen Verwandtschaftsgrad zur Rücklage für Ersatzbeschaffung auf.

Entsprechend § 6 b EStG ist bei langlebigen Wirtschaftsgütern mit einer Nutzungsdauer von mindestens 25 Jahren, dazu gehören Grundstücke und Gebäude, bestimmte Maschinen, Schiffe u.ä., bei der Veräußerung die Bildung einer steuerfreien Rücklage möglich. Voraussetzung dafür ist, daß die entsprechenden Wirtschaftsgüter mindestens 6 Jahre im Betrieb waren.

Beim Verkauf der langlebigen Wirtschaftsgüter werden vielfach Erlöse erzielt, die weit über dem Buchwert liegen. Die aufgelösten stillen Reserven wären zu versteuern. Um die Steuerlast zu mindern bzw. hinauszuschieben, besteht die Möglichkeit, die aufgelösten stillen Reserven zu 50 % auf neue Wirtschaftsgüter zu übertragen.

Da Investitionen häufig nicht sofort erfolgen können, räumt der Gesetzgeber eine Frist für die Übertragung der stillen Reserven ein. Während dieser Fristen können die Rücklagen für Reinvestitionen gebildet werden.

Die Rücklage muß spätestens am Ende des zweiten bzw. vierten Geschäftsjahres nach ihrer Bildung erfolgswirksam aufgelöst werden.

### 5.1.3.3 Sonderposten mit Rücklagenanteil durch Berücksichtigung steuerlicher Vorschriften im Rahmen der Abschreibungen

Nach § 281 HGB und § 5 PublG dürfen Differenzbeträge zwischen den handelsrechtlichen Abschreibungen und höheren steuerrechtlichen Abschreibungen als Wertberichtigungen in die Sonderposten mit Rücklagenanteil eingestellt werden.

**Beispiel**: Eine dem Umweltschutz dienende Anlage, die nach dem 31.12.1974 und vor dem 1.1.1991 angeschafft wurde, wird mit 80.000 DM aktiviert. Die Nutzungsdauer soll 8 Jahre betragen.

Unter bestimmten Voraussetzungen räumt § 7 d EStG die Möglichkeit ein, im Anschaffungsjahr bis 60 % und in den Folgejahren bis 10 % von den Anschaffungs- oder Herstellungskosten abzusetzen.

Steuerrechtlich werden im ersten Jahr 48.000 DM (= 60 % von 80.000 DM) und in den folgenden sieben Jahren 8.000 DM (= 10 % von 80.000 DM) abgeschrieben.

Die handelsrechtliche Abschreibung beläuft sich bei der Nutzungsdauer von 8 Jahren auf 10.000 DM.

Um die handelsrechtliche Abschreibung an die steuerrechtliche anzupassen, wird im Jahr der Anschaffung eine Wertberichtigung als Sonderposten mit Rücklagenanteil in Höhe von 38.000 DM (= 48.000 DM – 10.000 DM) gebildet. In den folgenden 4 Nutzungsjahren wird die Rücklage in Höhe von 2.000 DM (= 10.000 DM – 8.000 DM) und in den letzten drei Nutzungsjahren in Höhe von 10.000 DM aufgelöst. Die Auflösungsbeträge ergeben sich jeweils aus der Differenz zwischen handelsrechtlicher und steuerrechtlicher Abschreibung.

## 5.2 Stille Rücklagen (Stille Reserven)

Alle bisher behandelten Rücklagen, ob zu versteuernde oder steuerfreie, sind offene Rücklagen, d.h. sie werden offen in der Bilanz ausgewiesen.

Im Gegensatz zu diesen offenen Reserven stehen die stillen Rücklagen (stillen Reserven), die das Eigenkapital tatsächlich auch erhöhen, aber nicht aus der Bilanz ersichtlich sind.

Stille Reserven entstehen im wesentlichen durch

- Mehrabschreibungen beim Anlage- und Umlaufvermögen
- Auslassungen bei der Inventur
- Niedrigbewertung des Vermögens
- Beibehaltung des Buchwertes eines Aktivpostens trotz Wertsteigerung
- Nichtaktivierung bestimmter Kosten
- Überbewertung von Verbindlichkeiten und Rückstellungen.

Vielfach wird eine Unterteilung der stillen Reserven vorgenommen und zwar in:

- **Zwangsreserven**
  Sie entstehen durch die Anwendung gesetzlicher Vorschriften, besonders durch die Anwendung des Niederstwertprinzips. Im weitesten Sinne gehört auch die Nichtaktivierung geringwertiger Wirtschaftsgüter hierhin.

- **Schätzreserven**
  Diese ergeben sich durch falsche Schätzung der Nutzungsdauer von Wirtschaftsgütern, durch fehlerhafte Schätzung des Forderungsausfalls oder durch zu hoch geschätzte Werte für Rückstellungen.

- **Ermessenrücklagen**
  Sie resultieren aus Bewertungs- und Beibehaltungswahlrechten.

- **Willkürrücklagen**
  Sie haben ihre Ursache im Unterschreiten des Niederstwertes.

Die Bildung stiller Reserven darf nie gegen die Grundsätze ordnungsmäßiger Buchführung verstoßen. Willkürreserven sind verboten.

Steuerlich werden die stillen Reserven, abgesehen von den Willkürreserven, toleriert.

Eine Bilanz bietet nur dann eine treffende Aussage, wenn auch die stillen Reserven bekannt sind. Bei der Bilanzanalyse sind folglich die stillen Reserven mit zu berücksichtigen.

Bei externen Bilanzanalysen ist die Höhe der meisten stillen Reserven nicht bekannt; die Aussagefähigkeit dieser Bilanzanalysen ist deshalb auch beeinträchtigt.

Die Auflösung der stillen Reserven geschieht in erster Linie durch

- Unterlassung von Abschreibungen
- Zuschreibungen
- Verkauf von Wirtschaftsgütern
- Privatentnahme von Wirtschaftsgütern
- den Verkauf des ganzen Unternehmens
- Auflösung von Rückstellungen
- Rückzahlung von Schulden.

**Beispiele** für die Auflösung stiller Reserven

- Auf der Aktivseite der Bilanz

Eine Maschine, die für 100.000 DM angeschafft wurde, wird linear abgeschrieben. Der steuerlich höchstzulässige Abschreibungssatz beträgt 12,5 %, was einer Nutzungsdauer von 8 Jahren entspricht. Die tatsächliche Nutzungsdauer wird von den Technikern des Betriebes mit voraussichtlich 10 Jahren angegeben; es müßten also 10 % abgeschrieben werden. Nach zwei Jahren wird die Maschine für 80.000 DM verkauft. Dieser Betrag entspricht dem Buchwert bei einem Abschreibungssatz von 10 %. Es wurde abgeschrieben:

| | |
|---|---|
| Anschaffungskosten | 100.000 DM |
| – 2 x 12,5 % Abschreibung | 25.000 DM |
| Buchwert nach zwei Jahren | 75.000 DM |

Der Buchungssatz für die Abschreibung in den beiden Jahren lautete:

| | |
|---|---|
| Abschreibungen | |
| an Maschinen | 12.500 DM |

Wenn jährlich 10 % abgeschrieben worden wären, was der tatsächlichen Nutzungsdauer entsprochen hätte, ergäbe sich:

| | |
|---|---|
| Anschaffungskosten | 100.000 DM |
| – 2 x 10 % Abschreibung | 20.000 DM |
| Buchwert nach zwei Jahren | 80.000 DM |

Durch die überhöhte Abschreibung kam es zu einer Unterbewertung des Anlagevermögens um 5.000 DM; dadurch entstand eine stille Reserve in gleicher Höhe.

Beim **Verkauf der Anlage** ergeben sich folgende Buchungen:

| | |
|---|---|
| Bank | 92.000 DM |
| an Maschinen | 75.000 DM |
| an Mehrwertsteuer | 12.000 DM |
| an außerordentlicher Ertrag | 5.000 DM |

Die stille Reserve wurde beim Verkauf aufgedeckt und muß als außerordentlicher Ertrag gebucht werden. Dieser Ertrag wirkt gewinnerhöhend und ist deshalb mit zu versteuern.

Wäre von vornherein „richtig" abgeschrieben worden, hätte der jährliche Abschreibungsbetrag 10.000 DM anstatt 12.500 DM ausgemacht. Der Aufwand wäre um 2.500 DM p.a. niedriger gewesen, hätte den Gewinn um diesen Betrag erhöht und auch die Steuerlast entsprechend beeinflußt.

Durch die Auflösung der stillen Reserven und den damit verbundenen außerordentlichen Ertrag wird die Gewinnminderung aus den beiden Vorjahren praktisch wieder rückgängig gemacht. Die Bildung der stillen Reserven führte mithin nur zu einer Gewinn- und Steuerverlagerung in eine andere Abrechnungsperiode.

- Auf der Passivseite der Bilanz

  In einem Unternehmen wird eine Garantierückstellung in Höhe von 150.000 DM gebildet. Im nächsten Geschäftsjahr stellt sich heraus, daß nur in Höhe von 120.000 DM Garantieleistungen in Anspruch genommen wurden.

| | | |
|---|---|---|
| Buchungen im alten Jahr: | | |
| Garantieaufwand | | |
| an Rückstellungen für Garantien | 150.000 DM | |
| Auflösung der Rückstellung im neuen Jahr: | | |
| Rückstellungen für Garantien | 150.000 DM | |
| an diverse Bestandskonten | | 120.000 DM |
| an außerordentlicher Ertrag | | 30.000 DM |

  Auch in diesem Falle entstand durch eine „falsche" Bewertung eine stille Reserve. Die zu hoch angesetzte Rückstellung wirkte im alten Geschäftsjahr gewinn- und ertragssteuermindernd, was durch die Auflösung im Folgejahr wieder kompensiert wurde.

Ein weiteres Beispiel für die Behandlung stiller Reserven wurde bereits bei den Rücklagen für Ersatzbeschaffung gebildet.

# 6. Korrektur bestimmter Konten

Neben der zeitlichen, sachlichen und kalkulatorischen Abgrenzung, neben der Bildung von Abschreibungen, Rückstellungen und Rücklagen sind im Rahmen der Vorbereitung des Jahresabschlusses noch zusätzliche Korrekturen durchzuführen.

## 6.1 Abgrenzung Geschäfts-/Privatbereich

Bei dieser Abgrenzung geht es bei Personenunternehmen darum, die vom Betrieb verursachten Aufwendungen, die steuerlich Betriebsausgaben darstellen, vom privaten Eigenverbrauch zu trennen, also um eine Korrektur der Aufwandskonten. Es ist üblich, daß neben Waren, die für den persönlichen Bedarf entnommen werden, auch betriebliche Einrichtungen privat genutzt werden. Dieser private Eigenverbrauch muß auf dem bereits bekannten Privatkonto erfaßt werden. Es handelt sich um privatanteilige Mietkosten, Kfz-Kosten, Telefonkosten u.ä..

Die buchmäßige Behandlung des Privatkontos und der Privatentnahmen wurden bereits behandelt (Hinweis auf S. 43, 72).

## 6.2 Bewertungskorrekturen

Sowohl das Handelsrecht als auch das Steuerrecht beinhalten eine Fülle von Bewertungsvorschriften, die entweder zwingend sind oder bestimmte Wahlrechte einräumen.

Die im Laufe des Geschäftsjahres auf den Konten erfaßten Bewegungen führen am Bilanzstichtag nicht immer zu den Werten, die der Gesetzgeber vorschreibt bzw. wie sie für das bilanzierende Unternehmen zweckmäßig sind. Aus diesem Grunde sind am Geschäftsjahresende Korrekturbuchungen durchzuführen.

Ohne bereits in diesem Kapitel auf Bewertungsfragen einzugehen, kann doch schon das Niederstwertprinzip erwähnt werden, das sehr häufig zu Korrekturbuchungen zwingt.

> Das **Niederstwertprinzip** besagt, daß von zwei zur Auswahl stehenden Werten der niedrigere anzusetzen ist. Die beiden Werte, zwischen denen gewählt werden muß, sind der Anschaffungs- oder Herstellwert und der Wert am Bilanzstichtag (Wiederbeschaffungswert). Dieses Prinzip gilt für das Umlaufvermögen **streng** und für das Anlagevermögen in **gemilderter** Form.

Sind die Anschaffungs- oder Herstellungskosten höher als der Wert am Bilanzstichtag, ergibt sich in Höhe des Differenzbetrages ein außerordentlicher Aufwand, im umgekehrten Falle ist ein außerordentlicher Ertrag zu buchen.

Ebenso zu einem außerordentlichen Aufwand bzw. außerordentlichen Ertrag führt die Wahrnehmung eines Wahlrechtes. Eine Abwertung wirkt sich ertragsmindernd, eine Aufwertung ertragssteigernd aus.

Schließlich seien noch Korrekturbuchungen wertmäßiger Art genannt, die entstehen, wenn laufende Buchungen und Abschlußbuchungen nach unterschiedlichen Bewertungsmethoden vorgenommen werden.

Der Buchungssatz bei all diesen Korrekturbuchungen lautet:

Aufwandskonto an Bestandskonto bzw.
Bestandskonto an Ertragskonto.

20 - 38

| | Kontrollfragen | bear-beitet | Lösungs-hinweis | Lösung + | Lösung - |
|---|---|---|---|---|---|
| 01 | Welche Inhalte hat die Inventurplanung? | | 167 | | |
| 02 | Welche Inventurarten sind zu unterscheiden? | | 168 ff. | | |
| 03 | Unter welchen Voraussetzungen ist eine permanente Inventur zulässig? | | 170 | | |
| 04 | Für welche Zeiträume gilt die vom Bilanzstichtag abweichende Inventur? | | 171 | | |
| 05 | Wie werden Bestandsdifferenzen buchhalterisch behandelt? | | 172 | | |
| 06 | Welche Aufgaben hat die zeitliche Abgrenzung? | | 174 | | |
| 07 | Was versteht man unter der sachlichen Abgrenzung? | | 176 | | |
| 08 | Welche kalkulatorischen Kosten werden gebildet? | | 178 ff. | | |
| 09 | Von welcher Basis werden die kalkulatorischen Abschreibungen berechnet? | | 179 | | |
| 10 | Welche Methoden zur Ermittlung der kalkulatorischen Zinsen gibt es? | | 181 | | |
| 11 | Welche Berechtigung zum Ansatz kalkulatorischer Zinsen gibt es? | | 180 | | |
| 12 | Wodurch unterscheiden sich Rückstellungen und zeitliche Abgrenzung? | | 184 | | |
| 13 | Welche wichtigen Rückstellungsarten sind zu unterscheiden? | | 185 ff. | | |
| 14 | Für welche Rückstellungen besteht ein Bilanzierungsgebot und für welche ein Bilanzierungswahlrecht? | | 185 ff. | | |
| 15 | Wodurch unterscheiden sich Rücklagen und Rückstellungen? | | 192 | | |
| 16 | Welche Formen der offenen Rücklagen gibt es? | | 192 ff. | | |
| 17 | Welche Rücklagen werden im Rahmen des Jahresabschlusses und welche außerhalb des Jahresabschlusses bei einer Aktiengesellschaft gebildet? | | 193 ff. | | |
| 18 | Wann dürfen bei einer Aktiengesellschaft gesetzliche Rücklagen aufgelöst werden? | | 194 | | |
| 19 | In welcher Höhe dürfen in einer Aktiengesellschaft andere Gewinnrücklagen gebildet werden? | | 193 ff. | | |
| 20 | Welche wichtigen Sonderposten mit Rücklagenanteil sind zu unterscheiden? | | 195 | | |
| 21 | Was bezweckt die Rücklage für Ersatzbeschaffung bei zwangsweisem Ausscheiden eines Wirtschaftsgutes? | | 196 | | |
| 22 | In welcher Höhe wird eine Rücklage für Ersatzbeschaffung gebildet? | | 196 | | |

| | Kontrollfragen | bearbeitet | Lösungshinweis | Lösung + | Lösung - |
|---|---|---|---|---|---|
| 23 | Was geschieht buchhalterisch bei der Auflösung der Rücklage für Ersatzbeschaffung? | | 197 | | |
| 24 | Wodurch entstehen stille Rücklagen? | | 199 | | |
| 25 | Wann werden stille Rücklagen aufgelöst? | | 200 | | |

# G. Erstellung des Jahresabschlusses

Wenn die vorbereitenden Abschlußbuchungen durchgeführt worden sind, kann der Jahresabschluß erstellt werden. Dieser besteht aus

- der Bilanz
- der Gewinn- und Verlustrechnung und
- bei Kapitalgesellschaften zusätzlich aus dem Lagebericht und dem Anhang.

Der Jahresabschluß wird nicht in einem Arbeitsgang durchgeführt, sondern entsteht in mehreren Einzelschritten.

## 1. Abschluß der Unterkonten

Aus Gründen der Klarheit und Übersichtlichkeit werden bestimmte Vorgänge nicht auf den Hauptkonten erfaßt, sondern auf speziell eingerichteten Unterkonten.

Ein wichtiges Unterkonto ist das Privatkonto als Unterkonto des Kapitalkontos.

Besonders häufig vorkommende Unterkonten sind solche, die Skonti, Rabatte, Boni, Rücksendungen u.ä. aufnehmen.

Unterkonten der aktiven Bestandskonten werden durch den Buchungssatz

Hauptkonten an Unterkonten

Unterkonten der passiven Bestandskonten durch den Buchungssatz

Unterkonten an Hauptkonten

abgeschlossen.

## 2. Abschluß der Konten

Nach den beschriebenen Vorarbeiten können die Konten abgeschlossen werden. Dies geschieht durch Addition der beiden Kontenseiten und Einsetzen des Saldos auf die Seite mit der niedrigeren Summe.

Aus den ermittelten **Salden** entstehen

- Bilanz und
- Gewinn- und Verlustrechnung.

Je nachdem, um welche Art von Konten es sich handelt, werden die Salden in die Bilanz- oder Gewinn- und Verlustrechnung übertragen. Die Erfolgskonten (Aufwands-

und Ertragskonten) werden mit der Gewinn- und Verlustrechnung abgeschlossen, die Bestandskonten mit dem Schlußbilanzkonto.

Das Schlußbilanzkonto hat nur formalen Charakter, da es verwendet wird, um buchungstechnische Geschlossenheit konsequent beizubehalten. Vielfach wird in der Praxis auf dieses Konto verzichtet, da es der Bilanz inhaltlich entspricht. Der Abschluß der Erfolgskonten erfolgt häufig nicht direkt über die G+V-Rechnung, sondern es werden intern zwei Konten vorgeschaltet: das Betriebsergebniskonto und das neutrale Ergebniskonto.

Alle Erfolgskonten, auf denen Geschäftsvorfälle erfaßt wurden, die im Dienste der betrieblichen Leistungserstellung stehen, werden mit dem **Betriebsergebniskonto** abgeschlossen. Die Konten, die neutrale Aufwendungen und Erträge enthalten, geben ihre Salden an das **neutrale Ergebniskonto** ab.

Auf diese Art wird das Gesamtergebnis in ein Betriebsergebnis und in ein neutrales Ergebnis aufgespalten. Bei Kapitalgesellschaften wird das Gesamtergebnis und das Ergebnis der gewöhnlichen Geschäftstätigkeit ermittelt.

Die beiden Vorkonten werden über das Konto Gewinn- und Verlustrechnung abgeschlossen.

Im einzelnen ergeben sich im Rahmen des Kontenabschlusses folgende Buchungssätze:

1) Aktive Bestandskonten:
Schlußbilanzkonto
an aktive Bestandskonten

2) Passive Bestandskonten:
Passive Bestandskonten
an Schlußbilanzkonto

3) Kostenkonten:
Betriebsergebniskonto
an Kostenkonten

4) Betriebliche Ertragskonten:
Betriebliche Ertragskonten
an Betriebsergebniskonto

5) Neutrale Aufwandskonten:
Neutrales Ergebniskonto
an neutrale Aufwandskonten

6) Neutrale Ertragskonten:
Neutrale Ertragskonten
an neutrales Ergebniskonto

7) Betriebsergebniskonto bei positivem Erfolg:
Betriebsergebniskonto
an G+V-Rechnung

8) Betriebsergebniskonto bei negativem Erfolg:
G+V-Rechnung
an Betriebsergebniskonto

9) Neutrales Ergebniskonto bei positivem Erfolg:
Neutrales Ergebniskonto
an G+V-Rechnung

10) Neutrales Ergebniskonto bei negativem Erfolg:
G+V-Rechnung
an neutrales Ergebniskonto

11) G+V-Rechnung bei Gewinn:
G+V-Rechnung
an Eigenkapitalkonto

12) G+V-Rechnung bei Verlust:
Eigenkapitalkonto
an G+V-Rechnung

13) Abschluß des Eigenkapitalkontos:
Eigenkapitalkonto
an Schlußbilanzkonto.

Bei Kapitalgesellschaften, die ein feststehendes gezeichnetes Kapital bzw. Stammkapital haben, wird die G+V-Rechnung direkt mit dem Schlußbilanzkonto abgeschlossen, d.h. der Gewinn oder Verlust wird ausdrücklich in der Bilanz ausgewiesen.

# 3. Abschlußübersicht

Die Abschlußübersicht oder Hauptabschlußübersicht, wie sie steuerlich genannt wird, erfüllt zwei Funktionen:

- Sie stellt einen Probeabschluß dar.
- Sie kann unter bestimmten Voraussetzungen den Jahresabschluß ersetzen.

## 3.1 Die Funktion als Probeabschluß

Um zu verhindern, daß sich beim formellen Abschluß der Konten Rechenfehler in die Bilanz einschleichen, werden die Kontensalden nicht unmittelbar in die Bilanz und G+V-Rechnung übertragen, sondern es wird vorher eine Tabelle erstellt, die die Abschlußdaten übernimmt.

Diese Abschlußtabelle, die **Abschlußübersicht**, wird außerhalb des Systems der doppelten Buchführung angelegt und vollkommen freiwillig aufgestellt.

Der Aufbau ist unterschiedlich; in der Praxis werden mehrere Formen gefunden, am weitesten verbreitet dürfte die sechsspaltige Abschlußübersicht sein.

- Die erste Spalte wird als **Summenbilanz** bezeichnet und nimmt die Soll- und Habensummen sämtlicher Konten auf. Die aufaddierte Summenbilanz muß im Soll und Haben jeweils den gleichen Betrag aufweisen, da jeder Sollbuchung im Laufe des Geschäftsjahres eine Habenbuchung gegenübersteht. Ist die Summengleichheit im Soll und im Haben gegeben, hat man eine gewisse Garantie, daß Rechenfehler bei der Aufrechnung der Konten vermieden wurden und daß Soll- und Habenbuchungen laufend in gleicher Höhe erfolgten. Das Auslassen von Buchungen oder gleiche Rechenfehler auf beiden Kontenseiten können nicht aufgedeckt werden.

- Die zweite Spalte stellt die **Saldenbilanz I** dar und nimmt die Salden der einzelnen Konten auf. Im Gegensatz zu den Konten, auf denen der Saldo stets auf der Seite mit dem kleineren Kontenumsatz zum Ausgleich gebucht wird, wird in der Saldenbilanz der Saldo auf der Seite eingesetzt, die in der Summenbilanz den höheren Betrag aufweist.

Die Summierung der beiden Spalten der Saldenbilanz muß wieder den gleichen Betrag ergeben; eine weitere Eingrenzung von Fehlern ist gegeben, wobei allerdings die gleichen Einschränkungen gemacht werden müssen wie bei der Saldenbilanz.

- Die folgende Spalte, die häufig mit **Umbuchungen** überschrieben wird, nimmt die vorbereitenden Abschlußbuchungen auf. Diese bereits bekannnten Buchungen werden entsprechend dem System der doppelten Buchhaltung vorgenommen. Die Summen der Soll- und Habenbuchungen müssen übereinstimmen.

- Die Saldenbilanz I wird im nächsten Arbeitsschritt um die vorbereitenden **Abschlußbuchungen** korrigiert, d.h. Sollsalden werden um die Sollbuchungen erhöht und um die Habenbuchungen vermindert, und umgekehrt erhöht man die Habensalden um die Habenbuchungen und vermindert sie um Sollbuchungen.

- Die jetzt entstandene Spalte in der Abschlußübersicht stellt die **Saldenbilanz II** dar.

- Aus der Saldenbilanz II werden im letzten Arbeitsgang die **Gewinn- und Verlustrechnung und die Schlußbilanz** abgeleitet. Die Salden der aktiven und passiven Bestandskonten werden aus der Saldenbilanz II in die nächste Spalte, die Abschlußbilanz, übertragen, die Salden der Erfolgskonten werden in die übernächste Spalte, die Erfolgsbilanz oder Gewinn- und Verlustrechnung, eingetragen.

  Wenn man nun die Soll- und Habenspalten der Abschlußbilanz und der Erfolgsbilanz addiert, ergibt sich in beiden Rechnungen eine in der Höhe identische Differenz. Diese Differenz stellt den Erfolg dar, der je nachdem welche Seite höher ist, Gewinn oder Verlust bedeutet.

  Durch die Tatsache, daß der Erfolg sowohl durch die Bilanz als auch durch die Erfolgsrechnung ermittelt werden kann, wird das **Wesen der doppelten Buchhaltung** dokumentiert: die Erfolgsermittlung auf zwei Wegen.

Neben der beschriebenen sechsspaltigen Abschlußübersicht gibt es noch die vierspaltige Abschlußübersicht, die auf die Spalten Summenbilanz und Saldenbilanz II verzichtet und die achtspaltige Abschlußtabelle, die zusätzlich die Eröffnungsbilanz und die Spalte der Summenzugänge aufweist.

## 3.2 Die Funktion als Jahresabschluß

Die Abschlußübersicht im steuerlichen Sinne, also die Hauptabschlußübersicht, besteht aus den Spalten

- Eröffnungsbilanz
- Summenzugänge
- Saldenbilanz
- Hauptabschlußbilanz
- Gewinn- und Verlustrechnung.

Diese Abschlußübersicht hat vorwiegend Kontrollfunktion.

Ergänzt man die Hauptabschlußübersicht durch die Spalte der Umbuchungen, erhält man eine Kombination aus steuerlicher Hauptabschlußübersicht und kaufmännischer Abschlußübersicht. Diese Abschlußtabelle kann als Ersatz für die Bilanz und Gewinn- und Verlustrechnung angesehen werden, da sie den gleichen Inhalt wie der Jahresabschluß hat.

Die kombinierte Hauptabschlußübersicht wird von den Finanzämtern als Jahresabschluß anerkannt.

Kein Ersatz für den Jahresabschluß ist die Hauptabschlußübersicht bei Rechtsformen, für die strenge Formvorschriften für den Jahresabschluß existieren, wie dies beispielsweise bei der Aktiengesellschaft der Fall ist.

**Beispiel** für eine sechsspaltige Abschlußübersicht: Es handelt sich um die Abschlußübersicht eines kleinen Industrieunternehmens in der Rechtsform der Einzelfirma, wobei auf die speziellen Gegebenheiten der Industriebuchführung nicht eingegangen wird.

Angaben für die vorbereitenden Abschlußbuchungen:

| | |
|---|---|
| Abschreibung auf Gebäude | 16.000 DM |
| Abschreibung auf Maschinen | 70.000 DM |
| Abschreibung auf Betriebs- und Geschäftsausstattung | 30.000 DM |
| Abschreibung auf Forderungen | 11.000 DM |
| Aktive Rechnungsabgrenzung von Mietaufwendungen | 1.000 DM |
| Passive Rechnungsabgrenzung von Mieterträgen | 1.200 DM |
| Sonstige Forderungen für noch gutzuschreibende Zinserträge | 300 DM |
| Sonstige Verbindlichkeiten für rückständige Zinsaufwendungen | 400 DM |
| Bildung einer Rückstellung für unterlassene Reparaturen | 5.000 DM |
| Inventurbestände: | |
| Roh-, Hilfs- und Betriebsstoffe | 148.000 DM |
| Fertigerzeugnisse | 19.500 DM |

Die Abschlußübersicht haben wir auf Seite 212 wiedergegeben.

| | Summenbilanz | | Saldenbilanz I | | Umbuchungen | | Saldenbilanz II | | Abschlußbilanz | | Erfolgsbilanz | |
|---|---|---|---|---|---|---|---|---|---|---|---|---|
| | S | H | S | H | S | H | S | H | S | H | S | H |
| Gebäude | 800.000 | | 800.000 | | | 16.000 | 784.000 | | 784.000 | | | |
| Maschinen | 700.000 | | 700.000 | | | 70.000 | 630.000 | | 630.000 | | | |
| Betriebs- und Geschäftsausstattung | 300.000 | | 300.000 | | | 30.000 | 270.000 | | 270.000 | | | |
| Kasse | 95.600 | 82.300 | 13.300 | | | | 13.300 | | 13.300 | | | |
| Bank | 1.400.000 | 1.320.000 | 80.000 | | | | 80.000 | | 80.000 | | | |
| Roh-, Hilfs- und Betriebsstoffe | 400.000 | 250.000 | 150.000 | | | 2.000 | 148.000 | | 148.000 | | | |
| Fertigerzeugnisse | 80.000 | 60.000 | 20.000 | | | 500 | 19.500 | | 19.500 | | | |
| Forderungen a.L.L. | 1.200.000 | 980.000 | 220.000 | | | | 220.000 | | 220.000 | | | |
| Zweifelhafte Forderungen | 30.000 | | 30.000 | | | 11.000 | 19.000 | | 19.000 | | | |
| Sonstige Forderungen | 20.000 | 12.000 | 8.000 | | 300 | | 8.300 | | 8.300 | | | |
| Vorsteuer | 52.200 | | 52.200 | | | 52.200 | | | | | | |
| Akt. Rechn. Abgr. | | | | | 1.000 | | 1.000 | | 1.000 | | | |
| Eigenkapital | | 1.305.300 | | 1.305.300 | 20.000 | | | 1.285.300 | | 1.285.300 | | |
| Privat | 20.000 | | 20.000 | | | 20.000 | | | | | | |
| Rückstellungen | 8.000 | 50.000 | | 42.000 | | 5.000 | | 47.000 | | 47.000 | | |
| Bankdarlehen | 50.000 | 250.000 | | 200.000 | | | | 200.000 | | 200.000 | | |
| Verbindlichk. a.L.L. | 810.000 | 960.000 | | 150.000 | | | | 150.000 | | 150.000 | | |
| Mehrwertsteuer | | 82.400 | | 82.400 | 52.200 | | | 30.200 | | 30.200 | | |
| Sonst. Verbindlichk. | | 10.000 | | 10.000 | | 400 | | 10.400 | | 10.400 | | |
| Passive Rechn. Abg. | | | | | | 1.200 | | 1.200 | | 1.200 | | |
| Umsatzerlöse | | 2.400.000 | | 2.400.000 | | | | 2.400.000 | | | | 2.400.000 |
| Zinserträge | | 20.000 | | 20.000 | | 300 | | 20.300 | | | | 20.300 |
| Mieterträge | | 18.000 | | 18.000 | 1.200 | | | 16.800 | | | | 16.800 |
| Löhne und Gehälter | 1.495.000 | | 1.495.000 | | | | 1.495.000 | | | | 1.495.000 | |
| Arbeitgeberanteile | 199.000 | | 199.000 | | | | 199.000 | | | | 199.000 | |
| Abschreibungen auf Anlagen | | | | | 116.000 | | 116.000 | | | | 116.000 | |
| Abschreibungen auf Forderungen | | | | | 11.000 | | 11.000 | | | | 11.000 | |
| Zinsaufwendungen | 10.000 | | 10.000 | | 400 | | 10.400 | | | | 10.400 | |
| Mietaufwendungen | 24.000 | | 24.000 | | | 1.000 | 23.000 | | | | 23.000 | |
| Sonstige Aufwendungen | 106.200 | | 106.200 | | 5.000<br>2.500 | | 113.700 | | | | 113.700 | |
| | 7.800.000 | 7.800.000 | 4.227.700 | 4.227.700 | 209.600 | 209.600 | 4.161.200 | 4.161.200 | 2.193.100 | 1.724.100<br>469.000 | 1.968.100<br>469.000 | 2.437.100 |
| | | | | | | | | | 2.193.100 | 2.193.100 | 2.437.100 | 2.437.100 |

# 4. Bilanz

An anderer Stelle (s. S. 27) wurde auf die Funktion der Bilanz eingegangen und dargelegt, daß die Bilanz das Ergebnis der laufenden Buchungen und des Inventars ist.

Die Aktivseite zeigt die Zusammensetzung des Vermögens bzw. die Verwendung des Kapitals, während die Passivseite die Quellen der Kapitalbeschaffung ausweist.

| Aktiva | Bilanz Passiva |
|---|---|
| Zusammensetzung des Vermögens: | Quellen der Kapitalbeschaffung: |
| Umlaufvermögen | Eigenkapital |
| Anlagevermögen | Fremdkapital |
| Korrekturposten | Korrekturposten |

Nach Vornahme der Abschlußbuchungen werden die Salden der Bestands- und Erfolgskonten entweder über die Abschlußübersicht oder direkt in das Schlußbilanzkonto und auf das Gewinn- und Verlustkonto übertragen. Bilanz und Gewinn- und Verlustrechnung sind inhaltlich mit Schlußbilanzkonto und Gewinn- und Verlustkonto identisch, unterscheiden sich lediglich durch die unterschiedliche Gliederung.

## 4.1 Aufgaben der Bilanz

Zu den Aufgaben der Bilanz zählen:

- Feststellung des Vermögens und Darstellung der Vermögensstruktur
- Ausweis der Kapitalquellen (Kapitalstruktur)
- Darlegung der Investitionen und ihrer Finanzierung
- Ermittlung des Erfolges einer Periode
- Darstellung der Liquiditätslage.

Bei der Betrachtung dieser Aufgaben muß berücksichtigt werden, daß die Bilanz eine Stichtagsrechnung zu einem bestimmten Bilanzierungszeitpunkt ist und der Aussagewert der Bilanz deshalb Einschränkungen unterliegt. Die in dem Jahresabschluß dargestellte Lage kann sich bereits kurze Zeit später entscheidend verändert haben. Ein einziger Jahresabschluß sagt deshalb auch weniger aus als der Vergleich mehrerer Abschlüsse.

## 4.2 Bilanzarten

Nach dem Zeitpunkt der Bilanzaufstellung unterscheidet man

- Jahresbilanzen
- Halbjahresbilanzen
- Quartalsbilanzen
- Monatsbilanzen usw..

Nach den maßgebenden Rechtsvorschriften ergeben sich

- Handelsbilanz
- Steuerbilanz
- Einheitsbilanz
- Eröffnungsbilanz
- Schlußbilanz
- Sonderbilanzen.

Nach dem Aussagezweck der Bilanz findet man

- Vermögensbilanzen
- Erfolgsbilanzen.

Nach dem Anlaß der Bilanzierung gibt es

- regelmäßige (periodische) Bilanzen
- Sonderbilanzen.

Bilanzen lassen sich noch nach weiteren Kriterien unterscheiden.

## 4.3 Handelsbilanz und Steuerbilanz

Handelsbilanzen sind die Bilanzen, die nach Handelsrecht erstellt werden, also nach HGB und den entsprechenden Vorschriften für einzelne Unternehmensformen wie Aktiengesellschaft, GmbH, Genossenschaft u.ä.. Sie werden unmittelbar aus der Buchführung hergeleitet.

Handelsbilanzen wollen in erster Linie Personen bzw. Personengruppen und Institutionen informieren und gleichzeitig Rechenschaft über das Ergebnis des Betriebsgeschehens ablegen.

Handelsbilanzen sind auch die von bestimmten Unternehmensformen bzw. nach dem Publizitätsgesetz zu veröffentlichende Bilanzen. § 5 Abs. 1 EStG schreibt vor, daß die Handelsbilanz auch die Grundlage für die steuerliche Gewinnermittlung ist (**Maßgeblichkeitsprinzip**).

Die dem Finanzamt einzureichende Bilanz ist somit zunächst die Handelsbilanz.

Die Steuerbilanz ist eine aus der Handelsbilanz abgeleitete Bilanz. § 5 Abs. 2-6 EStG gibt an, daß für die steuerliche Gewinnermittlung zusätzliche Vorschriften zu beachten sind. Diese beziehen sich vor allem auf

- Entnahmen und Einlagen,
- die Zulässigkeit der Bilanzänderung,
- die Abgrenzung der Betriebsausgaben,
- die Bewertung und
- die Absetzung für Abnutzung oder Substanzverringerung.

Zunächst geht man also von den Ansätzen der Handelsbilanz aus und ändert sie an den Stellen, für die das Steuerrecht abweichende Bewertungsansätze vorsieht. Zu diesem Zwecke wird entweder eine neue Bilanz - die Steuerbilanz - erstellt oder man leitet statistisch aus der Handelsbilanz den zu versteuernden Gewinn in einer Rechnung ab.

Meist wird jedoch in der Praxis eine sogenannte Einheitsbilanz aufgestellt. Es handelt sich dabei um eine Bilanz, die sowohl den handelsrechtlichen als auch den steuerrechtlichen Anforderungen gerecht wird. Die Handelsbilanz wird also unter steuerrechtlichen Gesichtspunkten erstellt, was zu einer **Umkehrung des Maßgeblichkeitsprinzips** führt.

## 4.4 Bilanzrichtlinien-Gesetz

Das 1985 ergangene Bilanzrichtlinien-Gesetz hat gegenüber dem bisher geltenden Bilanzierungsrecht eine Reihe von Neuerungen gebracht. Neben dringend erforderlichen Präzisierungen wurden die Vorschriften für einzelne Rechtsformen der Unternehmen und bestimmte Größenklassen von Unternehmen teilweise unterschiedlich verfaßt.

Das Bilanzrichtlinien-Gesetz hat Auswirkungen auf das HGB, das Rechnungslegungsvorschriften für alle Kaufleute und darüber hinaus für Kapitalgesellschaften enthält, sowie auf das AktG, das GmbH-Gesetz, das Genossenschaftsgesetz und das Gesetz über die Rechnungslegung von bestimmten Unternehmen und Konzernen (Publizitätsgesetz). Vor der Darstellung wichtiger Bilanzierungs- und Bewertungsfragen werden im folgenden zunächst einige wichtige Vorschriften, die sich aus dem Bilanzrichtlinien-Gesetz ergeben, zusammengefaßt.

### 4.4.1 Umschreibung der Größenklassen der Unternehmen

Grundsätzlich muß von Einzelunternehmen, Offenen Handelsgesellschaften und Kommanditgesellschaften, die nicht unter das Publizitätsgesetz fallen und solchen, die darunter fallen, ausgegangen werden. Darüber hinaus sind die Kapitalgesellschaften besonders zu betrachten, weil der Gesetzgeber im HGB für sie unterschiedliche Größenklassen gebildet hat, die teilweise zu einer unterschiedlichen Anwendung der Bilanzierungsvorschriften führen.

Nach § 267 HGB sind die einzelnen Größenklassen durch folgende Kriterien gekennzeichnet:

| Größenklasse | Bilanzsumme Mio. DM | Umsatzerlöse Mio. DM | Arbeitnehmer im Jahresdurchschnitt |
|---|---|---|---|
| Kleine Kapitalgesellschaft | < 3,9 | < 8,0 | < 50 |
| Mittelgroße Kapitalgesellschaft | > 3,9 – 15,5 | > 8,0 – 32,0 | > 50 – 250 |
| Große Kapitalgesellschaft | > 15,5 | > 32,0 | > 250 |
| Großunternehmen | > 125,0 | > 250,0 | > 5.000 |

Die Rechtsfolgen der Merkmale treten gem. § 267 Abs. 4 HGB nur ein, „wenn sie an den Abschlußstichtagen von zwei aufeinanderfolgenden Geschäftsjahren über- oder unterschritten werden."

Die durchschnittliche Zahl der Arbeiter wird in Abs. 5 des § 267 HGB als „der vierte Teil der Summe aus den Zahlen der jeweils am 31. März, 30, Juni, 30. September und 31. Dezember beschäftigten Arbeitnehmer einschließlich der im Ausland beschäftigten Arbeitnehmer" definiert. Die zu ihrer Berufsausbildung Beschäftigten fallen nicht darunter.

## 4.4.2 Pflicht zur Aufstellung des Jahresabschlusses

HGB und Publizitätsgesetz regeln den Umfang der Rechnungslegungspflichten.

Einzelunternehmen, Offene Handelsgesellschaften und Kommanditgesellschaften, die nicht unter das Publizitätsgesetz fallen, müssen gem. § 242 Abs. 1 HGB eine Bilanz und gem. § 242 Abs. 2 HGB eine Gewinn- und Verlustrechnung aufstellen. Das gleiche gilt für Einzelunternehmen, Offene Handelsgesellschaften und Kommanditgesellschaften, die unter das Publizitätsgesetz fallen, gem. § 5 Abs. 1 PublG.

Kapitalgesellschaften sind nach § 264 Abs. 1 HGB verpflichtet, zusätzlich zu der Bilanz und Gewinn- und Verlustrechnung einen Anhang zu erstellen und einen Lagebericht aufzustellen.

„In den Anhang sind diejenigen Angaben aufzunehmen, die zu den einzelnen Posten der Bilanz oder der Gewinn- und Verlustrechnung vorgeschrieben oder die im Anhang zu machen sind, weil sie in Ausübung eines Wahlrechts nicht in die Bilanz oder in die Gewinn- und Verlustrechnung aufgenommen wurden" (§ 284 HGB). Die einzelnen zu machenden Angaben und die Ausnahmen regeln die §§ 284 bis 288 HGB.

Im Lagebericht sind nach § 289 HGB „zumindest der Geschäftsverlauf und die Lage der Kapitalgesellschaft so darzustellen, daß ein den tatsächlichen Verhältnissen entsprechendes Bild vermittelt wird."

„Der Lagebericht soll auch eingehen auf Vorgänge von besonderer Bedeutung, die nach dem Schluß des Geschäftsjahres eingetreten sind, die voraussichtliche Entwicklung der Kapitalgesellschaft und auf den Bereich Forschung und Entwicklung.“

### 4.4.3 Fristen für die Aufstellung des Jahresabschlusses

| Unternehmensform | Aufstellungsfrist nach HGB bzw. PublG |
|---|---|
| Einzelunternehmen, OHG, KG, die nicht unter das PublG fallen | Innerhalb der einem ordnungsmäßigen Geschäftsgang entsprechenden Zeit gem. § 243 Abs. 3 HGB |
| Einzelunternehmen, OHG, KG, die unter das PublG fallen | In den ersten drei Monaten des Geschäftsjahres gem. § 5 Abs. 1 PublG |
| Kleine Kapitalgesellschaften | In den ersten drei Monaten des Geschäftsjahres. Verlängerung der Frist bis zu sechs Monaten möglich, wenn dies einem ordnungsmäßigen Geschäftsgang entspricht gem. § 264 Abs. 1 HGB |
| Mittelgroße und große Kapitalgesellschaften | In den ersten drei Monaten des Geschäftsjahres gem. § 264 Abs. 1 HGB |

Steuerrechtlich muß der Abschluß spätestens fünf Monate nach Ablauf des Kalenderjahres erstellt worden sein. Erstellen Mitglieder steuerberatender Berufe den Jahresabschluß, verlängert sich die Frist auf neun Monate.

## 4.5 Bilanzgliederung

Üblicherweise wird in der Bundesrepublik die Bilanz als Gegenüberstellung von Aktiva und Passiva in Kontenform erstellt. In den angloamerikanischen Ländern ist die Staffelform anzutreffen. Diese Form sieht auch die 4. EG-Richtlinie zur Koordinierung des Gesellschaftsrechts vor, wobei allerdings für die Bundesrepublik Deutschland die Wahrnehmung eines Wahlrechtes möglich ist („Bilanzrichtlinien-Gesetz“). Der deutsche Gesetzgeber hat sich dabei für die Kontenform entschieden.

Die einfachste Form einer Bilanz als **Staffelrechnung** hätte folgendes Aussehen:

| | |
|---|---|
| | Anlagevermögen |
| + | Umlaufvermögen |
| = | Gesamtvermögen |
| – | Fremdkapital |
| = | Eigenkapital zum Ende des Geschäftsjahres |
| – | Eigenkapital zu Beginn des Geschäftsjahres |
| = | Jahresgewinn |

Die folgenden Ausführungen gehen von der Bilanz in Kontenform aus.

Die formale Gliederung der Bilanz kann nach mehreren Gesichtspunkten durchgeführt werden (Liquiditätsgliederungsprinzip, Gliederung nach Rechtsverhältnissen, Prozeßgliederungsprinzip), durchgesetzt hat sich die Gliederung der Aktivseite nach der Liquidität und der Passivseite nach der Fristigkeit bzw. Fälligkeit.

Ein Gliederungsschema, das die Gliederungsprinzipien in Reinform verwirklicht, läßt sich kaum finden.

Das Bilanzierungsschema des HGB gliedert die Aktivseite im wesentlichen nach der steigenden Liquidität und die Passivseite nach der Fristigkeit/Fälligkeit. Doch werden diese Gliederungsprinzipien nicht konsequent eingehalten.

### 4.5.1 Gliederung der Bilanz bei Einzelunternehmen, Offenen Handelsgesellschaften und Kommanditgesellschaften

Für Personenunternehmen schreibt das HGB ausdrücklich kein bestimmtes Gliederungsschema vor, macht jedoch einige Auflagen. Aus § 243 HGB geht hervor, daß der Jahresabschluß nach den Grundsätzen ordnungsmäßiger Buchführung aufzustellen ist. Er muß klar und übersichtlich sein und ist, wie bereits erwähnt, innerhalb der einem ordnungsmäßigen Geschäftsgang entsprechenden Zeit aufzustellen.

Im § 247 HGB wird gefordert, daß in der Bilanz das Anlage- und das Umlaufvermögen, das Eigenkapital, die Schulden sowie die Rechnungsabgrenzungsposten gesondert auszuweisen und hinreichend aufzugliedern sind.

Das Anlagevermögen darf nur Gegenstände ausweisen, die dauernd bestimmt sind, dem Geschäftsbetrieb zu dienen.

Schließlich räumt der § 247 HGB die Möglichkeit der Bildung von Sonderposten mit Rücklagenanteil ein.

Bei einem Unternehmen, das nicht die Rechtsform einer Kapitalgesellschaft hat, kann die Bilanz folgendermaßen aussehen (die Zahlen basieren auf dem Inventar, das auf S. 169/170 dargestellt wurde):

| Aktiva | Bilanz der Firma Bussmann, Gerätebau zum 31.12.19.. | | Passiva |
|---|---|---|---|
| I. Anlagevermögen | | I. Eigenkapital | 2.148.000 |
| 1. Gebäude | 600.000 | II. Fremdkapital | |
| 2. Maschinen | 1.650.000 | 1. Hypothekendarlehen | 380.000 |
| 3. Betriebs- und Geschäftsausstattung | 400.000 | 2. Darlehen | 270.000 |
| II. Umlaufvermögen | | 3. Lieferantenverbindlichkeiten | 560.000 |
| 1. Roh-, Hilfs- und Betriebsstoffe | 421.000 | 4. Verbindlichkeiten gegenüber Banken | 150.000 |
| 2. Bezogene Fertigteile | 24.000 | 5. Schuldwechsel | 132.000 |
| 3. Unfertige Erzeugnisse | 67.000 | | |
| 4. Fertigerzeugnisse | 14.000 | | |
| 5. Kundenforderungen | 421.000 | | |
| 6. Bankguthaben | 40.000 | | |
| 7. Kasse | 3.000 | | |
| | 3.640.000 | | 3.640.000 |

Köln, 31. Dezember 19.. Unterschrift

Im Gegensatz zu Kapitalgesellschaften dürfen Personenunternehmen Besitzwechsel als eigenständige Position auf der Aktivseite der Bilanz ausweisen, dürfen indirekte Abschreibungen vornehmen und können die „unter dem Strich“ auszuweisenden Eventualverbindlichkeiten (Wechselverpflichtungen, Bürgschaften, Verbindlichkeiten aus Gewährleistungsverträgen) in einem Betrag angeben.

Soweit Personenunternehmen dem Publizitätsgesetz unterliegen, haben sie ihre Bilanzen nach dem Gliederungsschema der großen Kapitalgesellschaften aufzustellen.

### 4.5.2 Gliederung der Bilanz von Kapitalgesellschaften und Unternehmen, die dem Publizitätsgesetz unterliegen

Bei Kapitalgesellschaften muß unterschieden werden, ob es sich um kleine oder mittelgroße und große Kapitalgesellschaften handelt.

Große Kapitalgesellschaften und mittelgroße Kapitalgesellschaften müssen ebenso wie Unternehmen, die dem PublG unterliegen, das vollständige Bilanzschema des § 266 HGB anwenden.

Kleine Kapitalgesellschaften können das vollständige Gliederungsschema wählen oder sich für ein verkürztes Schema entscheiden. Rechtsgrundlage dafür ist Abs. 1 des § 266 HGB, der ausführt, daß große und mittelgroße Kapitalgesellschaften auf der Aktivseite die in Abs. 2 und auf der Passivseite die in Abs. 3 bezeichneten Posten gesondert und in der vorgeschriebenen Reihenfolge auszuweisen haben. Kleine Kapitalgesellschaften brauchen nach der gleichen Vorschrift nur die in den Abs. 2 und 3 mit

Buchstaben und römischen Zahlen bezeichneten Posten gesondert und in der vorgeschriebenen Reihenfolge in die Bilanz aufzunehmen.

Es gilt also:

| **Größe der Kapitalgesellschaft bzw. des Unternehmens gem. PublG** | **Bilanzgliederung** |
|---|---|
| Kleine Kapitalgesellschaft | Vollständiges oder verkürztes Gliederungsschema gem. § 266 Abs. 1, 2 und 3 HGB |
| Mittelgroße und große Kapitalgesellschaften | Vollständiges Gliederungsschema gem. § 266 Abs. 2, 3 HGB |
| Unternehmen, die dem PublG unterliegen | Vollständiges Gliederungsschema gem. § 5 Abs. 1 PublG |

Das Gliederungsschema nach § 266 HGB hat folgendes Aussehen:

**(2) Aktivseite**

A. Anlagevermögen:

I. Immaterielle Vermögensgegenstände:
1. Konzessionen, gewerbliche Schutzrechte und ähnliche Rechte und Werte sowie Lizenzen an solchen Rechten und Werten;
2. Geschäfts- oder Firmenwert;
3. geleistete Anzahlungen;

II. Sachanlagen:
1. Grundstücke, grundstücksgleiche Rechte und Bauten einschließlich der Bauten auf fremden Grundstücken;
2. technische Anlagen und Maschinen;
3. andere Anlagen, Betriebs- und Geschäftsausstattung;
4. geleistete Anzahlungen und Anlagen im Bau;

III. Finanzanlagen:
1. Anteile an verbundenen Unternehmen;
2. Ausleihungen an verbundene Unternehmen;
3. Beteiligungen;
4. Ausleihungen an Unternehmen, mit denen ein Beteiligungsverhältnis besteht;
5. Wertpapiere des Anlagevermögens;
6. sonstige Ausleihungen.

B. Umlaufvermögen:

I. Vorräte:
1. Roh-, Hilfs- und Betriebsstoffe;
2. unfertige Erzeugnisse, unfertige Leistungen;
3. fertige Erzeugnisse und Waren;
4. geleistete Anzahlungen;

II. Forderungen und sonstige Vermögensgegenstände:
1. Forderungen aus Lieferungen und Leistungen;
2. Forderungen gegen verbundene Unternehmen;
3. Forderungen gegen Unternehmen, mit denen ein Beteiligungsverhältnis besteht;
4. sonstige Vermögensgegenstände;

III. Wertpapiere:
1. Anteile an verbundenen Unternehmen;
2. eigene Anteile;
3. sonstige Wertpapiere;

IV. Schecks, Kassenbestand, Bundesbank- und Postgiroguthaben, Guthaben bei Kreditinstituten.

C. Rechnungsabgrenzungsposten.

**(3) Passivseite**

A. Eigenkapital:

I. Gezeichnetes Kapital;

II. Kapitalrücklage;

III. Gewinnrücklagen:
1. gesetzliche Rücklage;
2. Rücklage für eigene Anteile;
3. satzungsmäßige Rücklagen;
4. andere Gewinnrücklagen;

IV. Gewinnvortrag/Verlustvortrag;

V. Jahresüberschuß/Jahresfehlbetrag.

B. Rückstellungen:
1. Rückstellungen für Pensionen und ähnliche Verpflichtungen;
2. Steuerrückstellungen;
3. sonstige Rückstellungen.

C. Verbindlichkeiten:
1. Anleihen, davon konvertibel;
2. Verbindlichkeiten gegenüber Kreditinstituten;
3. erhaltene Anzahlungen auf Bestellungen;
4. Verbindlichkeiten aus Lieferungen und Leistungen;
5. Verbindlichkeiten aus der Annahme gezogener Wechsel und der Ausstellung eigener Wechsel;
6. Verbindlichkeiten gegenüber verbundenen Unternehmen;
7. Verbindlichkeiten gegenüber Unternehmen, mit denen ein Beteiligungsverhältnis besteht;
8. sonstige Verbindlichkeiten,

davon aus Steuern,
davon im Rahmen der sozialen Sicherheit.

D. Rechnungsabgrenzungsposten.

Bei der Gliederung der Bilanz sind nach § 265 HGB einige wichtige Grundsätze zu beachten:

1. Kontinuität der Form der Darstellung
2. Kontinuität der Posten
3. Angabe der Vorjahresbeträge
4. Vermerk der Mitzugehörigkeit von Bilanzposten zu anderen Posten
5. Gliederung bei mehreren vorhandenen Geschäftszweigen
6. Weitere Untergliederung von Posten
7. Hinzufügen von Posten, wenn ihr Inhalt nicht von einem vorgeschriebenen Posten gedeckt ist
8. Änderung der Gliederung und Bezeichnung der mit arabischen Zahlen versehenen Posten, wenn dies wegen Besonderheiten der Kapitalgesellschaft zur Aufstellung eines klaren und übersichtlichen Jahresabschlusses erforderlich ist
9. Zusammenfassung von mit arabischen Zahlen versehenen Posten bei unerheblichen Posten bzw. zur Vergrößerung der Klarheit der Darstellung
10. Nichtberücksichtigung von Leerposten.

Von Bedeutung ist bei Kapitalgesellschaften der Ausweis der Posten des Anlagevermögens und der „Aufwendungen für die Ingangsetzung und Erweiterung des Geschäftsbetriebes“.

In § 268 Abs. 2 HGB ist folgende Darstellung vorgeschrieben:

| Anschaffungs- bzw. Herstellungskosten | Zugänge | Abgänge | Umbuchungen | Zuschreibungen | Abschreibungen kumuliert | Stand Bilanzstichtag | Stand Bilanzstichtag Vorjahr | Abschreibungen des Geschäftsjahres |
|---|---|---|---|---|---|---|---|---|

Die Bilanzpositionen sollen hier nicht im einzelnen besprochen werden. Auf bestimmte Positionen wird zwar eingegangen, doch hauptsächlich im Rahmen der Bilanzierungsfähigkeit, der Bewertung und in bestimmten anderen Zusammenhängen. Eine ausführliche Besprechung ist in der Bilanzierungsliteratur zu finden. Verwiesen wird insbesondere auf Olfert/Körner/Langenbeck, Bilanzen, 6. Auflage, Ludwigshafen 1992.

## 4.6 Bilanzierungsfähigkeit

Grundsätzlich sind alle Vermögensgegenstände, Schulden, das Eigenkapital und die Rechnungsabgrenzungsposten zu bilanzieren (vgl. § 247 HGB). Was Vermögensgegenstände sind, definiert der Gesetzgeber nicht eindeutig. Der Begriff geht über Sachen und Rechte im juristischen Sinne hinaus. Eine mögliche Definition: Vermögensgegenstände sind Güter, die selbständig veräußerbar sind und Rechte.

## 4.6.1 Bilanzierungsgebote

### 4.6.1.1 Allgemeines

Darunter versteht man die Pflicht zur Aktivierung und Passivierung. Im einzelnen können folgende vier Gruppen von Vermögensgegenständen unterschieden werden, die zu bilanzieren sind:

- Sachen und Rechte, die sich im Eigentum des bilanzierenden Kaufmanns befinden
- Sachen und Rechte, die erst zu einem späteren Zeitpunkt in das Vermögen des bilanzierenden Kaufmanns eingehen (Eigentumsvorbehalt)
- Sachen und Rechte, an denen der bilanzierende Kaufmann vorübergehend sein Eigentum aufgegeben hat (Sicherungsübereignung)
- Sachen und Rechte, an denen der bilanzierende Kaufmann kein Eigentum erwirbt (z.B. Bauten auf fremdem Boden).

### 4.6.1.2 Buchung und Bilanzierung von Leasinggeschäften

#### 4.6.1.2.1 Leasingverträge

Unter Leasing versteht man ein Miet- oder Pachtverhältnis mit besonderen Konditionen. Charakteristisch für Leasingverträge ist eine Grundmietzeit. Für Leasingverträge gibt es keine speziellen rechtlichen Regelungen.

**Beteiligte** am Leasingverfahren sind

- der Leasing-Geber
- der Leasing-Nehmer
- der Hersteller.

Ist der Leasing-Geber identisch mit dem Hersteller des Leasing-Gegenstandes, liegt ein **direktes Leasing** vor.

In den letzten Jahren wurde eine Vielzahl von Leasing-Formen entwickelt. Sie unterscheiden sich im Hinblick auf

- den Leasing-Geber
- den Verpflichtungscharakter des Vertrages
- die Objektzahl
- die Objektart
- die Zahlungshöhe während der Grundmietzeit *(Däumler)*.

Im folgenden werden entsprechend den oben genannten Kriterien einige wichtige Leasing-Formen genannt.

- Nach dem **Leasing-Geber**:
  - direktes Leasing (Hersteller-Leasing)
  - indirektes Leasing (Vermieter ist ein Dritter).

- Nach dem **Verpflichtungscharakter des Vertrages**:
  - Financial-Leasing als langfristiges Leasing, bei dem während der Grundmietzeit keine Kündigungsmöglichkeit besteht, der Leasing-Nehmer das Risiko des zufälligen Untergangs trägt und für die Wartung verantwortlich ist.
  - Operating-Leasing als kurzfristiger Vertrag mit Kündigungsmöglichkeit innerhalb kürzester Frist. Es kann als klassisches Mietverhältnis angesehen werden. Die Wartung erfolgt durch den Leasing-Geber.
  - Maintenance-Leasing als langfristiger Vertrag mit Wartung durch den Leasing-Geber.
  - Sale-and-lease-back (Verkauf von Vermögensgegenständen und Rückmiete).

- Nach der **Objektanzahl**:
  - Equipment Leasing, bei dem einzelne Gegenstände vermietet werden
  - Plant Leasing mit Vermietung ganzer Anlagen.

- Nach der **Objektart**:
  - Konsumgüter-Leasing
  - Investitionsgüter-Leasing als Mobilien-Leasing und Immobilien-Leasing.

- Nach der **Zahlungshöhe während der Grundmietzeit**:
  - Vollamortisationsvertrag, bei dem während der Grundmietzeit eine Wiedergewinnung der Investitionsausgabe einschließlich Kosten, Zins- und Gewinnanforderungen des Leasing-Gebers erreicht wird.
  - Teilamortisationsvertrag (die Mittel werden während der Grundmietzeit nicht wiedergewonnen).

#### 4.6.1.2.2 Buchung und Bilanzierung von Leasing-Verfahren

Die Bilanzierung von Leasing-Verfahren ist gesetzlich nicht ausdrücklich geregelt. Es ist allerdings die Vorschrift des § 285 Nr. 3 HGB zu beachten, nach der große und mittelgroße Kapitalgesellschaften bedeutsame fianzielle Verpflichtungen aus Leasingverträgen, die nicht in die Bilanz aufgenommen wurden und die nicht unter der Bilanz aufscheinen, im Anhang anzugeben haben.

Maßgeblich für die Bilanzierung von Leasinggeschäften sind BFH-Urteile und Erlasse des Bundesministers der Finanzen, die auf diese Urteile aus den Jahren 1971 bis in die jüngste Vergangenheit aufbauen.

Entscheidend dafür, ob Leasinggeschäfte beim Lesing-Geber oder beim Leasing-Nehmer zu bilanzieren sind, ist die Ausgestaltung der Leasing-Verträge.

Grundsätzlich festgestellt werden kann, daß für eine Bilanzierung beim Leasing-Geber eine Grundmietzeit von mindestens 40 % und höchstens 90 % der betriebsgewöhnlichen Nutzungsdauer gegeben sein muß.

Bei den wirtschaftlich wichtigsten Vertragsarten handelt es sich um

- Verträge ohne Option
- Verträge mit Kaufoption
- Verträge mit Mietverlängerungsoption
- Spezialleasing.

Weitere Vertragsgestaltungen sind ohne weiteres denkbar (vgl. *Däumler*, *Jahrmann*, *Olfert* u. a.), doch kann in diesem Zusammenhang auf deren Darstellung verzichtet werden, da sich in der buchmäßigen Behandlung keine Unterschiede ergeben.

Eine übersichtliche Darstellung der Zurechnung der Leasingobjekte bei verschiedenen Vertragstypen gibt *Däumler*:

| **Art des Leasing-Vertrages** | **Der Leasing-Gegenstand wird zugerechnet** | |
|---|---|---|
| | **dem Leasing-Geber** | **dem Leasing-Nehmer** |
| Vertrag ohne Option | Grundmietzeit mindestens 40 % und höchstens 90 % der Nutzungsdauer | Grundmietzeit < 40 % oder > 90 % der Nutzungsdauer |
| Kaufoption (nach Grundmietzeit von mindestens 40 % und höchstens 90 % der Nutzungsdauer) | Kaufpreis ≥ Restbuchwert | Kaufpreis < Restbuchwert |
| Verlängerungsoption (nach Grundmietzeit von mindestens 40 % und höchstens 90 % der Nutzungsdauer) | Summe der Anschlußmieten ≥ Werteverzehr für den Zeitraum der Anschlußmiete | Summe der Anschlußmieten < Werteverzehr für den Zeitraum der Anschlußmiete |
| Spezialleasing | – | in jedem Fall |

- **Buchmäßige Behandlung von Leasinggeschäften beim Leasing-Nehmer**

  Bei einer Bilanzierung des Leasing-Gegenstandes beim Leasing-Nehmer muß dieser den Gegenstand mit dessen **Anschaffungskosten** im Anlagevermögen erfassen und über die betriebsgewöhnliche Nutzungsdauer **abschreiben**.

  Als Wert der Anschaffungskosten ergibt sich der Betrag, der im Vertrag mit dem Leasing-Geber als dessen Anschaffungs- oder Herstellungskosten angegeben ist zuzüglich etwa noch anfallender eigener Anschaffungskosten. In gleicher Höhe wird eine **Verbindlichkeit** passiviert.

  Falls der Leasing-Geber nicht bereit sein sollte, seine Anschaffungs- oder Herstellkosten offen darzulegen, können fiktive Anschaffungskosten angesetzt werden, die aus dem Betrag abgeleitet werden, der bezahlt hätte werden müssen, wenn der Leasing-Gegenstand von einem Dritten gekauft worden wäre.

Die **Leasingraten** dürfen nicht in einem jährlichen Betrag gebucht werden, sondern sind in einen erfolgsneutralen **Tilgungsanteil** und einen erfolgswirksamen **Zins- und Kostenanteil aufzuspalten**.

Der Zins- und Kostenanteil stellt für den Leasing-Nehmer Aufwand dar.

Es fallen folgende **Buchungen** an:

| | |
|---|---|
| Maschinen | an Leasingverbindlichkeiten<br>USt-Verbindlichkeiten aus Leasinggeschäften |
| USt-Verbindlichkeiten aus Leasinggeschäften | an Bank |
| Leasingverbindlichkeiten<br>Leasingaufwand | an Bank |
| Abschreibungen auf Anlagen | an Maschinen |
| Leasingverbindlichkeiten | an Schlußbilanzkonto |
| G+V-Rechnung | an Leasingaufwand<br>Abschreibungen auf Anlagen |

**Beispiel**:

Im Rahmen eines Spezialleasing-Vertrages werden folgende Vereinbarungen getroffen:

1. ein bewegliches Anlagegut mit Anschaffungskosten von 227.500 DM wird dem Leasingnehmer für eine Mietdauer von 10 Jahren überlassen
2. Nutzungsdauer der Anlage: 20 Jahre
3. jährliche Mietraten: 42.000 DM
4. lineare Abschreibung direkt.

**Lösung**:

1. Aktivierung der Maschine:
   Maschinen 227.500 DM
   Vorsteuer 34.125 DM
   an Leasingverbindlichkeiten 227.500 DM
   an USt-Verbindlichkeiten aus Leasinggeschäften 34.125 DM

2. Lineare Abschreibung über 20 Jahre:
   Abschreibungen
   auf Anlagen an Maschinen 11.375 DM

3. Aufteilung der Mietraten in einen Tilgungsanteil und einen Zins- und Kostenanteil:

a) finanzmathematisch:
die Mietraten sind die Annuität der Verbindlichkeit

$$\frac{\text{Barwert}}{\text{Annuität}} = \text{Diskontierungsfaktor}$$

$$\frac{227.500}{42.000} = 5{,}4167$$

Lt. Tabelle der Diskontierungsfaktoren entspricht dies einem Zinsfuß von 13,045 %.

b) digital:
die Differenz aus der Summe der Mietraten (10 x 42.000 DM = 420.000 DM) und den Anschaffungskosten der Anlage (227.500 DM) macht den gesamten Zins- und Kostenanteil (192.500 DM) aus; dieser wird arithmetisch-degressiv auf die Mietdauer verteilt.

| Jahr | Miete | Finanzmathematische Methode | | | Digitale Methode | | |
|---|---|---|---|---|---|---|---|
| | | Barwert | Barwert-Differenz = Tilgung | Zins-Kosten-anteil | Zins-Kostenanteil anteilig | Zins-Kostenanteil absolut | Tilgungs-anteil |
| 1 | 42.000 | 215.177 | 12.323 | 29.677 | 10/55 | 35.000 | 7.000 |
| 2 | 42.000 | 201.247 | 13.930 | 28.070 | 9/55 | 31.500 | 10.500 |
| 3 | 42.000 | 185.500 | 15.747 | 26.253 | 8/55 | 28.000 | 14.000 |
| 4 | 42.000 | 167.698 | 17.802 | 24.198 | 7/55 | 24.500 | 17.500 |
| 5 | 42.000 | 147.574 | 20.124 | 21.876 | 6/55 | 21.000 | 21.000 |
| 6 | 42.000 | 124.825 | 22.749 | 19.251 | 5/55 | 17.500 | 24.500 |
| 7 | 42.000 | 99.108 | 25.717 | 16.283 | 4/55 | 14.000 | 28.000 |
| 8 | 42.000 | 70.037 | 29.071 | 12.929 | 3/55 | 10.500 | 31.500 |
| 9 | 42.000 | 37.173 | 32.864 | 9.136 | 2/55 | 7.000 | 35.000 |
| 10 | 42.000 | 0 (Rundungs-differenz) | 37.151 | 4.849 | 1/55 | 3.500 | 38.500 |

Die dazugehörenden Buchungen lauten im 1. Jahr:

| | | | |
|---|---|---|---|
| Leasingverbindlichkeiten | 12.323 DM | bzw. 7.000 DM | |
| Leasingaufwand | 29.677 DM | bzw. 35.000 DM | |
| an Bank | | | 42.000 DM |

Hinzu kommen noch die üblichen Umsatzsteuerzahlungs- und Abschlußbuchungen.

- **Buchmäßige Behandlung von Leasinggeschäften beim Leasing-Geber**

  Beim Leasing-Geber entstehen folgende Buchungen:

| | |
|---|---|
| Maschinen<br>Vorsteuer | an Bank |
| Leasingforderungen<br>USt-Forderungen aus Leasinggeschäften | an Maschinen<br><br>an Umsatzsteuer |
| Bank | an USt-Forderungen aus Leasinggeschäften |
| Bank | an Leasingforderungen<br>Leasingerlöse |
| Schlußbilanzkonto | an Leasingforderungen |
| Leasingerlöse | an G+V-Rechnung |

Variationen bei der buchmäßigen Behandlung von Leasinggeschäften sowohl beim Leasing-Nehmer als auch beim Leasing-Geber sind möglich, doch soll hier nicht darauf eingegangen werden. Die geschilderte Vorgehensweise dürfte die am stärksten verbreitete sein.

## 4.6.2 Bilanzierungsverbote

### 4.6.2.1 Handelsrechtliche Aktivierungsverbote

Das HGB spricht erstmals ausdrücklich Aktivierungsverbote aus, § 248 erwähnt

- Aufwendungen für die Gründung des Unternehmens und für die Beschaffung von Eigenkapital

- immaterielle Vermögensgegenstände des Anlagevermögens, die nicht entgeltlich erworben wurden. Entgeltlich erworbene immaterielle Vermögensgegenstände des Anlagevermögens hingegen unterliegen dem Aktivierungsgebot.

Nicht aktiviert werden dürfen ferner

- Vertriebskosten (§ 255 Abs. 2 HGB)
- Zinsen für Fremdkapital (§ 255 Abs. 3 HGB)
- Vermögensgegenstände, die dem Kaufmann rechtlich und wirtschaftlich nicht gehören
- antizipative Posten (§ 250 HGB).

### 4.6.2.2 Handelsrechtliche Passivierungsverbote

Handelsrechtliche Passivierungsverbote beziehen sich auf

- fiktive Verbindlichkeiten (Ansatz nicht bestehender Verbindlichkeiten)
- Rückstellungen, die nicht im § 249 HGB aufgeführt sind (§ 249 Abs. 3 HGB)
- Wertberichtigungen bei Kapitalgesellschaften (als eigener Posten)
- antizipative Posten (§ 250 HGB).

#### 4.6.2.3 Steuerliche Bilanzierungsverbote

Wegen der Maßgeblichkeit der Handelsbilanz für die Steuerbilanz gelten die handelsrechtlichen Bilanzierungsverbote auch steuerlich. § 5 EStG verbietet ausdrücklich den Ausweis originärer immaterieller Wirtschaftsgüter und antizipativer Aktiv- und Passivposten. Da im Einkommensteuergesetz stets vom Betriebsvermögen gesprochen wird, ist zu schließen, daß das Privatvermögen nicht bilanziert werden darf.

### 4.6.3 Bilanzierungswahlrechte

Bilanzierungswahlrechte sind als Instrument der Bilanzpolitik anzusehen. Eine Aktivierung erhöht die Bilanzsumme und erzwingt Abschreibungen, während die Nichtaktivierung Abschreibungen verhindert. Wenn nicht bekannt ist, ob ein Unternehmen vom Bilanzierungswahlrecht Gebrauch gemacht hat, ist ein Vergleich mit der Bilanz eines anderen Unternehmens nur eingeschränkt möglich. Aktiva und Passiva unterliegen dann nicht dem gleichen Vergleichsmaßstab, wenn ein bilanzierendes Unternehmen die Wahlrechte gebraucht, das andere hingegen nicht.

#### 4.6.3.1 Handelsrechtliche Aktivierungswahlrechte

Zu den handelsrechtlichen Aktivierungswahlrechten zählen:

- Aufwendungen für die Ingangsetzung und Erweiterung des Geschäftsbetriebes von Kapitalgesellschaften (§ 269 HGB). Diese im Rahmen einer Bilanzierungshilfe erfaßte Position ist gem. § 282 HGB in jedem folgenden Geschäftsjahr zu mindestens einem Viertel durch Abschreibungen zu tilgen.
- der derivative Firmenwert. Dieser entsteht, wenn ein ganzes Unternehmen käuflich erworben wird und stellt den Unterschiedsbetrag dar, „um den die für die Übernahme eines Unternehmens bewirkte Gegenleistung den Wert der einzelnen Vermögensgegenstände des Unternehmens abzüglich der Schulden im Zeitpunkt der Übernahme übersteigt" (§ 255 Abs. 4 HGB). Ein aktivierter Firmenwert ist jährlich zu mindestens einem Viertel abzuschreiben; jedoch ist auch eine planmäßige Abschreibung möglich (§ 255 Abs. 4 Satz 2 und 3 HGB).

##### 4.6.3.1.1 Der Firmen- oder Geschäftswert

Der Firmen- oder Geschäftswert ist der Gegenwert für das Image eines Unternehmens und kann beträchtliche Beträge erreichen. Eine exakte mathematische Berechnung ist kaum möglich, da objektive Beurteilungskriterien nicht zu finden sind.

Eine Berechnungsmethode, die relativ häufig angewandt wird, berücksichtigt den Ertragswert und den Substanzwert eines Unternehmens. Der Ertragswert ist der Barwert, der durch Kapitalisierung der Durchschnittserträge der Vergangenheit ermittelt wird.

Als Kapitalisierungszinsfuß wird der landesübliche Zinsfuß plus einem betriebsindividuellen Risikozuschlag vorgeschlagen. Der Substanzwert ergibt sich aus den um die stillen Reserven bereinigten Aktiva abzüglich der um die stillen Reserven bereinigten Passiva, die nicht Eigenkapital sind.

Der Differenzbetrag zwischen Ertragswert und Substanzwert ist der Firmenwert.

**Beispiel**: Der Durchschnittsertrag der letzten fünf Jahre, der um Spitzen bereinigt wurde, beträgt 200.000 DM; als Kapitalisierungsfaktor werden 100 : 16 % = 6,25 angesetzt; die um die stillen Reserven erhöhten Aktiva betragen 1.680.000 DM und die Passiva, die nicht Eigenkapital sind abzüglich der stillen Reserven, belaufen sich auf 850.000 DM.

| | | | | |
|---|---|---|---|---|
| Ertragswert | 200.000 DM | 6,25 | = | 1.250.000 DM |
| Substanzwert | | | | |
| Aktiva | 1.680.000 DM | | | |
| ./. Passiva | 850.000 DM | | | 830.000 DM |
| Firmenwert | | | | 420.000 DM |

### 4.6.3.1.2 Der Verschmelzungsmehrwert

Nach § 348 AktG müssen nach einer Verschmelzung vom übernehmenden Unternehmen die Bilanzansätze des übernommenen Unternehmens beibehalten werden. Der bezahlte Preis ist aber häufig höher als der Wert des übernommenen Unternehmens, da auch stille Reserven und der Firmenwert vergütet werden. Der Differenzbetrag würde einen Verlust darstellen, kann aber als Verschmelzungsmehrwert aktiviert und innerhalb von vier Jahren abgeschrieben werden.

**Beispiel:**

| | |
|---|---|
| Wert des übernommenen Unternehmens | 15 Mio. DM |
| Gezahlter Preis | 17 Mio. DM |
| Verschmelzungsmehrwert | 2 Mio. DM |

Das Bilanzbild des übernehmenden Unternehmens hat folgendes Aussehen, wobei Voraussetzung ist, daß vorher eine Kapitalerhöhung vorgenommen wurde:

Bilanzbild

| | | | |
|---|---|---|---|
| Wert des übernommenen Unternehmens | 15 Mio. DM | Gezeichnetes Kapital | 17 Mio. DM |
| Verschmelzungsmehrwert | 2 Mio. DM | | |

Der Verschmelzungsmehrwert ist gem. § 348 Abs. 2 AktG als Geschäfts- oder Firmenwert gesondert auszuweisen; § 255 Abs. 4 Satz 2 und 3 des HGB ist anzuwenden.

#### 4.6.3.1.3 Das Disagio

Das Disagio (Abgeld), das entsteht, wenn bei einer Verbindlichkeit (z.B. Anleihen) zwischen dem Rückzahlungsbetrag und dem niedrigeren Auszahlungsbetrag eine Differenz besteht, kann nach § 250 Abs. 3 HGB in den Rechnungsabgrenzungsposten auf der Aktivseite aufgenommen werden. Der Unterschiedsbetrag ist durch planmäßige jährliche Abschreibungen zu tilgen, die auf die gesamte Laufzeit der Verbindlichkeit verteilt werden können.

### 4.6.3.2 Handelsrechtliche Passivierungswahlrechte

Bei der Darstellung der Rückstellungen im Kapitel F. 4 wurde bereits erläutert, daß für bestimmte Rückstellungen (Rückstellungen für im Geschäftsjahr unterlassene Reparaturen, die nach Ablauf von 3, aber innerhalb von 12 Monaten nachgeholt werden, Rückstellungen für genau umschriebene Aufwendungen, Rückstellungen für Steuerabgrenzung) ein Passivierungswahlrecht besteht.

Ebenfalls bereits behandelt wurden die Sonderposten mit Rücklagenanteil, für die gem. § 247 Abs. 3 HGB ebenfalls ein Passivierungswahlrecht gegeben ist.

### 4.6.3.3 Steuerrechtliche Bilanzierungswahlrechte

Steuerlich sind die Bilanzierungswahlrechte sehr stark eingeschränkt, da die Wahlrechte eine Verminderung des steuerlichen Gewinns herbeiführen können.

Grundsätzlich erkennt das Steuerrecht handelsrechtliche Aktivierungs- und Passivierungswahlrechte nicht an.

Das Urteil des Großen Senats des BFH vom 3.2.1969 (BStBl 1969 II S. 291) erzwingt für handelsrechtliche Aktivierungswahlrechte ein steuerrechtliches Aktivierungsgebot und für handelsrechtliche Passivierungswahlrechte ein Passivierungsverbot.

Ausgenommen vom steuerlichen Passivierungsverbot sind ausdrücklich im Steuerrecht zugelassene Passivierungswahlrechte.

## 4.7 Bilanzierungszeitpunkt

Die buchmäßige Erfassung und auch die Bilanzierung muß zu dem Zeitpunkt erfolgen, zu dem der Käufer als Bilanzierender über das entsprechende Wirtschaftsgut verfügen kann. Dies ist dann der Fall, wenn

- die Gefahr übergegangen ist
- der Verkäufer alles Erforderliche getan hat, um dem Käufer die Verfügungsgewalt zu verschaffen.

Beim Umlaufvermögen und bei beweglichen Gütern des Anlagevermögens ist der Erfassungszeitpunkt sehr oft vertraglich bedingt. Regelungen wie frei Haus, ab Werk, fob etc. wirken auf den Bilanzierungszeitpunkt wegen des damit verbundenen Gefahrenübergangs ein.

Ist eine Ware eingegangen oder kann über sie mittels Lagerschein, Ladeschein oder Konossement verfügt werden, muß sie erfaßt werden. Befindet sich die Ware noch unterwegs und kann man noch nicht mit den erwähnten Warenverfügungspapieren über sie verfügen, ergibt sich ein Bilanzierungswahlrecht.

Auch beim unbeweglichen Anlagevermögen ist der Zeitpunkt der wirtschaftlichen Verfügungsgewalt entscheidend. Besitz, Gefahr, Nutzung und Lasten müssen auf den Erwerber übergegangen sein. Dafür ist bei Grundstücken und Gebäuden nicht die Eintragung ins Grundbuch entscheidend. Die Verfügungsgewalt liegt bereits vor, wenn der notarielle Kaufvertrag abgeschlossen wurde, die Einigung über die Eigentumsübertragung konkret erreicht und die Auflassung eingeleitet wurde.

# 4.8 Bilanzierungs- und Bewertungsgrundsätze

Wenn Bilanzen aufgestellt werden, müssen bestimmte Grundsätze eingehalten werden, damit die Bilanzen einerseits den gesetzlichen Vorschriften entsprechen und andererseits auch aussagefähig sind. Die Prinzipien, die bei der Bilanzaufstellung zu beachten sind, sind zum einen allgemeine Bilanzierungsgrundsätze und zum anderen Bewertungsgrundsätze. Da zwischen beiden ein sehr enger Zusammenhang besteht, werden sie hier in einem Abschnitt behandelt.

## 4.8.1 Bilanzklarheit und Bilanzübersicht

Dieses Prinzip wird aus einigen Bestimmungen des HGB abgeleitet. Das Prinzip der Bilanzklarheit und Bilanzübersicht verlangt

- Bilanztransparenz bezogen auf die formale Gestaltung der Bilanz (§ 243 Abs. 2 HGB)

- klare und übersichtliche Gliederung der Bilanz (§§ 243, 247 und 265 ff. HGB)

- Bruttoausweis der Positionen (Forderungen und Verbindlichkeiten, Gewinn und Verlust, Agio und Disagio u.ä) dürfen nicht aufgerechnet werden - § 246 HGB

- eindeutige Benennung der Bilanzpositionen (§ 266 HGB), Ergänzung der Beträge der Hauptspalte durch Aufzeichnungen in Vorspalten

- Einheitlichkeit der Abschreibungsmethode für jeweils eine Bilanz-Position.

Verstöße gegen die Bilanzklarheit führen gemäß Aktiengesetz zur Nichtigkeit des Abschlusses (§ 256 Abs. 1 und 4 AktG) und können in besonders schweren Fällen Bilanzdelikte i.S. des § 400 AktG sein.

## 4.8.2 Bilanzwahrheit

Das Prinzip der Bilanzwahrheit wird vom Gesetzgeber nur umrissen, da es eine absolute Bilanzwahrheit nicht geben kann. Einmal räumt der Gesetzgeber zahlreiche Bilanzierungs- und Bewertungswahlrechte ein, die zu einer Umgehung der Bilanzwahrheit führen, und andererseits hängt die Wahrheit auch von dem **Zweck der Bilanz** ab.

Im einzelnen gehören zur Bilanzwahrheit

- das Verbot fiktive oder falsche Positionen auszuweisen
- die Vollständigkeit der Bilanz unter Beachtung der Bilanzierungsverbote und Bilanzierungswahlrechte (§ 246 Abs. 1 HGB)
- die richtige Bewertung, d.h. die nicht willkürliche Ausnutzung der Bewertungsspielräume.

Ein Verstoß gegen die Bilanzwahrheit führt gem. § 256 Abs. 1 und 5 AktG zur Nichtigkeit und kann in besonders schweren Fällen ein Bilanzdelikt sein.

## 4.8.3 Bilanzkontinuität

Das Prinzip der Bilanzkontinuität oder Bilanzverknüpfung geht vom Stetigkeitsbegriff bei der Aufstellung der Bilanzen aus und besteht aus mehreren Unterprinzipien.

### 4.8.3.1 Bilanzidentität

Die Bilanzidentität besagt, daß die Schlußbilanz des einen Jahres mit der Eröffnungsbilanz des folgenden Jahres identisch zu sein hat (§ 252 Abs. 1 Nr. 1 HGB).

Steuerrechtlich - man spricht von Bilanzzusammenhang - ergibt sich das Prinzip aus dem Betriebsvermögensvergleich am Schluß zweier Geschäftsjahre gem. § 4 Abs. 1 EStG.

Das Prinzip wird z.B. durchbrochen bei Währungsreformen und wenn die Bilanz von der Betriebsprüfung oder durch Gerichte verworfen wird.

### 4.8.3.2 Formelle Bilanzkontinuität

Die formelle Bilanzkontinuität ist eine

- Gliederungskontinuität (gleiche Gliederung in aufeinanderfolgenden Abschlüssen), vgl. § 265 Abs. 1 HGB für Kapitalgesellschaften
- Postenkontinuität (Zusammenfassung verschiedener Einzelpositionen zu einem Posten)
- Kontinuität des Abschlußstichtages und Abschlußzeitraumes
- Kontinuität der Abschreibungsform
- Bilanzierungsstetigkeit.

### 4.8.3.3 Materielle Bilanzkontinuität

Die materielle Bilanzkontinuität geht davon aus, daß die Bewertungsgrundsätze in mehreren aufeinanderfolgenden Bilanzen nicht willkürlich geändert werden dürfen. Es liegt nahe, daß von der materiellen Bilanzkontinuität besonders die Abschreibungen betroffen sind. Aus sachlichen Gründen können nach dem Handelsrecht Bewertungsmethoden geändert werden, steuerrechtlich ebenfalls nur bei sachlicher Begründung und wenn keine steuerrechtlichen Verbote entgegenstehen.

Die materielle Bilanzkontinuität findet ihren Niederschlag in § 252 Abs. 1 Nr. 6 HGB.

Zur materiellen Bilanzkontinuität gehört auch das **Prinzip des Wertzusammenhangs**. Dieses Prinzip besagt, daß der Wert der Schlußbilanz des Vorjahres als Höchstwert anzusehen ist und vom Bilanzierenden nicht überschritten werden darf.

Uneingeschränkt gilt das Prinzip des Wertzusammenhangs nur steuerrechtlich für Wirtschaftsgüter des Anlagevermögens, die der Abnutzung unterliegen. Nach § 6 Abs. 1 Satz 4 EStG darf bei den genannten Wirtschaftsgütern nicht über den letzten Bilanzansatz hinausgegangen werden.

Im übrigen kann das Prinzip des Wertzusammenhangs sowohl handelsrechtlich als auch steuerrechtlich durchbrochen werden.

Die handelsrechtlich maßgebliche Vorschrift ergibt sich aus § 253 Abs. 5 HGB. Danach kann ein niedrigerer Wertansatz nach Abs. 2 Satz 3 und Abs. 3 oder 4 beibehalten werden, auch wenn die Gründe dafür nicht mehr bestehen.

§ 253 Abs. 2 Satz 3 HGB räumt bei Vermögensgegenständen des Anlagevermögens die Möglichkeit ein, **außerplanmäßige Abschreibungen** vorzunehmen, um die Vermögensgegenstände mit dem niedrigeren Wert anzusetzen, der ihnen am Abschlußstichtag beizulegen ist, wobei bei einer voraussichtlich dauernden Wertminderung eine Abwertungspflicht besteht. § 253 Abs. 3 HGB regelt die bei Vermögensgegenständen des Umlaufvermögens vorzunehmenden Abschreibungen, um diese mit einem niedrigeren Wert anzusetzen, der sich aus dem Börsen- oder Marktpreis ergibt bzw. mit einem niedrigeren beizulegenden Wert. Außerdem dürfen Abschreibungen vorgenommen werden, soweit diese nach vernünftiger kaufmännischer Beurteilung notwendig

sind, um zu verhindern, daß in der nächsten Zukunft der Wertansatz dieser Vermögensgegenstände auf Grund von Wertschwankungen geändert werden muß.
§ 253 Abs. 4 HGB gibt die Zulässigkeit von Abschreibungen im Rahmen vernünftiger kaufmännischer Beurteilung an.

Bei Kapitalgesellschaften ist das **Wertaufholungsgebot** des § 280 HGB zu beachten. Es besagt, daß nach § 253 Abs. 2 Satz 3 oder Abs. 4 oder § 254 Satz 1 HGB (steuerliche Abschreibungen) vorgenommene Abschreibungen wieder rückgängig gemacht werden müssen, wenn sich in einem späteren Geschäftsjahr herausstellt, daß die Gründe für die Abschreibung nicht mehr bestehen. Der Betrag der Abschreibung ist im Umfang der Werterhöhung unter Berücksichtigung der Abschreibungen, die inzwischen vorzunehmen gewesen wären, zuzuschreiben.

Nach § 280 Abs. 2 HGB kann von der Zuschreibung „abgesehen werden, wenn der niedrigere Wertansatz bei der steuerlichen Gewinnermittlung beibehalten werden kann und wenn Voraussetzung für die Beibehaltung ist, daß der niedrigere Wertansatz auch in der Bilanz beibehalten wird."

## 4.8.4 Prinzip der Vorsicht und des Gläubigerschutzes

Das Prinzip der Vorsicht und des Gläubigerschutzes steht im Dienst einer vorsichtigen Bewertung und Gewinnermittlung und strebt im Sinne der Gläubiger die Erhaltung des Kapitals und der Haftungssubstanz an.

Unterprinzipien des Vorsichts- und des Gläubigerschutzprinzips:

- **Realisationsprinzip**. Es besagt, daß Erfolge nur zu erfassen sind, wenn sie auch tatsächlich realisiert wurden. Es hat hauptsächlich theoretischen Charakter, da es eingegrenzt wird vom

- **Imparitätsprinzip**, das die Erfassung nicht realisierter Gewinne verbietet und die Erfassung nicht realisierter Verluste vorschreibt. Bereits wenn Verluste drohen, mit ihrem Eintritt gerechnet werden muß, sind sie zu erfassen und nicht in der Periode, in der sie realisiert werden. Betroffen davon sind Bestände, Verbindlichkeiten, schwebende Geschäfte und Schadenersatzansprüche. Zum Ausdruck gebracht wird das Imparitätsprinzip durch außerplanmäßige Abschreibungen, Rückstellungen und Abwertungen.

- **Niederstwertprinzip**. Eines der Prinzipien, das am meisten Erwähnung findet, ist das Niederstwertprinzip. Es sagt aus, daß zwischen zwei zur Verfügung stehenden Werten der niedrigere anzusetzen ist. Das Niederstwertprinzip gilt für das Umlaufvermögen streng. § 253 Abs. 3 HGB ist die dafür maßgebliche Rechtsnorm.

  **Beispiel**: Wertpapiere des Umlaufvermögens haben einen Kurswert beim Erwerb von 55 DM je Stück, am Bilanzstichtag von 52 DM. Gemäß dem strengen Niederstwertprinzip muß zu 52 DM bilanziert werden.

Für das Anlagevermögen gilt das Niederstwertprinzip dann streng, wenn der Zeitwert am Bilanzstichtag niedriger als der Anschaffungswert ist, und die **Wertminderung als nachhaltig** anzusehen ist.

§ 253 Abs. 2 HGB stellt dafür die Rechtsgrundlage dar. In diesem Zusammenhang ist der für Kapitalgesellschaften geltende § 279 Abs. 1 HGB von Bedeutung. Er besagt, daß § 253 Abs. 4 HGB nicht anzuwenden ist. § 253 Abs. 2 Satz 3 HGB darf, wenn es sich nicht um eine voraussichtlich dauernde Wertminderung handelt, nur auf Vermögensgegenstände, die Finanzanlagen sind, angewendet werden.

Vom gemilderten Niederstwertprinzip spricht man, wenn der im Vergleich zum Zeitwert höhere Anschaffungswert trotz einer Wertminderung weiter angesetzt werden kann und nur ein Abwertungswahlrecht besteht.

- **Höchstwertprinzip**. Es gilt streng für die Verbinglichkeiten. Verglichen werden der ursprüngliche Rückzahlungsbetrag und der Zeitwert am Bilanzstichtag. Der höhere Wert ist anzusetzen.

## 4.8.5 Maßgeblichkeitsprinzip

Das bereits mehrfach erwähnte Maßgeblichkeitsprinzip ergibt sich aus § 5 Abs. 1 EStG. Es bedeutet, daß die Steuerbilanz grundsätzlich aus der Handelsbilanz abgeleitet werden soll. Auch wenn eine gesonderte Steuerbilanz neben der Handelsbilanz erstellt wird, gelten im Grundsatz die handelsrechtlichen Normen. Das Prinzip gilt nur für Steuerpflichtige mit Einkünften aus Gewerbebetrieb.

Das Maßgeblichkeitsprinzip gilt sowohl für den ganzen Abschluß als auch für Einzelpositionen.

§ 5 Abs. 2-6 EStG bestimmt die Vorherrschaft der steuerrechtlichen Vorschriften gegenüber den handelsrechtlichen. Es handelt sich um Vorschriften über

- Entnahmen und Einlagen
- Zulässigkeit von Bilanzänderungen
- Betriebsausgaben
- Bewertung
- Absetzungen für Abnutzung oder Substanzverringerung.

Das Maßgeblichkeitsprinzip wird also vielfach durchbrochen.

## 4.8.6 Umgekehrtes Maßgeblichkeitsprinzip

Das „umgekehrte“ Maßgeblichkeitsprinzip wird nur von Kaufleuten angewandt, die eine Handelsbilanz und eine Steuerbilanz aufstellen.

Die Maßgeblichkeit der Handelsbilanz für die Steuerbilanz kehrt sich dadurch um, daß die Inanspruchnahme günstigerer steuerrechtlicher Bewertungswahlrechte nur dann möglich sind, wenn der steuerliche Ansatz auch in der Handelsbilanz Berücksichtigung findet. Ausnahmen gelten allerdings.

# 4.9 Bewertung

## 4.9.1 Grundfragen

Während die Bilanzierung sich mit der Frage befaßt, ob ein Wirtschaftsgut zu bilanzieren ist , beschäftigt sich die Bewertung mit dem Problem, wie (d.h. in welcher Höhe) das Wirtschaftsgut in der Bilanz zu erfassen ist.

Die Bewertung der Bilanzpositionen wird in mehreren Schritten vollzogen:

- Ermittlung der in Frage kommenden Bewertungsvorschriften
- Untersuchung, ob Bewertungswahlrechte exisitieren und Wahrnehmung gegebener Wahlrechte
- Feststellung, ob unterschiedliche handels- und steuerrechtliche Bewertungsvorschriften zu beachten sind.

Die handelsrechtlichen Bewertungsvorschriften müssen in zwei Blöcke unterteilt werden, in die:

- Bewertungsvorschriften des HGB, die für alle Unternehmensformen gelten und
- die Sondervorschriften des HGB für Kapitalgesellschaften.

Im einzelnen setzt das HGB folgende Bewertungsgrundlagen:

| **Bewertungsvorschriften, die für alle Unternehmensformen gelten** | | **Sondervorschriften für Kapitalgesellschaften** | |
|---|---|---|---|
| Allgemeine Bewertungsgrundsätze | § 252 | Nichtanwendung von Vorschriften Abschreibungen | § 279 |
| Wertansätze der Vermögensgegenstände und Schulden | § 253 | Wertaufholungsgebot | § 280 |
| Steuerrechtliche Abschreibungen | § 254 | Berücksichtigung steuerrechtlicher Vorschriften | § 281 |
| Anschaffungs- und Herstellungskosten | § 255 | Abschreibung der Aufwendungen für die Ingangsetzung und Erweiterung des Geschäftsbetriebs | § 282 |
| Bewertungsvereinfachungen | § 256 | Wertansatz des Eigenkapitals | § 283 |

Die Bewertungsvorschriften des HGB stehen unter dem Primat der Prinzipien der Vorsicht und des Gläubigerschutzes. Die vorsichtige Bewertung und Gewinnermittlung dominieren.

Die steuerrechtlichen Bewertungsvorschriften, die in erster Linie im Einkommensteuergesetz zu finden sind, haben die vollständige Gewinnermittlung zum Ziel. Unterbewertungen von Vermögensgegenständen oder Überbewertungen von Passiva im Sinne des Prinzips der Vorsicht verbietet das Steuerrecht prinzipiell, wo es nicht ausdrücklich Ausnahmen zuläßt.

Es kann hier nicht Aufgabe sein, Bewertungsfragen handels- und steuerrechtlicher Art bis ins Detail zu behandeln, dies würde den Rahmen dieses Buches sprengen; Bewertungsfragen sollen nur insoweit dargestellt werden, als sie dem Verständnis der Bilanzentstehung dienen und Hilfestellung für die Interpretation der wichtigsten Bilanzpositionen leisten können. Einzelheiten vgl. *Edinger*.

## 4.9.2 Handelsrechtliche Bewertungsvorschriften

Auf die entscheidenden Bewertungsgrundlagen des HGB wurde im vorhergehenden Abschnitt eingegangen, so daß im folgenden die einzelnen möglichen Wertansätze dargestellt werden können:

| Bilanzpositionen | Wertansatz | Bestimmungen des HGB |
|---|---|---|
| Vermögensgegenstände | Anschaffungs- oder Herstellungskosten | § 253 Abs. 1 |
| | Am Abschlußstichtag beizulegender Wert | § 253 Abs. 2 und 3 |
| | Sich aus dem Börsen- oder Marktpreis ergebender Wert | § 253 Abs. 3 |
| | Niedriger Wert im Rahmen vernünftiger kaufmännischer Beurteilung | § 253 Abs. 4 |
| | Niedrigerer Wert für steuerliche Zwecke | § 254, § 279 Abs. 2 |
| | Festwert | § 240 Abs. 3 |
| | Gruppenwerte mit dem gewogenen Durchschnittswert | § 240 Abs. 4 |
| | Wert zur Verhinderung künftiger Wertschwankungen | § 253 Abs. 3 |
| Verbindlichkeiten | Rückzahlungsbetrag | § 253 Abs. 1 |
| Rentenverpflichtungen | Barwert | § 253 Abs. 1 |
| Rückstellungen | Betrag, der nach vernünftiger kaufmännischer Beurteilung notwendig ist | § 253 Abs. 1 |
| Eigenkapital bei Kapitalgesellschaft | Nennbetrag | § 283 |

### 4.9.2.1 Wertansätze für das Anlagevermögen

Werden die vorstehend dargestellten handelsrechtlichen Bewertungsvorschriften spezifiziert, ergeben sich für das Anlagevermögen folgende Wertansätze:

| Bilanzpositionen | Wertansatz | Bestimmungen des HGB |
|---|---|---|
| Anlagevermögen mit zeitlich begrenzter Nutzungsdauer | Anschaffungs- oder Herstellungskosten abzüglich planmäßiger Abschreibungen | § 253 Abs. 2 |
| Anlagevermögen mit zeitlich begrenzter Nutzungsdauer und Anlagevermögen ohne Rücksicht auf die zeitliche Begrenzung der Nutzung | Möglichkeit der Vornahme außerplanmäßiger Abschreibungen auf den niedrigeren am Bilanzstichtag beizulegenden Wert.<br>Bei einer voraussichtlich dauernden Wertminderung Abschreibungspflicht | § 253 Abs. 2<br>§ 279 Abs. 1<br>Einschränkungen bei Kapitalgesellschaften |
| | Möglichkeit der Vornahme außerplanmäßiger Abschreibungen auf den niedrigeren Wert im Rahmen vernünftiger kaufmännischer Beurteilung | § 253 Abs. 4<br>§ 279 Abs. 1<br>Einschränkungen bei Kapitalgesellschaften |
| | Möglichkeit der Vornahme außerplanmäßiger Abschreibungen auf einen niedrigeren Wert, der auf einer nur steuerrechtlich zulässigen Abschreibung beruht | § 254<br>§ 279 Abs. 2<br>Einschränkungen bei Kapitalgesellschaften |
| Vermögensgegenstände des Sachanlagevermögens | Möglichkeit des Ansatzes von Festwerten | § 240 Abs. 3 |
| gleichartige oder annähernd gleichwertige Vermögensgegenstände beweglicher Art | Gruppenbewertung mit dem gewogenen Durchschnittswert | § 240 Abs. 4 |

### 4.9.2.2 Wertansätze für das Umlaufvermögen

Ebenso wie für das Anlagevermögen ergeben sich auch für das Umlaufvermögen mehrere Ansatzmöglichkeiten bzw. Ansatzpflichten:

| Bilanzpositionen | Wertansatz | Bestimmungen des HGB |
|---|---|---|
| Positionen B I. bis B IV. | Anschaffungs- oder Herstellungskosten (AHK) | § 253 Abs. 1 |
| | Wert, der sich aus dem Börsen- oder Marktpreis am Abschlußstichtag ergibt, soweit niedriger als die AHK. | § 253 Abs. 3 Satz 1 |
| | Wert, der den Vermögensgegenständen am Abschlußstichtag beizulegen ist, wenn ein Börsen- oder Marktpreis nicht festzustellen ist, soweit niedriger als AHK. | § 253 Abs. 3 Satz 2 |
| | Wert, der nach vernünftiger kaufmännischer Beurteilung notwendig ist, um zu verhindern, daß der Wert auf Grund von Wertschwankungen in der nächsten Zukunft geändert werden muß.<br>Dominanz des Niederstwertprinzips beachten! | § 253 Abs. 3 Satz 3 |
| | Niedriger Wert, der sich durch Abschreibungen im Rahmen vernünftiger kaufmännischer Beurteilung ergibt. Dominanz des Niederstwertprinzips beachten! | § 253 Abs. 4<br>§ 279 Abs. 1<br>Einschränkung bei Kapitalgesellschaften |
| | Niedriger Wert, der auf einer nur steuerrechtlich zulässigen Abschreibung beruht. Dominanz des Niederstwertprinzips gegenüber den ersten drei Wertansätzen beachten! | § 254<br>§ 279 Abs. 2<br>Einschränkung bei Kapitalgesellschaften |
| Roh-, Hilfs- und Betriebsstoffe | Möglichkeit des Ansatzes von Festwerten | § 240 Abs. 3 |
| Gleichartige Vermögensgegenstände des Vorratsvermögens sowie andere gleichartige oder annähernd gleichwertige Vermögensgegenstände beweglicher Art. | Gruppenbewertung mit dem gewogenen Durchschnittswert. | § 240 Abs. 4 |
| Gleichartige Vermögensgegenstände des Vorratsvermögens | Bewertungsvereinfachungsverfahren mit Unterstellung, daß die zuerst oder zuletzt angeschafften oder hergestellten Vermögensgegenstände zuerst oder in einer sonstigen bestimmten Folge verbraucht oder veräußert worden sind (primär Lifo-, Fifo- und Hifo-Verfahren) | § 256 |

## 4.9.3 Steuerrechtliche Bewertungsvorschriften

Für die Bewertung nach Steuerrecht kommt in erster Linie das Einkommensteuergesetz in Frage, das durch die Einkommensteuerdurchführungsverordnung und die Einkommensteuerrichtlinien ergänzt wird.

Im einzelnen sind die folgenden einkommensteuerrechtlichen Vorschriften zu beachten:

Steuerrechtlicher Wertansatz für das **abnutzbare Anlagevermögen:**

| Wertansatz | Rechtsvorschrift |
|---|---|
| Anschaffungs- oder Herstellungskosten | § 6 Abs. 1 Nr. 1 EStG |
| geringwertige Wirtschaftsgüter | § 6 Abs. 2 EStG |
| Teilwert | § 6 Abs. 1 Nr. 1 EStG |

Steuerrechtlicher Ansatz für das **nicht abnutzbare Anlagevermögen**:

| Wertansatz | Rechtsvorschrift |
|---|---|
| Anschaffungs- oder Herstellungskosten | § 6 Abs. 1 Nr. 2 EStG |
| Teilwert | § 6 Abs. 1 Nr. 2 EStG |

Steuerrechtlicher Wertansatz für das **Umlaufvermögen**:

| Wertansatz | Rechtsvorschrift |
|---|---|
| Anschaffungs- oder Herstellungskosten | § 6 Abs. 1 Nr. 2 EStG |
| Teilwert | § 6 Abs. 1 Nr. 2 EStG |

Steuerrechtlicher Wertansatz für **Verbindlichkeiten**:

| Wertansatz | Rechtsvorschrift |
|---|---|
| Anschaffungskosten | § 6 Abs. 1 Nr. 3 EStG i.V. mit Nr. 2 |
| Teilwert | § 6 Abs. 1 Nr. 3 EStG i.V. mit Nr. 2 |

## 4.9.4 Wertmaßstäbe

Die vom Gesetzgeber fixierten Wertmaßstäbe, die bereits unter den Bewertungsvorschriften genannt wurden, stellen für den Bilanzierenden zum einen Verpflichtungen, zum anderen aber nur wichtige Anhaltspunkte dar, mit deren Hilfe er Wertansätze bilden kann, die aber im Gesetz nicht immer klar und eindeutig definiert werden. Dies gilt für das Handelsrecht mehr als für das Steuerrecht, wobei allerdings festzustellen ist, daß das Bilanzrichtlinien-Gesetz eine Reihe von Klärungen gebracht hat. Weitere Klarheit müssen nach wie vor Rechtsprechung und Fachschrifttum herbeiführen.

### 4.9.4.1 Einzelbewertung

Grundsätzlich gilt das Prinzip der Einzelbewertung, wovon Ausnahmen zugelassen sind. Es seien zunächst die Wertmaßstäbe für die Einzelbewertung dargestellt.

#### 4.9.4.1.1 Anschaffungskosten

Das Bilanzrichtlinien-Gesetz hat bewirkt, daß zum ersten Male eine handelsrechtliche Vorschrift eine Definition der Anschaffungskosten bietet.

§ 255 Abs. 1 HGB versteht unter Anschaffungskosten „die Aufwendungen, die geleistet werden, um einen Vermögensgegenstand zu erwerben und ihn in einen betriebsbereiten Zustand zu versetzen, soweit sie dem Vermögensgegenstand einzeln zugeordnet werden können". Weiterhin wird in der gleichen Vorschrift festgestellt, daß auch die Nebenkosten sowie die nachträglichen Anschaffungskosten zu den Anschaffungskosten zählen. Anschaffungspreisminderungen sind abzusetzen. Danach ergibt sich folgender Umfang der Anschaffungskosten:

Rechnungspreis
– Anschaffungspreisminderungen (Rabatt, Boni, Skonto)
+ Aufwendungen für die Versetzung des Vermögensgegenstandes in einen betriebsbereiten Zustand
+ Anschaffungsnebenkosten
+ nachträgliche Anschaffungskosten

= Anschaffungskosten

Die Ermittlung des Rechnungspreises sowie der Abzüge bereitet keine Schwierigkeiten. Problematischer ist die Berechnung der Aufwendungen für die Versetzung in einen betriebsbereiten Zustand und der Anschaffungsnebenkosten.

Aufwendungen für die Versetzung in einen betriebsbereiten Zustand sind in erster Linie Fundamentierungskosten, Montagekosten, Kosten für die Schaffung von Anschlüssen, u.U. Abbruchkosten, Lagerkosten bestimmter Produkte (Holz, Whisky u.ä.).

Anschaffungsnebenkosten sind alle Aufwendungen, die im Zusammenhang mit der Anschaffung des Vermögensgegenstandes stehen. Sie können entweder vom bilanzierenden Unternehmen selbst verursacht worden sein oder - was wesentlich häufiger vorkommt - von Dritten.

Im einzelnen handelt es sich im wesentlichen um folgende Anschaffungsnebenkosten, die in alphabetischer Reihenfolge dargestellt werden, ohne daß diese Aufzählung Anspruch auf Vollständigkeit erhebt: Begutachtungskosten, Courtagen, Frachten, Gerichtskosten, Kommissionen, Notariatskosten, Provisionen, Prozeßkosten (wenn sie von vornherein erkennbar waren), Rollgeld, Transportversicherung, Verladekosten, Zölle.

Die Aktivierung von Zinsen als Anschaffungsnebenkosten war lange Zeit umstritten, doch kann davon ausgegangen werden, daß ein Aktivierungsverbot besteht.

Es kann angenommen werden, daß Anschaffungsnebenkosten, die von ihrer Höhe her absolut unbedeutend sind, oder wenn ihre Ermittlung mit sehr großen Schwierigkeiten verbunden ist, nicht aktiviert zu werden brauchen.

Eine Pauschalierung von Anschaffungsnebenkosten sollte möglich sein, auch wenn vom Prinzip der Einzelbewertung ausgegangen wird, wenn ein errechenbares Verhältnis zum gesamten Warenwert besteht.

Nachträgliche Erhöhungen oder Verminderungen der Nebenkosten werden wie Zugänge oder Abgänge behandelt.

Subventionen und andere Zuschüsse können grundsätzlich erfolgswirksam als Ertrag (steuerlich als Betriebseinnahme) oder als Anschaffungskostenminderung behandelt werden, es besteht also ein Wahlrecht. Was jeweils günstiger ist, muß von Fall zu Fall entschieden werden. Steuerlich hängt die Handhabung davon ab, ob die Zuschüsse im Jahr der Anschaffung oder danach anfallen; vgl. dazu R 34 EStR.

Nachträgliche Anschaffungskosten können nur dann geltend gemacht werden, wenn ein zeitlicher Zusammenhang mit der Anschaffung des Vermögensgegenstandes hergestellt werden kann.

Das Steuerrecht enthält keine abweichenden Vorschriften zur Ermittlung der Anschaffungskosten (vgl. § 6 EStG).

#### 4.9.4.1.2 Herstellungskosten

##### 4.9.4.1.2.1 Herstellungskosten nach Handelsrecht

Ebenso wie für die Anschaffungskosten gibt das HGB auch für die Herstellungskosten zum ersten Male eine eindeutige Definition.

Nach § 255 Abs. 2 HGB sind Herstellungskosten „die Aufwendungen, die durch den Verbrauch von Gütern und die Inanspruchnahme von Diensten für die Herstellung eines Vermögensgegenstandes, seine Erweiterung oder für eine über seinen ursprünglichen Zustand hinausgehende wesentliche Verbesserung entstehen.“

§ 255 Abs. 3 HGB gibt auch an, was in die Herstellungskosten einzubeziehen ist und wofür ein Wahlrecht besteht.

Zu den Herstellungskosten gehören die Materialkosten, die Fertigungskosten und die Sondereinzelkosten der Fertigung. Eingerechnet werden dürfen angemessene Teile der notwendigen Materialgemeinkosten, der notwendigen Fertigungsgemeinkosten und des Wertverzehrs des Anlagevermögens, sofern es durch die Fertigung veranlaßt ist. Kosten der allgemeinen Verwaltung sowie Aufwendungen für soziale Einrichtungen des Betriebes, für freiwillige soziale Leistungen und für betriebliche Altersversorgung brauchen nicht eingerechnet zu werden.

Teile der Herstellungskosten, die dem Ansatzwahlrecht unterliegen, dürfen nur insofern berücksichtigt werden, als sie auf den Zeitraum der Herstellung entfallen.

**Vertriebskosten** dürfen nicht als Herstellungskosten aktiviert werden.

**Fremdkapitalzinsen** gehören prinzipiell nicht zu den Herstellungskosten, können aber Berücksichtigung finden, wenn sie Zinsen für Fremdkapital sind, das zur Finanzierung der Herstellung eines Vermögensgegenstandes verwendet wird; sie müssen auf den Zeitraum der Herstellung entfallen.

Festzustellen ist, daß Herstellungskosten mit Ausgaben verbundene Kosten sind, also pagatorischen Charakter haben.

Die Aussagen des § 255 Abs. 2 HGB verdeutlichen, daß bei der Ermittlung der Herstellungskosten ein großer Ansatzspielraum besteht. Von einem angegebenen Minimum (Materialkosten, Fertigungskosten, Sondereinzelkosten der Fertigung), das als Untergrenze der Herstellungskosten angesetzt werden muß, bis zu einem Maximum, das alle angegebenen Elemente der Herstellungskosten enthält und somit die Obergrenze darstellt, reicht der Bewertungsspielraum.

In einer Übersicht bietet sich folgendes Bild:

1. Fertigungsmaterial (Materialkosten i.S. des § 255 Abs. 2 HGB)
2. Fertigungslohn (Fertigungskosten i.S. des § 255 Abs. 2 HGB)
3. Sondereinzelkosten der Fertigung (Sonderkosten der Fertigung i.S. des § 255 Abs. 2 HGB)

---

4. Untergrenze der Herstellungskosten
5. Materialgemeinkosten
6. Fertigungsgemeinkosten
7. Wertverzehr des Anlagevermögens
8. Kosten der allgemeinen Verwaltung
9. Aufwendungen für soziale Einrichtungen des Betriebes
10. Aufwendungen für freiwillige soziale Leistungen
11. Aufwendungen für betriebliche Altersversorgung
12. Zinsen für Fremdkapital (soweit nach § 255 Abs. 3 HGB zulässig)

---

13. Obergrenze der Herstellungskosten

---

Als Untergrenze der Herstellungskosten sind also die Einzelkosten anzusetzen, die Obergrenze besteht aus allen im § 255 Abs. 2 bzw. 3 HGB als zulässig erwähnten Aufwendungen.

Zwischen Unter- und Obergrenze ist jeder Wertansatz zulässig.

**Beispiel für die Ermittlung der Herstellungskosten:**

| | |
|---|---|
| Fertigungsmaterial | 120.000 DM |
| Fertigungslohn | 180.000 DM |
| Sondereinzelkosten der Fertigung | 20.000 DM |
| Materialgemeinkosten | 48.000 DM |
| Fertigungsgemeinkosten | 360.000 DM |
| Wertverzehr des Anlagevermögens | 5.000 DM |
| Kosten der allgemeinen Verwaltung | 75.000 DM |
| Aufwendungen für soziale Einrichtungen des Betriebes | 15.000 DM |
| Aufwendungen für freiwillige soziale Leistungen | 25.000 DM |
| Aufwendungen für betriebliche Altersversorgung | — |
| Zinsen für Fremdkapital | — |

Wenn man aus den angegebenen Zinsen die Unter- und Obergrenze der Herstellungskosten ermittelt, ergeben sich folgende Kalkulationen:

Untergrenze der Herstellungskosten:

| | |
|---|---|
| Fertigungsmaterial | 120.000 DM |
| Fertigungslohn | 180.000 DM |
| SEK der Fertigung | 20.000 DM |
| | 320.000 DM |

Obergrenze der Herstellungskosten:

| | |
|---|---|
| Fertigungsmaterial | 120.000 DM |
| Fertigungslohn | 180.000 DM |
| SEK der Fertigung | 20.000 DM |
| Materialgemeinkosten | 48.000 DM |
| Fertigungsgemeinkosten | 360.000 DM |
| Wertverzehr des Anlagevermögens | 5.000 DM |
| Kosten der allgemeinen Verwaltung | 75.000 DM |
| Aufwendungen für soziale Einrichtungen | 25.000 DM |
| Aufwendungen für freiwillige soziale Leistungen | 15.000 DM |
| | 848.000 DM |

Der krasse Gegensatz zwischen 320.000 DM und 848.000 DM als Unter- und Obergrenze könnte zu der Annahme verleiten, daß es sich bei der Ausübung des Bewertungswahlrechts um eine Manipulation handele. Dies trifft nicht zu. Vermögen und Gewinn werden zwar in der laufenden Abrechnungsperiode je nachdem, ob man die Ober- oder Untergrenze wählt, anders ausgewiesen, über einen längeren Zeitraum jedoch werden die Unterschiede wieder beseitigt.

Ein **Beispiel** in Anlehnung an *Wöhe* (Bilanzierung und Bilanzpolitik) soll diese Zusammenhänge verdeutlichen.

Aus Vereinfachungsgründen, aber auch damit die Unterschiede besser herausgestellt werden können, wird unterstellt, daß in einer Abrechnungsperiode nur produziert, in der nächsten nur verkauft wird.

| | |
|---|---|
| Fertigungsmaterial | 100.000 DM |
| Fertigungslohn | 80.000 DM |
| Fertigungsgemeinkosten | 90.000 DM |
| Materialgemeinkosten | 20.000 DM |
| Verwaltungsgemeinkosten | 40.000 DM |
| Vertriebsgemeinkosten | 30.000 DM |
| Sonstige Gemeinkosten der ersten Periode | 5.000 DM |
| Erträge der ersten Periode | 60.000 DM |
| Verkaufserlöse | 450.000 DM |

I. Obergrenze der Herstellungskosten

1. Periode: Es wird nur produziert:

Fertigerzeugnisse

| | | | |
|---|---|---|---|
| FM | 100.000 | SBK | 330.000 |
| FL | 80.000 | | |
| GK | 150.000 | | |
| | 330.000 | | 330.000 |

G+V-Rechnung

| | | | |
|---|---|---|---|
| Sonstige Gemeinkosten | 5.000 | Ertrag | 60.000 |
| Gewinn | 55.000 | | |
| | 60.000 | | 60.000 |

Schlußbilanzkonto

| | | | |
|---|---|---|---|
| FE | 330.000 | | |

2. Periode: Es wird nur verkauft:

Fertigerzeugnisse

| | | | |
|---|---|---|---|
| EBK | 330.000 | Verkauf | 330.000 |

Verkaufserlöse

| | | | |
|---|---|---|---|
| FE | 330.000 | Forderungen | 450.000 |
| VtGK | 30.000 | | |
| Gewinn | 90.000 | | |
| | 450.000 | | 450.000 |

## II. Untergrenze der Herstellungskosten

1. Periode: Es wird nur produziert.

Fertigerzeugnisse

| | | | |
|---|---|---|---|
| FM | 100.000 | SBK | 180.000 |
| FL | 80.000 | G+V | 150.000 |
| GK | 150.000 | | |
| | 330.000 | | 330.000 |

Schlußbilanzkonto

| | | | |
|---|---|---|---|
| FE | 180.000 | | |

G+V-Rechnung

| | | | |
|---|---|---|---|
| FE | 150.000 | Erträge | 60.000 |
| Sonst.GK | 5.000 | Verlust | 95.000 |
| | 155.000 | | 155.000 |

2. Periode: Es wird nur verkauft:

Fertigerzeugnisse

| | | | |
|---|---|---|---|
| EBK | 180.000 | Vkf | 180.00 |

Verkaufserlöse

| | | | |
|---|---|---|---|
| FE | 180.000 | Forde-rungen | 450.000 |
| V+Gk | 30.000 | | |
| Gewinn | 240.000 | | |
| | 450.000 | | 450.000 |

Die folgende Übersicht zeigt, daß nach Ablauf beider Perioden der Gewinn in gleicher Höhe ausgewiesen wird unabhängig davon, ob die Ober- oder Untergrenze der Herstellungskosten ermittelt wurde:

Zusammenstellung der Erfolge

| | 1. Periode | 2. Periode | Summe |
|---|---|---|---|
| Obergrenze | 55.000 DM | 90.000 DM | 145.000 DM |
| Untergrenze | - 95.000 DM | 240.000 DM | 145.000 DM |

Wenn zur Obergrenze bilanziert wird, ergibt sich in Periode 1 ein Gewinn von 55.000 DM und in der Periode 2 von 90.000 DM. Wird die Untergrenze der Herstellungskosten angesetzt, ergibt sich ein ganz anderes Bild, in der 1. Periode wird ein Verlust in Höhe von 95.000 DM ausgewiesen, dem in der 2. Periode ein Gewinn von 240.000 DM gegenübersteht; per Saldo beträgt der Gesamtgewinn in beiden Fällen 145.000 DM.

Nicht nur die Gewinne sind nach den beiden Vorgehensweisen unterschiedlich, sondern auch das Vorratsvermögen wird in der Bilanz in unterschiedlicher Höhe ausgewiesen.

Im ersten Fall ist das Vorratsvermögen mit 330.000 DM höher als im zweiten Fall mit 180.000 DM. Die Aktivierung sämtlicher Kosten bei der Ermittlung der Obergrenze und die Aktivierung lediglich der Einzelkosten im zweiten Fall sind dafür die Ursache.

Bereits seit längerer Zeit existiert die Streitfrage, ob die **Vollkosten** als Herstellkosten zu ermitteln oder ob nur die **proportionalen Kosten** zu erfassen sind. Der Streit ist noch nicht ausgestanden. Es bleibt festzuhalten, daß nicht nur proportionale Kosten bei der betrieblichen Leistungserstellung entstehen. Das HGB sieht folglich auch in den fixen Kosten Kosten der Leistungserstellung (§ 253 HGB).

So betriebswirtschaftlich interessant die Frage der Aktivierbarkeit oder Nichtaktivierbarkeit der fixen Kosten sein mag, gegenwärtig sollte nicht gegen den Wortlaut des § 253 HGB interpretiert werden.

Kosten, die durch eine stärkere Unterbeschäftigung bedingt sind, sind hingegen nicht Bestandteil der Herstellungskosten.

Das Vollkosten-/Teilkostenproblem soll nicht weiter vertieft werden.

#### 4.9.4.1.2.2 Herstellungskosten nach Steuerrecht

Das Einkommensteuergesetz gibt in § 6 Abs. 1 keine Definition der Herstellungskosten. Es führt lediglich an, daß Wirtschaftsgüter des Anlagevermögens und des Umlaufvermögens mit den Anschaffungs- oder Herstellungskosten, vermindert um die AfA oder zu dem niedrigeren Teilwert anzusetzen sind. Erst die Einkommensteuerrichtlinien (R 33) schaffen größere Klarheit.

Demnach sind Herstellungskosten die Aufwendungen, die durch den Verbrauch von Gütern und die Inanspruchnahme von Diensten für die Herstellung eines Erzeugnisses entstehen. Sie setzen sich zusammen aus den Materialkosten einschließlich der notwendigen Materialgemeinkosten und den Fertigungskosten einschließlich der notwendigen Fertigungsgemeinkosten.

Das Einkommensteuerrecht geht offensichtlich von einer vorhandenen Zuschlagskalkulation aus.

Die steuerlichen Herstellungskosten dürfen nur solche Aufwendungen enthalten, die als Betriebsausgaben abzugsfähig sind. Die Herstellungskosten im Sinne des Einkommensteuergesetzes sind Istkosten und in der Regel auch Vollkosten.

Die Einkommensteuerrichtlinien geben exemplarisch an,

- was zu den notwendigen Material- und Fertigungsgemeinkosten zu zählen ist,
- wofür ein Wahlrecht besteht und
- was nicht aktivierbar ist.

Eine vollständige Aufzählung fehlt.

Die nicht volle Ausnutzung der Kapazitäten führt nicht zu einer Minderung der Fertigungsgemeinkosten, wenn sich die Schwankung in der Kapazitätsausnutzung aus der Art der Produktionsverhältnisse ergibt. Wird ein Betrieb allerdings infolge teilweiser Stillegung oder mangelnder Aufträge nicht voll ausgenutzt, sind die dadurch verursachten Kosten nicht zu berücksichtigen.

Auch einkommensteuerrechtlich ist für die Herstellungskosten die Bildung einer Untergrenze und einer Obergrenze möglich.

Die **Untergrenze** besteht aus den Einzelkosten, Sonderkosten der Fertigung (Entwurfskosten, Lizenzkosten, Modellkosten u.ä.) sowie notwendigen Materialgemeinkosten, notwendigen Fertigungsgemeinkosten und dem Wertverzehr des Anlagevermögens.

Die **Obergrenze** ergibt sich aus den Kosten, die die Untergrenze bilden zusätzlich den Kosten für die allgemeine Verwaltung und den übrigen Aufwendungen, die R 33 EStR aufführt, wie Aufwendungen für soziale Einrichtungen des Betriebes, freiwillige soziale Aufwendungen, Aufwendungen für die betriebliche Altersversorgung und Zinsen für das Fremdkapital.

Das Bilanzrichtlinien-Gesetz hat eine große Annäherung der handelsrechtlichen Herstellungskosten an die steuerrechtlichen herbeigeführt. Hauptunterschiede bestehen in der etwas klareren Aussage des Einkommensteuerrechts, dem Aufwandsbegriff, der nach Handels- und Steuerrecht differiert und in der Behandlung der Kosten bei Unterbeschäftigung.

#### 4.9.4.1.3 Der Teilwert

Der Teilwert ist ein rein steuerlicher Wert, der eine Alternative zu den Anschaffungs- oder Herstellungskosten darstellt.

Nach § 6 Abs. 1 EStG ist der Teilwert „der Betrag, den ein Erwerber des ganzen Betriebes im Rahmen des Gesamtkaufpreises für das einzelne Wirtschaftsgut ansetzen würde; dabei ist davon auszugehen, daß der Erwerber den Betrieb fortführt."

Die Fiktionen, die der Gesetzgeber setzt, bewirken, daß eine Ermittlung praktisch unmöglich wird.

Dies hat die Rechtsprechung auch erkannt; so hat der BFH ein System von Vermutungen entwickelt, das den Teilwert bestimmt und einen völlig neuen Teilwertbegriff schafft.

Teilwert beim **Anlagevermögen**:

Teilwertvermutungen beim Anlagevermögen:

- zum Zeitpunkt der Anschaffung oder Herstellung:
  Anschaffungs- oder Herstellungskosten = Teilwert

- zum Zeitpunkt nach der Anschaffung oder Herstellung:
  - bei nichtabnutzbaren Wirtschaftsgütern des Anlagevermögens: Anschaffungskosten = Teilwert
  - bei abnutzbaren Wirtschaftsgütern des Anlagevermögens: Anschaffungs- oder Herstellungskosten abzüglich AfA = Teilwert

Teilwert beim **Umlaufvermögen**:

Der Teilwert beim Umlaufvermögen deckt sich in der Regel mit den jeweiligen Wiederbeschaffungskosten.

> Auch der Teilwert hat eine Obergrenze und eine Untergrenze. Die Obergrenze wird in der Regel durch die Wiederbeschaffungskosten dargestellt, die Untergrenze besteht im Einzelveräußerungspreis, der im Extremfall sogar der Schrottwert sein kann.

#### 4.9.4.1.4 Der sich aus dem Börsen- oder Marktpreis am Abschlußstichtag ergebende Wert

Bei dem Wertansatz für Gegenstände des Umlaufvermögens kommt der sich aus dem Börsen- oder Marktwert am Abschlußstichtag ergebende Wert in Frage, wenn er niedriger als die Anschaffungs- bzw. Herstellungkosten ist. Grund für diese Bestimmung ist das Niederstwertprinzip (vgl. § 253 Abs. 3 HGB).

Bei der Ermittlung des Börsen- oder Marktpreises muß unterschieden werden, ob der Beschaffungs- oder Absatzmarkt heranzuziehen ist. Bei zu bewertenden Stoffen muß der **Beschaffungsmarkt** betrachtet werden; in diesem Falle erfolgt der Wertansatz in der Regel zu den Wiederbeschaffungskosten, die sich aus dem Börsen- oder Marktpreis zuzüglich Beschaffungsnebenkosten zusammensetzen.

Müssen unfertige Erzeugnisse und Fertigerzeugnisse bewertet werden, hat man sich in erster Linie am Absatzmarkt zu orientieren. Der Börsen- oder Marktpreis auf dem **Absatzmarkt** ist um noch anfallende Kosten zu kürzen, um den Wertansatz für die Bilanz zu erhalten.

Für Handelswaren gilt vorzugsweise der Absatzmarkt.

**Beispiel** für den aus dem Börsen- oder Marktpreis abgeleiteten Wert: Rohstoffe wurden am 30.10. für 10.000 DM (100 St. à 100 DM) angeschafft. Der Marktpreis am Bilanzstichtag beträgt 90 DM. Beschaffungsnebenkosten fallen in Höhe von 3 % an; der Bestand beläuft sich auf 60 St..

Bewertung zu Anschaffungskosten:

| | |
|---|---|
| 60 St. zu 100 DM = | 6.000 DM |

Bewertung zum abgeleiteten Marktpreis:

| | |
|---|---|
| 60 St. zu 90 DM = | 5.400 DM |
| + Beschaffungsnebenkosten 3 % = | 162 DM |
| | 5.562 DM |

Nach dem Niederstwertprinzip ist der Wert in Höhe von 5.562 DM, der sich aus dem Marktpreis am Abschlußstichtag ergibt, anzusetzen.

Der aus dem Börsen- oder Marktpreis abzuleitende Wert darf nicht mit dem Markt- oder Börsenpreis verwechselt werden, da je nach Beschaffungs- oder Absatzmarktorientierung noch Zuschläge oder Abzüge vorzunehmen sind.

#### 4.9.4.1.5 Beizulegender Wert

Ist ein Börsen- oder Marktpreis am Abschlußstichtag nicht festzustellen und sind die Anschaffungs- oder Herstellungskosten höher als der Wert, der den Gegenständen am Abschlußstichtag beizulegen ist, muß dieser Wert angesetzt werden (§ 253 Abs. 3 HGB).

Auch beim beizulegenden Wert muß zwischen der Absatzmarkt- und Beschaffungsmarktorientierung unterschieden werden.

Bei Gegenständen, die aus dem Produktionsprozeß kommen, ist der Absatzmarkt maßgebend. Dann errechnet sich der beizulegende Wert aus einem vorsichtig geschätzten Veräußerungspreis abzüglich Erlösschmälerungen und voraussichtlich noch anfallende Kosten. Das Berechnungsschema hat dann folgendes Aussehen:

Voraussichtliche Verkaufserlöse

./. Erlösschmälerungen
./. Verpackungskosten
./. sonstige Vertriebskosten
./. noch anfallende Verwaltungskosten
./. noch anfallende Kapitaldienstkosten

= am Bilanzstichtag beizulegender Wert

Ein durchschnittlicher Unternehmergewinn kann nach BFH-Rechtsprechung noch abgezogen werden.

Sind unfertige Erzeugnisse zu bewerten, sind die Kosten, die bis zur Fertigstellung noch anfallen, zu berücksichtigen.

Für Gegenstände, die zur Be- oder Verarbeitung bestimmt sind, also Roh-, Hilfs- und Betriebsstoffe, erfolgt die Bewertung nach Gesichtspunkten des Beschaffungsmarktes.

Die Ermittlung des beizulegenden Wertes geschieht in diesem Fall in zwei Schritten:

- Festlegung des Wiederbeschaffungswertes

- Überlegung, ob wegen längerer Lagerdauer, Veralterung u.ä. Abwertungen erforderlich sind.

Bei Massengütern werden pauschale Abschläge von den Anschaffungs- oder Herstellungskosten vorgenommen. Häufig geschieht dies in Form einer Gängigkeitsabschreibung.

Es werden Gängigkeitsklassen eingerichtet, die sich nach der Umschlagshäufigkeit richten. Je niedriger der Umschlag im letzten Geschäftsjahr lag, um so höher ist der Abschreibungssatz, der für die Gängigkeitsklasse gebildet wird.

Der beizulegende Wert gilt nicht nur für Gegenstände des Umlaufvermögens, sondern auch für das Anlagevermögen.

#### 4.9.4.1.6 Aufgrund von Wertschwankungen anzusetzender niedriger Wert

Dieser Wert kommt in Frage, wenn es nach vernünftiger kaufmännischer Beurteilung erforderlich ist, Wertschankungen zu verhindern. Dieser Wert gilt nur für das Umlaufvermögen (vgl. § 253 Abs. 3 Satz 3 HGB).

Folgende Voraussetzungen müssen erfüllt werden:

- Wertschwankungen, die sich auf den Wertansatz auswirken (wiederkehrende Schwankungen, einmaliger Preisrückgang)

- Wertschwankungen müssen in der nächsten Zukunft liegen, wobei nach der Rechtsprechung ein Zeitraum von etwa zwei Jahren anzusehen ist

- Der niedrige Wertansatz muß nach vernünftiger kaufmännischer Beurteilung erforderlich sein, um Abwertungen zu verhindern. Dabei dürfen keine willkürlichen Wertansätze gewählt werden, insbesondere keine pessimistischen. Der Wertabschlag darf nur so hoch sein, um spätere Wertabschläge überflüssig zu machen.

**Beispiel**: Die Anschaffungskosten einer Ware betragen am 15.7. 1.000 DM. Der Marktpreis am Bilanzstichtag 31.12. beläuft sich auf 1.100 DM. Nach dem Niederstwertprinzip käme ein Wertansatz in Höhe von 1.000 DM in Frage.

Ist nach vernünftiger kaufmännischer Beurteilung damit zu rechnen, daß der Preis bis zu 10 % sinkt, kann entsprechend § 253 Abs. 3 Satz 3 HGB ein Wert von 900 DM in der Bilanz angesetzt werden.

#### 4.9.4.1.7 Niedriger Wert, der auf einer nur steuerrechtlich zulässigen Abschreibung beruht

§ 254 HGB sagt aus: „Abschreibungen können auch vorgenommen werden, um Vermögensgegenstände des Anlage- oder Umlaufvermögens mit dem niedrigeren Wert anzusetzen, der auf einer nur steuerrechtlich zulässigen Abschreibung beruht".

Durch die Möglichkeit, nach Steuerrecht ermittelte Werte auch in der Handelsbilanz anzusetzen, wird eine Brücke zwischen Handelsbilanz und Steuerbilanz geschlagen.

Bei Kapitalgesellschaften ist gem. § 279 Abs. 2 HGB dieser niedrige Wertansatz an das umgekehrte Maßgeblichkeitsprinzip gekoppelt.

Zu den Wertansätzen im Rahmen der Einzelbewertung sei abschließend festgestellt, daß die nach § 253 Abs. 2, 3 und 4 HGB gewählten niedrigen Wertansätze beibehalten werden dürfen, auch wenn die Gründe dafür nicht mehr bestehen.

Auf das Wertaufholungsgebot des § 280 HGB bei Kapitalgesellschaften wurde bereits hingewiesen.

### 4.9.4.2 Von der Einzelbewertung abweichende Bewertung

Obwohl im deutschen Bewertungsrecht das Prinzip der Einzelbewertung besteht, ist eine Abweichung davon möglich; Handels- und Steuerrecht lassen andere Bewertungsverfahren zu, wenn bestimmte Voraussetzungen erfüllt werden.

Dabei geht der Gesetzgeber davon aus, daß die von der Einzelbewertung abweichenden Verfahren nicht zu Manipulationszwecken angewandt werden, sondern vor allem eine Bewertungshilfe oder Inventurhilfe im Sinne einer Arbeitserleichterung darstellen.

#### 4.9.4.2.1 Festwerte

§ 240 Abs. 3 HGB erlaubt für Vermögensgegenstände des Sachanlagevermögens sowie für Roh-, Hilfs- und Betriebsstoffe, wenn sie regelmäßig ersetzt werden und wenn ihr Gesamtwert für das Unternehmen von nachrangiger Bedeutung ist, sie mit einer gleichbleibenden Menge und einem gleichbleibenden Wert anzusetzen, sofern ihr Bestand in seiner Größe, seinem Wert und seiner Zusammensetzung nur geringen Veränderungen unterliegt.

In der Regel ist alle drei Jahre eine körperliche Bestandsaufnahme und damit verbunden eine Korrekturbewertung durchzuführen.

Siehe auch R 31 EStR.

Auch nach diesen beiden Abschnitten beträgt der Zeitraum, nach dessen Ablauf eine Kontrollaufnahme durchzuführen ist, drei Jahre; R 31 Abs. 5 EStR läßt eine Erweiterung der Frist auf fünf Jahre zu.

Wird bei der durchzuführenden körperlichen Bestandsaufnahme festgestellt, daß sich die Festwerte geändert haben, muß der Betrieb im Regelfall reagieren.

Die Wertschwelle, die hierbei maßgebend ist, liegt bei 10 % des bisherigen Festwertes (vgl. R 31 Abs. 5 EStR).

Wird der bisherige Festwert um mehr als 10 % überschritten, ist der Festwert so lange um die Neuzugänge aufzustocken, bis der neue Festwert erreicht ist.

Beträgt die Wertsteigerung weniger als 10 %, besteht für den bisherigen Wertansatz ein Beibehaltungswahlrecht.

Wird der alte Festwert unterschritten, kann der neue Festwert angesetzt werden. Hier ist allerdings eine Differenzierung erforderlich.

Wegen des Niederstwertprinzips ist handelsrechtlich eine Abwertung des alten Festwertes beim Umlaufvermögen grundsätzlich erforderlich, beim Anlagevermögen bei einer ständigen Wertminderung; bei einer deutlichen Unterschreitung des bisherigen Festwertes ist auch steuerrechtlich eine Abwertung geboten.

Von Bedeutung ist die Frage, ob sich die Menge der Vermögensgegenstände, die zu Festwerten angesetzt wurden, erhöht haben muß oder ob die Einzelwerte maßgebend sind.

Die Formulierung des § 240 Abs. 3 HGB, nach der der Ansatz „mit einer gleichbleibenden Menge und einem gleichbleibenden Wert“ erfolgen kann, drückt aus, daß die Berücksichtigung von Preissteigerungen bei vorhandenen Vermögensgegenständen dem Prinzip der Festbewertung widerspräche, es also auf die Erhöhung der Einzelwerte nicht ankommt.

Wegen der steuerlichen Behandlung vgl. R 36 Abs. 4 EStR.

Die buchungstechnische Behandlung der Festwerte sieht so aus, daß man beim Anlagevermögen vorhandene Vermögensgegenstände so lange abschreibt, bis der erwünschte Festwert erreicht ist. Die danach erfolgten Zugänge sind als Aufwand zu behandeln.

Bei Roh-, Hilfs- und Betriebsstoffen wird im Prinzip genauso verfahren, doch sind häufig die ersten Festwerte mit den ursprünglichen Anschaffungskosten identisch.

Zu erwähnen ist noch, daß die Bildung von Festwerten für verderbliche Vermögensgegenstände und wertvolle Vermögensgegenstände nicht geeignet ist.

**Beispiel für die Bildung von Festwerten nach der Ganzwertmethode:**

Erstausstattung eines Hotels mit Wein- und Sektgläsern 4.500 DM.

| Jahr | Zugänge | Abschreibungen | Bilanzansatz |
|---|---|---|---|
| 1. | 1.500 DM | 1.500 DM | 4.500 DM |
| 2. | 1.350 DM | 1.350 DM | 4.500 DM |
| 3. | 1.440 DM | 1.440 DM | 4.500 DM |

**Beispiel für die Bildung von Festwerten nach der Standardwertmethode:**

Am 31.12. des Geschäftsjahres beträgt der Gesamtwert der Werkzeuge lt. Inventur 60.000 DM. Im gleichen Geschäftsjahr waren in dem Betrieb 500 Arbeiter beschäftigt.

Der Standardwert der Werkzeuge je Arbeiter beträgt somit 120 DM. Der Festwert wird in den Folgejahren so gebildet, daß der Festwert je Arbeitnehmer mit der Anzahl der Arbeitnehmer multipliziert wird; es ergibt sich:

| Jahr | Anzahl der Arbeiter | Standwert je Arbeiter | Bilanzansatz |
|---|---|---|---|
| 1. | 520 | 120 DM | 60.000 DM |
| 2. | 520 | 120 DM | 62.400 DM |
| 3. | 550 | 120 DM | 66.000 DM |
| 4. | 590 | 120 DM | 70.800 DM |
| 5. | 490 | 120 DM | 58.800 DM |

Zugänge, die über die errechneten Werte hinausgehen, werden als Aufwand gebucht.

**Beispiel**: Verbuchung von Preisdifferenzen und Ermittlung des Endbestandes zu Istwerten, wenn zwischen Istpreisen und verrechneten Preisen Differenzen bestehen.

| Einkauf eines Rohstoffes: | Verbrauch des Rohstoffes: |
|---|---|
| 500 kg zu 5,50 DM | 300 kg |
| 300 kg zu 5,30 DM | 150 kg |
| 400 kg zu 5,60 DM | 300 kg |
| 200 kg zu 5,70 DM | 100 kg |
| 600 kg zu 5,55 DM | 500 kg |

Verrechnungspreis (Festwert) 5,40 DM

- **Erfassung der Differenzen beim Einkauf**

Rohstoffkonto

| | | | |
|---|---|---|---|
| 500 kg à 5,40 | 2.700,— | 300 kg à 5,40 | 1.620,— |
| 300 kg à 5,40 | 1.620,— | 150 kg à 5,40 | 810,— |
| 400 kg à 5,40 | 2.160,— | 300 kg à 5,40 | 1.620,— |
| 200 kg à 5,40 | 1.080,— | 100 kg à 5,40 | 540,— |
| 600 kg à 5,40 | 3.240,— | 500 kg à 5,40 | 2.700,— |
| Preisdiff. | 81,25 | SB zu Istkosten | 3.591,25 |
| | 10.881,25 | | 10.881,25 |

Preisdifferenz-Bestands-Kt.

| | | | |
|---|---|---|---|
| 500 kg à 0,10 | 50,— | 300 kg à 0,10 | 30,— |
| 400 kg à 0,20 | 80,— | Preisdifferenz | 168,75 |
| 200 kg à 0,30 | 60,— | Rohstoffe | 81,25 |
| 600 kg à 0,15 | 90,— | | |
| | 280,— | | 280,— |

Preisdifferenz Kto.

| | | | |
|---|---|---|---|
| Preisdifferenz | 168,75 | | |

Fertigungsmaterial

| | | | |
|---|---|---|---|
| Rohstoffe | 1.620 | KOR | 7.290 |
| Rohstoffe | 810 | | |
| Rohstoffe | 1.620 | | |
| Rohstoffe | 540 | | |
| Rohstoffe | 2.700 | | |
| | 7.290 | | 7.290 |

$$\text{Preisdifferenzprozentsatz des Zugangs} = \frac{\text{Vorsaldo des Preisdifferenz-Bestandskontos}}{\text{AB + Zugänge des Rohstoffkontos}} \cdot 100$$

$$\frac{250}{10.800} \cdot 100 = 2{,}314815$$

2,314815 % vom Materialverbrauch von 7.290,— DM =168,75 DM

- **Erfassung der Differenzen beim Verbrauch**

Rohstoffkonto

| | | | |
|---|---|---|---|
| 500 kg à 5,50 | 2.750,— | 300 kg à 5,525 = | 1.657,50 |
| 300 kg à 5,30 | 1.590,— | 150 kg à 5,525 = | 828,75 |
| 400 kg à 5,60 | 2.240,— | 300 kg à 5,525 = | 1.657,50 |
| 200 kg à 5,70 | 1.140,— | 100 kg à 5,525 = | 552,50 |
| 600 kg à 5,55 | 3.30,— | 500 kg à 5,525 = | 2.762,50 |
| | | SB zu Istkosten | 3.591,25 |
| | 11.050,— | | 11.050,— |

Fertigungsmaterial

| | | | |
|---|---|---|---|
| Rohstoffe | 1.620,— | KOR | 7.290,— |
| Rohstoffe | 810,— | | |
| Rohstoffe | 1.620,— | | |
| Rohstoffe | 540,— | | |
| Rohstoffe | 2.700,— | | |
| | 7.290,— | | 7.290,— |

Preisdifferenz Kto.

| | | | |
|---|---|---|---|
| Rohstoffe | 37,50 | KOR | 168,75 |
| Rohstoffe | 18,75 | | |
| Rohstoffe | 37,50 | | |
| Rohstoffe | 12,50 | | |
| Rohstoffe | 62,50 | | |
| | 168,85 | | 168,75 |

Durchschnittspreis = Wert der Rohstoffe zu Einkaufspreisen : Materialgewicht

11.050,— : 2.000 kg = 5,525

Die Konten sind so geführt, daß die Entstehung der einzelnen Werte rekonstruiert werden kann; das Gegenkonto wurde daher nicht immer angerufen.

Während der Dauer der Festbewertung werden die Zugänge als Aufwand gebucht.

#### 4.9.4.2.2 Gruppenwerte

Gemäß § 240 Abs. 4 HGB können „gleichartige Vermögensgegenstände des Vorratsvermögens sowie andere gleichartige oder annähernd gleichwertige bewegliche Vermögensgegenstände jeweils zu einer Gruppe zusammengefaßt und mit dem gewogenen Durchschnittswert angesetzt werden“.

Annähernd gleichwertig sind Vermögensgegenstände dann, wenn ihre Preise nicht stark differieren. Nach herrschender Auffassung ist dies der Fall, wenn bei relativ niedrigen Einzelwerten Unterschiede von höchstens 20 % vorkommen. Bei höheren Einzelwerten muß die Wertdifferenz geringer sein, um ein zu starkes Auseinanderklaffen zwischen Einzelbewertung und Gruppenbewertung zu vermeiden. Gleichartig sind Vermögensgegenstände, wenn Gleichheit der Warengattung oder Funktionsgleichheit besteht.

Schließlich muß es noch möglich sein, einen Durchschnittswert zu bilden, was in der Praxis wohl keine Schwierigkeiten bereiten dürfte.

Die Gruppenbewertung eignet sich besonders für Kleinteile, Kurzwaren, Schrauben, Nägel u.ä.. Sie ist für Gegenstände des Anlage- und Umlaufvermögens zugelassen und wird auch steuerrechtlich anerkannt.

Die Ermittlung des gewogenen Durchschnitts ist auf zweierlei Art möglich: zum einen wird der Durchschnitt gleitend, also permanent während der Abrechnungsperiode berechnet, zum anderen lediglich am Ende des Abrechnungszeitraumes.

**Beispiel:**

Aus der Buchhaltung eines Betriebes ergeben sich folgende Werte für einen Rohstoff:

| | | |
|---|---|---|
| Anfangsbestand | 1.1. | 400 kg zu 6,00 DM |
| Zugänge | 20.2. | 100 kg zu 6,50 DM |
| | 24.5. | 150 kg zu 6,80 DM |
| | 10.10. | 320 kg zu 5,25 DM |
| | | |
| Abgänge | 15.3. | 50 kg |
| | 2.7. | 80 kg |
| | 30.8. | 40 kg |
| | 1.12. | 300 kg |

Durchschnittswert am Ende der Periode ermittelt:

| | | |
|---|---|---|
| Anfangsbestand | 400 kg zu 6,00 DM | 2.400,00 DM |
| Zugänge | 100 kg zu 6,50 DM | 650,00 DM |
| | 150 kg zu 6,80 DM | 1.020,00 DM |
| | 320 kg zu 5,25 DM | 1.680,00 DM |
| | 970 kg zu 5,928 DM | 5,750,00 DM |
| Abgänge | 470 kg zu 5,928 DM | 2.786,16 DM |
| Endbestand | 500 kg zu 5,928 DM | 2.963,84 DM |

Gleitender Durchschnitt:

| | | | |
|---|---|---|---|
| Anfangsbestand | 1.1. | 400 kg zu 6,00 DM | 2.400,00 DM |
| Zugang | 20.2. | 100 kg zu 6,50 DM | 650,00 DM |
| | | 500 kg zu 6,10 DM | 3.050,00 DM |
| Abgang | 15.3. | 50 kg zu 6,10 DM | 305,00 DM |
| | | 450 kg zu 6,10 DM | 2.745,00 DM |
| Zugang | 24.5. | 150 kg zu 6,80 DM | 1.020,00 DM |
| | | 600 kg zu 6,275 DM | 3.765,00 DM |
| Abgang | 2.7. | 80 kg zu 6,275 DM | 502,00 DM |
| | | 520 kg zu 6.275 DM | 3.263,00 DM |
| Abgang | 30.8. | 40 kg zu 6,275 DM | 251,00 DM |
| | | 480 kg zu 6,275 DM | 3.012,00 DM |
| Zugang | 10.10. | 320 kg zu 5,25 DM | 1.680,00 DM |
| | | 800 kg zu 5,865 DM | 4.692,00 DM |
| Abgang | 1.12. | 300 kg zu 5,865 DM | 1.759,50 DM |
| Endbestand | | 500 kg zu 5,865 DM | 2.932,50 DM |

### 4.9.4.3 Verbrauchsfolgeverfahren

§ 256 HGB läßt eine Bewertung zu, die in der Praxis in der Bundesrepublik Deutschland im Gegensatz zu anderen Ländern - vor allem in den angelsächsischen - relativ selten angewandt wird.

Steuerliche Erschwernisse mögen der Hauptgrund dafür sein.

Die handelsrechtliche Bestimmung besagt, daß, soweit es den Grundsätzen ordnungsmäßiger Buchführung entspricht, für den Wertansatz gleichartiger Vermögensgegenstände des Vorratsvermögens unterstellt werden kann, daß die zuerst oder daß die zuletzt angeschafften oder hergestellten Vermögensgegenstände zuerst oder in einer sonstigen bestimmten Folge verbraucht oder veräußert worden sind.

Steuerrechtlich ist diese Verbrauchsfolgeverfahrensbewertung eingeschränkt.

Nach § 6 EStG sind die Anschaffungs- oder Herstellungskosten oder ein niedriger Teilwert für das Vorratsvermögen am Bilanzstichtag anzusetzen. Bei den Verbrauchsfolgeverfahren wird der Bestand an Vorräten jedoch nicht zu den am Bilanzstichtag realisierten Kosten bewertet. Eine steuerrechtliche Zulässigkeit dieser Verfahren ist nur gegeben, wenn die Verbrauchsfolge tatsächlich den Verfahren zugrunde liegenden Fiktionen entspricht. Eine Ausnahme stellt das Lifo-Verfahren dar. Dieses ist seit einiger Zeit steuerlich zulässig.

Außer für Unternehmen, die neben Steuerbilanzen noch Handelsbilanzen aufstellen - etwa wie es die Aktiengesellschaften tun - spielt diese Art der Bewertung keine große Rolle.

Als Verbrauchsfolgeverfahren kommen infrage:

- die Lifo-Methode
- die Fifo-Methode
- die Hifo-Methode
- die Lofo-Methode
- die Kifo-Methode.

Bei der **Lifo-Methode** (last in - first out) wird unterstellt, daß die zuletzt erworbenen oder hergestellten Gegenstände zuerst verbraucht oder verkauft werden.

Die **Fifo-Methode** (first in - first out) geht davon aus, daß die zuerst angeschafften oder hergestellten Gegenstände zuerst verbraucht oder verkauft werden.

Die **Hifo-Methode** (highest in - first out) unterstellt, daß die am teuersten angeschafften oder hergestellten Gegenstände zuerst verbraucht oder verkauft werden.

**Lofo** (lowest in - first out) bedeutet, daß die Gegenstände, die am billigsten angeschafft oder hergestellt wurden, zuerst verbraucht oder verkauft werden.

**Kifo** (Konzern in - first out) beinhaltet, daß die von Konzernunternehmen erworbenen Gegenstände zuerst verbraucht oder verkauft werden.

Die Verbrauchsfolgeverfahren werden im folgenden am Beispiel der Lifo-Methode erläutert. Ausführliche Erklärungen und Zahlenbeispiele für die Verbrauchsfolgeverfahren siehe *Olfert / Körner / Langenbeck*, Bilanzen.

Beim **Lifo-Verfahren** erfolgt die Bewertung zu den Preisen der zuerst angeschafften oder hergestellten Güter.

Bei **steigenden** Anschaffungs- oder Herstellungskosten werden die verkauften oder verbrauchten Vermögensgegenstände zu den höheren Werten der Rechnungsperiode angesetzt, die Ertragslage wird dadurch ungünstiger dargestellt als bei der Durchschnittsbewertung. Die Bestände erscheinen in der Bilanz mit den niedrigen Werten der Rechnungsperiode, die Vermögenslage wird ungünstiger dargestellt.

Bei **sinkenden** Anschaffungs- oder Herstellungskosten führt der Ausweis der Verbrauchsmengen zu niedrigeren Werten zur Darstellung einer günstigeren Ertragslage und ein Bilanzansatz zu höheren Werten zum Ausweis einer günstigeren Vermögenslage.

Wie die übrigen Verbrauchsfolgeverfahren kann auch die Lifo-Methode in einer periodischen und in einer permanenten Rechnung angewandt werden.

Bei den Verbrauchsfolgeverfahren ist das Niederstwertprinzip stets zu beachten.

Bei **steigenden** Preisen führt die Lifo-Bewertung zu einem Finanzierungseffekt, da stille Reserven entstehen.

Bei **fallenden** Preisen kommt das Lifo-Verfahren nicht in Frage, da das Niederstwertprinzip fordert, daß die Anschaffungs- bzw. Herstellungskosten angesetzt werden müssen.

**Beispiel für eine permanente Lifo-Bewertung** (zugrunde gelegt werden die Zahlen des Beispiels der Gruppenbewertung):

| Anfangsbestand/Bewegungen | Menge in kg | Preis je kg | Wert in DM | Durchschnittspreis |
|---|---|---|---|---|
| AB | 400 | 6,— | 2.400,— | 6,— |
| Zugang | 100 | 6,50 | 650,— | |
| | 500 | | 3.050,— | 6,10 |
| Abgang | 50 | 6,50 | 325,— | |
| | 450 | | 2.725,— | 6,06 |
| Zugang | 150 | 6,80 | 1.020,— | |
| | 600 | | 3.745,— | 6,24 |
| Abgang | 80 | 6,80 | 544,— | |
| | 520 | | 3.201,— | 6,16 |
| Abgang | 80 | 6,80 | 272,— | |
| | 480 | | 2.929,— | 6,10 |
| Zugang | 320 | 5,25 | 1.680,— | |
| | 800 | | 4.609,— | 5,76 |
| Abgang | 300 | 5,25 | 1.575,— | |
| EB | 500 | | 3.034,— | 6,07 |

**Beispiel für eine Perioden-Lifo-Bewertung:**

| | | |
|---|---|---|
| Anfangsbestand | 400 kg zu 6,00 DM | 2.400 DM |
| Zugänge | 100 kg zu 6,50 DM | 650 DM |
| | 150 kg zu 6,80 DM | 1.020 DM |
| | 320 kg zu 5,25 DM | 1.680 DM |
| | 970 kg | 5.750 DM |
| Abgänge | 470 kg | |
| davon: | 320 kg zu 5,25 DM | 1.680 DM |
| | 150 kg zu 6,80 DM | 1.020 DM |
| Endbestand | 500 kg | 3.050 DM |

# 5. Gewinn- und Verlustrechnung

Im System der doppelten Buchführung kann der Erfolg einer Abrechnungsperiode auf zweierlei Art ermittelt werden:

- in der Bilanz ergibt sich der Gewinn oder Verlust durch den Vergleich des Eigenkapitals zu Beginn und am Ende des Abrechnungszeitraumes,
- in der Gewinn- und Verlustrechnung durch den Vergleich der Aufwendungen mit den Erträgen.

Die Gewinn- und Verlustrechnung ist eine Erfolgsrechnung, die sich nicht darauf beschränkt, den Gewinn oder Verlust auszuweisen, sondern sie zeigt auch das Zustandekommen des Erfolgs, indem sie seine Quellen aufführt.

Während die Bilanz eine auf einen bestimmten Stichpunkt bezogene Rechnung ist, stellt die Gewinn- und Verlustrechnung eine Zeitraumrechnung dar. Sie umfaßt alle während des Abrechnungszeitraumes entstandenen Aufwendungen und Erträge und ermittelt als Überschußrechnung den Erfolg. Übersteigen die Erträge die Aufwendungen, liegt ein Gewinn, im umgekehrten Falle ein Verlust vor.

Die Gewinn- und Verlustrechnung arbeitet nicht mit Ausgaben und Einnahmen, sondern mit Aufwendungen und Erträgen, wobei oft ausgewiesene Aufwendungen und Erträge mit Zahlungsvorgängen verbunden sind. Zur Abgrenzung Ausgaben/Aufwand bzw. Einnahmen/Erträge s. S. 22.

## 5.1 Formen der Gewinn- und Verlustrechnung

### 5.1.1 Bruttorechnung, Nettorechnung

Die Gewinn- und Verlustrechnung kann in der Form einer Brutto- oder einer Nettorechnung erstellt werden. Bei der Bruttorechnung werden die einzelnen Aufwendungen und Erträge unsaldiert ausgewiesen, d.h. alle Aufwands- und Ertragsposten müssen getrennt in voller Höhe aufgeführt werden. Das Rechnungswesen ist entsprechend zu organisieren, insbesondere der Kontenplan den Erfordernissen der Bruttorechnung anzupassen.

Bei der Nettorechnung werden einzelne Posten der Aufwands- und Ertragsseite der Gewinn- und Verlustrechnung saldiert.

Die Bruttorechnung wird in der Praxis der Nettorechnung vorgezogen, da sie allein die Erfolgsquellen wiedergibt. Auch dürfte nur die Bruttorechnung vom Prinzip her den Grundsätzen ordnungsmäßiger Buchführung entsprechen.

### 5.1.2 Beispiel

Beispiel für die Brutto- und Nettorechnung *Adler/Düring/Schmaltz*:

Bruttorechnung

| | | | |
|---|---|---|---|
| Umsatzaufwand | 610.000 | Umsatz | 700.000 |
| Aufwendungen für Beteiligungen | 50.000 | Erträge aus Beteiligungen | 150.000 |
| Aufwendungen für Zinsen | 20.000 | Erträge aus Zinsen | 40.000 |
| Außerordentliche Aufwendungen | 80.000 | Außerordentliche Erträge | 60.000 |
| Zuführungen zu Rückstellungen | 90.000 | Auflösung von Rückstellungen | 50.000 |
| Sonstige Aufwendungen | 50.000 | Sonstige Erträge | 20.000 |
| Gewinn | 120.000 | | |
| | 1.020.000 | | 1.020.000 |

Nettorechnung

| | | | |
|---|---|---|---|
| Umsatzaufwand ohne Materialverbrauch | 410.000 | Umsatz abzüglich Materialverbrauch | 500.000 |
| Außerordentlicher Aufwand (Saldo) | 20.000 | Überschuß aus Beteiligungen | 100.000 |
| Zuführungen zu Rückstellungen (Saldo) | 40.000 | Überschuß aus Zinsen | 20.000 |
| Sonstige Aufwendungen und Erträge (Saldo) | 30.000 | | |
| Gewinn | 120.000 | | |
| | 620.000 | | 620.000 |

## 5.2 Gliederung der Gewinn- und Verlustrechnung

### 5.2.1 Grundsätzliche Überlegungen

Die Gewinn- und Verlustrechnung kann sowohl in der

- Kontenform als auch in der

• **Staffelform**

erstellt werden.

Die **Kontenform** ist die ältere Darstellung:

| Aufwendungen | Gewinn- und Verlustrechnung für die Zeit ... Erträge |
|---|---|
| Aufwandsarten | Ertragssarten |
| Gewinn | Verlust |
| Summe | Summe |

In den letzten Jahren hat sich die Staffelform immer mehr durchgesetzt.

Bei der Gewinn- und Verlustrechnung als **Staffel** werden in einer Skontrahierung Aufwendungen und Erträge fortgeschrieben:

**Gewinn- und Verlustrechnung für die Zeit vom ... bis ...**

| | DM | DM |
|---|---|---|
| 1. Bruttoumsatz | | 850.000 |
| ./. Nachlässe und Rücksendungen | | 3.000 |
| 2. Nettoumsatz | | 847.000 |
| ./. Herstellkosten der verkauften Erzeugnisse: | | |
| Bestand am Jahresanfang | 45.800 | |
| + Herstellkosten | 127.400 | |
| | 173.200 | |
| ./. Bestand am Jahresende | 12.200 | 161.000 |
| 3. Bruttogewinn vom Umsatz | | 686.000 |
| ./. Vertriebskosten | | 56.000 |
| 4. Reingewinn aus Umsatz | | 630.000 |
| ./. Verwaltungskosten | | 50.000 |
| 5. Reingewinn aus Betrieb | | 580.000 |
| ./. Finanzkosten | | 10.000 |
| 6. Jahresgewinn | | 570.000 |

Die Staffelrechnung kann detaillierter aufgestellt werden und auch inhaltlich anders gestaltet sein. Auf jeden Fall ist die Staffelform übersichtlicher als die kontenmäßige Darstellung.

### 5.2.2 Gliederung der Gewinn- und Verlustrechnung bei Personenunternehmen

Für Personenunternehmen, also Einzelunternehmen und Personengesellschaften, sieht das HGB keine besondere Gliederung vor. Es wird lediglich in § 242 Abs. 2 HGB die Forderung erhoben, für den Schluß eines jeden Geschäftsjahres eine Gegenüberstellung der Aufwendungen und Erträge des Geschäftsjahres (Gewinn- und Verlustrechnung) aufzustellen. Die Form der Gewinn- und Verlustrechnung wird den bilanzierenden Unternehmen freigestellt.

Zu beachten sind jedoch das in § 246 Abs. 1 HGB enthaltene Vollständigkeitsgebot und das in § 246 Abs. 2 HGB ausgedrückte Verrechnungsverbot der Aufwendungen mit den Erträgen.

### 5.2.3 Gliederung der Gewinn- und Verlustrechnung bei Kapitalgesellschaften

Die bereits im Kapitel G. 4.5.1 dargestellten allgemeinen Grundsätze für die Gliederung des § 265 HGB gelten auch für die Gewinn- und Verlustrechnung der Kapitalgesellschaften, so daß hier nicht mehr darauf eingegangen zu werden braucht.

Die Gliederung der Gewinn- und Verlustrechnung wird in § 275 HGB dargestellt. Darin wird ausdrücklich vorgeschrieben, daß die G+V-Rechnung in Staffelform nach dem Gesamtkostenverfahren oder nach dem Umsatzkostenverfahren aufzustellen ist. Für beide Verfahren gibt § 275 ein Gliederungsschema vor, wobei es sich jeweils um eine Mindestgliederung handelt. Nach Absatz 5 ist eine weitere Untergliederung der Posten zulässig, neue Posten dürfen hinzugefügt werden, wenn ihr Inhalt nicht von einem vorgeschriebenen Posten gedeckt wird.

Leerposten müssen nicht ausgewiesen werden.

Wie bereits bei der Darstellung der Betriebsbuchführung geschildert wurde, besteht das Wesen des **Gesamtkostenverfahrens** darin, daß sämtlichen Erträgen sämtliche Aufwendungen entgegengestellt werden; diese Gegenüberstellung ist durch die Bestandsveränderungen bei den unfertigen Erzeugnissen und Fertigerzeugnissen zu korrigieren.

Wird nach dem **Gesamtkostenverfahren** abgerechnet, hat das Gliederungsschema des § 275 HGB folgendes Aussehen:

1. Umsatzerlöse
2. Erhöhung oder Verminderung des Bestands an fertigen und unfertigen Erzeugnissen
3. andere aktivierte Eigenleistungen
4. sonstige betriebliche Erträge

5. Materialaufwand:
   a) Aufwendungen für Roh-, Hilfs- und Betriebsstoffe und für bezogene Waren
   b) Aufwendungen für bezogene Leistungen
6. Personalaufwand:
   a) Löhne und Gehälter
   b) soziale Abgaben und Aufwendungen für Altersversorgung und für Unterstützung,
      davon für Altersversorgung
7. Abschreibungen:
   a) auf immaterielle Vermögensgegenstände des Anlagevermögens und Sachanlagen sowie auf aktivierte Aufwendungen für die Ingangsetzung und Erweiterung des Geschäftsbetriebs
   b) auf Vermögensgegenstände des Umlaufvermögens, soweit diese die in der Kapitalgesellschaft üblichen Abschreibungen überschreiten
8. sonstige betriebliche Aufwendungen
9. Erträge aus Beteiligungen,
   davon aus verbundenen Unternehmen
10. Erträge aus anderen Wertpapieren und Ausleihungen des Finanzanlagevermögens,
    davon aus verbundenen Unternehmen
11. sonstige Zinsen und ähnliche Erträge,
    davon aus verbundenen Unternehmen
12. Abschreibungen auf Finanzanlagen und auf Wertpapiere des Umlaufvermögens
13. Zinsen und ähnliche Aufwendungen,
    davon an verbundene Unternehmen
14. Ergebnis der gewöhnlichen Geschäftstätigkeit
15. außerordentliche Erträge
16. außerordentliche Aufwendungen
17. außerordentliches Ergebnis
18. Steuern vom Einkommen und vom Ertrag
19. sonstige Steuern
20. Jahresüberschuß/Jahresfehlbetrag.

Beim **Umsatzkostenverfahren** wird von den Umsatzerlösen der Umsatzaufwand abgezogen, so daß auf eine Berücksichtigung der Bestandsveränderungen verzichtet werden kann.

§ 275 HGB gibt für das Umsatzkostenverfahren folgendes Gliederungsschema vor:

1. Umsatzerlöse
2. Herstellungskosten der Erzielung der Umsatzerlöse erbrachten Leistungen
3. Bruttoergebnis vom Umsatz
4. Vertriebskosten
5. allgemeine Verwaltungskosten
6. sonstige betriebliche Erträge
7. sonstige betriebliche Aufwendungen
8. Erträge aus Beteiligungen,
   davon aus verbundenen Unternehmen

9. Erträge aus anderen Wertpapieren und Ausleihungen des Finanzanlagevermögens,
   davon aus verbundenen Unternehmen
10. sonstige Zinsen und ähnliche Erträge,
   davon aus verbundenen Unternehmen
11. Abschreibungen auf Finanzanlagen und auf Wertpapiere des Umlaufvermögens
12. Zinsen und ähnliche Aufwendungen,
   davon an verbundene Unternehmen
13. Ergebnis der gewöhnlichen Geschäftstätigkeit
14. außerordentliche Erträge
15. außerordentliche Aufwendungen
16. außerordentliches Ergebnis
17. Steuern vom Einkommen und vom Ertrag
18. sonstige Steuern
19. Jahresüberschuß/Jahresfehlbetrag.

Wird diese Form der Gewinn- und Verlustrechnung gewählt, muß gemäß § 285 Nr. 8 HGB im Anhang der Materialaufwand des Geschäftsjahres gegliedert nach § 275 Abs. 2 Nr. 5 HGB und der Personalaufwand des Geschäftsjahres gegliedert nach § 275 Abs. 2 Nr. 6 HGB angegeben werden. Kleine Kapitalgesellschaften müssen den Materialaufwand nicht gesondert ausweisen (vgl. § 288 HGB).

Die Gliederungsschemata für die beiden Verfahren unterscheiden sich lediglich in den ersten Positionen.

Bemerkenswert ist, daß beide Schemata die Positionen „Sonstige betriebliche Aufwendungen“ und „Sonstige betriebliche Erträge“ enthalten, also Posten, die nicht gerade sehr aussagefähig sind.

Außerordentliche Erträge und außerordentliche Aufwendungen unterscheiden sich von diesen Positionen, sie sind entsprechend § 277 HGB Erträge und Aufwendungen, die außerhalb der gewöhnlichen Geschäftstätigkeit der Gesellschaft anfallen, und sind im Anhang zu erläutern, es sei denn, sie sind für die Beurteilung der Ertragslage von untergeordneter Bedeutung.

§ 276 HGB befaßt sich mit größenabhängigen Erleichterungen: kleine und mittelgroße Kapitalgesellschaften müssen demnach nicht alle Positionen einzeln ausweisen; die Posten § 275 Abs. 2 Nr. 1 bis 5 oder Abs. 3 Nr. 1 bis 3 und 6 HGB dürfen sie zu einem Posten unter der Bezeichnung „Rohergebnis“ zusammenfassen.

Das **Rohergebnis** besteht dann **beim Gesamtkostenverfahren** aus den Positionen:

1. Umsatzerlöse
2. Erhöhung oder Verminderung des Bestandes an fertigen und unfertigen Erzeugnissen
3. andere aktivierte Eigenleistungen
4. sonstige betriebliche Erträge
5. Materialaufwand
   a) Aufwendungen für Roh-, Hilfs- und Betriebsstoffe und für bezogene Waren
   b) Aufwendungen für bezogene Leistungen.

Beim **Umsatzkostenverfahren** setzt sich das **Rohergebnis** aus den Positionen:

1. Umsatzerlöse
2. Herstellungskosten der zur Erzielung der Umsatzerlöse erbrachten Leistungen
3. Bruttoergebnis vom Umsatz (1. + 2.)
6. sonstige betriebliche Erträge

zusammen.

# 6. Abschlüsse und Gewinnverteilung einzelner Rechtsformen

## 6.1 Überblick über die einzelnen Rechtsformen

Die Gewinnermittlung und Gewinnverteilung differieren bei den einzelnen Rechtsformen, so daß ein kurzer Überblick über diese angebracht ist.

### 6.1.1 Personengesellschaften

Es ist zwischen Personenunternehmen und Kapitalgesellschaften zu unterscheiden. Zu den Personenunternehmen zählen das Einzelunternehmen und die Personengesellschaften, während zu den Kapitalgesellschaften in erster Linie die Aktiengesellschaft und die Gesellschaft mit beschränkter Haftung gehören. Die Reederei und die Bergrechtliche Gewerkschaft spielen heute kaum noch eine Rolle.

Als Sonderform der Gesellschaften ist noch die Genossenschaft von großer Bedeutung.

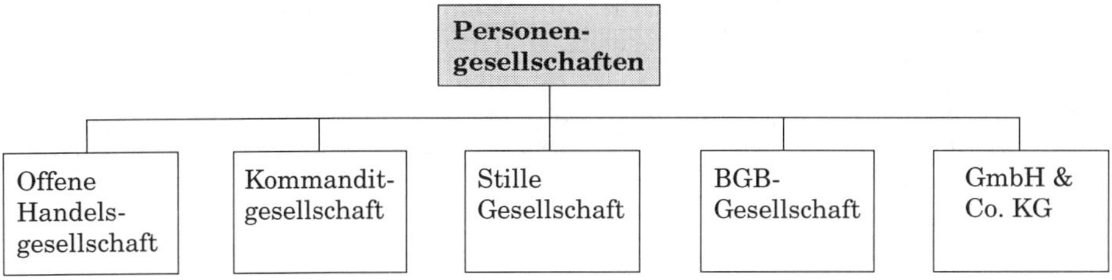


Die Offene Handelsgesellschaft und die Kommanditgesellschaft sind Handelsgesellschaften, die Stille Gesellschaft und die BGB-Gesellschaft unvollkommene Gesellschaften.

### 6.1.1.1 Offene Handelsgesellschaft

Die OHG ist im HGB in den §§ 105 bis 160 geregelt.

Es handelt sich bei der Offenen Handelsgesellschaft um die Unternehmensform, die das größte Vertrauen zwischen den Gesellschaftern voraussetzt, ist doch die Haftung

- unbeschränkt
- unmittelbar
- solidarisch.

Die Gesellschaft entsteht im Innenverhältnis durch den Gesellschaftsvertrag, nach außen wird sie wirksam, wenn die Gesellschafter im Namen der Gesellschaft tätig werden, auf jeden Fall aber mit der Eintragung ins Handelsregister, die obligatorisch ist.

Die OHG ist nicht rechts-, jedoch prozeß- und deliktfähig. Die Gesellschafter sind zur Geschäftsführung berechtigt und verpflichtet, soweit der Gesellschaftsvertrag nichts Abweichendes regelt und vertreten die Gesellschaft nach außen. Ein Ausschluß der Vertretung durch Gesellschaftsvertrag ist möglich.

### 6.1.1.2 Kommanditgesellschaft

Die KG, die in den §§ 161 bis 177a HGB geregelt ist, hat zwei Typen von Gesellschaftern, die Vollhafter oder Komplementäre und die Teilhafter oder Kommanditisten.

Die Komplementäre haben die gleichen Rechte und Pflichten wie die Gesellschafter einer OHG, die Kommanditisten haben lediglich ein Kontrollrecht, haften dafür aber nur bis zur Höhe ihrer Einlage.

Auch die KG entsteht im Innenverhältnis durch den Gesellschaftsvertrag. Die Gesellschaft ist unverzüglich nach ihrer Gründung in das Handelsregister einzutragen. Die Eintragung ist hier um so wichtiger, da vor der Eintragung alle Gesellschafter voll haften. Bei der Eintragung ins Handelsregister ist zu beachten, daß neben den Namen der Komplementäre die Namen der Kommanditisten und deren Einlagen anzugeben sind; bei der obligatorischen Bekanntmachung der Eintragung wird nur die Zahl der Kommanditisten genannt.

### 6.1.1.3 Stille Gesellschaft

Bei der stillen Gesellschaft, die in den §§ 230 bis 237 HGB geregelt ist, tritt neben dem Geschäftsinhaber ein Geldgeber auf, aber nicht nach außen hin in Erscheinung. Der stille Gesellschafter hat mehr den Rang eines Darlehensgebers, was auch dadurch zum Ausdruck kommt, daß er im Konkursfall Anspruchsberechtigter ist. Der stille Gesellschafter ist am Gewinn des Unternehmens beteiligt, eine Verlustbeteiligung kann ausgeschlossen werden.

Die stille Gesellschaft tritt in zwei Formen auf, als

- typische stille Gesellschaft und als
- atypische stille Gesellschaft.

Im ersten Falle ist der Gesellschafter nicht an den stillen Reserven des Unternehmens beteiligt, im zweiten Falle liegt eine solche Beteiligung vor.

Die stille Gesellschaft ist nicht rechts-, delikt- und prozeßfähig.

### 6.1.1.4 Gesellschaft des bürgerlichen Rechts

Die BGB-Gesellschaft (§§ 705 bis 740 BGB) ist ein zeitlich befristeter Zusammenschluß durch vertragliche Vereinbarung oder schlüssiges Handeln zur Erreichung eines gemeinsamen Zieles. Ist das Ziel erreicht, löst sich die Gesellschaft auf.

Diese Form der Gesellschaft wird häufig gewählt, um gemeinsame Projekte durchzuführen, die von einem Unternehmen allein nicht bewältigt werden können. Die Finanzierung oder Versicherung von Großprojekten, die Durchführung von Großbauten aber auch Erbengemeinschaften, Kartelle u.ä. haben häufig die Form der Gesellschaft des bürgerlichen Rechts.

Zu beachten ist, daß die Kapitalgesellschaften vor ihrer Eintragung in das Handelsregister automatisch BGB-Gesellschaften sind.

### 6.1.1.5 GmbH & Co. KG

Diese Rechtsform ist eine Kommanditgesellschaft, bei der eine GmbH der Komplementär ist.

Diese Rechtsform wird gewählt, um die für einen Komplementär typische Vollhaftung durch die GmbH einzuschränken.

Steuerliche Gründe, die vor Jahren zu einer sehr regen Gründungstätigkeit geführt haben, spielen heute keine Rolle mehr. Die geltende Körperschaftssteuerregelung verhindert die früher mögliche Umgehung von Doppelbesteuerungen.

## 6.1.2 Kapitalgesellschaften

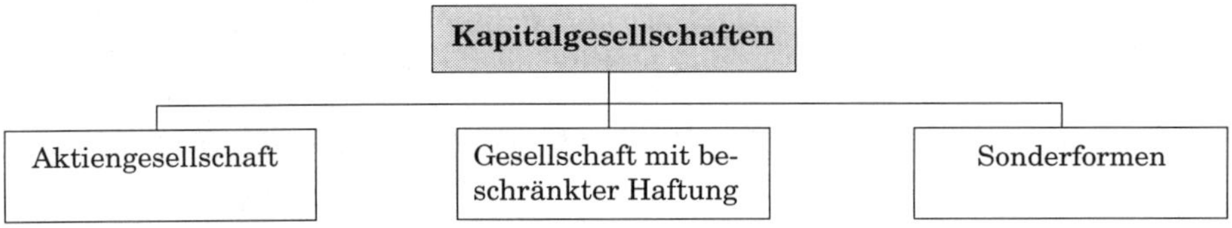

### 6.1.2.1 Aktiengesellschaft

Die Aktiengesellschaft, die im Aktiengesetz von 1965 mit späteren Änderungen geregelt ist, hat eine eigene Rechtspersönlichkeit.

Die Gesellschafter der Aktiengesellschaft sind die Aktionäre, die mit Aktien am Unternehmen beteiligt sind und deren Haftung durch die Höhe des Nennwertes der Aktien begrenzt ist.

Die Summe der Nennbeträge der Aktien ergibt das gezeichnete Kapital. Bei der Gründung einer Aktiengesellschaft muß das gezeichnete Kapital mindestens 100.000 DM betragen.

Der Mindestnennwert der Aktien beträgt 5 DM.

Aktien werden in der Regel über dem Nennwert ausgegeben, eine Unterpari-Emission ist gesetzlich ausgeschlossen. Das bei der Ausgabe der Aktien erzielte Agio muß als gesetzliche Rücklage gebucht werden.

Bei der Gründung der AG müssen mindestens 25 % des gezeichneten Kapitals aufgebracht werden, der Rest wird als ausstehende Einlage auf das gezeichnete Kapital gebucht und stellt einen Korrekturposten zu dem gezeichneten Kapital dar, das in voller Höhe ausgewiesen werden muß. Die nicht eingeforderten ausstehenden Einlagen dürfen auch von dem Posten „Gezeichnetes Kapital" offen abgesetzt werden (vgl. § 272 Abs. 1 HGB).

Neben dem Nennwert ergibt sich bei den Aktien, die börsengängig sind, ein Kurswert.

Werden neue Aktien ausgegeben, erwerben die Inhaber alter Aktien ein Bezugsrecht, das ein selbständiges Recht ist und an der Börse gehandelt wird.

Bei der Gründung einer Aktiengesellschaft ist eine Satzung zu erstellen, die die wesentlichen Fakten der Gesellschaft enthält, notariell beurkundet wird und mit der Anmeldung zum Handelsregister bei diesem eingereicht wird.

Die Organe der Aktiengesellschaft sind:

- Vorstand
- Aufsichtsrat
- Hauptversammlung.

Sowohl bei der Gründung als auch bei anderen wichtigen Anlässen ist eine Prüfung durch einen Wirtschaftsprüfer durchzuführen; jeder Jahresabschluß unterliegt ebenfalls einer Pflichtprüfung. Diese schließt, wenn Ordnungsmäßigkeit festgestellt wurde, mit dem uneingeschränken Bestätigungsvermerk (Testat) ab.

Der Gesetzgeber hat im Aktiengesetz und im HGB sehr ausführliche Regelungen für diese Rechtsform getroffen.

Von besonderer Bedeutung sind die Vorschriften über die Rechnungslegung der Gesellschaft, auf die bereits an mehreren Stellen ausführlich eingegangen wurde.

Die AG ist die typische Rechtsform für Großunternehmen.

### 6.1.2.2 Gesellschaft mit beschränkter Haftung

Die zweite Hauptform der Kapitalgesellschaften ist die GmbH. Sie wird im GmbH-Gesetz geregelt.

Die Gesellschaft mit beschränkter Haftung hat eine eigene Rechtspersönlichkeit und ist wie die Aktiengesellschaft rechtsfähig.

Das Stammkapital als unveränderliche Größe innerhalb eines gewissen Zeitraumes ist mit dem gezeichneten Kapital der AG zu vergleichen; es wird in Geschäftsanteile zerlegt und muß bei der Gründung mindestens 50.000 DM betragen.

Die Haftung der Gesellschafter ist prinzipiell auf ihre Einlage beschränkt, doch kann sich bei Verlusten eine Nachschußpflicht ergeben, die im Gesellschaftsvertrag geregelt ist.

Die Organe der GmbH sind:

- Geschäftsführer
- Aufsichtsrat
- Gesellschafterversammlung.

Die Gesellschaft muß ins Handelsregister eingetragen werden, der Gesellschaftsvertrag ist der Anmeldung beizufügen.

Mit der Eintragung entsteht die GmbH als juristische Person.

Vor der Eintragung ins Handelsregister haften die Gesellschafter, die im Namen der Gesellschaft handeln, persönlich und solidarisch.

Eine GmbH ist immer dann angebracht, wenn sich relativ wenige Gesellschafter zusammenschließen und ihre Haftung auf einen bestimmten Betrag begrenzen wollen. Die GmbH ist die Rechtsform sowohl mittelgroßer als auch großer Unternehmen.

### 6.1.2.3 Genossenschaften

Genossenschaften sind Gesellschaften mit nicht geschlossener, wechselnder Mitgliederzahl zum Zwecke der Selbsthilfe.

Geregelt werden die Genossenschaften durch das Genossenschaftsgesetz. Die Genossenschaft ist eine juristische Person, aber keine Handelsgesellschaft.

Genossenschaften arbeiten nach dem genossenschaftlichen Prinzip, das idealtypisch kostendeckend ist. In der Praxis wird allerdings mit Gewinnen gearbeitet.

Das Kapital der Genossenschaft ist veränderlich, es hängt von den von den Genossen erworbenen Geschäftsanteilen ab. Die Haftung beschränkt sich auf eine vereinbarte Haftsumme.

Die Organe sind:

- Vorstand
- Aufsichtsrat
- Generalversammlung.

## 6.2 Gewinnermittlung und Gewinnverteilung beim Einzelunternehmen

Die Buchungssätze für die Ermittlung des Periodenergebnisses lauten:

| | |
|---|---|
| Gewinn- und Verlustrechnung<br>an verschiedene Aufwandskonten | Gewinn- und Verlustrechnung<br>an Eigenkapitalkonto<br>bei Gewinn |
| verschiedene Ertragskonten<br>an Gewinn- und Verlustrechnung | Eigenkapitalkonto<br>an Gewinn- und Verlustrechnung<br>bei Verlust. |

Kontenmäßig ergibt sich, wobei das Privatkonto mit berücksichtigt wird:

Aufwandskonten

| | |
|---|---|
| Aufwendungen | Saldo |

Ertragsskonten

| | |
|---|---|
| Saldo | Erträge |

Gewinn- und Verlustrechnung

| | |
|---|---|
| Aufwendungen<br>Gewinn | Erträge<br>(Verlust) |

Privatkonten

| | |
|---|---|
| Entnahmen<br>Saldo | Einlagen<br>Saldo |

Eigenkapitalkonto

| | |
|---|---|
| (Verlust)<br>Saldo Privatkonto | Gewinn<br>Saldo Privatkonto |

## 6.3 Gewinnermittlung und Gewinnverteilung bei der Offenen Handelsgesellschaft

Die Gewinnermittlung bei der Offenen Handelsgesellschaft (OHG) erfolgt im Prinzip wie bei dem Einzelunternehmen. Da man es bei der OHG allerdings mit mehreren

Inhabern, den Gesellschaftern, zu tun hat, wird der Gewinn nicht auf ein Kapitalkonto gebucht, sondern auf die für jeden Gesellschafter eingerichteten Kapitalkonten.

Die einzelnen Gesellschafter haben nicht nur ein eigenes Kapitalkonto, sondern es wird auch für jeden von ihnen ein Privatkonto eingerichtet.

Für die Gewinnverteilung bei der OHG sind einige Regelungen zu beachten.

- Grundsätzlich erfolgt die Gewinnverteilung nach dem geschlossenen Gesellschaftsvertrag.

- Sollte kein Gesellschaftsvertrag bestehen bzw. sollte dieser keine Vereinbarungen über die Gewinnverteilung enthalten, kommt die gesetzliche Regelung des § 121 HGB zum Zuge. Danach erhält jeder Gesellschafter 4 % seiner Einlage, ein verbleibender Rest wird zu gleichen Teilen an die Gesellschafter verteilt. Reicht der erzielte Gewinn zu einer vierprozentigen Ausschüttung nicht aus, muß ein entsprechend niedrigerer Satz ausgerechnet werden.

- Gemäß § 122 HGB kann jeder Gesellschafter im Laufe des Geschäftsjahres bis zu 4 % seines Kapitalanteils entnehmen; Voraussetzung ist, daß dies dem Unternehmen nicht zum Schaden gereicht.
  Vertraglich kann eine Verzinsung der Privatentnahmen vereinbart werden.

- Der Verlust einer OHG wird, wenn vertraglich nichts anderes vereinbart wurde, nach Köpfen verteilt (§ 121 Abs. 3 HGB).

**Beispiel** für eine Gewinnverteilung: Die Bussmann OHG besteht aus den Gesellschaftern A, B und C. Ihre Kapitalanteile betragen 200.000 DM, 250.000 DM und 225.000 DM. Im laufenden Geschäftsjahr wurde ein Reingewinn in Höhe von 100.000 DM erwirtschaftet. Die voll einbezahlten Kapitalanteile werden zunächst zu 4 % verzinst; sollte nach dieser Vordividende noch ein Restgewinn übrigbleiben, wird dieser zu gleichen Teilen ausgeschüttet. Die Privatentnahmen werden zu 5 % verzinst. Folgende Privatentnahmen wurden vorgenommen:

A: 6.000 DM am 20.05.
B: 10.000 DM am 10.07.
C: 5.000 DM am 30.09.

Außerdem erhält B noch eine Tätigkeitsvergütung als Vorwegvergütung in Höhe von insgesamt 40.000 DM, die nicht verzinst wird.

- Berechnung der Zinsen

A: 6.000 DM für 220/Tage zu 5 % = 183 DM
B: 10.000 DM für 170/Tage zu 5 % = 236 DM
C: 5.000 DM für 90/Tage zu 5 % = 63 DM

(Die Beträge wurden auf volle DM auf- bzw. abgerundet.)

- Gewinnverteilungstabelle

| Gesellschafter | A | B | C | Summe/DM |
|---|---|---|---|---|
| Anfangskapital | 200.000 | 250.000 | 225.000 | 675.000 |
| Vorwegvergütung | | 40.000 | | 40.000 |
| Vordividende | 8.000 | 10.000 | 9.000 | 27.000 |
| Kopfanteil | 11.161 | 11.161 | 11.160 | 33.482 |
| Gesamtgewinn | 19.161 | 61.161 | 20.160 | 100.482 |
| Entnahmen + Zinsen | 6.183 | 10.236 | 5.063 | 21.482 |
| Restgewinn | 12.978 | 50.925 | 15.097 | 79.000 |

Der Reingewinn in Höhe von 100.000 DM muß als ein vorläufiger Gewinn angesehen werden, da die Verzinsung der Privatentnahmen in Höhe von insgesamt 482 DM für die OHG einen Zinsertrag darstellt. Im Rahmen der Gewinnverteilung nehmen die Gesellschafter an diesem Ertrag anteilsmäßig wieder teil. Es wäre zu überlegen, ob auf eine Verzinsung der Privatentnahmen verzichtet werden könnte.

Es ist auch eine Vorgehensweise denkbar, bei der die Zinsen bereits in dem Reingewinn enthalten sind. Die Gewinnverteilung ändert sich in diesem Falle vom Prinzip her nicht.

Die Vorwegvergütung für den Gesellschafter B ist für diesen Gewinnanteil, vermindert aber den Kopfanteil der Gesellschafter. Diese Vergütung stellt den Gegenwert für einen besonderen Einsatz im Unternehmen dar.

- Buchungen

Privat-Konto A

| | | | |
|---|---|---|---|
| Bank | 6.000 | G+V | 19.161 |
| G+V | 183 | | |
| Bank | 12.978 | | |
| | 19.161 | | 19.161 |

Privat-Konto B

| | | | |
|---|---|---|---|
| Bank | 10.000 | G+V | 61.161 |
| G+V | 236 | | |
| Bank | 50.925 | | |
| | 61.161 | | 61.161 |

Privat-Konto C

| | | | |
|---|---|---|---|
| Bank | 5.000 | G+V | 20.160 |
| G+V | 63 | | |
| Bank | 15.097 | | |
| | 20.160 | | 20.160 |

Gewinn- und Verlustrechnung

| | | | |
|---|---|---|---|
| Aufwdg. | 420.000 | Erträge | 520.000 |
| Privat A | 19.161 | Privat A | 183 |
| Privat B | 61.161 | Privat B | 236 |
| Privat C | 20.160 | Privat C | 63 |
| | 520.482 | | 520.482 |

Kapital-Konto A

| | | | |
|---|---|---|---|
| SBK | 200.000 | EBK | 200.000 |

Kapital-Konto B

| | | | |
|---|---|---|---|
| SBK | 250.000 | EBK | 250.000 |

Kapital-Konto C

| | | | |
|---|---|---|---|
| SBK | 225.000 | EBK | 225.000 |

Es wurde angenommen, daß der den einzelnen Gesellschaftern zustehende Gewinn an diese ausbezahlt wird.

Wenn vertraglich vereinbart wird, daß der Gewinn dem Kapitalkonto zugeschlagen werden soll, lauten die jeweils letzten Buchungssätze:

Privat-Konto A
an Kapital-Konto A 12.978

Privat-Konto B
an Kapital-Konto B 50.925

Privat-Konto C
an Kapital-Konto C15.097

## 6.4 Gewinnermittlung und Gewinnverteilung bei der Kommanditgesellschaft

Die Gewinnverteilung richtet sich auch bei der Kommanditgesellschaft (KG) nach der vertraglichen Regelung.

Sollte vertraglich nichts festgelegt worden sein, erhält entsprechend § 168 HGB jeder Gesellschafter zunächst 4 % Vordividende. Ein Restgewinn wird in einem den Umständen nach angemessenen Verhältnis aufgeteilt. Was ein angemessenes Verhältnis ist, regelt der Gesellschaftsvertrag. Fehlt eine entsprechende Klausel, wird der Restgewinn im Verhältnis der Kapitalanteile verteilt.

Ein entstandener Verlust wird ebenfalls in einem angemessenen Verhältnis auf die Gesellschafter umgelegt. Beim Kommanditisten wird die Verlustbeteiligung durch seinen Kapitalanteil begrenzt (§ 167 HGB).

Privatentnahmen können nur von den Komplementären vorgenommen werden; aus diesem Grunde werden auch nur für diese Privatkonten geführt, für die Kommanditisten werden Kontokorrentkonten eingerichtet.

**Beispiel** für die Gewinnverteilung: An der Klein KG sind die beiden Komplementäre A und B und der Kommanditist C beteiligt. Sie verfügen über folgende Kapitalanteile:

A: 250.000 DM
B: 180.000 DM
C: 100.000 DM.

Im Gesellschaftsvertrag ist vorgesehen, daß jeder Gesellschafter eine Vordividende von 4 % erhalten soll, ein Restgewinn soll im Verhältnis 4 : 3 : 2 verteilt werden. Der Reingewinn ohne Zinsen für die Privatentnahme beträgt 84.400 DM.

Folgende Privatentnahmen ergaben sich im Geschäftsjahr (Verzinsung 5 %):

Komplementär A: 5.000 DM am 31.5.
Komplementär B: 8.000 DM am 30.7.

- **Berechnung der Zinsen**

A: 5.000 DM für 210 Tage zu 5 % = 146 DM
B: 8.000 DM für 150 Tage zu 5 % = 167 DM

(Die Beträge wurden auf volle DM aufgerundet.)

- **Gewinnverteilungstabelle**

| Gesellschafter | A<br>DM | B<br>DM | C<br>DM | Summe<br>DM |
|---|---|---|---|---|
| Anfangskapital | 250.000 | 180.000 | 100.000 | 530.000 |
| Vordividende | 10.000 | 7.200 | 4.000 | 21.200 |
| Restgewinn | 28.228 | 21.171 | 14.114 | 63.513 |
| Gesamtgewinn | 38.228 | 28.371 | 18.114 | 84.713 |
| Entnahmen | | | | |
| + Zinsen | 5.146 | 8.167 | - | 13.313 |
| Restgewinn | 33.082 | 20.204 | 18.114 | 71.400 |

Auch in dem Beispiel für die KG wird der angegebene Reingewinn in Höhe von 84.400 DM als vorläufiger Gewinn angesehen, der noch um die Zinsen für die Privatentnahmen zu erhöhen ist.

- Buchungen

**Privat-Konto A**

| | | | |
|---|---|---|---|
| Bank | 5.000 | G+V | 38.228 |
| G+V | 146 | | |
| Bank | 33.082 | | |
| | 38.228 | | 38.228 |

**Privat-Konto B**

| | | | |
|---|---|---|---|
| Bank | 8.000 | G+V | 28.371 |
| G+V | 167 | | |
| Bank | 20.204 | | |
| | 28.371 | | 28.371 |

**Kontokorrent-Konto C**

| | | | |
|---|---|---|---|
| Bank | 18.114 | G+V | 18.114 |

**Gewinn- und Verlustrechnung**

| | | | |
|---|---|---|---|
| Aufwdg. | 261.420 | Erträge | 345.820 |
| Privat A | 38.228 | Privat A | 146 |
| Privat B | 28.271 | Privat B | 167 |
| Privat C | 18.114 | | |
| | 346.133 | | 346.133 |

**Kapital-Konto A**

| | | | |
|---|---|---|---|
| SBK | 250.000 | EBK | 250.000 |

**Kapital-Konto B**

| | | | |
|---|---|---|---|
| SBK | 180.000 | EBK | 180.000 |

**Kapital-Konto C**

| | | | |
|---|---|---|---|
| SBK | 100.000 | EBK | 100.000 |

Auch in diesem Beispiel wurde angenommen, daß die Gewinne den Gesellschaftern ausbezahlt wurden.

**Erweitertes Beispiel** für eine Gewinnverteilung: An der Groß KG ist der Komplementär A mit 300.000 DM und der Kommanditist B mit 180.000 DM beteiligt. Von seinem Kapitalanteil hat B 50.000 DM erst am 20.5. einbezahlt; 20.000 DM sind auch am Jahresende noch nicht einbezahlt.

A entnimmt an jedem 15. eines Monats 3.000 DM.

Gewinnverteilung:

4 % Vordividende für A und B; der Restgewinn wird im Verhältnis 2 : 1 aufgeteilt.

A erhält eine monatliche Tätigkeitsvergütung in Höhe von 2.500 DM. Der Reingewinn ohne Zinsen beläuft sich auf 120.000 DM.

Die Privatentnahmen werden zu 8 % verzinst, ebenfalls die ausstehende Einlage. Der Gewinn des Kommanditisten wird zur Auffüllung seiner Einlage verwendet.

- Berechnung der Zinsen

a) Verzugszinsen

| | |
|---|---|
| 50.000 DM für 140 Tage (1.1. bis 20.5.) | = 1.556 DM |
| 20.000 DM für 360 Tage | = 1.600 DM |
| | 3.156 DM |

b) Zinsen für Privatentnahmen

Die Zinsen werden für Privatentnahmen zu regelmäßig wiederkehrenden Zeitpunkten berechnet, so daß mit der Formel für die arithmetische Reihe gearbeitet werden kann:

$$s = \frac{n}{2}(a + z)$$

Zinszahl: 30,00 (345 + 15) · 6 = 64.800
Zinszahl 64.800 : Zinsteiler 45 = 1.440 DM

- Berechnung der Vordividende

| | | |
|---|---|---|
| a) für A: | 4 % von 300.000 DM = | 12.000 DM |
| b) für B: | 4 % von 110.000 DM = | 4.400 DM |
| | 4 % von 50.000 DM für 220 Tage = | 1.222 DM |

(Zinsen und Vordividende wurden auf volle DM auf- bzw. abgerundet.)

- Gewinnverteilungstabelle

| Gesellschafter | A<br>DM | B<br>DM | Summe<br>DM |
|---|---|---|---|
| Anfangskapital | 300.000 | 110.000 | 410.000 |
| | | 50.000 | 50.000 |
| Vordividende | 12.000 | 4.400 | 16.400 |
| | | 1.222 | 1.222 |
| 2 : 1 Restgewinn | 71.316 | 35.658 | 106.974 |
| Gesamtgewinn | 83.316 | 41.280 | 124.596 |
| Tätigkeitsvergütung | 30.000 | | 30.000 |
| Entnahmen<br>+ Zinsen | 37.440 | 3.156 | 40.596 |
| Restgewin | 15.876 | 38.124 | 54.000 |

Der Gesellschafter B hat seinen Kapitalanteil nicht voll einbezahlt, deshalb erhält er auch nur auf die geleistete Einzahlung von 110.000 DM eine Vordividende. Darüber hinaus muß B für die 50.000 DM, die er erst am 20.5. einzahlt, genauso Verzugszinsen bezahlen wie für die 20.000 DM auch am Jahresende noch ausstehende Einlage. B erhält von den 38.124 DM, die als Gewinn ausgewiesen werden, nur 18.124 DM ausbezahlt, 20.000 DM werden zum Ausgleich der ausstehenden Einlage verwendet.

Die Tätigkeitsvergütung in Höhe von 2.500 DM, die Gesellschafter A jeden Monat erhält, hat den Charakter eines vorweggenommenen Gewinns und wird genauso behandelt wie eine Privatentnahme. Die Vergütung kann nicht als Gehalt mit Kostencharakter gebucht werden, da dies steuerlich nicht zulässig ist.

Die Tätigkeitsvergütung ist anders zu sehen als die Vorwegvergütung im Gewinnverteilungsbeispiel der OHG; diese stellte einen zusätzlichen Gewinnanteil für den Gesellschafter dar.

Privat-Konto A

| | | | |
|---|---|---|---|
| Bank | 30.000 | G+V | 12.000 |
| Bank | 36.000 | G+V | 71.316 |
| G+V | 1.440 | | |
| Bank | 15.876 | | |
| | 83.316 | | 83.316 |

Kontokorrent-Konto B

| | | | |
|---|---|---|---|
| Kapital B | 50.000 | Bank | 50.000 |
| G+V | 3.156 | G+V | 5.622 |
| Kapital B | 20.000 | G+V | 35.658 |
| Bank | 18.124 | | |
| | 91.280 | | 91.280 |

Gewinn- und Verlustrechnung

| | | | |
|---|---|---|---|
| Aufwdg. | 380.000 | Erträge | 500.000 |
| Privat A | 12.000 | Privat A | 1.440 |
| Privat A | 71.316 | KK B | 3.156 |
| KK B | 5.622 | | |
| KK B | 35.658 | | |
| | 504.596 | | 504.596 |

Kapital-Konto A

| | | | |
|---|---|---|---|
| SBK | 300.000 | EBK | 300.000 |

Kapital-Konto B

| | | | |
|---|---|---|---|
| SBK | 180.000 | EBK | 110.000 |
| | | KK B | 50.000 |
| | | KK B | 20.000 |
| | 180.000 | | 180.000 |

# 6.5 Gewinnermittlung und Gewinnverteilung bei Aktiengesellschaften

Sowohl die Gewinnermittlung als auch die Gewinnverwendung der Aktiengesellschaft unterscheiden sich wesentlich von den gleichen Vorgängen bei Einzelunternehmen und Personengesellschaften.

## 6.5.1 Ermittlung des Gewinns

Das Aktiengesetz unterscheidet zwei Gewinnbegriffe:

- den Jahresüberschuß und
- den Bilanzgewinn.

Der Jahresüberschuß stellt den Überschuß der Erträge über die Aufwendungen dar. Sind die Aufwendungen höher als die Erträge, liegt ein Jahresfehlbetrag vor. Werden ein Gewinn- oder Verlustvortrag aus dem Vorjahr, Entnahmen aus und Einstellungen in offene Rücklagen berücksichtigt, ergibt sich der Bilanzgewinn oder Bilanzverlust.

1. Jahresüberschuß nach vorheriger Buchung der Vorstandstantieme als Personalaufwand und der Aufsichtsratstantieme als sonstiger betrieblicher Aufwand
2. ./. Verlustvortrag
3. \+ Gewinnvortrag
4. \+ Entnahmen aus der Kapitalrücklage
5. \+ Entnahmen aus Gewinnrücklagen
    a) aus der gesetzlichen Rücklage
    b) aus der Rücklage für eigene Aktien
    c) aus satzungsmäßigen Rücklagen
    d) aus anderen Gewinnrücklagen
6. ./. Einstellungen in Gewinnrücklagen
    a) in die gesetzliche Rücklage
    b) in die Rücklage für eigene Aktien
    c) in satzungsmäßige Rücklagen
    d) in andere Gewinnrücklagen
7. = Bilanzgewinn/Bilanzverlust

Der Bilanzgewinn stellt außerdem eine Position auf der Passivseite der Bilanz dar. Wie bereits erwähnt wurde, wird die Gewinn- und Verlustrechnung bei der Aktiengesellschaft nicht mit einem Eigenkapitalkonto abgeschlossen (dieses fehlt bei der AG, das gezeichnete Kapital ist eine feststehende Größe und kann nicht durch den laufenden Gewinn oder Verlust ohne weiteres verändert werden), sondern der Saldo der Gewinn- und Verlustrechnung wird unmittelbar in die Abschlußbilanz übertragen.

## 6.5.2 Feststellung des Jahresabschlusses

Die Feststellung des Jahresabschlusses ist eine Prozedur, die vom Aktiengesetz vorgeschrieben wird.

§ 264 HGB verpflichtet den Vorstand innerhalb der ersten drei Monate eines Geschäftsjahres für das abgelaufene Geschäftsjahr den Jahresabschluß zu erstellen und diesen den Abschlußprüfern vorzulegen. Diese prüfen den Jahresabschluß einschließlich Geschäftsbericht und erteilen bei Richtigkeit das Testat (§ 322 HGB) und erstellen einen Prüfungsbericht (§ 321 HGB).

Der Aufsichtsrat prüft Jahresabschluß und Prüfungsbericht und macht einen Vorschlag für die Gewinnverwendung, der der Hauptversammlung vorgelegt wird (§§ 171, 172 AktG).

Dieser Vorschlag muß wie folgt gegliedert sein (§ 170 AktG):

1. Verteilung an die Aktionäre
2. Einstellung in Gewinnrücklagen
3. Gewinnvortrag
4. Bilanzgewinn.

Billigt der Aufsichtsrat den Jahresabschluß, so ist dieser festgestellt (§ 172 AktG).

Ausnahmsweise wird der Jahresabschluß von der Hauptversammlung festgestellt, wenn Vorstand und Aufsichtsrat dies beschlossen haben oder wenn der Aufsichtsrat den Jahresabschluß nicht gebilligt hat.

Ändert die Hauptversammlung den Jahresabschluß, müssen die Abschlußprüfer ihn erneut prüfen und ein neues Testat erteilen. Dieses Testat muß uneingeschränkt sein (§ 173 AktG).

**Beispiel**: Ermittlung und Verwendung des Bilanzgewinns einer AG bei Feststellung des Jahresabschlusses durch Vorstand und Aufsichtsrat.

Eine Aktiengesellschaft verfügt über ein gezeichnetes Kapital von 8 Mio DM, die gesetzlichen Rücklagen betragen 600.000 DM und die anderen Gewinnrücklagen 50.000 DM. Der Gewinnvortrag aus dem Vorjahr beläuft sich auf 2.000 DM und der vorläufige Jahresüberschuß macht 1,8 Mio DM aus. Der Vorstand erhält eine Tantieme in Höhe von 72.000 DM und der Aufsichtsrat in Höhe von 60.000 DM. Die gesetzliche Rücklage ist gem. § 150 AktG zu bilden, in die anderen Gewinnrücklagen ist der Höchstbetrag gem. § 58 Abs. 2 AktG in Verbindung mit § 58 Abs. 1 Satz 3 AktG einzustellen. Es soll die höchstmögliche Dividende ermittelt werden, wobei ein voller Prozentsatz zu bilden ist.

| | DM | DM |
|---|---|---|
| Vorläufiger Jahresüberschuß | | 180.000 |
| ./. Vorstandstantieme | 72.000 | |
| ./. Aufsichtsratstantieme | 60.000 | 132.000 |
| Jahresüberschuß | | 1.668.000 |
| + Gewinnvortrag aus dem Vorjahr | | 2.000 |
| | | 1.670.000 |
| ./. Einstellung in die gesetzliche Rücklage 5 % von 1.668.000 | | 83.400 |
| ./. Einstellung in die anderen Gewinnrücklagen (1.668.000 DM ./. 83.400 DM) : 2 | | 792.300 |
| Bilanzgewinn | | 794.300 |
| ./. 9 % Dividende (794.300 DM · 100) : 8.000.000 DM | | 720.000 |
| Gewinnvortrag auf das neue Geschäftsjahr | | 74.300 |

Die Tantiemen sind gewinnmindernde Posten und müssen deshalb berücksichtigt werden, ehe der endgültige Jahresüberschuß feststeht.

Der Gewinnvortrag aus dem Vorjahr erhöht zwar den Gewinn des laufenden Geschäftsjahres, darf aber bei der Ermittlung der Rücklagen nicht mit angesetzt werden, da es sonst zu einer Doppelberücksichtigung käme.

In die gesetzliche Rücklage sind 5 % des Jahresüberschusses einzustellen, da die Rücklagen noch nicht den 10. Teil des gezeichneten Kapitals erreicht haben. Die anderen Gewinnrücklagen wurden gemäß § 58 Abs. 2 AktG errechnet. Der Höchstbetrag für diese Rücklagen ergibt sich aus der Hälfte des Jahresüberschusses vermindert um die bereits gebildete gesetzliche Rücklage und den Gewinnvortrag aus dem Vorjahr.

Die Dividende wird berechnet, indem man den Bilanzgewinn in Prozenten des gezeichneten Kapitals ausdrückt. Der genaue Prozentsatz für die Dividende beträgt 9,92875. Da es unüblich ist, als Dividende so ungerade Beträge auszuschütten, werden 9 % an die Aktionäre ausgegeben, der Restbetrag von 74.300 DM (= 0,92875 %) wird als Gewinnvortrag auf das neue Jahr behandelt.

Buchungssätze:

| | | |
|---|---|---|
| • Gewinnvortrag | | |
| an Gewinn- und Verlustrechnung | 2.000 DM | |
| • Gewinn- und Verlustrechnung | 1.802.000 DM | |
| an Sonstige Verbindlichkeiten | | 132.000 DM |
| an Gesetzliche Rücklagen | | 83.400 DM |
| an andere Gewinnrücklagen | | 792.300 DM |
| an Bilanzgewinn | | 794.300 DM |
| • Bilanzgewinn | 794.300 DM | |
| an Dividendenkonto | | 720.000 DM |
| an Gewinnvortrag (Bilanz) | | 74.300 DM |

- Bei Auszahlung der Dividende:

| | | |
|---|---|---|
| Dividendenkonto | 720.000 DM | |
| an Bank | | 540.000 DM |
| an noch abzuführende Abgaben | | |
| an das Finanzamt | | 180.000 DM |

**Beispiel**: Ermittlung und Verwendung des Bilanzgewinns einer AG bei Feststellung des Jahresabschlusses durch die Hauptversammlung.

Gezeichnetes Kapital einer Aktiengesellschaft 8 Mio. DM; gesetzliche Rücklagen 600.000 DM; Andere Gewinnrücklagen 50.000 DM; Gewinnvortrag aus dem Vorjahr 2.000 DM.

Der Jahresüberschuß vor Berechnung der Tantiemen beträgt 3 Mio. DM. Vorstandstantieme 4 %, Berechnung gemäß § 86 Abs. 2 AktG; Aufsichtsratstantieme 2,5 %, Berechnung gemäß § 113 Abs. 3 AktG.

Die Rücklagenbildung erfolgt in Höhe von insgesamt 800.000 DM. Es ist die höchstmögliche Dividende zu ermitteln, wobei nur volle Prozente ausgeschüttet werden, ein Restbetrag wird auf neue Rechnung vorgetragen.

Die Belegschaft wird mit 800.000 DM am Gewinn beteiligt, die Lohnsteuer wird mit der nächsten Gehaltszahlung verrechnet.

Da die Tantiemen entsprechend den gesetzlichen Regelungen zu bilden sind, muß zunächst eine Rückstellung für Tantiemen angesetzt werden, da die Tantiemen von Beträgen berechnet werden müssen, die sich erst im Laufe der Gewinnermittlungsrechnung ergeben. Die Rückstellung wird durch Überschlagsrechnung in Höhe von 133.000 DM gebildet.

| | | |
|---|---|---|
| Vorläufiger Jahresüberschuß | | 3.000.000 DM |
| ./. Rückstellung für Tantiemen | | 133.000 DM |
| Jahresüberschuß | | 2.867.000 DM |
| + Gewinnvortrag aus dem Vorjahr | | 2.000 DM |
| | | 2.869.000 DM |
| ./. Einstellung in die gesetzliche Rücklage 5 % von 2.867.000 DM | 143.350 DM | |
| ./. Einstellung in die anderen Gewinnrücklagen | 656.650 DM | 800.000 DM |
| Bilanzgewinn | | 2.069.000 DM |
| ./. 15 % Dividende $\frac{(2.069.000 \text{ DM} ./. 800.000 \text{ DM}) \cdot 100}{8.000.000 \text{ DM}}$ | | 1.200.000 DM |
| ./. Belegschaftsbeteiligung | | 800.000 DM |
| Gewinnvortrag auf das neue Geschäftsjahr | | 69.000 DM |

Buchungssätze **vor Feststellung** des Jahresabschlusses:

| | | |
|---|---|---|
| Gewinn- und Verlustrechnung | | |
| an Rückstellungen | 133.000 DM | |
| Gewinn- und Verlustrechnung | 2.869.000 DM | |
| an Gesetzliche Rücklagen | | 143.350 DM |
| an andere Gewinnrücklagen | | 656.650 DM |
| an Bilanzgewinn | | 2.069.000 DM |

Errechnung der Tantiemen

- Vorstandstantieme gem. § 86 Abs. 2 AktG

$$\frac{(3.000.000\text{ DM vorl. Jahresüberschuß ./. } 800.000\text{ DM Gewinn RL}) \cdot 4}{100} = 88.000\text{ DM}$$

- Aufsichtsratstantieme gem. § 113 Abs. 3 AktG

$$\frac{(2.069.000\text{ DM Bilanzgewinn ./. } 320.000\text{ DM } (4\ \%\text{ vom GK}) \cdot 2{,}5}{100} = 43.725\text{ DM}$$

| | |
|---|---|
| Vorstandstantieme | 88.000 DM |
| Aufsichtsratstantieme | 43.725 DM |
| Summe Tantiemen | 131.725 DM |
| Rückstellung für Tantiemen | 133.000 DM |
| außerordentlicher Ertrag | 1.275 DM |

Buchungssätze **nach Feststellung** des Jahresabschlusses:

| | | |
|---|---|---|
| • Rückstellungen | 133.000 DM | |
| an Sonstige Verbindlichkeiten | | 131.725 DM |
| an Erträge aus der Auflösung von Rückstellungen (Sonstige betriebliche Erträge) | | 1.275 DM |
| • Bilanzgewinn | 2.069.000 DM | |
| an Dividendenkonto | | 1.200.000 DM |
| an Sonstige Verbindlichkeiten | | 800.000 DM |
| an Gewinnvortrag | | 69.000 DM |
| • Bei Auszahlung der Belegschaftsbeteiligung: | | |
| Sonstige Verbindlichkeiten | | |
| an Bank | | 800.000 DM |
| • Bei Auszahlung der Tantiemen: | | |
| Sonstige Verbindlichkeiten | | |
| an Bank | | 131.725 DM |
| • Bei Auszahlung der Dividende: | | |
| Dividendenkonto | 1.200.000 DM | |
| an Bank | | 900.000 DM |
| an noch abzuführende Abgaben an das Finanzamt (Sonstige Verbindlichkeiten) | | 300.000 DM |

Die Dividende wurde auch im vorliegenden Beispiel auf eine ganze Zahl abgerundet.

Die Vorstandstantieme wurde vom vorläufigen Jahresüberschuß abzüglich Einstellungen in die offenen Rücklagen berechnet. Die Aufsichtsratstantieme wurde vom Bilanzgewinn abzüglich 4 % des Grundkapitals berechnet.

Die Gegenüberstellung der errechneten Tantiemen mit der Rückstellung für Tantiemen ergibt den zuviel zurückgestellten Betrag in Höhe von 1.275 DM, dieser hat den Charakter eines außerordentlichen Ertrages. Die kleine Ungenauigkeit wird toleriert.

## 6.6 Gewinnermittlung und Gewinnverteilung bei der Genossenschaft

Bei der Genossenschaft handelt es sich um eine wirtschaftliche Personenvereinigung mit nicht geschlossener Mitgliederzahl. Im Gegensatz zu den Kapitalgesellschaften ist aus diesem Grunde auch kein feststehendes Eigenkapital vorgesehen; das Geschäftsguthaben, das das Eigenkapital darstellt, verändert sich mit der Zahl der Genossen.

Bei der Gründung der Genossenschaft wird nur das eingezahlte Kapital bilanziert. Hinsichtlich der Beteiligung der Genossen sind drei Beträge zu unterscheiden:

- der Geschäftsanteil
- das Geschäftsguthaben
- die Haftsumme.

Der **Geschäftsanteil** ist der Betrag, mit dem ein Genosse an der Genossenschaft nominell beteiligt ist. Die Höhe ist nicht gesetzlich, sondern statuarisch fixiert; wichtig ist, daß der Geschäftsanteil für alle Genossen gleich ist.

Das **Geschäftsguthaben** verkörpert den Teil des Geschäftsanteils, der auch tatsächlich einbezahlt wurde. Die Satzung bestimmt die Höhe der Mindesteinlage, die jeder Genosse leisten muß; gesetzlich ist sie auf mindestens ein Zehntel des Geschäftsanteils festgesetzt. Im Normalfall wird der Gewinn von der Genossenschaft so lange zurückbehalten, bis der Geschäftsanteil erreicht wurde.

Die **Haftsumme** ist der Betrag, mit dem die Genossen unabhängig von ihrem Geschäftsguthaben im Konkursfalle zur Haftung herangezogen werden können; er darf den Geschäftsanteil nicht unterschreiten.

**Beispiel** für die Gewinnverteilung: Bei einer Genossenschaft beträgt der Jahresgewinn 500.000 DM; der Geschäftsanteil beläuft sich auf 1.000 DM, die Haftsumme macht 1.250 DM aus.

Die Zahl der Genossen beträgt 804. Vier Genossen haben ihren Geschäftsanteil noch nicht voll einbezahlt. Ihr Geschäftsguthaben beträgt:

| | |
|---|---|
| Genosse A: 500 DM | Genosse C: 700 DM |
| Genosse B: 600 DM | Genosse D: 800 DM. |

Über die Gewinnverwendung liegen folgende Beschlüsse vor:

- Bildung einer Rücklage in Höhe von 12,5 % des Gewinns
- Zahlung einer Tantieme an den Vorstand in Höhe von 80.000 DM
- Zahlung einer Tantieme an den Aufsichtsrat in Höhe von 40.000 DM
- Ermittlung der höchstmöglichen Dividende, abgerundet auf volle Prozent
- Auszahlung der Dividende nur an Genossen, die ihren Geschäftsanteil voll einbezahlt haben.

Vorgehensweise:

- Ermittlung des Geschäftsguthabens

| | |
|---|---|
| 800 · 1.000 DM | 800.000 DM |
| Geschäftsguthaben der Genossen A - D | 2.600 DM |
| Summe Geschäftsguthaben | 802.600 DM |

- Ermittlung der Rücklagen

| | |
|---|---|
| 12.5 % von 500.000 | 62.500 DM |

- Ermittlung der Dividende

| | |
|---|---|
| Gewinn | 500.000 DM |
| ./. Rücklagen | 62.500 DM |
| ./. Tantiemen | 120.000 DM |
| | 317.500 DM |

$$\frac{317.500 \cdot 100}{802.600} = 39{,}5589335\ \%$$

Die Dividende beträgt 39 %, der Rest wird auf das neue Geschäftsjahr vorgetragen.

- Ermittlung des Gewinnvortrags

| | |
|---|---|
| Gewinn | 500.000 DM |
| ./. Rücklagen | 62.500 DM |
| ./. Tantiemen | 120.000 DM |
| ./. 39 % Dividende von 802.600 DM | 313.014 DM |
| Gewinnvortrag | 4.486 DM |

- Buchungssätze

  - bei der Gewinnverwendung

| | | |
|---|---|---|
| Gewinn- und Verlustrechnung | 500.000 DM | |
| an Rücklagen | | 62.500 DM |
| an Sonstige Verbindlichkeiten | | 120.000 DM |
| an Dividendenkonto | | 313.014 DM |
| an Gewinnvortrag | | 4.486 DM |

- bei den Zahlungsvorgängen

| | | |
|---|---|---|
| Dividendenkonto | 313.014,— DM | |
| an Bank | | 234.034,— DM |
| an noch anzuführende Abgaben | | |
| an das Finanzamt | | 78.253,50 DM |
| an Geschäftsanteil A | | 146,25 DM |
| an Geschäftsanteil B | | 175,50 DM |
| an Geschäftsanteil C | | 204,75 DM |
| an Geschäftsanteil D | | 200,00 DM |

| | **Kontrollfragen** | bearbeitet | Lösungshinweis | Lösung + | Lösung - |
|---|---|---|---|---|---|
| 01 | Welche technischen Arbeiten entstehen bei der Durchführung des Jahresabschlusses? | | 207 ff. | | |
| 02 | Welche Buchungssätze ergeben sich beim Abschluß der Konten? | | 208/209 | | |
| 03 | Welche Funktionen hat die Abschlußübersicht? | | 209/210 | | |
| 04 | Was versteht man unter einer Bilanz? | | 213 | | |
| 05 | Welche Aufgaben hat die Bilanz? | | 213 | | |
| 06 | Welche Bilanzarten sind zu unterscheiden? | | 213/214 | | |
| 07 | Nach welchen Prinzipien wird die Bilanz gegliedert? | | 217/218 | | |
| 08 | Wodurch unterscheiden sich Bilanzierungsgebote, Bilanzierungsverbote und Bilanzierungswahlrechte? | | 223 ff. | | |
| 09 | Welche wichtigen Bilanzierungs- und Bewertungsgrundsätze kennen Sie? | | 232 ff. | | |
| 10 | Was besagt die Bilanzwahrheit? | | 233 | | |
| 11 | Wann ist die Bilanzkontinuität eingehalten? | | 233 | | |
| 12 | Für welche Wirtschaftsgüter gilt das Niederstwertprinzip? | | 235 | | |
| 13 | Wodurch unterscheiden sich das Maßgeblichkeitsprinzip und das Prinzip der umgekehrten Maßgeblichkeit? | | 236 | | |
| 14 | Welche wichtigen Bewertungsvorschriften enthält das HGB? | | 238 | | |
| 15 | Welche Wertansätze kommen nach dem HGB für das Anlage- und Umlaufvermögen in Frage? | | 239 ff. | | |
| 16 | Woraus setzen sich die Anschaffungskosten zusammen? | | 242 | | |
| 17 | Woraus besteht die Untergrenze der Herstellungskosten? | | 243 | | |
| 18 | Welche Bestandteile hat die Obergrenze der Herstellungskosten? | | 243 | | |
| 19 | Wie wirkt sich die Bilanzierung zur Untergrenze oder zur Obergrenze der Herstellungskosten auf die Vermögens- und Ertragslage aus? | | 244 ff. | | |
| 20 | Wodurch unterscheiden sich die Herstellungskosten nach Handelsrecht und Steuerrecht? | | 243 ff. | | |
| 21 | Wann kommt ein Wertansatz zu dem sich aus dem Börsen- oder Marktpreis am Abschlußstichtag ergebende Wert in Frage? | | 250 | | |
| 22 | Was versteht man unter dem beizulegenden Wert? | | 251 | | |
| 23 | Wann kommt der auf Grund von Wertschwankungen anzusetzende niedrigere Wert in Frage? | | 252 | | |
| 24 | Welche von der Einzelbewertung abweichende Bewertungsarten kennen Sie? | | 253 f. | | |

| | Kontrollfragen | bearbeitet | Lösungshinweis | Lösung + | Lösung - |
|---|---|---|---|---|---|
| 25 | Wann sind Gruppenwerte angebracht? | | 257 | | |
| 26 | Wann sind Festwerte zulässig? | | 253 ff. | | |
| 27 | Unter welcher Voraussetzung sind die Verbrauchsfolgeverfahren zugelassen? | | 258 ff. | | |
| 28 | Was besagen Brutto- und Nettoprinzip bei der G+V-Rechnung? | | 261 ff. | | |
| 29 | Wie kann die G+V-Rechnung gegliedert werden? | | 262 ff. | | |
| 30 | Ist die Gliederung der G+V-Rechnung gemäß § 275 HGB auch für Nicht-Kapitalgesellschaften von Vorteil? | | 262 ff. | | |
| 31 | Welche Personen- und Kapitalgesellschaften sind zu unterscheiden? | | 267 ff. | | |
| 32 | Welche Buchungen kommen bei der Ermittlung des Erfolges eines Einzelunternehmens in Frage? | | 272 | | |
| 33 | Welche gesetzlichen Vorschriften für die Gewinnverteilung der OHG und KG kennen Sie? | | 272 ff. | | |
| 34 | Welche Konten werden für die Gesellschafter einer OHG, für die Komplementäre und für die Kommanditisten geführt? | | 274 ff. | | |
| 35 | Welches sind die Buchungssätze bei der Gewinnverteilung einer OHG und einer KG, wenn die Kapitalanteile voll einbezahlt wurden? | | 274 ff. | | |
| 36 | Wodurch unterscheiden sich in einer Aktiengesellschaft Jahresüberschuß und Bilanzgewinn? | | 279 ff. | | |
| 37 | Was versteht man in einer Aktiengesellschaft unter Feststellung des Jahresüberschusses? | | 280 | | |
| 38 | Von welcher Größe wird in einer Aktiengesellschaft die Dividende berechnet? | | 281 | | |
| 39 | Welche Buchungssätze werden bei der Gewinnermittlung und Gewinnverwendung in einer Aktiengesellschaft gebildet, wenn Vorstand und Aufsichtsrat den Jahresabschluß feststellen? | | 281/282 | | |
| 40 | Wie ist nach § 86 Abs. 2 AktG die Vorstandstantieme zu bilden? | | 283 | | |
| 41 | Wie ermittelt man gem. § 113 Abs. 3 AktG die Aufsichtsratstantieme? | | 283 | | |
| 42 | Welche Buchungssätze werden im Rahmen der Gewinnermittlung und Gewinnverwendung vor und nach Feststellung des Jahresabschlusses gebildet, wenn die Hauptversammlung den Jahresabschluß feststellt? | | 282/283 | | |
| 43 | Wodurch unterscheiden sich bei einer Genossenschaft Geschäftsanteil, Geschäftsguthaben und Haftsumme? | | 284 | | |

| | **Kontrollfragen** | bearbeitet | Lösungshinweis | Lösung + | Lösung - |
|---|---|---|---|---|---|
| 44 | Von welcher Größe wird bei der Genossenschaft die Dividende ermittelt? | | 285 | | |
| 45 | Welche Buchungssätze ergeben sich im Rahmen der Gewinnverwendung bei der Genossenschaft? | | 285 | | |
| | | | | | |

# H. Buchungen und Bilanzierung aus besonderen Anlässen

In jedem Unternehmen werden im Laufe einer Abrechnungsperiode je nach Größe und Geschäftsanfall zahlreiche Buchungen erforderlich, die chronologisch vorgenommen werden und letztlich zum ordentlichen Jahresabschluß führen.

Neben diesen laufenden Buchungen gibt es noch zahlreiche Buchungen, die aus besonderen Anlässen erfolgen und zu **Sonderbilanzen** führen.

Bereits bei der Gründung eines Unternehmens sind Buchungen vorzunehmen, die sich von den üblichen Buchungen eines Geschäftsjahres unterscheiden, und die zu erstellende Gründungsbilanz weicht in der Zielsetzung auch wesentlich von einer ordentlichen Bilanz ab.

Bestimmte Anlässe, die im Laufe des Bestehens eines Unternehmens freiwillig herbeigeführt werden oder mehr oder weniger zwangsläufig anfallen, sind mit der Verpflichtung zum Erstellen einer Sonderbilanz verbunden.

Solche Anlässe können sein:

- eine Umwandlung
- eine Auseinandersetzung
- eine Fusion
- eine Sanierung
- die Liquidation des Unternehmens
- der Konkurs des Unternehmens
- ein Vergleich.

Aus all diesen Anlässen (es sind noch weitere Anlässe denkbar) ist eine Bilanz zu erstellen; entsprechend dem Anlaß spricht man von der

- Umwandlungsbilanz
- Fusionsbilanz
- Liquidationsbilanz
- Konkursbilanz
- Vergleichsbilanz
- Auseinandersetzungsbilanz
- und der bereits erwähnten Gründungsbilanz.

Wegen der besonderen Bedeutung der Unternehmensgründung soll die buch- bzw. bilanzmäßige Erfassung des Gründungsvorganges etwas ausführlicher behandelt werden, während die übrigen Sonderbilanzen bloß kurz gestreift werden. Im übrigen wird auf *Olfert/Körner/Langenbeck*, Sonderbilanzen, hingewiesen.

# 1. Unternehmensgründung

Nach § 242 Abs. 1 HGB ist jeder Kaufmann verpflichtet, „zu Beginn seines Handelsgewerbes und für den Schluß eines jeden Geschäftsjahres einen das Verhältnis seines Vermögens und seiner Schulden darstellenden Abschluß aufzustellen."

Dies bedeutet, daß jeder Kaufmann ein Gründungsinventar und eine Gründungsbilanz aufzustellen hat. Dabei ergeben sich selbstverständlich auch Buchungsvorgänge.

## 1.1 Gründungsarten

Unternehmensgründungen erfordern juristische und betriebswirtschaftliche Schritte und können nach folgenden Arten unterschieden werden:

- nach dem Zeitpunkt der Gründung

  - Neugründung
  - Umgründung

- nach dem eingebrachten Kapital

  - Bargründung
  - Sachgründung
  - Mischgründung.

Bei der **Bargründung** bringt der Gründer bei Einzelunternehmen bzw. bringen die Gründer bei Gesellschaften das Eigenkapital in Form von baren Mitteln auf (Bargeld oder Bankguthaben).

Eine **Sachgründung**, die auch als qualifizierte Gründung bezeichnet wird, liegt vor, wenn die Gründer das Gründungskapital in Form von Vermögensgegenständen oder ganzen Unternehmen aufbringen. Problematisch ist in diesem Falle die Bewertung.

Bei **Mischgründungen** handelt es sich um eine kombinierte Bar-/Sachgründung. Die Gründer bringen sowohl Barmittel als auch Vermögensgegenstände oder ganze Unternehmen bei der Gründung ein. Auch bei dieser Form der Gründung können Probleme bei der Bewertung der eingebrachten Sachgüter entstehen.

Bei Kapitalgesellschaften dürfte die Bargründung überwiegen, während bei den Personenunternehmen Mischgründungen häufig anzutreffen sind; reine Sachgründungen dürften relativ selten sein.

## 1.2 Hauptunterschiede zwischen Gründungsbilanzen und ordentlichen Bilanzen

Für die Gründungsbilanzen gelten zwar auch die Grundsätze und Vorschriften, die hinsichtlich Aufstellung, Gliederung und Bewertung für die ordentlichen Bilanzen als periodische Bilanzen Geltung haben, dennoch sind zwischen den beiden Bilanzarten einige wesentliche Unterschiede festzustellen.

Die Hauptunterschiede liegen in

- der Zielsetzung

  Während die ordentlichen Bilanzen in erster Linie die Aufgaben haben, die Vermögens- und Kapitalstruktur eines Unternehmens darzulegen, die Investitionen und ihre Finanzierung aufzuzeigen, die Liquidität auszuweisen und den Periodenerfolg zu ermitteln, ist die Gründungsbilanz vor allem eine Vermögens- und Kapitalübersicht zu einem bestimmten Zeitpunkt, dem Gründungszeitpunkt.

- der Anwendung der doppelten Buchführung

  Ordentliche Bilanzen sind das Ergebnis der doppelten Buchführung; Gründungsbilanzen können nicht das Ergebnis einer ordnungsmäßigen Buchführung im Sinne einer doppelten Buchführung sein, sondern stellen selbst die Grundlage für die Eröffnungsbuchungen dar.

- dem Bilanzstichtag

  Der Bilanzstichtag ist bei ordentlichen Bilanzen eindeutig definiert, bei Gründungsbilanzen fehlt diese Eindeutigkeit. Entscheidendes Datum für den Bilanzstichtag bei Gründungsbilanzen ist der Tag der Entstehung eines Unternehmens. Nach herrschender Auffassung ist bei Unternehmen, die ein Grundhandelsgewerbe betreiben, der Entstehungstag der Tag des ersten Geschäftsvorfalls. Bei Soll- und Kannkaufleuten und bei Kapitalgesellschaften ergibt sich der Bilanzstichtag aus dem Datum der Eintragung ins Handelsregister.

- der Bewertung

  Die allgemeinen Grundsätze und Vorschriften der Bilanzbewertung gelten auch für Gründungsbilanzen, dennoch sind Besonderheiten zu beachten, da die rechtlichen Vorschriften für die Bewertung im Rahmen der Unternehmensgründung einen zu allgemeinen Charakter haben.

  Gemäß § 242 Abs. 1 HGB sind auf die Eröffnungsbilanz die für den Jahresabschluß geltenden Vorschriften entsprechend anzuwenden. Bei Sachgründungen kann zwischen den Gründern der Wert für die eingebrachten Gegenstände vereinbart werden. Es darf dabei aber nicht zu willkürlichen Bewertungen kommen, denn kaufmännischen Grundsätzen nicht entsprechende, willkürliche Über- oder Unterbewertungen sind nicht zulässig. Damit greifen wieder die allgemeinen Bewertungsvorschriften.

# 1.3 Gründungsbilanz und Buchungen bei einzelnen Rechtsformen

## 1.3.1 Einzelunternehmen

Die Gründung von Einzelunternehmen ist an keine bestimmten Formvorschriften gebunden. Alle Vermögensgegenstände und Schulden, die am Stichtag der Gründung für das Unternehmen bereitgestellt werden, sind zu erfassen und in einer Bilanz einander gegenüberzustellen. Die Differenz zwischen Vermögen und Schulden ergibt wie bei allen Bilanzen das Reinvermögen oder Eigenkapital.

Die Gründungsbuchungen entstehen nach der Erfassung der Finanzierungsvorgänge auf den Konten durch die Buchungssätze:

Eingebrachte Werte (Anlagevermögen, Umlaufvermögen, Geldmittel)
an Kapitalkonto.

## 1.3.2 Personengesellschaften

Die Gründungsbilanzen von Personengesellschaften unterscheiden sich nicht wesentlich von den Gründungsbilanzen der Einzelunternehmen. Ein Unterschied besteht darin, daß das Eigenkapital nicht auf einem Konto erfaßt wird, sondern daß für jeden Gesellschafter ein eigenes Privatkonto eingerichtet wird. Die Kapitalkonten spiegeln die Summe der Beteiligung am Gesellschaftsvermögen wider.

Die Buchungen erfolgen zweckmäßigerweise über sogenannte Einbringungskonten, die den Gründungsvorgang übersichtlich gestalten helfen, und die für jeden Gesellschafter eingerichtet werden.

Buchungssätze:

| | |
|---|---|
| Einbringungskonten<br>an Kapitalkonen und | Eingebrachte Werte<br>an Einbringungskonten. |

**Beispiel**: Die Gesellschafter A und B gründen eine OHG und erbringen laut Gesellschaftsvertrag beide eine Einlage von je 100.000 DM. Die Einlagen erfolgen bar.

| | | | | |
|---|---|---|---|---|
| Einbringungskonto A<br>an Eigenkapitalkonto A | 100.000 | | Einbringungskonto B<br>an Eigenkapitalkonto B | 100.000 |
| Bankkonto | 200.000 | | | |
| an Einbringungskonto A | | 100.000 | | |
| an Einbringungskonto B | | 100.000 | | |

Übernehmen Gesellschafter vor Beginn des Geschäftsbetriebes Vorarbeiten für das Unternehmen, die mit Ausgaben verbunden sind, müssen diese Ausgaben auf dem

Einbringungskonto verrechnet werden; der Kapitalanteil der betroffenene Gesellschafter erscheint nach wie vor ungeschmälert in der Bilanz. Die Ausgaben werden als aktive Abgrenzungsposten gebucht; die Ausgaben erfolgen vor, der Aufwand erfolgt nach der Gründung.

Wird unterstellt, daß der Gesellschafter A für Vorarbeiten 10.000 DM ausgibt, ist zu buchen:

| | | |
|---|---|---|
| Einbringungskonto A | 100.000 | |
| Aktive Rechnungsabgrenzung | 10.000 | |
| an Kapitalkonto A | | 100.000 |
| an Einbringungskonto A | | 10.000 |

Auf das Bankkonto zahlt A dann nur 90.000 DM ein. Die Buchungen für die Einlage des Gesellschafters B bleiben unverändert.

Nach Vornahme der dargestellten Buchungen ergibt sich folgendes Bilanzbild:

| Aktiva | Gründungsbilanz | | Passiva |
|---|---|---|---|
| Bankguthaben | 190.000 | Eigenkapital A | 100.000 |
| Aktive Rechnungsabgrenzung | 10.000 | Eigenkapital B | 100.000 |
| | 200.000 | | 200.000 |

Um den Gründungsvorgang mit Gründungsinventar und Gründungsbilanz sowie mit den erforderlichen Buchungen zu verdeutlichen, wird als Beispiel die Gründung einer Kommanditgesellschaft dargestellt, wobei es sich um eine Mischgründung handeln soll.

Die beiden Gesellschafter A und B wollen als Komplementäre und der Gesellschafter C als Kommanditist eine KG gründen.

Sie bringen folgende Werte in das Unternehmen ein:

| | | |
|---|---|---|
| A: | Maschinen, der Wert wurde von Sachverständigen festgesetzt auf | 80.000 DM |
| | Einen LKW im Schätzwert von | 30.000 DM |
| | Einen PKW im Schätzwert von | 15.000 DM |
| | Bargeld in Höhe von | 25.000 DM |
| B: | Grundstücke zum Verkehrswert von | 30.000 DM |
| | Gebäude zum Verkehrswert in Höhe von | 100.000 DM |
| | Das Gebäude ist mit einer 8%igen Hypothek in Höhe von 45.000 DM belastet; Zahlungstermine 1.1. und 1.7. nachschüssig | |
| | Bargeld in Höhe von | 35.000 DM |

| | | |
|---|---|---|
| C: | Maschinen vom amtlichen Schätzer bewertet mit | 60.000 DM |
| | Abtretung von Forderungen an die KG in Höhe von | 36.000 DM |
| | davon sind 5.000 DM dubios und 1.000 DM uneinbringlich. Bei den dubiosen Forderungen rechnet man mit einem Zahlungseingang von 60 %. Die Einlage von C wurde auf 96.000 DM festgelegt. | |

Die von den beiden Komplementären und dem Kommanditisten gegründete KG nimmt ihre Tätigkeit am 1.5. auf.

- Gründungsinventar

| | DM |
|---|---|
| **für Komplementär A** | |
| a) Vermögen | |
| Maschinen | 80.000 |
| Lastkraftwagen | 30.000 |
| Personenkraftwagen | 15.000 |
| Bargeld | 25.000 |
| b) Schulden | – |
| c) Eigenkapital | 150.000 |
| **für Komplementär B** | |
| a) Vermögen | |
| Grundstücke | 30.000 |
| Gebäude | 100.000 |
| Bargeld | 35.000 |
| | 165.000 |
| b) Schulden | |
| Hypothekenschulden | 45.000 |
| Hypothekenzinsen vom 1.1. - 30.4. | 1.200 |
| | 46.200 |
| c) Eigenkapital | 118.800 |
| **für Kommanditisten C** | |
| a) Vermögen | |
| Maschinen | 60.000 |
| Forderungen | 30.000 |
| Dubiose Forderungen | 5.000 |
| | 95.000 |
| b) Schulden | |
| Delkredere | 2.000 |
| c) Eigenkapital | 93.000 |

- Gründungsbuchungen

| | | |
|---|---|---|
| für Gesellschafter A: | | |
| Maschinen | 80.000 | |
| Fahrzeuge | 45.000 | |
| Kasse | 25.000 | |
| an Einbringungskonto A | | 150.000 |
| | | |
| für Gesellschafter B: | | |
| Grundstücke | 30.000 | |
| Gebäude | 100.000 | |
| Kasse | 35.000 | |
| an Einbringungskonto | | 165.000 |
| Einbringungskonto B | 46.200 | |
| an Hypothekenschulden | | 45.000 |
| an Sonstige Verbindlichkeiten | | 1.200 |
| | | |
| für Gesellschafter C: | | |
| Maschinen | 60.000 | |
| Forderungen | 30.000 | |
| Dubiose Forderungen | 5.000 | |
| an Einbringungskonto C | | 95.000 |
| Einbringungskonto C | 2.000 | |
| an Delkredere (Wertberichtigung) | | 2.000 |

Im nächsten Arbeitsgang werden die Einbringungskonten abgeschlossen.

| | | |
|---|---|---|
| Für Gesellschafter A: | | |
| Einbringungskonto A | 150.000 | |
| an Eigenkapitalkonto A | | 150.000 |
| | | |
| für Gesellschafter B: | | |
| Einbringungskonto B | 118.800 | |
| an Eigenkapitalkonto B | | 118.800 |
| | | |
| für Gesellschafter C: | | |
| Einbringungskonto C | 93.000 | |
| Ausstehende Einlage C | 3.000 | |
| an Eigenkapitalkonto C | | 96.000 |

- Aufstellung der Gründungsbilanz

Die Gründungsbilanz zum 1.5. hat folgendes Aussehen, wobei unterstellt wird, daß keine weiteren Aktivitäten als die behandelten vorgenommen wurden:

| Aktiva | Gründungsbilanz der Firma A, B & Co. zum 1.5. | | Passiva |
|---|---|---|---|
| I. Ausstehende Einlagen | 3.000 | I. Gesellschaftskapital | |
| II. Anlagevermögen | | 1. Kapital Kompl. A | 150.000 |
| 1. Grundstücke | 30.000 | 2. Kapital Kompl. B | 118.800 |
| 2. Gebäude | 100.000 | 3. Kapital Kommanditist C | 96.000 |
| 3. Maschinen | 140.000 | II. Wertberichtigungen | |
| 4. Fahrzeuge | 45.000 | Delkredere | 2.000 |
| III. Umlaufvermögen | | III. Langfristige Verbindlichkeiten | |
| 1. Forderungen | 30.000 | Hypothekenschulden | 45.000 |
| 2. Dubiose Forderungen | 5.000 | IV. Kurzfristige Verbindlichkeiten | |
| 3. Kassenbestand | 60.000 | Sonstige Verbindlichkeiten | 1.200 |
| | 413.000 | | 413.000 |

Bei der **stillen Gesellschaft** treten keine Probleme bei der Gründung auf; die einzigen Schwierigkeiten könnten sich bei Sachgründungen ergeben, wenn zwischen den Gesellschaftern Differenzen über die Bewertung der eingebrachten Vermögensgegenstände entstehen.

*Heinen* sieht für die Verbuchung des Anteils des stillen Gesellschafters drei Möglichkeiten:

- die Einlage des Gesellschafters wird als Darlehen gebucht, wobei in der Bilanz die Position den Zusatz „Stiller Gesellschafter“ erhält,

- die Einlage wird zusammen mit anderen Verbindlichkeiten in einer Position ausgewiesen,

- die Einlage wird dem Kapitalkonto des Inhabers zugeschlagen.

Bei den Möglichkeiten zwei und drei können Außenstehende das Beteiligungsverhältnis nicht erkennen, was viele stille Gesellschaften diese Art der Buchung wählen läßt. Das „Verbergen“ der stillen Beteiligung ist legitim und liegt auch in der Intention des Gesetzgebers.

## 1.3.3 Kapitalgesellschaften

### 1.3.3.1 Gesellschaft mit beschränkter Haftung

Das Stammkapital der GmbH muß mindestens 50.000 DM betragen, die Stammeinlage der Gesellschafter muß sich auf mindestens 500 DM belaufen (§ 5 Abs. 1 GmbHG).

Bei der Errichtung einer GmbH kann kein Gesellschafter mehr als eine Stammeinlage übernehmen (§ 5 Abs. 2 GmbHG).

Der Betrag der Stammeinlagen kann für die einzelnen Gesellschafter verschieden bestimmt werden. Er muß in Deutscher Mark durch 100 teilbar sein. Der Gesamtbetrag der Stammeinlagen muß mit dem Stammkapital übereinstimmen (§ 5 Abs. 3 GmbHG).

Die Anmeldung darf erst erfolgen, wenn auf jede Stammeinlage, soweit nicht Sacheinlagen vereinbart sind, ein Viertel eingezahlt ist (§ 7 Abs. 2 GmbHG).

Buchungen bei der Gründung einer GmbH:

Einbringungskonten
an Stammkapital

Eingebrachte Werte
an Einbringungskonten

Gründungskosten
an Geldkonten.

### 1.3.3.2 Aktiengesellschaft

Es wurde bereits ausgeführt, daß bei der Gründung einer Aktiengesellschaft ein Mindestkapital von 100.000 DM aufgebracht werden muß. Der (die) Gründer erwirbt (erwerben) Aktien, deren Gegenwert das gezeichnete Kapital darstellt.

Die Gründung kann als Bar-, Sach- oder Mischgründung erfolgen. Die Aktiengesellschaft kann von den Gründern vollständig gegründet werden, dann liegt eine Einheits- oder Simultangründung vor, oder die Gründung erfolgt in mehreren Schritten, dann spricht man von einer Stufen- oder Sukzessivgründung.

Bei der Gründung müssen 25 % des gezeichneten Kapitals einbezahlt werden.

Die Buchung des gezeichneten Kapitals erfolgt zum Nennwert, ein Aufgeld ist der gesetzlichen Rücklage zuzuführen.

**Gründungsbeispiel**: Sechs Personen beschließen, eine Aktiengesellschaft zu gründen; sie übernehmen folgende Anteile:

| | | |
|---|---|---|
| Aktionär A | 3.200 Aktien zu 50 DM = | 160.000 DM |
| Aktionär B | 3.000 Aktien zu 50 DM = | 150.000 DM |
| Aktionär C | 5.000 Aktien zu 50 DM = | 250.000 DM |
| Aktionär D | 2.000 Aktien zu 50 DM = | 100.000 DM |
| Aktionär E | 3.500 Aktien zu 50 DM = | 175.000 DM |
| Aktionär F | 3.300 Aktien zu 50 DM = | 165.000 DM |
| Gezeichnetes Kapital | | 1.000.000 DM |

Der Ausgabekurs der Aktien beträgt 65 DM.

Gemäß Satzung sind 60 % des Nennwertes bei der Gründung einzubezahlen. Das Agio bei der Ausgabe der Aktien ist gem. § 36a AktG und § 272 Abs. 2 HGB bei der Gründung einzubezahlen.

| Soll | Ausstehende Einlagen | | Haben |
|---|---|---|---|
| Gezeichnetes Kapital | 1.000.000 | Bank | 96.000 |
| | | Bank | 90.000 |
| | | Bank | 150.000 |
| | | Bank | 60.000 |
| | | Bank | 105.000 |
| | | Bank | 99.000 |
| | | Bilanz | 400.000 |
| | 1.000.000 | | 1.000.000 |

| Soll | gezeichnetes Kapital | | Haben |
|---|---|---|---|
| Bilanz | 1.000.000 | ausstehende Einlagen | 1.000.000 |

| Soll | Agio | | Haben |
|---|---|---|---|
| Kapitalrücklage | 300.000 | Bank | 48.000 |
| | | Bank | 45.000 |
| | | Bank | 75.000 |
| | | Bank | 30.000 |
| | | Bank | 52.500 |
| | | Bank | 49.500 |
| | 300.000 | | 300.000 |

| Soll | Kapitalrücklage | | Haben |
|---|---|---|---|
| Bilanz | 300.000 | Agio | 300.000 |

| Soll | Bank | | Haben |
|---|---|---|---|
| ausstehende Einlagen + Agio | 144.000 | Bilanz | 900.000 |
| ausstehende Einlagen + Agio | 135.000 | | |
| ausstehende Einlagen + Agio | 225.000 | | |
| ausstehende Einlagen + Agio | 90.000 | | |
| ausstehende Einlagen + Agio | 157.500 | | |
| ausstehende Einlagen + Agio | 148.500 | | |
| | 900.000 | | 900.000 |

Die Buchungssätze lauten:

| | | |
|---|---|---|
| gezeichnetes Kapital | | |
| an ausstehende Einlagen | | 1.000.000 |
| | | |
| Bank | 144.000 | |
| | 135.000 | |
| | 225.000 | |
| | 90.000 | |
| | 157.500 | |
| | 148.500 | |
| | 900.000 | |

| | |
|---|---|
| an ausstehende Einlagen | 96.000 |
| | 90.000 |
| | 150.000 |
| | 60.000 |
| | 105.000 |
| | 99.000 |
| | 600.000 |
| an Agio | 48.000 |
| | 45.000 |
| | 75.000 |
| | 30.000 |
| | 52.500 |
| | 49.500 |
| | 300.000 |

| | |
|---|---|
| Agio | |
| an Kapitalrücklage | 300.000 |
| Kapitalrücklage | |
| an Bilanz | 300.000 |
| Bilanz | |
| an ausstehende Einlagen | 400.000 |
| Bilanz | |
| an Bank | 900.000 |
| gezeichnetes Kapital | |
| an Bilanz | 1.000.000 |

Die Gründungsbilanz hat folgendes Aussehen:

| Aktiva | Gründungsbilanz der X AG zum ... | | Passiva |
|---|---|---|---|
| I. Ausstehende Einlagen | 400.000 | I. Gezeichnetes Kapital | 1.000.000 |
| II. Bank | 900.000 | II. Kapitalrücklage | 300.000 |
| | 1.300.000 | | 1.300.000 |

Ort, Datum Unterschrift

Entstehen Gründungskosten in Höhe von 100.000 DM, die von den Gründern nicht übernommen wurden, ergibt sich folgendes Bilanzbild:

| Aktiva | Gründungsbilanz der X AG zum .... | | Passiva |
|---|---|---|---|
| I. Ausstehende Einlagen | 400.000 | I. Gezeichnetes Kapital | 1.000.000 |
| II. Bank | 800.000 | II. Gesetzliche Rücklagen | 300.000 |
| | | III. – Verlustvortrag | 100.000 |
| | 1.2000.000 | | 1.200.000 |

Die Gründungskosten stellen Aufwand dar, der nicht aktiviert werden darf; wenn dieser erste Aufwand nicht durch einen Ertrag kompensiert werden kann, stellt er einen Verlust dar, der auf neue Rechnung, d.h. auf die erste vollständige Abrechnungsperiode, vorgetragen wird.

Wenn angenommen wird, daß zusätzlich zu den Gründungskosten Ingangsetzungskosten entstehen, ergibt sich ein neues Bilanzbild.

Kosten der Ingangsetzung des Betriebes, also in erster Linie Kosten, die mit technischen Vorgängen verbunden sind, aber auch Kosten, die für den Aufbau des Unternehmens entstanden sein können, werden entweder als Aufwand erfaßt oder aktiviert; es besteht also ein Aktivierungswahlrecht. Wenn im Beispiel von diesem Wahlrecht Gebrauch gemacht wird, hat das Bilanzbild bei 60.000 DM Ingangsetzungskosten folgendes Aussehen:

Gründungsbilanz der X AG zum ....

| Aktiva | | Passiva | |
|---|---|---|---|
| I. Ausstehende Einlagen | 400.000 | I. Gezeichnetes Kapital | 1.000.000 |
| II. Bank | 740.000 | II. Gesetzliche Rücklagen | 300.000 |
| III. Ingangsetzungskosten | 60.000 | III. – Verlustvortrag | 100.000 |
| | 1.200.000 | | 1.200.000 |

Bei einer Sachgründung fallen folgende Buchungen an:

Ein Aktionär übernimmt nominal 500.000 DM und bringt ein:

| | |
|---|---|
| Maschinen | 400.000 DM |
| Betriebs- und Geschäftsausstattung | 200.000 DM |
| zusammen | 600.000 DM |

| | | |
|---|---|---|
| Ausstehende Einlagen | | |
| an gezeichnetes Kapital | 500.000 DM | |
| Maschinen | 400.000 DM | |
| Betriebs- und Geschäftsausstattung | 200.000 DM | |
| an ausstehende Einlagen | | 500.000 DM |
| an Agio | | 100.000 DM |
| Agio | | |
| an Kapitalrücklage | 100.000 DM | |

# 2. Umwandlung

Unter Umwandlung wird die Änderung der Rechtsform eines Unternehmens verstanden, wobei die wirtschaftliche Substanz des Unternehmens nicht verloren geht.

Es sind zahlreiche Umwandlungsmöglichkeiten denkbar, da das deutsche Gesellschaftsrecht eine ganze Reihe von Rechtsformen kennt.

Folgende Umwandlungsmöglichkeiten sind möglich:

- Einzelunternehmen in Personengesellschaft
- Personengesellschaft in Einzelunternehmen

| | |
|---|---|
| • Einzelunternehmen | in Kapitalgesellschaft |
| • Kapitalgesellschaft | in Einzelunternehmen |
| • Personengesellschaft | in Personengesellschaft |
| • Kapitalgesellschaft | in Kapitalgesellschaft |
| • Personengesellschaft | in Kapitalgesellschaft |
| • Kapitalgesellschaft | in Personengesellschaft. |

Die Motive für eine Umwandlung können mannigfaltig sein:

- Kapitalbedarf
- Anstreben anderer Haftungsverhältnisse
- Beseitigen rechtsformabhängiger Erfordernisse und Auflagen
- persönliche Gründe
- steuerliche Gründe
- Vorbereitung von Verschmelzungen.

Eine echte Umwandlung liegt vor, wenn die Änderung der Rechtsform durch handelsrechtliche Vorschriften geregelt ist; in diesem Falle übernimmt das Unternehmen der neuen Rechtsform Vermögen und Schulden des Unternehmens der alten Rechtsform als ganzes im Rahmen der Gesamtrechtsnachfolge.

Liegen keine handelsrechtlichen Vorschriften für die Änderung der Rechtsform vor, hat man es nicht mit einer Umwandlung, sondern mit einer Umgründung zu tun.

Das Unternehmen in der alten Rechtsform muß erst liquidiert werden, bevor es in der neuen Rechtsform wirksam werden kann; das Vermögen des Unternehmens alter Rechtsform muß durch Einigung und Übergabe einzeln übertragen werden.

Die Buchungen, die im Rahmen der Umwandlung vorgenommen werden müssen, haben im Prinzip Ähnlichkeiten mit den Gründungsbuchungen; Schwierigkeiten können sich bei der Bewertung des Vermögens ergeben, da die Umwandlung häufig mit Umbewertungen verbunden ist.

# 3. Auseinandersetzung

Der Begriff Auseinandersetzung wird im Recht, in der Rechtsprechung und auch in der Literatur unterschiedlich definiert, im betriebswirtschaftlichen Sinne dürfte der Begriff allerdings geklärt sein; von Auseinandersetzung spricht man dann, wenn ein Gesellschafter aus einer Gesellschaft ausscheidet, diese aber weiter bestehen bleibt.

„Scheidet ein Gesellschafter aus der Gesellschaft aus, so wächst sein Anteil am Gesellschaftsvermögen den übrigen Gesellschaftern zu. Diese sind verpflichtet, dem Ausscheidenden die Gegenstände, die er der Gesellschaft zur Benutzung überlassen hat, nach Maßgabe des § 732 zurückzugeben, ihn von den gemeinschaftlichen Schulden zu befreien und ihm dasjenige zu zahlen, was er bei der Auseinandersetzung erhalten würde, wenn die Gesellschaft zur Zeit seines Ausscheidens aufgelöst worden wäre. Sind gemeinschaftliche Schulden noch nicht fällig, so können die übrigen Gesellschafter dem Ausscheidenden, statt ihn zu befreien, Sicherheit leisten“ (§ 738 BGB).

Es empfiehlt sich dringend, den Fall des Ausscheidens im Gesellschaftsvertrag zu regeln, um Streitigkeiten zu vermeiden; insbesondere ist es angebracht, die Fragen der Bewertung zu klären, um eine Auseinandersetzungsbilanz ohne Schwierigkeiten erstellen zu können.

Der ausscheidende Gesellschafter hat Anspruch auf

- seinen eingebrachten Kapitalanteil
- einen Anteil an den offenen Rücklagen
- einen Anteil an den stillen Rücklagen
- einen Anteil am Firmenwert.

Die Auseinandersetzung ist buchhalterisch recht kompliziert. Sie kann auf drei Wegen erfolgen; auf jeden Fall führt die Auseinandersetzung zu einer Neubewertung des ganzen Unternehmens.

- Beim **ersten** Weg erfaßt man die Neubewertung auf einem Neubewertungskonto. In der Auseinandersetzungsbilanz werden die Vermögensgegenstände und Kapitalanteile der Gesellschafter mit den neuen Werten ausgewiesen. Stille Reserven werden auf diesem Wege aktiviert.

- Schlägt man einen **zweiten** Weg ein, weist man nur den auf den ausscheidenden Gesellschafter entfallenden neubewerteten Anteil aus; die Anteile der übrigen Gesellschafter bleiben unverändert. Für den ausscheidenden Gesellschafter wird ein Auseinandersetzungsguthaben ausgewiesen.

- Wählt man den **dritten** Weg, ist die Auseinandersetzungsbilanz praktisch identisch mit der letzten Jahresbilanz. Der neubewertete Anteil des ausscheidenden Gesellschafters wird nicht ausgewiesen, die verbleibenden Gesellschafter geben dem ausscheidenden Gesellschafter einen höherbewerteten Anteil entweder aus ihrem Privatvermögen oder ihr Kapitalanteil wird entsprechend geschmälert.

# 4. Fusion

Eine Fusion oder Verschmelzung liegt vor, wenn mehrere bisher selbständige Unternehmen zu einem neuen rechtlich selbständigen Unternehmen verschmolzen werden. Die einzelnen an der Fusion beteiligten Unternehmen verlieren ihre Selbständigkeit vollständig.

Hauptgründe für die Fusion sind:

- Stärkung der Wettbewerbskraft
- Erhöhung der Produktivität
- Stärkung der Finanzkraft
- bessere Ausnutzung verschiedener Ressourcen
- Straffung des Managements
- Erhöhung der Machtposition.

Die Fusion kann

- horizontal
- vertikal und
- diagonal

durchgeführt werden.

Bei der **horizontalen** Verschmelzung befinden sich die beteiligten Unternehmen auf der gleichen Produktions- und Handelsstufe und gehören der gleichen Branche an.

Bei einer **vertikalen** Fusion gehören die beteiligten Unternehmen aufeinanderfolgenden Produktions- und Handelsstufen an, die Branche ist die gleiche.

Bei der **diagonalen** Fusion gehören die beteiligten Unternehmen weder der gleichen Branche noch der gleichen Produktions- oder Handelsstufe an.

Fusionen können vom Bundeskartellamt verboten werden, wenn eine wesentliche Einschränkung des Wettbewerbs durch die Fusion zu erwarten ist.

Gesetzliche Grundlage für die Verschmelzung ist in erster Linie das Aktiengesetz. Es regelt die Fusion zwischen Aktiengesellschaften oder Kommanditgesellschaften auf Aktien sowie zwischen Aktiengesellschaften und Gesellschaften mit beschränkter Haftung oder zwischen Aktiengesellschaften und bergrechtlichen Gewerkschaften.

Das Aktiengesetz kennt zwei Formen der Fusion:

- die Verschmelzung durch Aufnahme
- die Verschmelzung durch Neubildung.

Hauptsächlich kommen Verschmelzungen durch Aufnahme vor.

Die Fusionsbilanz, die zu erstellen ist, zeigt das Vermögen und das Kapital nach der Fusion auf.

Die Buchhaltungs- und Bilanzierungsvorgänge werfen in allererster Linie Bewertungsfragen auf.

Die Bewertung richtet sich nach den aktienrechtlichen Vorschriften (vgl. § 339 ff. AktG) und hat betriebswirtschaftliche Gesichtspunkte zu berücksichtigen. Diese beziehen sich vor allem auf die Ermittlung des Gesamtwertes (Unternehmenswertes).

# 5. Sanierung

Von einere Sanierung spricht man, wenn in einem Unternehmen, das notleidend geworden ist, Maßnahmen ergriffen werden, um seine Zahlungsfähigkeit wiederherzustellen und/oder seine Ertragskraft wieder herbeiführen.

Die Anlässe für eine Sanierung sind sehr vielfältig und können nicht immer aus der Bilanz erkannt werden.

Eine **Unterbilanz** liegt vor, wenn Verluste ein Unternehmen mit variablem Eigenkapital zwingen, das Eigenkapitalkonto um die Verluste zu kürzen bzw. wenn Unternehmen mit konstantem Eigenkapital (AG, GmbH) den Verlust offen in der Bilanz ausweisen müssen, wenn nicht ausreichend offene Rücklagen zur Kompensierung vorhanden sind.

Von einer **Überschuldungsbilanz** spricht man, wenn die Verluste so hoch werden, daß sie die Eigenmittel übersteigen.

Bereits wenn ein Verlust in Höhe des halben gezeichneten Kapitals entsteht, muß der Vorstand einer Aktiengesellschaft unverzüglich die Hauptversammlung einberufen und ihr diesen Tatbestand anzeigen (§ 92 Abs. 1 AktG). Kommt es zu einer Überschuldung, muß der Vorstand das Vergleichs- oder Konkursverfahren einleiten (§ 92 Abs. 2 AktG).

Eine Sanierung ist nur dann sinnvoll, wenn die Sanierungsmaßnahmen auch einen Erfolg versprechen, und neben finanziellen Maßnahmen auch betriebswirtschaftliche Maßnahmen getroffen werden.

Folgende Maßnahmen werden zur Unternehmenssanierung empfohlen:

- Herabsetzung des Eigenkapitals
- Einziehung von Aktien
- Zuzahlungen der Gesellschafter
- Umwandlung kurzfristiger in langfristige Verbindlichkeiten
- Umwandlung von Verbindlichkeiten in Eigenkapital
- Zahlungsaufschub der Gläubiger
- Teilverzicht der Gläubiger.

*Olfert / Körner / Langenbeck* teilen die Sanierungsmaßnahmen in drei Gruppen ein:

- Reine Sanierung
- Alternativsanierung
- Schrumpfsanierung.

Die **reine Sanierung** besteht in der ordentlichen oder vereinfachten Kapitalherabsetzung. Das Aktiengesetz regelt die Kapitalherabsetzung in den Vorschriften der §§ 222 bis 240.

Bei der **alternativen Sanierung** haben die Aktionäre ein Wahlrecht zwischen der Minderung des Aktiennennbetrages bzw. Zusammenlegung und der Zuzahlung auf die Aktien.

Die **Schrumpfungssanierung** ermöglicht

- die Rückzahlung von gezeichnetem Kapital an die Aktionäre
- den Rückkauf von Aktien durch die AG

- den Erwerb eigener Aktien
- die unentgeltliche Rückgabe von Aktien durch die Aktionäre.

Da zahlreiche Sanierungsmaßnahmen ergriffen werden können, gibt es kein einheitliches Schema für die Sanierungsvorgänge und die damit verbundenen Buchungen. Die Sanierung bringt im Normalfall eine Bilanzbereinigung mit sich, dafür wird ein Sanierungskonto als Erfolgskonto eingerichtet, das alle Sanierungsmaßnahmen erfaßt *(Olfert / Körner / Langenbeck)*.

| Soll | Sanierungskonto Haben |
|---|---|
| Sanierungsaufwendungen als eigentliche Kosten der Sanierung<br>Verwendung des Sanierungsgewinnes<br>• zur Beseitigung der Unterbilanz<br>• zur Wertberichtigung des Anlagevermögens sowie der Warenvorräte (Sonderabschreibung wegen Überbewertung)<br>• zur Wertberichtigung der Außenstände (Delkrederewertberichtigung)<br>• Rücklagen beispielsweise Reorganisationsrücklagen oder -rückstellungen (für Treuhändergebühren und Gerichts- und Notariatskosten)<br>Saldo (Gewinn) zur Neubildung von gesetzlichen oder anderen Gewinnrücklagen | Sanierungserträge<br>• aus Kapitalherabsetzung bzw. Kapitalzusammenlegung<br>• aus gegenleistungsfreien Zuzahlungen oder unentgeltlichen Sachwerteinlagen der Gesellschafter<br>• aus Gläubigernachlässen oder Gläubigerverzichten<br>• aus Wertberichtigungen (Höherbewertung) von Wirtschaftsgütern des Anlagevermögens (Auflösung stiller Reserven)<br>• aus der Auflösung nicht mehr benötigter Rücklagen und Rückstellungen<br>Saldo (Verlust) nach Gewinn- und Verlustkonto |

Im Rahmen der Sanierung sind zwei Bilanzen zu erstellen:

- die Sanierungseröffnungsbilanz, die die Vermögenslage vor der Sanierung darstellt, und

- die Sanierungs-Schlußbilanz, die das Ergebnis der Sanierung festhält.

# 6. Liquidation

Die Liquidation ist die freiwillige oder zwangsweise Auflösung von Unternehmen.

Auflösungsgründe können sein:

- bei Einzelunternehmen beliebige

- bei Personengesellschaften der Tod eines Gesellschafters, wenn der Gesellschaftsvertrag nichts anderes bestimmt oder der Beschluß der Gesellschafter

- bei der Aktiengesellschaft Zeitablauf nach Satzung, Beschluß von 3/4 des anwesenden Kapitals in der Hauptversammlung

- bei der GmbH gelten die gleichen Gründe wie bei der AG.

Wichtige gesetzliche Vorschriften für die Liquidation:

- für die OHG und KG: §§ 131, 145 - 158 HGB
- für die AG: §§ 262 - 274 AktG
- für die GmbH: §§ 60 - 62, 65 - 74 GmbHG
- für die Genossenschaft: §§ 78, 82 - 93 GenG.

Stellvertretend für andere Rechtsformen wird im folgenden die buch- und bilanzmäßige Behandlung der Liquidation einer kleineren Aktiengesellschaft dargestellt, wobei auf rechtliche und betriebswirtschaftliche Besonderheiten verzichtet wird.

Vor der Liquidation weist die X-AG folgende Zahlen aus, wobei von der strengen Gliederung gem. § 266 HGB abgewichen wird:

| Aktiva | Bilanz der X-AG | | Passiva |
|---|---|---|---|
| Gebäude | 120.000 | Gezeichnetes Kapital | 1.350.000 |
| Maschinen | 255.000 | Rückstellungen | 127.500 |
| Werkzeuge | 60.000 | Verbindlichkeiten | 600.000 |
| Rohstoffe | 450.000 | Darlehen | 150.000 |
| Fertigerzeugnisse | 750.000 | Sonstige Verbindlichkeiten | 90.000 |
| Forderungen | 307.500 | Schuldwechsel | 105.000 |
| Bank | 60.000 | | |
| Kasse | 45.000 | | |
| Verlust | 375.000 | | |
| | 2.422.500 | | 2.422.500 |

In der Liquidations-Eröffnungsbilanz ist prinzipiell zu den voraussichtlichen Erlösen zu bilanzieren. Ein Ansatz zu Buchwerten ist zulässig, wenn nicht andere Ansätze erforderlich oder gerechtfertigt sind.

| Aktiva | Liquidations-Eröffnungsbilanz | | Passiva |
|---|---|---|---|
| Gebäude | 120.000 | Liquidationskapital | 975.000 |
| Maschinen | 255.000 | Rückstellungen | 127.500 |
| Werkzeuge | 60.000 | Verbindlichkeiten | 600.000 |
| Rohstoffe | 450.000 | Darlehen | 150.000 |
| Fertigerzeugnisse | 750.000 | Sonstige Verbindlichkeiten | 90.000 |
| Forderungen | 307.500 | Schuldwechsel | 105.000 |
| Bank | 60.000 | | |
| Kasse | 45.000 | | |
| | 2.047.500 | | 2.047.500 |

Es ist eine Bilanzverkürzung um 375.000 DM eingetreten, da der Verlust vom gezeichneten Kapital abgesetzt wurde.

Die Buchungssätze dafür lauten:

| | |
|---|---|
| Gezeichnetes Kapital<br>an Liquidationskapital | 1.350.000 |
| Liquidationskapital<br>an Verlust (G+V) | 375.000 |

Geschäftsvorfälle:

Die Forderungen gehen in Höhe von 270.000 DM ein, 30.000 DM sind uneinbringlich.

Die in den Forderungen enthaltenen Wechsel in Höhe von 7.500 DM werden eingezogen: 6.750 DM.

Kosten bei der Veräußerung des Vermögens und dem Einzug der Forderungen: 2.250 DM.

Die Rückstellungen werden in Höhe von 35.250 DM in Anspruch genommen.

Die Gewinne und Verluste aus der Neubewertung werden auf einem Liquidations-Abwicklungskonto erfaßt; dieses wird mit dem Liquidationskapitalkonto abgeschlossen.

Buchungssätze:

| | | | |
|---|---|---|---|
| (1) | Bank | 105.000 | |
| | Liquidations-Abwicklungskonto | 15.000 | |
| | an Gebäude | | 120.000 |
| (2) | Bank | 180.000 | |
| | Liquidations-Abwicklungskonto | 75.000 | |
| | an Maschinen | | 255.000 |
| (3) | Bank | 15.000 | |
| | Liquidations-Abwicklungskonto | 45.000 | |
| | an Werkzeuge | | 60.000 |
| (4) | Bank | 300.000 | |
| | Liquidations-Abwicklungskonto | 150.000 | |
| | an Rohstoffe | | 450.000 |
| (5) | Bank | 600.000 | |
| | Liquidations-Abwicklungskonto | 150.000 | |
| | an Fertigerzeugnisse | | 750.000 |
| (6) | Bank | 270.000 | |
| | Liquidations-Abwicklungskonto | 30.000 | |
| | an Forderungen | | 300.000 |

| | | | |
|---|---|---|---|
| (7) | Bank | 6.750 | |
| | Liquidations-Abwicklungskonto | 750 | |
| | an Forderungen | | 7.500 |
| (8) | Bank | 42.750 | |
| | Liquidations-Abwicklungskonto | 2.250 | |
| | an Kasse | | 45.000 |
| (9) | Rückstellungen | 92.250 | |
| | an Liquidations-Abwicklungskonto | | 92.250 |
| (10) | Liquidationskapital | 375.750 | |
| | an Liquidations-Abwicklungskonto | | 375.750 |

Kontenmäßige Darstellung:

| Soll | Bank | | Haben |
|---|---|---|---|
| Bilanz | 60.000 | Liquidations-SB | 1.579.500 |
| (1) | 105.000 | | |
| (2) | 180.000 | | |
| (3) | 15.000 | | |
| (4) | 300.000 | | |
| (5) | 600.000 | | |
| (6) | 270.000 | | |
| (7) | 6.750 | | |
| (8) | 42.750 | | |
| | 1.579.500 | | 1.579.500 |

| Soll | Liquidations-Abwicklungskonto | | Haben |
|---|---|---|---|
| (1) | 15.000 | (9) | 92.250 |
| (2) | 75.000 | (10) | 375.750 |
| (3) | 45.000 | | |
| (4) | 150.000 | | |
| (5) | 150.000 | | |
| (6) | 30.000 | | |
| (7) | 750 | | |
| (8) | 2.250 | | |
| | 468.000 | | 468.000 |

| Soll | Kasse | | Haben |
|---|---|---|---|
| Bilanz | 45.000 | Liquidations-Abwicklungskonto | 2.250 |
| | | Bank | 42.750 |
| | 45.000 | | 45.000 |

| Soll | Liquidations-Kapitalkonto | | Haben |
|---|---|---|---|
| Liquidations-Abwicklungskonto | 375.750 | Liquidations-EB | 975.000 |
| Liquidations-SB | 599.250 | | |
| | 975.000 | | 975..000 |

| Aktiva | Liquidations-Schlußbilanz | | Passiva |
|---|---|---|---|
| Bank | 1.579.500 | Liquidations-Kapital | 599.250 |
| | | Rückstellungen | 35.250 |
| | | Verbindlichkeiten | 600.000 |
| | | Darlehen | 150.000 |
| | | Sonstige Verbindlichkeiten | 90.000 |
| | | Schuldwechsel | 105.000 |
| | 1.579.500 | | 1.579.500 |

Von dem ursprünglichen gezeichneten Kapital in Höhe von 1.350.000 DM sind noch 599.250 DM übrig geblieben.

Ohne Rücksicht auf etwa vorhandene Vorzugsaktien mit Vorzugsansprüchen wird eine Liquidationsrate von 44,39 % ausgerechnet.

1.350.000 DM = 100 %
599.250 DM = x %

$$\frac{599.250 \cdot 100}{1.350.000} = \underline{\underline{44,39\ \%}}$$

Wird variiert, und 50.000 DM gezeichnetes Kapital haben einen Vorzugsanspruch von z.B. 75 %, wird gerechnet:

75 % von 50.000 DM = 37.500 DM

599.250 DM ./. 37.500 DM = 561.750 DM

$$\frac{561.750 \cdot 100}{1.350.000} = \underline{\underline{41,61\ \%}}$$

# 7. Konkurs

Wie bei der Liquidation wird auch beim Konkurs die Unternehmenstätigkeit beendet. Im Gegensatz zur Liquidation fehlt beim Konkurs allerdings das Merkmal der Freiwilligkeit.

Der Konkurs wird durch die Konkursordnung geregelt und muß bei Gericht beantragt werden.

Antragsberechtigt sind Schuldner und Gläubiger bei Zahlungsunfähigkeit des Unternehmens. Bei Kapitalgesellschaften ist ein zwingender Konkursgrund auch die Überschuldung; ebenso auch bei der GmbH § Co. KG (§ 117 a HGB).

Auf die Einzelheiten bei der Abwicklung eines Konkurses kann hier nicht eingegangen werden. Die rechnungstechnische Abwicklung des Konkurses ist entsprechend der Konkursmaterie mehr oder weniger kompliziert. Begonnen wird mit der Bilanz bei Eröffnung des Konkurses, die den Verlust ausweist.

Ein Konkurs-Eröffnungs-Status stellt die **Konkurs-Eröffnungsbilanz** dar und könnte folgendes Aussehen haben:

I. Vermögen
   1. Aussonderungsberechtigtes Vermögen
   2. Absonderungsberechtigtes Vermögen
   3. Verfügbares Vermögen (Konkursmasse)

II. Schulden
   1. Aussonderungsberechtigte Gläubiger
   2. Absonderungsberechtigte Gläubiger
   3. Massegläubiger
      3.1 Bevorrechtigte Massegläubiger
      3.2 Nichtbevorrechtigte Massegläubiger

Summe I ./. Summe II = Überschuldung

Die Abwicklungsvorgänge, also die Veräußerung des Vermögens, die Erfassung der damit verbundenen Aufwendungen, die Buchung der Abwicklungskosten, die Aufrechnungen, Aus- und Absonderungen etc. erfolgen über ein Konkurs-Abwicklungskonto.

Nach erfolgten Buchungen entsteht als Endergebnis des rechnungstechnischen Abwicklungsvorganges die **Konkursverteilungs-Bilanz**, die wie folgt aussieht:

| Aktiva | Konkursverteilungs-Bilanz | Passiva |
|---|---|---|
| Kasse, Bank<br>Konkursabwicklungs-Konto | | Nichtbevorrechtigte Gläubiger |

Abrechnungstechnische Details und ein ausführliches Beispiel bringen *Olfert/Körner/Langenbeck*, Sonderbilanzen.

# 8. Vergleich

Im Gegensatz zum Konkurs besteht das Unternehmen nach einem Vergleich weiter; der Vergleich soll in den meisten Fällen den Konkurs abwenden.

Die rechnungstechnische Abwicklung des Vergleichs erfolgt in den drei Schritten:

- Aufstellung der Vergleichsbilanz
- Erfassung der Vergleichsvorgänge
- Aufstellung der Vergleichsschlußbilanz.

Für die Abwicklung der Vergleichsvorgänge wird ein Vergleichsabwicklungskonto eingerichtet.

Die **Vergleichsbilanz** kann folgendermaßen aussehen (*Eisele*):

Vergleichsbilanz

| Aktiva | Passiva |
|---|---|
| Nicht verfügbare Vermögensgegenstände | Eigenkapital |
| Verfügbare Vermögensgegenstände | nicht beteiligte Gläubiger |
| Vergleichsabwicklungskonto | Vergleichsgläubiger |

Im Mittelpunkt der rechnungstechnischen Abwicklung steht die Bewertungsfrage: die Bilanz soll das Gericht davon überzeugen, ob ein Vergleich sinnvoll ist. Der Zielsetzung entsprechend müssen realistische Werte in der Bilanz angesetzt werden.

Es ist möglich, von den Wertansätzen der letzten Jahresbilanz auszugehen, da das Unternehmen weitergeführt werden soll. Eine Bewertung zu Zeitwerten bei Unterstellung des „Going-concern-Princips" dürfte allerdings dem Wesen des Vergleichs mehr entgegenkommen. Dieses Prinzip geht von der Fortführung des Unternehmens aus und verhindert eine gezielte Auflösung stiller Reserven über das handelsrechtlich Mögliche hinaus.

Sollen im Rahmen des Vergleichs Teile des Betriebsvermögens verkauft werden, um die Weiterführung des Unternehmens erst zu ermöglichen, kann zu dem sogen. Zerschlagungswert (Verkaufswert) bewertet werden.

Ausführliches Beispiel zu einem Vergleichsverfahren siehe *Olfert / Körner / Langenbeck*.

54 55

| | Kontrollfragen | bearbeitet | Lösungshinweis | Lösung + | Lösung - |
|---|---|---|---|---|---|
| 01 | Welche Hauptunterschiede bestehen in der Zielsetzung zwischen Gründungsbilanzen und periodischen Bilanzen? | | 293 | | |
| 02 | Wodurch unterscheiden sich Gründungsbilanzen von Einzelunternehmen und Personengesellschaften? | | 294 | | |
| 03 | Welche Funktion erfüllt das Einbringungskonto? | | 294/295 | | |
| 04 | Welcher Betrag auf das gezeichnete Kapital ist bei der Gründung einer Aktiengesellschaft einzuzahlen? | | 299 | | |
| 05 | Zu welchem Kurs können Aktien bei der Gründung der AG ausgegeben werden? | | 299 | | |
| 06 | Was geschieht mit dem Ausgabeagio bei der Gründung der Aktiengesellschaft? | | 299 | | |
| 07 | Welche Probleme ergeben sich bei einer Sachgründung? | | 292 | | |
| 08 | Welche Motive können für eine Umwandlung maßgebend sein? | | 302 | | |
| 09 | Welche Ansprüche haben ausscheidende Gesellschafter im Rahmen der Auseinandersetzung? | | 303 | | |
| 10 | Was versteht man unter einer horizontalen, vertikalen und diagonalen Fusion? | | 305 | | |
| 11 | Was enthält das Sanierungskonto? | | 306 | | |
| 12 | Wie lauten die wichtigsten Buchungssätze bei der Liquidation eines Unternehmens? | | 307 ff. | | |
| 13 | Was enthält die Liquidations-Schlußbilanz? | | 311 | | |
| 14 | Wodurch unterscheiden sich Liquidation und Konkurs? | | 311 | | |
| 15 | Nach welchen Gesichtspunkten wird die Vergleichsbilanz gegliedert? | | 313 | | |

# Gesamtliteraturverzeichnis


***Adler /Düring / Schmaltz,*** Rechnungslegung und Prüfung der Aktiengesellschaft, 5. Auflage, Stuttgart 1992

***Bähr/Fischer/Winkelmann,*** Buchführung und Jahresabschluß, 5. Auflage, Wiesbaden 1992

***Buchner, R.,*** Buchführung und Jahresabschluß, 4. Auflage, München 1993

***Bussiek, J.,*** Erfolgsorientierte Steuerung mittelständischer Unternehmen, C.H. Beck, München 1981

***Däumler, K.-D.,*** Betriebswirtschaftliche Finanzwirtschaft, 6. Auflage, Herne/Berlin 1993

***Ehrmann, H.,*** Betriebliches Rechnungswesen als Instrument der Mitbestimmung, Bielefeld 1976

***Ehrmann, H.,*** Planung, Ludwigshafen 1995

***Ehrmann, H.,*** Kostenrechnung, München und Wien 1992

***Eisele, E.,*** Technik des betrieblichen Rechnungswesens, München 1980

***Falterbaum /Beckmann,*** Buchführung und Bilanz, 14. Auflage, Bonn 1992

***Federmann, R.,*** Bilanzierung nach Handelsrecht und Steuerrecht, 4. Auflage, Bielefeld 1978

***Frantz, U.,*** Bilanzen, Bielefeld 1976

***Gabele,*** Buchführung, 4. Auflage, München 1992

***Heinen, E.,*** Handelsbilanzen, 17. Auflage, Wiesbaden 1987

***Kilger, W.,*** Flexible Plankostenrechnung, 9. Auflage, Wiesbaden 1988

***Knoll /Beyer,*** Bilanzkunde, 5. Auflage, Wiesbaden 1978

***Küting/Weber,*** Handbuch der Rechnungslegung, 3. Auflage, Stuttgart 1990

***Leffson, U.,*** Die Grundsätze ordnungsmäßiger Buchführung, 3. Auflage, Düsseldorf 1972

***Loos, G.,*** Betriebsabrechnung und Kalkulation, 2. Auflage, Herne/Berlin 1981

***Meyer, C.,*** Bilanzierung nach Handels- und Steuerrecht, 9. Auflage, Herne/Berlin 1992

***Olfert, K.,*** Finanzierung, 8. Auflage, Ludwigshafen 1994

***Olfert, K.,*** Kostenrechnung, 9. Auflage, Ludwigshafen 1994

***Olfert/Körner/Langenbeck,*** Bilanzen, 6. Auflage, Ludwigshafen 1992

***Olfert/Körner/Langenbeck,*** Sonderbilanzen, 4. Auflage, Ludwigshafen 1994

***Steinbuch, P.A.,*** Betriebliche Informatik, 6. Auflage, Ludwigshafen 1995

***Wöhe, G.,*** Bilanzierung und Bilanzpolitik, 4. Auflage, München 1976

***Wöhe, G.,*** Einführung in die Allgemeine Betriebswirtschaftslehre, 18. Auflage, München 1993

***Ziegenbein, K.,*** Controlling, 4. Auflage, Ludwigshafen 1992

***Zimmerer, C.,*** Industriebilanzen lesen und beurteilen, 4. Auflage, München 1975

# Übungsteil

## Aufgaben/Fälle

## 1 : Eröffnung der Bilanzkonten Buchungen verschiedener Geschäftsvorfälle Abschluß der Bilanzkonten

**1. Eröffnen Sie die T-Konten für nachstehende Bilanz**

Eröffnungsbilanz

| | | | |
|---|---|---|---|
| Grundstücke, Gebäude | 90.000 DM | Eigenkapital | 37.500 DM |
| Betriebs- und Geschäftsausstattung | 1.500 DM | Hypotheken | 60.000 DM |
| Waren | 75.000 DM | Lieferantenverbindlichkeiten | 52.000 DM |
| Forderungen | 4.000 DM | Bank | 23.000 DM |
| Kasse | 2.000 DM | | |
| | 172.500 DM | | 172.500 DM |

**2. Kundenüberweisung**

Buchen Sie: Ein Kunde überweist zum Ausgleich der Forderung 1.500 DM auf die Bank.

**3. Kfz-Kauf mit gemischter Bezahlung**

Buchen Sie: Es wird ein Kfz gekauft zum Preis von 6.000 DM. Bezahlt wird durch Banküberweisung 5.000 DM, der Rest von 1.000 DM in bar (ohne MWSt-Berechnung).

**4. Darlehenstilgung**

Buchen Sie: Eine Hypothekenrate in Höhe von 3.000 DM wird durch Banküberweisung bezahlt.

**5. Einrichtung Postgirokonto**

Buchen Sie: Ein Postgirokonto wird eingerichtet und 500 DM in bar eingezahlt.

**6. Barzahlung Forderung**

Buchen sie: Es gehen Forderungen in Höhe von 2.000 DM in bar ein.

**7. Darlehensaufnahme**

Buchen Sie: Ein Darlehen in Höhe von 20.000 DM wird aufgenommen. Der Darlehensgeber überläßt dem Unternehmen Wertpapiere in Höhe von 7.000 DM, eine Forderung gegen Dritte in Höhe von 3.000 DM, Barmittel in Höhe von 2.000 DM und überweist 8.000 DM auf das Bankkonto.

**8. Verkauf von Wertpapieren**

Buchen Sie: Die Wertpapiere in Höhe von 7.000 DM werden verkauft, der Gegenwert wird dem Bankkonto gutgeschrieben.

**9. Zahlung an Lieferanten**

Buchen Sie: Das Unternehmen überweist an den Lieferanten einen Betrag in Höhe von 4.500 DM.

**10. Umwandlung von Verbindlichkeiten**

Buchen Sie: Ein Lieferant wandelt seine Forderung in Höhe von 10.000 DM in ein Darlehen um.

**11. Wareneinkauf**

Buchen Sie: Sie kaufen Ware im Wert von 6.000 DM. Davon werden 2.000 DM sofort in bar bezahlt, der Rest wird kreditiert (Buchung ohne MwSt).

**12. Gebäudeverkauf**

Buchen Sie: Ein Gebäude wird zum Buchwert von 25.000 DM verkauft. Darauf lastet eine Resthypothek von 5.000 DM, die auf den Käufer übergeht. Das Unternehmen erhält 10.000 DM überwiesen, für den Rest läßt es sich eine Hypothek eintragen.

**13. Betriebsmittelkauf**

Buchen Sie: Es wird eine Schreibmaschine zum Preis von 900 DM gekauft und bar bezahlt (ohne MWSt-Buchung).

**14. Schließen Sie die bewegten Konten (siehe Nr. 1 - 13) in das Schlußbilanzkonto ab.**

## 2 : Eröffnung und Buchungen

1. Eröffnen Sie die T-Konten der nachstehenden Bilanz

Eröffnungsbilanz

| | | | |
|---|---|---|---|
| Maschinen | 270.000 DM | Eigenkapital | 320.000 DM |
| Rohstoffe | 60.000 DM | Darlehensschulden | 102.000 DM |
| Forderungen | 85.000 DM | Verbindlichkeiten | 68.000 DM |
| Bank | 75.000 DM | | |
| | 490.000 DM | | 490.000 DM |

2. Kauf eines Motorhoblers gegen Banküberweisung 20.000 DM.

3. Zielkauf von Rohstoffen für 15.000 DM.

4. Ein Kunde begleicht eine Rechnung durch Banküberweisung über 14.000 DM.

5. Wir begleichen eine Rechnung unseres Lieferanten durch Banküberweisung über 3.000 DM.

6. Eine Lieferantenverbindlichkeit über 18.000 DM wird wie vereinbart in eine Darlehensschuld umgewandet.

7. Schließen Sie die Konten in die Schlußbilanz ab.

## 3 : Kassenkonto

Führen Sie ein Kassenkonto vom 25.01. - 31.01.

| | | |
|---|---|---|
| 25.01. | Anfangsbestand | 1.855,— |
| 25.01. | Barzahlung eines Kunden | 220,— |
| 26.01. | Barzahlung an einen Lieferer | 380,— |
| 26.01. | Barzahlung für eine Zeitungsanzeige | 120,— |
| 27.01. | Bezahlung der Rechnung für Büromaterial | 180,— |
| 27.01. | Privatentnahme des Inhabers | 400,— |
| 28.01. | Abhebung von der Bank | 2.800,— |
| 28.01. | Gehaltszahlung | 1.620,— |
| 29.01. | Zahlung der Telefongebühren | 144,— |
| 29.01. | Zahlung für Fracht | 65,— |
| 30.01. | Zahlung an Fensterputzer | 280,— |
| 31.01. | Mieteinnahme | 1.500,— |
| 31.01. | Zahlung der Löhne | 2.900,— |

Schließen Sie das Kassenkonto ab. Wie hoch ist der Schlußbestand (Saldo)?

## 4 : Diverse Geschäftsvorfälle

Nennen Sie jeweils den Buchungssatz:

**1. Bargeldabhebung**

500 DM Wechselgeld werden von der Bank abgehoben.

**2. Bezahlung Verbindlichkeit**

Verbindlichkeiten in Höhe von 1.100 DM werden durch Überweisung bezahlt.

**3. Barabhebung**

Barabhebung vom Bankkonto 2.000 DM.

**4. Zielkauf**

Zielkauf von Rohstoffen 12.200 DM.

**5. Barverkauf**

Barverkauf einer gebrauchten Schreibmaschine 250 DM.

**6. Umschuldung**

Umwandlung einer Lieferschuld in eine Darlehensschuld 3.500 DM.

**7. Zahlungseingang**

Kunde zahlt auf unser Postgirokonto ein: 400 DM.

**8. Barkauf**

Barkauf von Hilfsstoffen 800 DM.

**9. Zielkauf**

Eingangsrechnung für Betriebsstoffe 3.600 DM.

**10. Zielkauf**

Kauf einer Maschine für den Betrieb auf Ziel 34.700 DM.

**11. Postüberweisung**

Postüberweisung auf Bankkonto 1.900 DM.

**12. Überweisung**

Wir begleichen eine Rechnung durch Überweisung 1.800 DM.

**13. Bareinzahlung**

Bareinzahlung auf Bankkonto 2.800 DM.

**14. Zahlungseingang**

Kunde begleicht eine Rechnung durch Banküberweisung 2.400 DM.

**15. Kauf**

Kauf einer Schreibmaschine gegen Bankscheck 850 DM.

**16. Barzahlung**

Barzahlung an Lieferer 600 DM.

## 5: Umsatzsteuer

**1. Warenverkauf auf Ziel**

Buchungssatz: Es wird Ware im Wert von 3.000 DM netto verkauft, die MwSt beträgt 15 %.

**2. Barkauf Büromaterial**

Buchungssatz: Es wird Büromaterial (Verwaltungsaufwand) in einem Einzelhandelsgeschäft im Wert von 460 DM gekauft (incl. MwSt 15 %).

**3. Kundenzahlung/Zahlungseingang**

Buchungssatz: Ein Kunde bezahlt durch Überweisung auf das Postgirokonto 2.360 DM.

**4. Warenverkauf incl. MwSt**

Buchungssatz: Es wird Ware an einen Endverbraucher zum Preis von 4.600 DM incl. 15 % MwSt verkauft.

**5. Wareneinkauf incl. MWSt**

Buchungssatz: Das Unternehmen kauft Ware im Einzelhandel zum Preis von 2.300 DM incl. 15 % MwSt.

**6. Barkauf Betriebsmittel**

Buchungssatz: Es wird eine Schreibmaschine zum Netto-Preis von 900 DM + 15 % MwSt gekauft und sofort bar bezahlt.

**7. Ermittlung der Zahllast**

Führen Sie als T-Konto die Konten "Vorsteuer" und "Mehrwertsteuer" für die Geschäftsvorfälle der Aufgabe 5 und soweit sie umsatzsteuerrelevant sind. Ermitteln Sie die Zahllast durch entsprechende Buchung.

**8. Überweisung der Zahllast**

Buchungssatz: Die Steuerschuld wird durch Überweisung bezahlt.

**9. Umsatzsteuer der Wertschöpfungsstufen**

Bekanntlich durchläuft ein Produkt bis zum Endverbraucher mehrere Produktionsstufen. Für ein Produkt wird in der 1. Stufe das Rohmaterial erzeugt und unter Verwendung von 10 DM für zugekaufte Sachmittel an den Weiterverarbeiter zu 50 DM netto verkauft. In der 2. Stufe werden neben dem Rohmaterial weitere notwendige Zukäufe in Höhe von 20 DM getätigt und das gefertigte Zwischenprodukt zu 160 DM verkauft. In der 3. Stufe wird das Zwischenprodukt durch weitere Komponenten mit einem Wert von 40 DM ergänzt und als Endprodukt zum Preis von 350 DM an den Handel abgegeben. Der Handel verkauft das Produkt zu 660 DM.

a) Berechnen Sie für jede Stufe die anfallende Vorsteuer, Umsatzsteuer und Zahllast.

b) Ermitteln Sie die Gesamtsumme der Zahllast.

c) Zeigen Sie, daß die Summe genau der Besteuerung der Wertschöpfung des Prozesses mit 15 % entspricht.

## 6 : Diverse Geschäftsvorfälle

**1. Einlösen Scheck**

Buchungssatz: Der Scheck eines Kunden in Höhe von 2.000 DM wird der Bank zur Gutschrift eingereicht.

**2. Warenverkauf**

Buchungssatz: Ein Kunde bekommt Ware geliefert, bei 15 % MwSt beträgt der Gesamtrechnungsbetrag 5.750 DM.

**3. Wareneinkauf**

Buchungssatz: Es wird Material eingekauft, der Warenwert beträgt 3.000 DM, die MwSt 15 %.

**4. Scheckzahlung**

Buchungssatz: Eine Lieferantenrechnung wird mit Scheck bezahlt, Rechnungsbetrag beträgt 1.150 DM.

**5. Einkauf**

Kauf von Betriebsstoffen lt. Rechnung 3.000 DM (netto) plus Umsatzsteuer 450 DM.

**6. Einkauf**

Kauf von Rohstoffen Nettepreis 25.000 DM plus Umsatzsteuer 3.750 DM.

**7. Zahlung**

Banküberweisung an einen Lieferer, Rechnungsbetrag 8.600 DM.

**8. Zielkauf**

Zieleinkauf von Hilfsstoffen Nettopreis 8.000 DM plus Umsatzsteuer 1.200 DM.

**9. Verkauf**

Verkauf von Fertigerzeugnissen Nettopreis 9.000 DM plus Umsatzsteuer 1.350 DM.

**10. Überweisung**

Banküberweisung von Kunden, Rechnungsbetrag 15.400 DM.

**11. Materialverbrauch**

Rohstoffverbrauch lt. Materialentnahmeschein 20.500 DM.

**12. Verkauf**

Verkauf von Erzeugnissen Nettopreis 42.000 DM plus Umsatzsteuer 6.300 DM.

# 7 : Erlösschmälerungen

### 1. Kundenzahlung mit Skontoabzug

Buchungssatz: Ein Kunde bezahlt für eine Rechnung durch Banküberweisung unter Abzug von 5 % Skonto den Betrag von 4.370 DM (MwSt 15 %).

### 2. Kauf und Zahlung mit Skonto

Buchungssatz: Es wird eine Maschine zum Netto-Preis von 4.000 DM gekauft. Die Rechnung wird unter Abzug von 5 % Skonto durch Scheck bezahlt (MWSt 15 %). Buchen Sie mit 2 Buchungssätzen.

### 3. Retoure

Buchungssatz: Ein Kunde schickt Ware wegen Mängel zurück. Der Warenwert der Retoure beträgt 3.000 DM (MwSt 15 %).

### 4. Rabatt bei Zielkauf

Buchungssatz: Es wird Ware auf Ziel bezogen. Der Warenwert beträgt 50.000 DM. Es wird 10 % Rabatt gewährt (MwSt 15 %).

### 5. Rabatt bei Zielverkauf

Buchungssatz: Es wird Ware auf Ziel an einen Kunden geliefert. Der Warenwert beträgt 40.000 DM abzüglich 10 % Rabatt (MwSt 15 %).

### 6. Verkauf bei Teilzahlung

Buchungssatz: Es wird Ware verkauft zum Warenwert von 60.000 DM. (MwSt 15 %). Ein Drittel des Rechnungsbetrages wird nach 10 Tagen unter Abzug von 5 % Skonto durch Scheck bezahlt. Der Rest wird kreditiert.

### 7. Einkauf mit Rabatt

Buchungssatz: Es wird Ware auf Ziel eingekauft. Der zu zahlende Rechnungsbetrag beträgt incl. 15 % MwSt 23.000 DM. Der Lieferant gewährt 20 % Rabatt. Wie hoch ist der Brutto-Warenwert?

### 8. Zahlung mit Skonto

Buchungssatz: Ein Kunde zahlt eine Rechnung mit einem Betrag in Höhe von 46.000 DM (incl. MwSt) durch Überweisung unter Abzug von 3 % Skonto.

### 9. Eigene Retoure

Buchungssatz: Wir schicken Ware mit einem Wert von 6.000 DM zurück. Die berechnete MwSt beträgt 900 DM.

**10. Ratenzahlung**

Buchungssatz: Wir kaufen Ware im Gesamtwert von 100.000 DM. Die MwSt beträgt 15 %. Die Konditionen lauten: 10 Tage 3 % Skonto, nach 20 Tagen 2 %, nach 30 Tagen netto. Wir zahlen einen Betrag von 33.465 DM innerhalb von 10 Tagen, weitere 22.540 DM am 18. Tag, den Rest am 30. Tag jeweils durch Überweisung.

## 8: Privatentnahmen

**1. Privatentnahme**

Buchungssatz: Der Inhaber nimmt für privaten Verbrauch Ware im Wert von 50 DM vom Lager (MwSt 15 %).

**2. Privatnutzung Räume**

Buchungssatz: Der Inhaber nutzt Geschäftsräume privat und wird dafür mit einer Miete von 250 DM belastet.

**3. Privatnutzung Kfz**

Buchungssatz: Für die private Nutzung des PKW werden dem Inhaber netto 100 DM in Rechnung gestellt (MwSt 15 %).

**4. Privatentnahme**

Buchungssatz: a) Ein Fabrikant entnimmt seinem Betrieb Fertigerzeugnisse für Privatzwecke. Herstellwert 750 DM plus Umsatzsteuer 112,50 DM.

b) Der Fabrikant benutzt den Geschäftswagen auch für Privatfahrten. Kraftfahrzeugkosten einschließlich AfA 8.000 DM pro Jahr. Private Nutzung 25 % der gefahrenen Kilometer. Hierauf Umsatzsteuer (15 %) 300 DM.

**5. Barentnahme**

Buchungssatz: Barentnahme des Inhabers für eine Urlaubsreise 1.200 DM.

**6. Mietzahlung**

Buchungssatz: Unsere Banküberweisung für Mieten. Betrieb 3.200 DM, Privat 700 DM.

**7. Barentnahme**

Buchungssatz: Privatentnahme in Bar 350 DM.

**8. Privatreparatur**

Buchungssatz: Die Heizung im Wohnhaus des Betriebsinhabers wurde durch den Betrieb instand gesetzt. Kosten 500 DM plus Umsatzsteuer 75 DM.

# 9 : Zahlungsverkehr

## 1. Barzahlung von Kunden

Buchungssatz: Ein Kunde zahlt bar seine Verbindlichkeit in Höhe von 1.035 DM.

## 2. Postgiroüberweisung für private Zwecke

Buchungssatz: Es werden für private Zwecke vom Postgirokonto 1.000 DM überwiesen.

## 3. Barkauf Büromaterial

Buchungssatz: Es wird Büromaterial zum Preis von 115 DM incl. 15 % MwSt gekauft.

## 4. Bezahlung Lieferantenverbindlichkeit

Buchungssatz: Das Unternehmen zahlt Verbindlichkeiten in Höhe von 1.850 DM in bar.

## 5. Gemischte Zahlung

Buchungssatz: Eine Kundenrechnung in Höhe von 3.000 DM wird in Höhe von 2.000 DM durch Überweisung bezahlt, der Rest in bar.

## 6. Wechseldiskontierung

Buchungssatz: Ein Kundenwechsel in Höhe von 1.400 DM wird von der Bank diskontiert. Die Wechselspesen incl. Diskont betragen 20 DM. Dem Bezogenen werden diese 20 DM in Rechnung gestellt.

## 7. Einkauf gegen Wechsel

Buchungssatz: Es wird Ware eingekauft zum Warenwert von 8.000 DM. 3/4 des Betrages werden durch Wechsel bezahlt. Die Wechselspesen betragen 120 DM. Der Rest wird bar bezahlt (MwSt 15 %). Buchen Sie mit 2 Buchungssätzen.

## 8. Verkauf gegen Wechsel

Buchungssatz: Es wird Ware verkauft zum Warenwert von 4.000 DM. Die Bezahlung erfolgt durch Wechsel. Die Wechselspesen in Höhe von netto 100 DM gehen in bar ein (MwSt 15 %).

## 9. Nichteinlösung Besitzwechsel

Buchungssatz: Ein Besitzwechsel in Höhe von 4.600 DM wird nicht eingelöst. Die Protestkosten von 20 DM + 15 % MwSt werden von uns bar bezahlt und in Rechnung gestellt.

## 10. Zahlung mit Wechsel

Buchungssatz: Ein Kunde zahlt mit Wechsel einen Betrag von 5.000 DM. Die Wechselspesen in Höhe von 150 DM werden überwiesen.

**11. Einlösung Wechsel**

Buchungssatz: Der Wechsel in Höhe von 5.000 DM wird termingerecht eingelöst, der Betrag unserem Konto gutgeschrieben.

**12. Wechseldiskontierung**

Buchungssatz: Der Wechsel in Höhe von 5.000 DM wird sofort nach Eingang unserer Bank zum Diskont eingereicht. Die Bank berechnet Diskontspesen in Höhe von 149 DM.

**13. Wechselzahlung**

Wir verkaufen am 18.06. an einen Kunden Erzeugnisse im Wert von 2.000 DM (netto) plus Umsatzsteuer 300 DM mit einem Zahlungsziel von 4 Wochen.

Kurz vor Ablauf der Frist bittet der Kunde um ein weiteres Zahlungsziel von 3 Monaten. Zur Sicherung unserer Forderung ziehen wir auf den Kunden einen Wechsel über 2.300 DM, fällig am 18.10., den dieser akzeptiert an uns zurückschickt.

Für den dreimonatigen Wechselkredit belasten wir das Konto des Kunden mit Diskont (10 % p.a. = 2,5 % bei 3 Monaten). Am Verfalltag wird der Wechsel bar eingelöst.

Wie buchen Kunde und Lieferant?

**14. Protestwechsel**

Ein Wechsel von 6.000 DM geht zu Protest. Die Rechnung des Notars über Protesterhebung wird durch Banküberweisung beglichen.

| | |
|---|---|
| Protestkosten | 30,— DM |
| Umsatzsteuer | 4,50 DM |
| Rechnungsbetrag | 34,50 DM |

Wie wird verbucht?

## 10: Devisengeschäfte

**1. Verkauf ins Ausland**

Buchungssatz: Es wird Ware nach Österreich verkauft und in Ö.S. in Rechnung gestellt. Preis 12.000 Ö.S. Der Kurs beträgt 100 Ö-S. = 14 DM.

**2. Zahlung aus dem Ausland**

Buchungssatz: Die Zahlung der österreichischen Kunden in Höhe von Ö.S. 12.000 geht ein. Die Bank verrechnet einen Kurs von 100 Ö.S. = 13,40 DM. Sie berechnet eine Gebühr in Höhe von 5 DM.

### 3. Einkauf im Ausland

Buchungssatz: Es wird Ware in der Schweiz eingekauft. Der Rechnungsbetrag lautet auf 500 Sfr. Der Kurs zum Zeitpunkt des Rechnungseinganges beträgt 100 Sfr = 120 DM.

### 4. Bezahlte Auslandsrechnung

Buchungssatz: Die Rechnung in Höhe von 500 Sfr. wird bezahlt. Die Bank überweist mit einem Kurs von 100 Sfr. = 121 DM und berechnet eine Gebühr in Höhe von 7 DM.

## 11 : Forderungen

### 1. Kontoeröffnung Forderung/Delkredere

Die Eröffnungsbilanz weist Forderungen in Höhe von 115.000 DM und ein Delkredere in Höhe von 5.000 DM aus. Eröffnen Sie die Konten.

### 2. Zahlungseingang

Buchungssatz: Zahlungseingang durch Überweisung 34.500 DM.

### 3. Warenverkauf

Buchungssatz: Warenverkauf netto 2.000.000 DM (MwSt 15 %).

### 4. Vergleich/teilweiser Forderungsverlust

Buchungssatz: Ein Kunde schuldet 23.000 DM. Er gerät in Schwierigkeiten. Durch einen Vergleich gehen 50 % verloren. Die Restschuld wird überwiesen (MwSt 15 %).

### 5. Vollständiger Forderungsverlust

Buchungssatz: Ein vollständiger Forderungsverlust bei einem weiteren Kunden tritt ein, 11.500 DM (MwSt 15 %).

### 6. Zahlungseingang

Buchungssatz: Es erfolgen weitere Zahlungseingänge von insgesamt 2.196.500 DM.

### 7. Abschluß Forderungskonto

Schließen Sie das Konto Forderungen nach Durchführung der Buchungen Teilaufgaben Nr. 2 - 6 in das Bilanzkonto ab.

### 8. Auflösung Delkredere

Nehmen Sie die Auflösung des obigen Delkrederekontos vor.

**9. Neubildung Delkredere**

Bilden Sie das Delkredere neu und schließen Sie die entsprechenden Konten in das Bilanzkonto und in die G.u.V. ab (Buchungssatz). Legen Sie beim Delkredere den Prozentsatz des Vorjahres zugrunde.

**10. Abschluß Forderungsverluste**

Schließen Sie das Konto Forderungsverluste ab (Buchungssatz).

**11. Preisnachlaß**

Buchungssatz: Ein Kunde schuldet einen Betrag von 8.050 DM (incl. MwSt 15 %). Aufgrund einer berechtigten Reklamation wird ihm ein Nachlaß von 20 % gewährt. Den fälligen Betrag zahlt er durch Überweisung.

**12. Stundung**

Buchungssatz: Ein Kunde schuldet einen Betrag von 10.000 DM. Er gerät in Schwierigkeiten und bittet um Stundung. Wir wandeln die Forderung in einen kurzfristigen gesicherten Kredit um.

**13. Tilgung**

Buchungssatz: Nach Ablauf eines Jahres zahlt der Kunde den vereinbarten Zins für den kurzfristigen Kredit in Höhe von 10.000 DM mit 8 % pro Jahr. Außerdem überweist er die erste Tilgungsrate in Höhe von 5.000 DM.

**14. Umwandlung in Beteiligung**

Buchungssatz: Ein Kunde schuldet uns 50.000 DM und sieht sich nicht in der Lage, die flüssigen Mittel aufzubringen. Wir betrachten den Kunden aber als auch in Zukunft interessanten Partner und sind bereit, uns an seinem Unternehmen in Höhe der Forderungen zu beteiligen. Die Forderung wird umgewandelt.

**15. Forderungsverlust**

Bei Überprüfung der Forderungen zum Bilanzstichtag stellt sich heraus, daß über das Vermögen des Kunden X am 22.12. das Konkursverfahren eröffnet wurde. Unsere Forderung beträgt 2.300 DM. Vor Aufstellung der Bilanz erfahren wir, daß das Verfahren mangels Masse eingestellt wurde.

**16. Vergleich**

Der Kunde H. hat am 01.12. das Vergleichsverfahren beantragt. Unsere Forderung beträgt 1.150 DM (brutto). Der Vergleich kommt am 28.12. zustande. Die Vergleichsquote beträgt 50 %, die Bankgutschrift erfolgt am 31.12..

# 12 : Abschreibungen

## 1. Lineare Abschreibung

Der Rechnungspreis für eine Maschine beträgt 40.000 DM. Die Rechnung wird mit Abzug von 5 % Skonto bezahlt (MwSt 15 %). Die Nutzungsdauer wird auf 4 Jahre angesetzt. Der erwartete Restwert beträgt 6.000 DM. Wie hoch ist die lineare Abschreibung pro Jahr?

## 2. Degressive Abschreibung

Errechnen Sie unabhängig von den steuerlichen Vorschriften die geometrisch-degressive und digitale Abschreibung für die Maschine der Aufgabe Nr. 1.

## 3. Abschreibung nach Leistung

Die Stundenlaufzeit der Maschine beträgt

| | |
|---|---|
| im 1. Jahr | 1.500 Std. |
| im 2. Jahr | 1.800 Std. |
| im 3. Jahr | 1.500 Std. |
| im 4. Jahr | 1.200 Std. |

Ermitteln Sie die Abschreibung nach Leistung für die Maschine der Aufgabe Nr. 1.

## 4. Wechsel der Abschreibungsmethode

Wie verändern sich die Werte, wenn die Maschine der Aufgabe Nr. 1 in den ersten 2 Jahren geometrisch-degressiv und dann linear abgeschrieben wird?

## 5. Buchung der Abschreibung

Nennen Sie die Buchungssätze für den Kauf, die Bezahlung und die lineare Abschreibung des 1. Jahres als direkte Abschreibung für die Maschine der Aufgabe Nr. 1.

## 6. Anlagenverkauf

Die Maschine der Aufgabe Nr. 1 wird nach 4 Jahren für 4.000 DM netto verkauft und in Rechnung gestellt (MwSt 15 %). Nennen Sie die notwendigen Buchungssätze.

## 7. Abschreibungen

Eine Maschine, deren Anschaffungskosten 10.000 DM beträgt, hat eine Nutzungsdauer von 5 Jahren und wird linear abgeschrieben. Zum 31.12. des 2. Jahres bietet der Maschinenhersteller ein verbessertes Modell zu einem günstigeren Preis an. Dadurch sinkt der Wert der Maschine auf 4.500 DM.

## 8. Abschreibungen

Der Anschaffungswert einer Maschine beträgt 50.000 DM, die Nutzungsdauer 10 Jahre. Berechnen Sie die Abschreibung linear und degressiv (30 %). Wann wäre ein Übergang von der degressiven zur linearen AfA sinnvoll?

### 9. Änderung der Nutzungsdauer

Ein Unternehmen kauft eine Anlage, bei der u. a. Abgase über eine Entlüftungsvorrichtung ausgestoßen werden, zum Preis von 150.000 DM netto. Es ist eine Nutzungsdauer von 10 Jahren geplant.

a) Erstellen Sie einen Abschreibungsplan für die lineare Abschreibung für die ersten 4 Jahre.

b) Nach 4 Jahren wird durch eine entsprechende Vorschrift die Nutzung der Anlage nur noch für 3 Jahre zugelassen. Welche Konsequenzen ergeben sich für die restlichen 3 Jahre hinsichtlich der Abschreibungen?

c) Nach Ablauf eines weiteren Jahres entschließt sich die Geschäftsleitung, die Anlage im 6. Nutzungsjahr zu veräußern. Der Verkauf ist nur noch zu einem Preis von 20.000 DM möglich. Welche Buchung ergibt sich?

### 10. Sonderabschreibungen

Ein Unternehmen kauft in einem Fördergebiet, in dem als Fördermaßnahmen bei Anschaffung im ersten Jahr 40 % Sonderabschreibungen vorgenommen werden dürfen, eine Maschine zum Preis von 100.000 DM. Es wird eine Nutzungsdauer von 5 Jahren zugrunde gelegt.

a) Erstellen Sie den Abschreibungsplan mit den Sonderabschreibungen und ohne Sonderabschreibungen.

b) Unterstellen Sie für das 1. und 2. Jahr einen Gewinn von 500.000 DM vor Abzug der betreffenden Abschreibungen. Wie hoch ist der verbleibende Gewinn nach Berücksichtigung der jeweiligen Abschreibung im 1. und im 2. Jahr?

c) Unterstellen Sie unter Berücksichtigung der Gewerbesteuer, der Einkommen- und Kirchensteuer eine Gesamtsteuerbelastung des Gewinns von 60 %. Wie hoch ist die Steuerlast im 1. Jahr, im 2. Jahr, in der Summe aller 5 Jahre?

## 13 : Lohn- und Gehaltsabrechnung

### 1. Die Gehaltsabrechnung eines Angestellten wird gebucht.

Der Zahlungsverkehr erfolgt durch Banküberweisung. Die Werte lauten:

| | |
|---|---|
| • Bruttogehalt | 3.000 DM |
| • Lohn- und Kirechensteuer | 500 DM |
| • Sozialversicherungsbeitrag (einschl. Arbeitgeberanteil) | 540 DM |

### 2. Vorschuß

Der Angestellte Meier erhält einen Gehaltsvorschuß 500 DM.

### 3. Naturallohn

Die Miete für die Werkswohnung des Herrn Meier beträgt 450 DM und wird mit dem Gehalt von 2.800 DM verrechnet.

**4. Lohnabrechnung**

Der 25 jährige ledige Arbeiter Krause erhält im Juli zu seinem laufenden Lohn in Höhe von 2.200 DM ein Urlaubsgeld in Höhe von 300 DM. Abzüge: 440 DM Lohn- und Kirchensteuer + 460 DM Sozialversicherung.

## 14 : Eröffnung, Buchungen, Abschluß

1. Eröffnen Sie die Konten für nachstehende Bilanz und buchen Sie die weiteren Geschäftsvorfälle.

Eröffnungsbilanz

| | | | |
|---|---|---|---|
| Grundstücke, Gebäude | 150.000 | Eigenkapital | 200.000 |
| Betriebs- und Geschäftsausst. | 125.000 | Darlehen | 150.000 |
| Forderungen | 80.000 | Lieferantenverbindlichkeiten | 50.000 |
| Material | 60.000 | Bank II | 30.000 |
| Bank I | 12.000 | | |
| Kasse | 3.000 | | |
| | 430.000 | | 430.000 |

2. Lieferung an Kunden für 15.000 DM + 15 % MwSt.

3. Ein Kunde bezahlt seine Rechnung in Höhe von 7.000 DM + 15 % MwSt unter Abzug von 3 % Skonto durch Überweisung auf Bank I.

4. Es wird Büromaterial (Verwaltungsaufwand) in einem Geschäft zum Preis von 230 DM gekauft (MwSt 15 %).

5. Der Scheck eines Kunden in Höhe von 3.500 DM wird der Bank II zur Gutschrift eingereicht.

6. Eine Heizöllieferung im Wert von 4.000 DM + 15 % MwSt wird sofort beim Fahrer per Scheck (Bank I) mit 2 % Skonto bezahlt.

7. a) Kauf einer Maschine zum Preis von 40.000 DM + 15 % MwSt.
   b) Nach 10 Tagen wird sie unter Abzug von 3 % Skonto durch Überweisung von Bank II bezahlt.

8. Material im Wert von 50.000 DM + 15 % MwSt wird auf Ziel eingekauft. Der Lieferant gewährt 20 % Rabatt. Die Zahlungskonditionen lauten: 10 Tage 3 % Skonto, 30 Tage 2 % Skonto, 60 Tage netto.

   a) Buchen Sie den Materialeingang.
   b) Die Hälfte des Betrages wird innerhalb 10 Tagen durch Überweisung von Bank I bezahlt.
   c) Ein weiteres Viertel wird innerhalb 30 Tagen durch Überweisung von Bank II bezahlt.
   d) Über den Restbetrag wird nach 60 Tagen ein Scheck (Bank I) ausgestellt.

9. Ein Kunde bezahlt seine Rechnung in Höhe von 30.000 DM + 15 % MwSt unter Abzug von 2 % Skonto durch Überweisung auf Bank I.

10. Eine Tilgungsrate in Höhe von 20.000 DM wird von Bank I gezahlt.

11. Es wird Ware verkauft in Höhe von 80.000 DM + 15 % MwSt.

12. a) Es erfolgt die Zahlung der Löhne in einer Gesamtsumme von brutto 25.000 DM. Die einzubehaltene Lohnsteuer beträgt insgesamt 4.400 DM, die Sozialversicherungsbeiträge der Arbeitnehmer betragen 4.600 DM,

    b) der Arbeitgeberanteil beträgt ebenfalls 4.600 DM. Löhne und Arbeitgeberanteil werden als Personalaufwand gebucht.

    c) Zahlung der Lohnsteuer an das Finanzamt von Bank II.

    d) Zahlung der Versicherungsbeiträge von Bank II.

13. Sonstiger Aufwand fällt an in Höhe von 10.000 DM + 15 % MwSt gezahlt durch Überweisung von Bank II.

14. a) Ermitteln Sie die Zahllast.
    b) Zahlen Sie die fällige Umsatzsteuer von Bank II.

15. a) Bei der Inventur wird ein Materialbestand von 70.000 DM ermittelt.
    b) Ermitteln und buchen Sie den Materialverbrauch.

16. Es entstehen Forderungsausfälle in Höhe von 2.300 DM.

17. Auf Betriebs- und Geschäftsausstattung werden 15.000 DM abgeschrieben.

18. Im Laufe der Periode gingen
    a) 30.000 DM Zahlungen auf das Bankkonto I ein,
    b) 40.000 DM Zahlungen auf das Bankkonto II.

19. Es werden 20.000 DM von Bank I auf Bank II überwiesen.

20. Schließen Sie die Konten in das Schlußbilanzkonto ab.

## 15 : Privatentnahmen

### 1. Zahlung Einkommensteuer und Umsatzsteuer

Buchungssatz: Für den Inhaber wird die Einkommensteuer in Höhe von 4.000 DM und für das Unternehmen 3.000 DM Umsatzsteuer an die Finanzkasse mit einem Scheck bezahlt.

### 2. Steuerzahlung

Buchungssatz: Vermögensteuer für den Inhaber wird überwiesen, Betrag 5.000 DM.

### 3. Steuerzahlung

Buchungssatz: Die Zahllast der MwSt in Höhe von 5.670 DM wird durch Scheck bezahlt.

**4. Privatentnahme**

Buchungssatz: Der Inhaber tankt für private Zwecke aus der unternehmenseigenen Tankanlage Benzin für einen Betrag von 50 DM netto (MwSt 15 %).

## 16 : Selbstkostenermittlung mit Hilfe der Zuschlagskalkulation

Für einen Auftrag wird Fertigungsmaterial in Höhe von 1.000 DM benötigt; in der Fertigungsstelle 1 fällt Fertigungslohn von 1.500 DM an, in der Fertigungsstelle 2 von 2.000 DM. Der Betrieb arbeitet mit folgenden Gemeinkostenzuschlagssätzen: Materialgemeinkosten 25 %; Fertigungsgemeinkosten 1: 100 %; Fertigungsgemeinkosten 2: 150 %; Verwaltungsgemeinkosten 20 %; Vertriebsgemeinkosten 25 %. Zu ermitteln sind die Selbstkosten des Auftrages.

## 17 : Selbstkostenermittlung mit Hilfe der Divisionskalkulation

In einem kleineren Unternehmen werden für ein Erzeugnis folgende Werte ermittelt: Selbstkosten 367.000 DM; Herstellkosten 250.000 DM; Verwaltungskosten des Produktionsbereichs 25.000 DM; Verwaltungskosten des Absatzbereichs 12.000 DM; Vertriebskosten 80.000 DM. Es wurden 12.500 ME erzeugt und 10.000 ME abgesetzt.

Wie hoch sind die Selbstkosten je ME?

## 18 : Erfassung von innerbetrieblichen Eigenleistungen

Zwei Sachbearbeiter des Rechnungswesens unterhalten sich über die Notwendigkeit der Erfassung der innerbetrieblichen Eigenleistungen. Sachbearbeiter A behauptet, die Eigenleistungen müßten nicht besonders erfaßt werden, da ihre Kosten ja "sowieso" in den gesamten Selbstkosten enthalten seien.

Sachbearbeiter B widerspricht ihm. Wer hat recht?

## 19 : Aufgaben der Kostenträgerzeitrechnung

Die Kostenträgerstückrechnung ordnet die angefallenen Selbstkosten den erstellten Leistungseinheiten zu und ist damit in erster Linie ein Instrument der Preisermittlung. Welche Funktion erfüllt hingegen die Kostenträgerzeitrechnung?

## 20 : Vom Bilanzstichtag abweichende Inventur

In einem Unternehmen wird eine vom Bilanzstichtag abweichende Inventur durchgeführt.

Die körperliche Bestandsaufnahme wird am 10.11. vorgenommen und ergibt einen Wert von 2.560.000 DM; bis zum Bilanzstichtag 31. 12. werden Wirtschaftsgüter im Werte von 240.000 DM eingekauft und für 300.000 DM verkauft.

Fragestellung
a) welche Werte stellen die angegebenen Zahlen dar?
b) wie hoch ist der Inventurwert am Bilanzstichtag?

## 21 : Buchen von Bestandsdifferenzen

Auf dem Konto Rohstoffe wird am Ende der Abrechnungsperiode ein Bestand von 46.350 DM ausgewiesen, die Inventur ergibt einen Bestand von 46.000 DM; was geschieht mit der Bestandsdifferenz?

## 22 : Bilanzielle Abschreibung: Korrektur der Nutzungsdauer

Eine Maschine wird für 50.000 DM angeschafft. Die Nutzungsdauer wird mit 12 Jahren veranschlagt, es soll linear abgeschrieben werden. Im Laufe des 5. Nutzungsjahres stellt sich heraus, daß die Restnutzungsdauer nur noch 4 Jahre beträgt.

Wieviel wurde in den ersten vier Jahren abgeschrieben und wie hoch ist die Abschreibung ab dem fünften Jahr?

## 23 : Bilanzielle Abschreibung: Buchung einer außerplanmäßigen Abschreibung

Eine Anlage, die für 160.000 DM angeschafft wurde, hat eine geschätzte Nutzungsdauer von 20 Jahren; es wird linear abgeschrieben. Für diese Anlage kann eine außerplanmäßige Abschreibung in Höhe von 25 % der Anschaffungskosten vorgenommen werden. Diese Abschreibung ist wahlweise im ersten Jahr oder in einem der darauffolgenden vier Jahre möglich. Das Unternehmen entschließt sich bereits im ersten Nutzungsjahr von dieser Möglichkeit Gebrauch zu machen.

Wie hoch sind die Abschreibungen während der ersten fünf Nutzungsjahre, wie hoch ist die Abschreibung ab dem sechsten Jahr und in welcher Höhe werden jährlich stille Reserven durch die neue Abschreibungshöhe aufgelöst?

## 24 : Passive Rechnungsabgrenzung

Ein Mieter, der im Betriebsgebäude wohnt, überweist Ende Dezember bereits die Miete für Januar bis März nächsten Jahres in Höhe von 3.000 DM.

## 25 : Aktive Rechnungsabgrenzung

Die Miete für eine vom Betrieb angemietete Werkshalle in Höhe von 6.000 DM wird bereits im Dezember für das nächste Quartal überwiesen.

## 26 : Sonstige Forderungen

Ein Mieter, der eine Wohnung im Betriebsgebäude gemietet hat, überweist die am 30.11. fällige Miete in Höhe von 1.000 DM erst am 10.1. des nächsten Jahres.

## 27 : Sonstige Verbindlichkeiten

Die Miete für eine vom Betrieb angemietete Werkshalle ist bereits am 30.11. fällig, wird aber erst am 20.1. nächsten Jahres überwiesen. 2.000 DM.

## 28 : Kalkulatorische Abschreibungen

Eine Maschine wurde vor drei Jahren für 120.000 DM angeschafft; die Nutzungsdauer nahm man mit fünf Jahren an. Der Maschinenindex des Statistischen Bundesamtes beträgt 1,20; um den Wiederbeschaffungswert einer gleich leistungsfähigen Anlage zu erhalten, ist ein Abschlag in Höhe von 10 % zu berücksichtigen. Wie hoch ist die neue kalkulatorische Abschreibung und wie wird diese gebucht?

## 29 : Verschätzung der Nutzungsdauer bei der kalkulatorischen Abschreibung

In einem Unternehmen wurde zu Beginn des Jahres 1994 eine Maschine angeschafft. Die Anschaffungskosten betrugen 50.000 DM; es wurde unterstellt, daß die Anschaffungskosten und die Wiederbeschaffungskosten während der ersten Nutzungsjahre identisch sind. Die Nutzungsdauer wurde mit 10 Jahren angenommen.

Zu Beginn des Jahres 1995 stellt man fest, daß insgesamt nur acht Nutzungsjahre möglich sind.

Wie hoch ist die alte und die neue kalkulatorische Abschreibung und in welcher Höhe wurde zu niedrig abgeschrieben?

## 30 : Kalkulatorische Zinsen

Eine Anlage wird für 50.000 DM angeschafft, sie hat eine Nutzungsdauer von fünf Jahren.

Wie hoch sind die kalkulatorischen Zinsen pro Jahr, wenn mit einem Zinsfuß von 12,5 % gerechnet wird?

## 31 : Kalkulatorische Wagniskosten

Im Rahmen des Fertigungsvorganges sind in einem Betrieb folgende Kosten für Ausschuß entstanden:

| | |
|---|---|
| 1. Jahr | 12.000 DM |
| 2. Jahr | 16.000 DM |
| 3. Jahr | 14.000 DM |
| 4. Jahr | 18.000 DM |

In welcher Höhe sind für das fünfte Jahr kalkulatorische Wagniskosten anzusetzen, wie sind diese zu buchen und wie lautet der Buchungssatz für im gleichen Jahr tatsächlich angefallenen Ausschußkosten?

## 32 : Rückstellung für eine unterlassene Reparatur

In einem Unternehmen wird eine Rückstellung für eine unterlassene Reparatur gebildet. Wie lauten die Buchungssätze bei der Bildung und Auflösung der Rückstellung, wenn

a) die geschätzten und die tatsächlichen Reparaturkosten übereinstimmen
b) die Reparaturkosten höher sind
c) die Reparaturkosten niedriger sind?

## 33 : Rückstellung für einen schwebenden Prozeß

Für einen schwebenden Prozeß wird in einem Betrieb eine Rückstellung in Höhe von 100.000 DM gebildet.

Welche Buchungssätze fallen an

a) bei der Bildung der Rückstellung
b) wenn der Prozeß entschieden wird und 110.000 DM an den Prozeßgegner zu zahlen sind?

## 34 : Gewerbesteuerrückstellung

In einer Kapitalgesellschaft wurde ein Gewerbeertrag ohne Gewerbesteuer als Aufwand in Höhe von 500.000 DM ermittelt; das Gewerbekapital wurde auf 5.000.000 DM festgesetzt. Der Hebesatz beläuft sich auf 300 %.

Wie hoch ist der Gewerbesteuerbetrag, wenn nach der exakten Methode gerechnet wird?

## 35 : Bildung der gesetzlichen Rücklage bei der Aktiengesellschaft

Bei einer Aktiengesellschaft beträgt das gezeichnete Kapital 50.000.000 DM, die gesetzlichen Rücklagen belaufen sich auf 4.200.000 DM, und es wurde ein Jahresüberschuß in Höhe von 20.000.000 DM erwirtschaftet.

Welcher Anteil des Jahresüberschusses muß in diesem Falle in die gesetzliche Rücklage eingestellt werden?

## 36 : Bildung einer Rücklage für Ersatzbeschaffung

Zur Jahresmitte wird auf dem Werksgelände der N-AG eine Maschine durch Blitzschlag vernichtet.

Die Maschine hatte zum Jahresbeginn einen Buchwert von 100.000 DM und wurde jährlich mit 20.000 DM abgeschrieben.

Der Schaden wird der Versicherung unverzüglich gemeldet; diese überweist noch im gleichen Monat die vereinbarte Versicherungssumme in Höhe von 160.000 DM. Gleich zu Beginn des folgenden Jahres wird eine Ersatzbeschaffung in Höhe von 120.000 DM vorgenommen.

Wie lauten die relevanten Buchungssätze?

## 37 : Stille Reserven: Entstehung und Einteilung

Legen Sie dar, wodurch stille Reserven entstehen und wie sie eingeteilt werden können.

## 38 : Stille Reserven: Auflösung

Legen Sie dar, welche Möglichkeiten es zur Auflösung stiller Reserven gibt.

## 39 : Fristen zur Aufstellung des Jahresabschlusses

Die Audorfer Textilfabrik AG mit einer Bilanzsumme von 3,2 Mio. DM und Umsatzerlösen von 7,5 Mio. DM (im Vorjahr lagen beide Werte unter diesen Zahlen) hat einen großen Buchungsrückstand. Der Bilanzbuchhalter drängt den Vorstand auf Einstellung eines zusätzlichen Buchhalters, da sonst der Buchungsrückstand immer größer würde und der Jahresabschluß nicht mehr zeitgerecht vorgenommen werden könnte, was zu großen Schwierigkeiten führte. Ein Vorstandsmitglied erwidert ihm, er solle nicht "hysterisch" werden, in dem Unternehmen, das eine kleine Aktiengesellschaft sei, könne der Abschluß auch erst gegen Ende des dem Abschlußstichtag folgenden Kalenderjahres erstellt werden. Stimmt diese Auffassung?

## 40 : Bilanzierungsgebote

Dem Textileinzelhändler Amadeus Lindemann wird von einem Lieferanten ein günstiges Angebot über einen Posten Damenoberbekleidung gemacht. Nach langem Zögern nimmt er das Angebot an, jedoch unter der Bedingung, daß es sich um Kommissionsware handeln müsse.

Muß Lindemann oder der Lieferant die Ware bilanzieren?

## 41 : Gliederungsvorschriften

In einer Bilanz einer kleinen Aktiengesellschaft scheinen in der Bilanz in der genannten Reihenfolge u. a. folgende Positionen auf:

Aktiva:

| | |
|---|---|
| Forderungen (saldiert mit Verbindlichkeiten) | 720.000 DM |
| Vorräte | 120.000 DM |
| Grundstücke | 2.400.000 DM |
| Bilanzgewinn | 35.000 DM |

Passiva:

| | |
|---|---|
| Rückstellungen | 182.000 DM |
| Rücklagen | 200.000 DM |
| gezeichnetes Kapital | 2.500.000 DM |

Geht diese Gliederung in Ordnung?.

## 42 : Bilanzierungsverbote

Der gerade eingestellte junge Mitarbeiter wirkt bei der Bilanzaufstellung mit und macht den Vorschlag, einen in den letzten Jahren geschaffenen Geschäftswert in Höhe von ca. 250.000 DM anzusetzen; außerdem kritisiert er, daß bei der Aktivierung selbsterstellter

Anlagegegenstände die Vertriebsgemeinkosten außer Ansatz bleiben, sie seien dem Betrieb ja effektiv entstanden.

## 43 : Grundsätze ordnungsmäßiger Bilanzierung

In einem Unternehmen werden entgegen den bisherigen Gepflogenheiten die Positionen Verbindlichkeiten gegenüber Kreditinstituten, erhaltene Anzahlungen auf Bestellungen, Verbindlichkeiten aus Lieferungen und Leistungen und Verbindlichkeiten aus der Annahme gezogener Wechsel und der Ausstellung eigener Wechsel zusammengefaßt und unter der Position Verbindlichkeiten in der Bilanz ausgewiesen.

Nehmen Sie bitte dazu Stellung.

## 44 : Ermittlung des Geschäftswertes

In einem Unternehmen wurde ein um Spitzen bereinigter Durchschnittsertrag der letzten fünf Jahre in Höhe von 500.000 DM ermittelt. Der Kapitalisierungsfaktor beträgt 8 (100 : 12,5 %). Die um die stillen Reserven erhöhten Aktiva belaufen sich auf 5.500.000 DM und die um stille Reserven korrigierten Passiva auf 2.500.000 DM.

Ermitteln Sie den Geschäftwert.

## 45 : Ermittlung der Anschaffungskosten

In einem Unternehmen wird ein Anlagegut erworben. Der Rechnungspreis beträgt 75.000 DM, auf den 2 % Skonto gewährt werden. An Frachtkosten fallen 250 DM an, das Rollgeld beträgt 50 DM, die Transportversicherung macht 200 DM aus und für Montage- und Fundamentierungskosten entstehen 1.500 DM.

In welcher Höhe sind die Anschaffungskosten zu buchen und in welche Gruppe von Aufwendungen sind die "Nebenkosten" einzuordnen?

## 46 : Ermittlung der Herstellungskosten

In einem kleinen Betrieb liegen folgende Zahlen vor:

a)

| | | | |
|---|---|---|---|
| Fertigungsmaterial | 70.000 DM | Materialgemeinkosten | 10.000 DM |
| Fertigungslohn | 90.000 DM | Fertigungsgemeinkosten | 120.000 DM |
| Verwaltungsgemeinkosten | 20.000 DM | | |
| Vertriebsgemeinkosten | 30.000 DM | | |

Welcher Betrag stellt die Obergrenze und welcher die Untergrenze der Herstellungskosten dar?

b) In einer Aktiengesellschaft mit einem gut organisierten Rechnungswesen stehen für die Bewertung eines Fertigerzeugnisses folgende Daten zur Verfügung:

| | |
|---|---|
| Fertigungsmaterial | 5.000 DM |
| Fertigungslohn | 12.000 DM |
| Sondereinzelkosten der Fertigung | 3.000 DM |
| Materialgemeinkosten | 1.000 DM |
| Fertigungsgemeinkosten | 18.000 DM |
| Wertverzehr für das Anlagevermögen | 250 DM |
| Kosten der allgemeinen Verwaltung | 7.850 DM |
| Aufwendungen für soziale Einrichtungen | 300 DM |
| Aufwendungen für freiwillige soziale Leistungen | 200 DM |
| Aufwendungen für betriebliche Altersversorgung | 400 DM |
| Kalkulatorische Zinsen | 500 DM |
| Vertriebskosten | 8.500 DM |

Welcher Betrag stellt das Minimum und welcher das Maximum der handelsrechtlichen Herstellungskosten dar?

## 47 : Auswirkungen verschiedener Wertansätze bei den Herstellungskosten

Wie wirkt sich die Aktivierung

a) zur Obergrenze
b) zur Untergrenze

auf die Vermögens- und Ertragslage eines Unternehmens aus?

## 48 : Unterschied zwischen Herstellkosten und Herstellungskosten

Die beiden Studenten der Wirtschaftswissenschaften im ersten Semester Alexander Dohna und Constantin Pfeiffer unterhalten sich über die Ermittlung der Herstellungskosten. Dohna meint, es handle sich lediglich um eine sprachliche Feinheit, die keine Auswirkungen auf den Wertansatz habe. Pfeiffer widerspricht lebhaft und meint, daß zwischen Herstellkosten und Herstellungskosten fundamentale Unterschiede bestünden.

Schlichten Sie bitte den Streit.

## 49 : Bewertung und Bilanzierung eines Besitzwechsels

Die Firma Bussmann hat in ihrem Wechselportefeuille auch einen Wechsel, gezogen auf die X-AG, über15.000 DM, fällig am 15.2. n.J.. Der Bruttodiskontsatz der Bank, mit der die Firma Bussmann zusammenarbeitet, beträgt 9 %.

a) Mit welchem Wert ist der Wechsel zu bilanzieren?

b) Unter welcher Bilanzposition ist der Wechsel bei einem Personenunternehmen und bei einer Kapitalgesellschaft auszuweisen?

## 50 : Gruppenwerte

Aus der Buchhaltung ergeben sich folgende Zahlen

| | | | |
|---|---|---|---|
| Anfangsbestand | 1.1. | 400 kg zu 6,— DM | 2.400 DM |
| Zugänge | 3.5. | 300 kg zu 6,20 DM | 1.860 DM |
| | 16.7. | 300 kg zu 6,40 DM | 1.920 DM |
| | 20.9. | 200 kg zu 6,45 DM | 1.290 DM |
| Abgänge | 25.7. | 500 kg | |
| | 30.9. | 400 kg | |

Der Durchschnittswert gem. § 240 Abs. 4 HGB ist als Skontrahierungsrechnung und als gewogenes arithmetisches Mittel am Jahresende zu berechnen. Unter welchen Voraussetzungen ist eine Gruppenbewertung möglich?

## 51 : Permanente Lifo-Bewertung

Im Rahmen einer permanenten lifo-Bewertung liegen folgende Zahlen vor:

| | |
|---|---|
| Anfangsbestand | 20 St. zu 80 DM |
| Zugang | 10 St. zu 85 DM |
| Abgang | 15 St. |
| Zugang | 25 St. zu 86 DM |
| Abgang | 30 St. |

Wie hoch ist der Endbestand?

## 52 : Ermittlung des Rohergebnisses bei kleinen Kapitalgesellschaften

Aus folgenden Angaben ist das Rohergebnis gem. § 276 HGB nach dem Gesamtkostenverfahren zu ermitteln:

| | |
|---|---|
| Umsatzerlöse | 800.000 DM |
| Materialaufwand | 500.000 DM |
| Andere aktivierte Eigenleistungen | 10.000 DM |
| Bestandsminderung fertige Erzeugnisse | 80.000 DM |
| Bestandserhöhung unfertige Erzeugnisse | 20.000 DM |
| Sonstige betriebliche Erträge | 50.000 DM |

## 53 : Gewinnverwendung bei der Aktiengesellschaft

In einer Aktiengesellschaft liegen folgende Zahlen vor:

gezeichnetes Kapital 8 Mio. DM, gesetzliche Rücklagen 0,6 Mio. DM, Gewinnvortrag (alt) 2.000 DM, vorläufiger Jahresüberschuß 1,8 Mio. DM, Vorstandstantieme 72.000 DM, Aufsichtsratstantieme 60.000 DM, gesetzliche Rücklage (neu) gem. § 150 AktG, andere Gewinnrücklagen Höchstbetrag gem. § 58 Abs. 2 AktG in Verbindung mit § 58 Abs. 1 Satz 3 AktG.

Es ist eine höchstmögliche Dividende zu ermitteln, wobei der gewonnene Prozentsatz auf volle Prozent abzurunden ist.

Aufgabenstellung:

1. Ableitung des Bilanzgewinns aus dem Jahresüberschuß
2. Ermittlung der Dividende
3. Bildung der relevanten Buchungssätze.

## 54 : Gründungsbuchungen bei einer OHG

Im Rahmen der Gründung einer OHG bringt der Gesellschafter A ein Kapital in Form von flüssigen Mitteln in Höhe von 150.000 DM und der Gesellschafter B ebenfalls liquide Mittel in Höhe von 250.000 DM ein.

Wie lauten die vorzunehmenden Buchungen?

## 55 : Gründungsbuchungen bei einer AG

Fünf Personen gründen eine Aktiengesellschaft und übernehmen folgende Aktien:

| | | | |
|---|---|---|---|
| Aktionär A | 4.000 Aktien zu 50 DM | = | 200.000 DM |
| Aktionär B | 2.000 Aktien zu 50 DM | = | 100.000 DM |
| Aktionär C | 6.000 Aktien zu 50 DM | = | 300.000 DM |
| Aktionär D | 4.000 Aktien zu 50 DM | = | 200.000 DM |
| Aktionär E | 5.000 Aktien zu 50 DM | = | 250.000 DM |
| | | | 1.050.000 DM |

Der Ausgabekurs der Aktien beträgt 80 DM. Bei der Gründung werden 40 % des gezeichneten Kapitals einbezahlt.

Schildern Sie bitte die Buchungsschritte im Rahmen des Gründungsvorgangs.

# Lösungen

# 1 : Eröffnung der Bilanzkonten
# Buchungen verschiedener Geschäftsvorfälle
# Abschluß der Bilanzkonten

**Eröffnung der Bilanzkonten** (Nr. 1) **und Buchungen verschiedener Geschäftsvorfälle** (Nr. 2 - 13)

**Bank**

| | | | |
|---|---|---|---|
| 2) | 1.500 | 23.000 | 1) |
| 7) | 8.000 | 5.000 | 3) |
| 8) | 7.000 | 3.000 | 4) |
| 12) | 10.000 | 4.500 | 9) |
| Saldo | 9.000 | | |
| | 35.500 | 35.500 | |

**Grundstücke**

| | | | |
|---|---|---|---|
| 1) | 90.000 | | |
| | | 25.000 | 12) |
| | | 65.000 | Saldo |
| | 90.000 | 90.000 | |

**Ware**

| | | | |
|---|---|---|---|
| 1) | 75.000 | | |
| 1) | 6.000 | | |
| | | 81.000 | Saldo |
| | 81.000 | 810.000 | |

**Eigenkapital**

| | | | |
|---|---|---|---|
| | | 37.500 | 1) |
| Saldo | 37.500 | | |
| | 37.500 | 37.500 | |

**Lieferanten**

| | | | |
|---|---|---|---|
| | | 52.000 | 1) |
| 9) | 4.500 | 4.000 | 11) |
| 10) | 10.000 | | |
| Saldo | 41.500 | | |
| | 56.000 | 56.000 | |

**Wertpapiere**

| | | | |
|---|---|---|---|
| 7) | 7.000 | 7.000 | 8) |
| | 7.000 | 7.000 | |

**Forderungen**

| | | | |
|---|---|---|---|
| 1) | 4.000 | | |
| | | 1.500 | 2) |
| | | 2.000 | 6) |
| | | 500 | Saldo |
| | 4.000 | 4.000 | |

**Betriebsausstattung**

| | | | |
|---|---|---|---|
| 1) | 1.500 | | |
| 3) | 6.000 | | |
| 13) | 900 | | |
| | | 8.400 | Saldo |
| | 8.400 | 8.400 | |

**Kasse**

| | | | |
|---|---|---|---|
| 1) | 2.000 | 1.000 | 3) |
| 6) | 2.000 | 500 | 5) |
| 7) | 2.000 | 2.000 | 11) |
| | | 900 | 13) |
| | | 1.600 | Saldo |
| | 6.000 | 6.000 | |

Hypothekenverbindlichkeiten

| | | | |
|---|---|---|---|
| | | 60.000 | 1) |
| 4) | 3.000 | | |
| 12) | 5.000 | | |
| Saldo | 52.000 | | |
| | 60.000 | 60.000 | |

Darlehensverbindlichkeiten

| | | | |
|---|---|---|---|
| | | 20.000 | 7) |
| | | 10.000 | 10) |
| Saldo | 30.000 | | |
| | 30.000 | 30.000 | |

Postgiro

| | | | |
|---|---|---|---|
| 5) | 500 | | |
| | | 500 | Saldo |
| | 500 | 500 | |

Hypothekenforderungen

| | | | |
|---|---|---|---|
| 12) | 10.000 | | |
| | | 10.000 | Saldo |
| | 10.000 | 10.000 | |

sonstige Forderungen

| | | | |
|---|---|---|---|
| 7) | 3.000 | | |
| | | 3.000 | Saldo |
| | 3.000 | 3.000 | |

3. Abschluß der Bilanzkonten

Bilanz

| | | | |
|---|---|---|---|
| Grundstücke und Gebäude | 65.000 | Eigenkapital | 37.500 |
| Betriebsausstattung | 8.400 | Hypothekenverbindlichkeiten | 52.000 |
| Waren | 81.000 | Lieferanten | 41.500 |
| Forderungen | 500 | Bank | 9.000 |
| Postgiro | 500 | Darlehen | 30.000 |
| Hypothekenforderungen | 10.000 | | |
| sonstige Forderungen | 3.000 | | |
| Kasse | 1.600 | | |
| | 170.000 | | 170.000 |

## 2 : Eröffnung und Buchungen

S Maschinen H

| | | | |
|---|---|---|---|
| AB | 270.000 | SB | 290.000 |
| Bank | 20.000 | | |
| | 290.000 | | 290.000 |

S Eigenkapital H

| | | | |
|---|---|---|---|
| SB | 20.000 | AB | 320.000 |

S Rohstoffe H

| | | | |
|---|---|---|---|
| AB | 60.000 | SB | 75.000 |
| Verb. | 15.000 | | |
| | 75.000 | | 75.000 |

S Darlehensschulen H

| | | | |
|---|---|---|---|
| SB | 120.000 | AB | 102.000 |
| | | Verb. | 18.000 |
| | 120.000 | | 120.000 |

| S | Forderungen | | H |
|---|---|---|---|
| AB | 85.000 | Bank | 14.000 |
| | | SB | 71.000 |
| | 85.000 | | 85.000 |

| S | Verbindlichkeiten | | H |
|---|---|---|---|
| Bank | 3.000 | AB | 68.000 |
| Darlehen | 18.000 | Rohstoffe | 15.000 |
| SB | 62.000 | | |
| | 83.000 | | 83.000 |

| S | Bank | | H |
|---|---|---|---|
| AB | 75.000 | Maschinen | 20.000 |
| Ford. | 14.000 | Verbindl. | 3.000 |
| | | SB | 66.000 |
| | 89.000 | | 89.000 |

Schlußbilanz

| | | | |
|---|---|---|---|
| Maschinen | 290.000 | Eigenkapital | 320.000 |
| Rohstoffe | 75.000 | Darlehensschulden | 120.000 |
| Forderungen | 71.000 | Verbindlichkeiten | 62.000 |
| Bank | 66.000 | | |
| | 502.000 | | 502.000 |

## 3 : Kassenkonto

Kassenkonto

| | | | |
|---|---|---|---|
| AB | 1.855 | Lieferer | 380 |
| Barzahlung Kunde | 220 | Zeitungsanzeige | 120 |
| Bankabhebung | 2.800 | Büromaterial | 180 |
| Miete | 1.500 | Gehalt | 1.620 |
| | | Telefon | 144 |
| | | Fracht | 65 |
| | | Fensterputzer | 280 |
| | | Löhne | 2.900 |
| | | SB | 286 |
| | 6.375 | | 6.375 |

## 4 : Diverse Geschäftsvorfälle

**1. Bargeldabhebung**

Kasse an Bank 500 DM

**2. Bezahlung Verbindlichkeit**

Verbindlichkeiten an Bank 1.100 DM

**3. Barabhebung**

Kasse an Bank 2.000 DM

**4. Zielkauf**

Rohstoffe an Verbindlichkeiten 12.200 DM

**5. Barverkauf**

Kasse an Geschäftsausstattung 250 DM

**6. Umschuldung**

Verbindlichkeiten an Darlehensschuld 3.500 DM

**7. Zahlungseingang**

Postgiro an Forderungen 400 DM

**8. Barkauf**

Hilfsstoffe an Kasse 800 DM

**9. Zielkauf**

Betriebsstoffe an Verbindlichkeiten 3.600 DM

**10. Zielkauf**

Maschinen an Verbindlicheiten 34.700 DM

**11. Postüberweisung**

Bank an Postgiro 1.900 DM

**12. Überweisung**

Verbindlichkeiten an Bank 1.800 DM

**13. Bareinzahlung**

Bank an Kasse 2.800 DM

**14. Zahlungseingang**

Bank an Forderungen 2.400 DM

### 15. Kauf

| | | | |
|---|---|---|---|
| Geschäftsausstattung an Bank | 850 DM | | |

### 16. Barzahlung

| | | | |
|---|---|---|---|
| Verbindlichkeiten an Kasse | 600 DM | | |

## 5 : Umsatzsteuer

### 1. Warenverkauf auf Ziel

| | | | |
|---|---|---|---|
| Forderungen | 3.450 DM | an Warenverkauf | 3.000 DM |
| | | MwSt | 450 DM |

### 2. Barkauf Büromaterial

| | | | |
|---|---|---|---|
| Verwaltungsaufwand | 400 DM | an Kasse | 460 DM |
| Vorsteuer | 60 DM | | |

### 3. Kundenzahlung/Zahlungseingang

| | | | |
|---|---|---|---|
| Postgiro | | an Forderungen | 2.360 DM |

### 4. Warenverkauf incl. MwSt

| | | | |
|---|---|---|---|
| Kasse | 4.600 DM | an Warenverkauf | 4.000 DM |
| | | MwSt | 600 DM |

### 5. Wareneinkauf incl. MwSt

| | | | |
|---|---|---|---|
| Wareneinkauf | 2.000 DM | | |
| Vorsteuer | 300 DM | an Kasse | 2.300 DM |

### 6. Barkauf Betriebsmittel

| | | | |
|---|---|---|---|
| Betriebsmittel | 900 DM | | |
| Vorsteuer | 135 DM | an Kasse | 1.035 DM |

### 7. Ermittlung der Zahllast

Vorsteuer

| | | | |
|---|---|---|---|
| | 60 | | |
| | 300 | | |
| | 135 | | |
| | 15 | MwSt | 510 |
| | 510 | | 510 |

Mehrwertsteuer

| | | | |
|---|---|---|---|
| | | | 450 |
| | | | 600 |
| Vorsteuer | 510 | | |
| Bank (Saldo) | 540 | | |
| | 1.050 | | 1.050 |

| | | | |
|---|---|---|---|
| Mehrwertsteuer | | an Vorsteuer | 510 DM |

**8. Überweisung der Zahllast**

| | | |
|---|---|---|
| Mehrwertsteuer | an Bank | 540 DM |

**9. Umsatzsteuer der Wertschöpfungsstufen**

| | | | |
|---|---|---|---|
| a) 1. Stufe | Umsatzsteuer | 15 % von 50 DM = | 7,50 DM |
| | Vorsteuer | 15 % von 10 DM = | 1,50 DM |
| | Zahllast | | 6,00 DM |
| 2. Stufe | Umsatzsteuer | 15 % von 160 DM = | 24,00 DM |
| | Vorsteuer | 15 % von 50 DM = | 7,50 DM |
| | Vorstuer | 15 % von 20 DM = | 3,00 DM |
| | Zahllast | | 13,50 DM |
| 3. Stufe | Umsatzsteuer | 15 % von 350 DM = | 52,50 DM |
| | Vorsteuer | 15 % von 160 DM = | 24,00 DM |
| | Vorsteuer | 15 % von 40 DM = | 6,00 DM |
| | Zahllast | | 22,50 DM |
| Handel | Umsatzsteuer | 15 % von 660 DM = | 99,00 DM |
| | Vorsteuer | 15 % von 350 DM = | 52,50 DM |
| | Zahllast | | 46,50 DM |

| | |
|---|---|
| b) 1. Stufe | 6,00 DM |
| 2. Stufe | 13,50 DM |
| 3. Stufe | 22,50 DM |
| Handel | 46,50 DM |
| | 88,50 DM |

| | | |
|---|---|---|
| c) Wertschöpfung | 1. Stufe | 40 DM |
| Wertschöpfung | 2. Stufe | 90 DM |
| Wertschöpfung | 3. Stufe | 150 DM |
| Wertschöpfung | Handel | 310 DM |
| gesamt | | 590 DM |
| davon 15 % | = | 88,50 DM |

## 6 : Diverse Geschäftsvorfälle

**1. Einlösung Scheck**

| | | | |
|---|---|---|---|
| Bank | 2.000 DM | an Forderungen | 2.000 DM |

**2. Warenverkauf**

| | | | |
|---|---|---|---|
| Forderungen | 5.750 DM | an Warenverkauf (Umsatzerlöse) | 5.000 DM |
| | | Mehrwertsteuer | 750 DM |

**3. Wareneinkauf**

| | | | |
|---|---|---|---|
| Material (Wareneinkauf) | 3.000 DM | an Lieferantenverbindlichkeiten | 3.450 DM |
| Vorsteuer | 450 DM | | |

**4. Scheckzahlung**

| | | | |
|---|---|---|---|
| Lieferantenverbindlichkeiten | 1.150 DM | an Bank | 1.150 DM |

**5. Einkauf**

| | | | |
|---|---|---|---|
| Betriebsstoffe | 3.000 DM | | |
| Vorsteuer | 450 DM | an Verbindlichkeiten | 3.450 DM |

**6. Einkauf**

| | | | |
|---|---|---|---|
| Rohstoffe | 25.000 DM | | |
| Vorsteuer | 3.750 DM | an Verbindlichkeiten | 28.750 DM |

**7. Zahlung**

| | | | |
|---|---|---|---|
| Verbindlichkeiten | | an Bank | 8.600 DM |

**8. Zielkauf**

| | | | |
|---|---|---|---|
| Hilfsstoffe | 8.000 DM | | |
| Vorsteuer | 1.200 DM | an Verbindlichkeiten | 9.200 DM |

**9. Verkauf**

| | | | |
|---|---|---|---|
| Forderungen | 10.350 DM | an Verkaufserlöse | 9.000 DM |
| | | Umsatzsteuer | 1.350 DM |

**10. Überweisung**

| | | | |
|---|---|---|---|
| Bank | | an Forderungen | 15.400 DM |

**11. Materialverbrauch**

| | | | |
|---|---|---|---|
| Rohstoffaufwendungen | | an Rohstoffe | 20.500 DM |

**12. Verkauf**

| | | | |
|---|---|---|---|
| Forderungen | 48.300 DM | an Umsatzerlöse | 42.000 DM |
| | | Umsatzsteuer | 6.300 DM |

# 7 : Erlösschmälerungen

### 1. Kundenzahlung mit Skontoabzug

| | | | |
|---|---|---|---|
| Bank | 4.370 DM | | |
| Skontoaufwand | 200 DM | | |
| MwSt | 30 DM | an Forderungen | 4.600 DM |

### 2. Kauf und Zahlung mit Skonto

| | | | |
|---|---|---|---|
| Maschinen | 4.000 DM | | |
| Vorsteuer | 600 DM | an Verbindlichkeiten | 4.600 DM |
| Verbindlichkeiten | 4.600 DM | an Bank | 4.370 DM |
| | | Maschinen | 200 DM |
| | | Vorsteuer | 30 DM |

### 3. Retoure

| | | | |
|---|---|---|---|
| Warenverkauf | 3.000 DM | | |
| MwSt | 450 DM | an Forderungen | 3.450 DM |

### 4. Rabatt bei Zielkauf

| | | | |
|---|---|---|---|
| Wareneinkauf | 45.000 DM | | |
| Vorsteuer | 6.750 DM | an Verbindlichkeiten | 51.750 DM |

### 5. Rabatt bei Zielverkauf

| | | | |
|---|---|---|---|
| Forderungen | 41.400 DM | an Warenverkauf | 36.000 DM |
| | | MwSt | 5.400 DM |

### 6. Verkauf bei Teilzahlung

| | | | |
|---|---|---|---|
| Forderungen | 69.000 DM | an Warenverkauf | 60.000 DM |
| | | MwSt | 9.000 DM |
| Bank | 21.850 DM | | |
| Skontoaufwand | 1.000 DM | | |
| MwSt | 150 DM | an Forderungen | 23.000 DM |

### 7. Einkauf mit Rabatt

| | | | |
|---|---|---|---|
| Wareneinkauf | 20.000 DM | | |
| Vorsteuer | 3.000 DM | an Verbindlichkeiten | 23.000 DM |

Der Brutto-Warenwert beträgt 25.000 DM und wird um den Rabatt gekürzt.

### 8. Zahlung mit Skonto

| | | | |
|---|---|---|---|
| Bank | 44.620 DM | an Forderungen | 46.000 DM |
| Skontoaufwand | 1.200 DM | | |
| MwSt | 180 DM | | |

**9. Eigene Retoure**

| | | | |
|---|---|---|---|
| Lieferantenverbindlichkeiten | 6.900 DM | an Wareneinkauf | 6.000 DM |
| | | Vorsteuer | 900 DM |

**10. Ratenzahlung**

| | | | |
|---|---|---|---|
| Wareneinkauf | 100.000 DM | an Lieferanten- | 115.000 DM |
| Vorsteuer | 15.000 DM | verbindlichkeiten | |
| Lieferanten | 34.500 DM | an Bank | 33.465 DM |
| | | Skontoertrag | 900 DM |
| | | Vorsteuer | 135 DM |
| Lieferantenverbindlichkeiten | 23.000 DM | an Bank | 22.540 DM |
| | | Skontoertrag | 400 DM |
| | | Vorsteuer | 60 DM |
| Lieferantenverbindlichkeiten | 57.500 DM | ab Bank | 57.500 DM |

# 8 : Privatentnahmen

**1. Privatentnahme**

| | | | |
|---|---|---|---|
| Privatkonto | 57 DM | an Wareneinkauf | 50 DM |
| | | MwSt | 7 DM |

**2. Privatnutzung Räume**

| | | | |
|---|---|---|---|
| Privatkonto | 250 DM | an Mieterträge | 250 DM |

**3. Privatnutzung Kfz**

| | | | |
|---|---|---|---|
| Privatkonto | 115 DM | an a.o. Ertrag | 100 DM |
| | | MwSt | 15 DM |

Der Betrag kann auch weiter verrechnet werden mit dem Kfz-Aufwand, damit nur der unternehmensbezogene Kfz-Aufwand in die G.u.V.-Rechnung eingeht, z.B. a.o. Ertrag an Kfz-Aufwand.

**4. Privatentnahme**

| | | | |
|---|---|---|---|
| a) Privat | 862,50 DM | an Eigenverbrauch | 750,— DM |
| | | Umsatzsteuer | 112,50 DM |
| b) Privat | 2.300,— DM | an Eigenverbrauch | 2.000,— DM |
| | | Umsatzsteuer | 300,— DM |

**5. Barentnahme**

| | | | |
|---|---|---|---|
| Privat | | an Kasse | 1.200 DM |

**6. Mietzahlung**

| | | | |
|---|---|---|---|
| Mietaufwendungen | 3.200 DM | | |
| Privat | 700 DM | an Bank | 3.900 DM |

**7. Barentnahme**

| | | | |
|---|---|---|---|
| Privat | | an Kasse | 350 DM |

**8. Privatreparatur**

| | | | |
|---|---|---|---|
| Privat | 575 DM | an Eigenverbrauch | 500 DM |
| | | Umsatzsteuer | 75 DM |

## 9 : Zahlungsverkehr

**1. Barzahlung von Kunden**

| | | | |
|---|---|---|---|
| Kasse | | an Forderungen | 1.035 DM |

**2. Postgiroüberweisung für private Zwecke**

| | | | |
|---|---|---|---|
| Privat | | an Postgiro | 1.000 DM |

**3. Barkauf Büromaterial**

| | | | |
|---|---|---|---|
| Verwaltungsaufwand | 100 DM | | |
| Vorsteuer | 15 DM | an Kasse | 115 DM |

**4. Barzahlung Lieferantenverbindlichkeit**

| | | | |
|---|---|---|---|
| Lieferantenverbindlichkeit | | an Kasse | 1.850 DM |

**5. Gemischte Zahlung**

| | | | |
|---|---|---|---|
| Bank | 2.000 DM | an Forderungen | 3.000 DM |
| Kasse | 1.000 DM | | |

**6. Wechseldiskontierung**

| | | | |
|---|---|---|---|
| Bank | 1.380 DM | | |
| Diskontspesen | 20 DM | an Besitzwechsel | 1.400 DM |
| Forderungen | 20 DM | an Diskontspesen | 20 DM |

**7. Einkauf gegen Wechsel**

| | | | |
|---|---|---|---|
| Wareneinkauf | 8.000 DM | | |
| Vorsteuer | 1.200 DM | an Verbindlichkeiten | 9.200 DM |
| Verbindlichkeiten | 9.200 DM | | |
| Wechselspesen | 120 DM | an Schuldwechsel | 6.900 DM |
| | | Kasse | 2.420 DM |

**8. Verkauf gegen Wechsel**

| | | | |
|---|---|---|---|
| Forderungen | 4.600 DM | an Warenverkauf | 4.000 DM |
| | | MwSt | 600 DM |
| Besitzwechsel | 4.600 DM | an Forderungen | 4.600 DM |
| Kasse | 100 DM | an Wechselspesenertrag | 100 DM |

**9. Nichteinlösung Besitzwechsel**

| | | | |
|---|---|---|---|
| Protestwechsel | 4.600 DM | an Besitzwechsel | 4.600 DM |
| Wechselprotestspesen | 20 DM | | |
| Vorsteuer | 3 DM | an Kasse | 23 DM |
| Forderungen | 23 DM | an Wechselprotestspesen | 20 DM |
| | | MwSt | 3 DM |

**10. Zahlung mit Wechsel**

| | | | |
|---|---|---|---|
| Besitzwechsel | 5.000 DM | an Forderungen | 5.000 DM |
| Bank | 150 DM | an Diskontspesen | 150 DM |

**11. Einlösung Wechsel**

| | | | |
|---|---|---|---|
| Bank | 5.000 DM | an Besitzwechsel | 5.000 DM |

**12. Wechseldiskontierung**

| | | | |
|---|---|---|---|
| Bank | 4.851 DM | an Besitzwechsel | 5.000 DM |
| Diskontspesen | 149 DM | | |

**13. Wechselzahlung**

| Der Lieferer bucht: | | Der Kunde bucht: | |
|---|---|---|---|
| Forderungen | 2.300 DM | Rohstoffe | 2.000 DM |
| an Erlöse | 2.000 DM | Vorsteuer | 300 DM |
| Umsatzsteuer | 300 DM | an Verbindlichkeiten | 2.300 DM |
| Besitzwechsel | 2.300 DM | Verbindlichkeiten | 2.300 DM |
| an Forderungen | 2.300 DM | an Schuldwechsel | 2.300 DM |
| Forderungen | 57 DM | Diskontaufwand | 57 DM |
| an Diskonterträge | 57 DM | an Verbindlichkeiten | 57 DM |
| Kasse | 2.300 DM | Schuldwechsel | 2.300 DM |
| an Besitzwechsel | 2.300 DM | an Kasse | 2.300 DM |

**14. Protestwechsel**

| | | | |
|---|---|---|---|
| Protestwechsel | 6.000,— DM | an Besitzwechsel | 6.000,— DM |
| Kosten des Geldverkehrs | 30,— DM | an Bank | 34,50 DM |
| Vorsteuer | 4,50 DM | | |

# 10 : Devisengeschäfte

## 1. Verkauf ins Ausland

| | | | |
|---|---|---|---|
| Forderungen | 1.680 DM | an Warenverkauf | 1.680 DM |

## 2. Zahlung aus dem Ausland

| | | | |
|---|---|---|---|
| Bank | 1.603 DM | | |
| Kursverluste | 72 DM | | |
| Bankspesen | 5 DM | an Forderungen | 1.680 DM |

## 3. Einkauf im Ausland

| | | | |
|---|---|---|---|
| Wareneinkauf | 600 DM | an Lieferanten | 600 DM |

## 4. Bezahlung Auslandsrechnung

| | | | |
|---|---|---|---|
| Lieferanten | 600 DM | an Bank | 612 DM |
| Bankgebühr | 7 DM | | |
| Kursverlust | 5 DM | | |

# 11 : Forderungen

## 1. Kontoeröffnung Forderung/Delkredere

**Forderungen**

| | | | |
|---|---|---|---|
| Ab | 115.000 | | |

**Delkredere**

| | | | |
|---|---|---|---|
| Ab | 115.000 | Ab | 5.000 |

## 2. Zahlungseingang

| | | | |
|---|---|---|---|
| Bank | | an Forderungen | 34.500 DM |

## 3. Warenverkauf

| | | | |
|---|---|---|---|
| Forderungen | 2.300.000 DM | an Warenverkauf | 2.000.000 DM |
| | | MwSt | 300.000 DM |

## 4. Vergleich/teilweiser Forderungsverlust

| | | | |
|---|---|---|---|
| Forderungsverluste | 10.000 DM | | |
| MwSt | 1.500 DM | | |
| Bank | 11.500 DM | an Forderungen | 23.000 DM |

## 5. Vollständiger Forderungsverlust

| | | | |
|---|---|---|---|
| Forderungsverluste | 10.000 DM | | |
| MwSt | 1.500 DM | an Forderungen | 11.500 DM |

**6. Zahlungseingang**

| | | | |
|---|---|---|---|
| Bank | 2.196.500 DM | an Forderungen | 2.196.500 DM |

**7. Abschluß Forderungskonto**

| | | | |
|---|---|---|---|
| Bilanzkonto | | an Forderungen | 149.500 DM |

**8. Auflösung Delkredere**

| | | | |
|---|---|---|---|
| Delkredere | | an G.u.V.-Rechnung | 5.000 DM |

**9. Neubildung Delkredere**

| | | | |
|---|---|---|---|
| Einstellung in Delkredere | 6.500 DM | an Delkredere | 6.500 DM |
| G.u.V. | 6.500 DM | an Einstellung in Delkredere | 6.500 DM |
| Delkredere | 6.500 DM | an Schlußbilanzkonto | 6.500 DM |

Der Prozentsatz für das Delkredere errechnet sich aus dem Vorjahr.
5.000 DM von 115.000 DM = 4,348 % ( vom Forderungsbetrag)
oder
5.000 DM von 100.000 DM = 5 % ( vom Nettowarenwert)

Somit ergibt sich für das abgelaufene Jahr:
5 % vom Netto-Warenwert 130.000 DM = 6.500 DM
oder
4,348 % vom Forderungsbetrag 149.500 DM = 6.500 DM

**10. Abschluß Forderungsverluste**

| | | | |
|---|---|---|---|
| G.u.V.-Rechnung | 20.000 DM | an Forderungsverluste | 20.000 DM |

**11. Preisnachlaß**

| | | | |
|---|---|---|---|
| Bank | 6.440 DM | an Forderungen | 8.050 DM |
| Nachlaß (Warenverkauf – Umsatzerlöse) | 1.400 DM | | |
| Mehrwertsteuer | 210 DM | | |

**12. Stundung**

| | | | |
|---|---|---|---|
| Darlehensforderung | | an Forderungen | 10.000 DM |

**13. Tilgung**

| | | | |
|---|---|---|---|
| Bank | 5.800 DM | an Zinsertrag | 800 DM |
| | | an Darlehensforderung | 5.000 DM |

**14. Umwandlung in Beteiligung**

| | | | |
|---|---|---|---|
| Beteiligung | | an Forderungen | 50.000 DM |

### 15. Forderungsverluste

| | | | |
|---|---|---|---|
| Zweifelhafte Forderungen | 2.300 DM | an Forderungen | 2.300 DM |
| Abschreibungen auf Forderungen | 2.000 DM | | |
| Umsatzsteuer | 300 DM | an zweifelhafte Forderungen | 2.300 DM |

### 16. Vergleich

| | | | |
|---|---|---|---|
| Zweifelhafte Forderungen | | an Forderungen | 1.150 DM |
| Bank | | an zweifelhafte Forderungen | 575 DM |
| Abschreibung auf Forderungen | 500 DM | | |
| Umsatzsteuer | 75 DM | an zweifelhafte Forderungen | 575 DM |

## 12 : Abschreibungen

### 1. Lineare Abschreibung

| | |
|---|---|
| Rechnungspreis | 40.000 DM |
| ./. Skonto | 2.000 DM |
| bilanzierungspflichtig | 38.000 DM |
| ./. Restwert | 6.000 DM |
| | 32.000 DM |

Lineare Abschreibung

$$\frac{32.000}{4} = 8.000 \text{ DM pro Jahr}$$

### 2. Degressive Abschreibung

- geometrisch-degressive Abschreibung

$$p = 100\ (1 - \sqrt[n]{\frac{s}{AK}})$$

$$p = 100\ (1 - \sqrt[4]{\frac{6.000}{38.000}})$$

$$p = 37\ \%$$

| | | |
|---|---|---|
| Anschaffungskosten | = | 38.000 DM |
| 1. Jahr 37 % von 38.000 DM | = | 14.060 DM |
| Restwert | = | 23.940 DM |
| 2. Jahr 37 % von 23.940 DM | = | 8.858 DM |
| | | 15.082 DM |
| 3. Jahr 37 % von 15.082 DM | = | 5.580 DM |
| | | 9.502 DM |
| 4. Jahr 37 % von 9.502 DM | = | 3.516 DM |
| Restwert | = | 5.986 DM (Differenz durch Rundung) |

- digitale Abschreibung

| | |
|---|---|
| AK | 38.000 DM |
| ./. Restwert | 6.000 DM |
| Basis | 32.000 DM |

| | | | |
|---|---|---|---|
| im 1. Jahr | $\frac{4}{10}$ | von 32.000 DM = | 12.800 DM |
| 2. Jahr | $\frac{3}{10}$ | von 32.000 DM = | 9.600 DM |
| 3. Jahr | $\frac{2}{10}$ | von 32.000 DM = | 6.400 DM |
| 4. Jahr | $\frac{1}{10}$ | von 32.000 DM = | 3.200 DM |
| Abschreibung gesamt | | = | 32.000 DM |

**3. Abschreibung nach Leistung**

Leistung in %

| | |
|---|---|
| 1. Jahr 1.500 Std. von 6.000 Std. = | 25 % |
| 2. Jahr 1.800 Std. von 6.000 Std. = | 30 % |
| 3. Jahr 1.500 Std. von 6.000 Std. = | 25 % |
| 4. Jahr 1.200 Std. von 6.000 Std. = | 20 % |
| | 100 % |

Abschreibung nach Leistung

| | | |
|---|---|---|
| 1. Jahr 25 % | = | 8.000 DM |
| 2. Jahr 30 % | = | 9.600 DM |
| 3. Jahr 25 % | = | 8.000 DM |
| 4. Jahr 20 % | = | 6.400 DM |
| Abschreibungen gesamt | = | 32.000 DM |

**4. Wechsel der Abschreibungsmethode**

| | |
|---|---|
| AK | 38.000 DM |
| 1. Jahr | 14.060 DM |
| | 23.940 DM |
| 2. Jahr | 8.858 DM |
| | 15.082 DM |
| ./. Restwert | 6.000 DM |
| Restbasis | 9.082 DM |
| 3. Jahr | 4.541 DM |
| 4. Jahr | 4.541 DM |

**5. Buchung der Abschreibung**

| | | | |
|---|---|---|---|
| Maschinen | 40.000 DM | an Verbindlichkeiten | 46.000 DM |
| Vorsteuer | 6.000 DM | | |
| Verbindlichkeiten | 46.000 DM | an Bank | 43.700 DM |
| | | an Maschinen | 2.000 DM |
| | | an Vorsteuer | 300 DM |
| Abschreibungen | 8.000 DM | an Maschinen | 8.000 DM |

**6. Anlagenverkauf**

| | | | |
|---|---|---|---|
| Restwert lt. Buchhaltung | 6.000 DM | | |
| Forderungen | 4.600 DM | an Maschinen | 4.000 DM |
| | | an MwSt | 600 DM |
| a.o. Aufwand (Abschreibung) | 2.000 DM | an Maschinen | 2.000 DM |

**7. Abschreibungen**

| | | |
|---|---|---|
| | Anschaffungskosten | 10.000 DM |
| ./. | planmäßige AfA zum 31.12. des 1. Jahres | 2.000 DM |
| | Buchwert zum 31.12. des 1. Jahres | 8.000 DM |
| ./. | planmäßige AfA zum 31.12. des 2. Jahres | 2.000 DM |
| ./. | außerplanmäßige AfA zum 31.12. des 2. Jahres | 1.500 DM |
| | Buchwert zum 31.12. des 2. Jahres | 4.500 DM |
| ./. | planmäßige AfA zum 31.12. des 3. Jahres | 1.500 DM |
| | Buchwert zum 31.12. des 3. Jahres | 3.000 DM |

**8. Abschreibungen**

| | Lineare AfA 10 % | Degressive AfA 30 % | | Übergang linear |
|---|---|---|---|---|
| AK | 50.000 DM | 50.000 DM | | |
| AfA 1. Jahr | 5.000 DM | 15.000 DM | | |
| Buchwert | 45.000 DM | 35.000 DM | | |
| AfA 2. Jahr | 5.000 DM | 10.500 DM | | |
| Buchwert | 40.000 DM | 24.500 DM | | |
| AfA 3. Jahr | 5.000 DM | 7.350 DM | | |
| Buchwert | 35.000 DM | 17.150 DM | | |
| AfA 4. Jahr | 5.000 DM | 5.145 DM | | |
| Buchwert | 30.000 DM | 12.005 DM | | |
| AfA 5. Jahr | 5.000 DM | 3.602 DM | | |
| Buchwert | 25.000 DM | 8.403 DM | | |
| AfA 6. Jahr | 5.000 DM | 2.521 DM | | |
| Buchwert | 20.000 DM | 5.882 DM | | |
| AfA 7. Jahr | 5.000 DM | 1.765 DM | | |
| Buchwert | 15.000 DM | 4.117 DM | → | 4.117 DM |
| AfA 8. Jahr | 5.000 DM | 1.235 DM | | 1.372 DM |
| Buchwert | 10.000 DM | 2.882 DM | | 2.745 DM |
| AfA 9. Jahr | 5.000 DM | 865 DM | | 1.372 DM |
| Buchwert | 5.000 DM | 2.017 DM | | 1.373 DM |
| AfA 10. Jahr | 5.000 DM | 605 DM | | 1.373 DM |
| Buchwert | 0 | 1.412 DM | | 0 |

**9. Änderung der Nutzungsdauer**

a)

| | |
|---|---|
| Anschaffungskosten | 150.000 DM |
| Abschreibung im 1. Jahr | 15.000 DM |
| Restwert nach 1. Jahr | 135.000 DM |
| Abschreibung im 2. Jahr | 15.100 DM |
| Restwert nach 2. Jahr | 120.000 DM |
| Abschreibung im 3. Jahr | 15.000 DM |
| Restwert nach 3. Jahr | 105.000 DM |
| Abschreibung im 4. Jahr | 15.000 DM |
| Restwert nach 4. Jahr | 90.000 DM |

b) Neuberechnung der Abschreibung für die Restnutzungsdauer von 3 Jahren ergibt 30.000 DM pro Jahr

Abschreibung 5. - 7. Jahr 30.000 DM

c) Nach Ablauf des 5. Jahres ergibt sich aufgrund der neuen Abschreibung ein Buchwert von 60.000 DM. Im 6. Jahr kann nur noch ein Betrag von 20.000 DM erlöst werden. Daraus ergeben sich außerplanmäßige Abschreibungen in Höhe von 40.000 DM.

| | | | | |
|---|---|---|---|---|
| Buchungssatz: Forderungen | 23.000 | an | Anlagen | 20.000 |
| | | an | USt | 3.000 |
| (außerplanm.) Abschreibung | 40.000 | an | Anlagen | 40.000 |

**10. Sonderabschreibungen**

a)

| | mit Sonderab-schreibungen | ohne Sonderab-schreibungen |
|---|---|---|
| Anschaffungskosten | 100.000 DM | 100.000 DM |
| Sonderabschreibung 1. Jahr | 40.000 DM | 20.000 DM |
| Buchwert nach 1. Jahr | 60.000 DM | 80.000 DM |
| Abschreibung im 2. Jahr | 15.000 DM | 20.000 DM |
| Buchwert nach 2. Jahr | 45.000 DM | 60.000 DM |
| Abschreibung im 3. Jahr | 15.000 DM | 20.000 DM |
| Buchwert nach 3. Jahr | 30.000 DM | 40.000 DM |
| Abschreibung im 4. Jahr | 15.000 DM | 20.000 DM |
| Buchwert nach 4. Jahr | 15.000 DM | 20.000 DM |
| Abschreibung im 5. Jahr | 15.000 DM | 20.000 DM |

b)

| | | |
|---|---|---|
| 1. Jahr | | |
| Gewinn vor Abzug | 500.000 DM | 500.000 DM |
| Abschreibung 1. Jahr | 40.000 DM | 20.000 DM |
| Gewinn nach Abzug | 460.000 DM | 480.000 DM |
| 2. Jahr | | |
| Gewinn vor Abzug | 500.000 DM | 500.000 DM |
| Abschreibung 2. Jahr | 15.000 DM | 20.000 DM |
| Gewinn nach Abzug | 485.000 DM | 480.000 DM |

c)

| | | |
|---|---|---|
| Im 1. Jahr | | |
| Gewinn vor Steuern | 460.000 DM | 480.000 DM |
| 60 % Steuern | 276.000 DM | 288.000 DM |
| Im 2. Jahr | 485.000 DM | 480.000 DM |
| 60 % Steuern | 291.000 DM | 288.000 DM |
| Insgesamt in 5 Jahren | | |
| 1. Jahr | 276.000 DM | 288.000 DM |
| 2. Jahr | 291.000 DM | 288.000 DM |
| 3. Jahr | 291.000 DM | 288.000 DM |
| 4. Jahr | 291.000 DM | 288.000 DM |
| 5. Jahr | 291.000 DM | 288.000 DM |
| gesamt | 1.440.000 DM | 1.440.000 DM |

# 13 : Lohn- und Gehaltsabrechnung

**1.** Gehaltsabrechnung 3.000 DM
./. Steuer 500 DM
./. Sozialversicherung 270 DM

2.230 DM

| | | | |
|---|---|---|---|
| Arbeitgeberanteil Sozialversicherung | 270 DM | | |
| Gehalt | 3.000 DM | an Bank | 2.230 DM |
| | | an Verbindlichkeiten Lohnsteuer | 500 DM |
| | | an Verbindlichkeiten Sozialversicherung | 270 DM |
| Sozialaufwand | 270 DM | an Verbindlichkeiten Sozialversicherung | 270 DM |
| Verbindlichkeiten Lohnsteuer | 500 DM | an Bank | 500 DM |
| Verbindlichkeiten Sozialversicherung | 540 DM | an Bank | 540 DM |

Statt getrennter Buchung von Verbindlichkeiten Lohnsteuer und Verbindlichkeiten Sozialversicherung kann auch ein Sammelkonto sonstige Verbindlichkeiten geführt werden.

**2. Vorschuß**

| | | | |
|---|---|---|---|
| Vorschuß | | an Kasse | 500 DM |

**3. Naturallohn**

| | | | |
|---|---|---|---|
| Gehälter | 2.800 DM | an Mieterträge | 450 DM |
| | | Bank | 2.350 DM |

**4. Lohnabrechnung**

| | | | |
|---|---|---|---|
| Löhne | 2.500 DM | an Bank | 1.600 DM |
| | | an sonstige FA.-Verbindlichkeiten | 440 DM |
| | | an SV-Verbindlichkeiten | 460 DM |
| Arbeitgeberanteil zur Sozialversicherung | 460 DM | an SV-Verbindlichkeiten | 460 DM |

# 14 : Eröffnung, Buchungen, Abschluß

**Grundstücke/Gebäude**

| | | | |
|---|---|---|---|
| 1) | 150.000,00 | S. | 150.000,00 |
| | 150.000,00 | | 150.000,00 |

**Betriebs. u. Geschäftsausst.**

| | | | |
|---|---|---|---|
| 1) | 125.000,00 | 7b) | 1.200,00 |
| 7a) | 40.000,00 | 17) | 15.000,00 |
| | | S. | 148.800,00 |
| | 165.000,00 | | 165.000,00 |

**Material**

| | | | |
|---|---|---|---|
| 1) | 60.000,00 | Inv. | 70.000,00 |
| 8a) | 40.000,00 | 15b) | 30.000,00 |
| | 100.000,00 | | 100.000,00 |

**Forderungen**

| | | | |
|---|---|---|---|
| 1) | 80.000,00 | 3) | 8.050,00 |
| 2) | 17.250,00 | 5) | 3.500,00 |
| 11) | 92.000,00 | 9) | 34.500,00 |
| | | 16) | 2.300,00 |
| | | 18a) | 30.000,00 |
| | | 18b) | 40.000,00 |
| | | S. | 70.900,00 |
| | 189.250,00 | | 189.250,00 |

**Bank I**

| | | | |
|---|---|---|---|
| 1) | 12.000,00 | 6) | 4.508,00 |
| 3) | 7.808,50 | 8b) | 22.310,00 |
| 9) | 33.810,00 | 8d) | 11.500,00 |
| 18a) | 30.000,00 | 10) | 20.000,00 |
| | | 19) | 20.000,00 |
| | | S. | 5.300,50 |
| | 83.618,50 | | 83.618,50 |

**Kasse**

| | | | |
|---|---|---|---|
| 1) | 3.000,00 | 4) | 230,00 |
| | | S. | 2.770,00 |
| | 3.000,00 | | 3.000,00 |

**Eigenkapital**

| | | | |
|---|---|---|---|
| | | 1) | 200.000,00 |
| S. | 204.270,00 | Gewinn | 4.270,00 |
| | 204.270,00 | | 204.270,00 |

**Darlehen**

| | | | |
|---|---|---|---|
| 10) | 20.000,00 | 1) | 150.000,00 |
| S. | 130.000,00 | | |
| | 150.000,00 | | 150.000,00 |

**Lieferantenverbindlichkeiten**

| | | | |
|---|---|---|---|
| 6) | 4.600,00 | 1) | 50.000,00 |
| | | 6) | 4.600,00 |
| 7b) | 46.000,00 | 7a) | 46.000,00 |
| 8b) | 23.000,00 | 8a) | 46.000,00 |
| 8c) | 11.500,00 | | |
| 8d) | 11.500,00 | | |
| S. | 50.000,00 | | |
| | 146.600,00 | | 146.600,00 |

**Bank II**

| | | | |
|---|---|---|---|
| 5) | 3.500,00 | 1) | 30.000,00 |
| 18b) | 40.000,00 | 7b) | 44.620,00 |
| 19) | 20.000,00 | 8c) | 11.270,00 |
| | | 12a) | 16.000,00 |
| | | 12c) | 4.400,00 |
| | | 12d) | 9.200,00 |
| | | 13) | 11.500,00 |
| S. | 63.500,50 | 14b) | 10,50 |
| | 127.000,50 | | 127.000,50 |

**Verwaltungsaufwand**

| | | | |
|---|---|---|---|
| 4) | 200,00 | S. | 200,00 |
| | 200,00 | | 200,00 |

**Umsatzerlöse**

| | | | |
|---|---|---|---|
| | | 2) | 15.000,00 |
| S. | 95.000,00 | 11) | 80.000,00 |
| | 95.000,00 | | 95.000,00 |

**Betriebsstoffe**

| | | | |
|---|---|---|---|
| 6) | 4.000,00 | S. | 4.000,00 |
| | 4.000,00 | | 4.000,00 |

**Materialverbrauch**

| | | | |
|---|---|---|---|
| 15b) | 30.000,00 | S. | 30.000,00 |
| | 30.000,00 | | 30.000,00 |

**sonstige Aufwendungen**

| | | | |
|---|---|---|---|
| 13) | 10.000,00 | S. | 10.000,00 |
| | 10.000,00 | | 10.000,00 |

**Personalaufwand**

| | | | |
|---|---|---|---|
| 12a) | 25.000,00 | | |
| 12b) | 4.600,00 | S. | 29.600,00 |
| | 29.600,00 | | 29.600,00 |

**SV-Verbindlichkeiten**

| | | | |
|---|---|---|---|
| 12d) | 9.200,00 | 12a) | 4.600,00 |
| | | 12b) | 4.600,00 |
| | 9.200,00 | | 9.200,00 |

**FA.-Verbindlichkeiten**

| | | | |
|---|---|---|---|
| 12c) | 4.400,00 | 12a) | 4.400,00 |
| | 4.400,00 | | 4.400,00 |

**Abschreibungen**

| | | | |
|---|---|---|---|
| 17) | 15.000,00 | S. | 15.000,00 |
| | 15.000,00 | | 15.000,00 |

**Forderungsverluste**

| | | | |
|---|---|---|---|
| 16) | 2.000,00 | S. | 2.000,00 |
| | 2.000,00 | | 2.000,00 |

**Umsatzsteuer**

| | | | |
|---|---|---|---|
| 3) | 31,50 | 2) | 2.250,00 |
| 9) | 90,00 | 11) | 12.000,00 |
| 16) | 300,00 | | |
| 14a) | 13.818,00 | | |
| 14b) | 10,50 | | |
| | 14.250,00 | | 14.250,00 |

**Vorsteuer**

| | | | |
|---|---|---|---|
| 4) | 30,00 | | |
| 6) | 600,00 | 6) | 12,00 |
| 7a) | 6.000,00 | 7b) | 180,00 |
| 8a) | 6.000,00 | 8b) | 90,00 |
| 13) | 1.500,00 | 8c) | 30,00 |
| | | 14a) | 13.818,00 |
| | 14.130,00 | | 14.130,00 |

**Skontoaufwand**

| | | | |
|---|---|---|---|
| 3) | 210,00 | | |
| 9) | 600,00 | S. | 810,00 |
| | 810,00 | | 810,00 |

**Skontoertrag**

| | | | |
|---|---|---|---|
| | | 6) | 80,00 |
| S. | 880,00 | 8b) | 600,00 |
| | | 8c) | 200,00 |
| | 880,00 | | 880,00 |

6) alternativ auch sofort unter Abzug von Skonto

| | | | |
|---|---|---|---|
| Betriebsstoffe | 3.920 DM | | |
| Vorsteuer | 588 DM | an Bank | 4.508 DM |

Gewinn- und Verlust-Konto

| | | | |
|---|---|---|---|
| Personalaufwand | 29.600,00 | Umsatzerlöse | 95.000,00 |
| Materialverbrauch | 30.000,00 | Skontoerträge | 880,00 |
| Betriebsstoffe | 4.000,00 | | |
| Verwaltungsaufwand | 200,00 | | |
| sonstiger Aufwand | 10.000,00 | | |
| Abschreibungen | 15.000,00 | | |
| Forderungsverluste | 2.000,00 | | |
| Skontoaufwand | 810,00 | | |
| Gewinn | 4.270,00 | | |
| | 95.880,00 | | 95.880,00 |

Schlußbilanzkonto

| | | | |
|---|---|---|---|
| Grundstücke, Gebäude | 150.00,00 | Eigenkapital | 204.270,00 |
| Betriebs- und Geschäftsausstattung | 148.800,00 | Darlehen | 130.000,00 |
| Materialbestand | 70.000,00 | Lieferantenverbindlichkeiten | 50.000,00 |
| Forderungen | 70.900,00 | Bank II | 63.500,50 |
| Bank I | 5.300,50 | | |
| Kasse | 2.770,00 | | |
| | 447.770,50 | | 447.770,50 |

# 15 : Privatentnahmen

**1. Zahlung Einkommensteuer und Umsatzsteuer**

| | | | |
|---|---|---|---|
| Privatkonto | 4.000 DM | | |
| MwSt | 3.000 DM | an Bank | 7.000 DM |

**2. Steuerzahlung**

| | | | |
|---|---|---|---|
| Privatkonto | 5.000 DM | an Bank | 5.000,— DM |

**3. Steuerzahlung**

| | | | |
|---|---|---|---|
| Mehrwertsteuer | 5.670 DM | an Bank | 5.670,— DM |

**4. Privatentnahme**

| | | | |
|---|---|---|---|
| Privatkonto | 57,50 DM | an Kfz-Aufwand (oder an Benzinbestand, falls Bestandsführung beim Tank) | 50,— DM |
| | | MwSt | 7,50 DM |

## 16 : Selbstkostenermittlung mit Hilfe der Zuschlagskalkulation

| | | |
|---|---|---|
| Fertigungsmaterial | 1.000 DM | |
| Materialgemeinkosten 25 % | 250 DM | |
| Stoffkosten | | 1.250 DM |
| Fertigungslohn 1 | 1.500 DM | |
| Fertigungsgemeinkosten 1 100 % | 1.500 DM | |
| Fertigungslohn 2 | 2.000 DM | |
| Fertigungsgemeinkosten 2 150 % | 3.000 DM | |
| Fertigungskosten | | 8.000 DM |
| Herstellkosten | | 9.250 DM |
| Verwaltungsgemeinkosten 20 % | | 1.850 DM |
| Vertriebsgemeinkosten 25 % | | 2.313 DM |
| Selbstkosten | | 13.413 DM |

## 17 : Selbstkostenermittlung mit Hilfe der Divisionskalkulation

$$k = \frac{250.000 + 25.000}{12.500} + \frac{12.000 + 80.000}{10.000}$$

$$k = 22{,}00 + 9{,}20$$

$$k = \underline{\underline{31{,}20 \text{ DM}}}$$

## 18 : Erfassung von innerbetrieblichen Eigenleistungen

Sachbearbeiter A irrt gewaltig. Die Kosten der zu aktivierenden innerbetrieblichen Eigenleistungen (selbsterstellte Anlagen, werterhöhende Reparaturen) müssen selbstverständlich erfaßt werden. Auch die Kosten der Gemeinkostenaufträge müssen ermittelt werden. Geschähe dies nicht,

- könnte kein Vergleich zwischen Eigen- und Fremdleistungen vorgenommen werden
- könnten die Kosten nicht verursachungsgerecht auf die Kostenträger verrechnet werden
- erhielte man falsche Kalkulationssätze
- es bestünde die Gefahr der Doppelverrechnung von Kosten.

## 19 : Aufgaben der Kostenträgerzeitrechnung

Die Kostenträgerzeitrechnung "kalkuliert" einen ganzen Abrechnungszeitraum. Sie ist ein geeignetes Instrument zur Ermittlung des kurzfristigen Erfolges.

Die Kostenträgerzeitrechnung begnügt sich nicht damit, den Erfolg eines Zeitraumes global zu ermitteln, sondern stellt auch fest, an welchen Stellen des Unternehmens die Erfolgsquellen liegen und in welchem Ausmaße die einzelnen Kostenträger an dem Erfolg beteiligt sind.

## 20 : Vom Bilanzstichtag abweichende Inventur

| | |
|---|---|
| Wert der Vorräte lt. Inventur am 10. 11. | 2.560.000 DM |
| + Wareneingang lt. Lagerbuchführung | 240.000 DM |
| | 2.800.000 DM |
| ./. Wareneinsatz vom 10.11. bis 31.12. | 300.000 DM |
| Bestand am 31.12. | 2.500.000 DM |

Bei den Werten handelt es sich um Einstandswerte.

## 21 : Buchen von Bestandsdifferenzen

Die Bestandsdifferenz muß buchmäßig erfaßt werden, der Buchbestand wird dem Istbestand angepaßt.

Buchungssatz:
Aufwendungen für Roh-, Hilfs- und Betriebsstoffe
an Rohstoffkonto 350 DM

## 22 : Bilanzielle Abschreibung: Korrektur der Nutzungsdauer

| | | |
|---|---|---|
| Anschaffungskosten | | 50.000,— DM |
| ./. Abschreibungen 4 · 4.166, 67 | = | 16.666,67 DM |
| Buchwert am Endes des 4. Jahres | | 33.333,33 DM |
| neue Abschreibung 33.333,33 : 4 | = | 8.333,33 DM |

## 23 : Bilanzielle Abschreibung: Buchung einer außerplanmäßigen Abschreibung

| | | | |
|---|---|---|---|
| Anschaffungskosten | | | 160.000,— DM |
| Abschreibungen 1. Jahr: | planmäßige Abschreibung | 8.000 DM | |
| | außerplanmäßige Abschreibung | 40.000 DM | 48.000,— DM |
| Buchwert am Ende des 1. Jahres | | | 112.000,— DM |
| Abschreibungen 2. bis 5. Jahr 4 · 8.000 | | = | 32.000,— DM |
| Buchwert am Ende des 5. Jahres | | | 80.000,— DM |
| Neue Abschreibung: 80.000 : 15 | | = | 5.333,33 DM |

Die stille Reserve wird jährlich in Höhe von 2.666,68 DM aufgelöst (8.000 – 5.333,33 = 2.666,67).

## 24 : Passive Rechnungsabgrenzung

Buchungen im alten Jahr:

Bank
an Haus- und Grundstückserträge 3.000 DM

Haus- und Grundstückserträge
an Passive Rechnungsabgrenzung 3.000 DM
Haus- und Grundstückserträge
an G+V-Rechnung 3.000 DM

Passive Rechnungsabgrenzung
an Schlußbilanzkonto 3.000 DM

Buchungen im neuen Jahr:

Eröffnungsbilanzkonto
an Passive Rechnungsabgrenzung 3.000 DM

Passive Rechnungsabgrenzung
an Haus- und Grundstückserträge 3.000 DM

## 25 : Aktive Rechnungsabgrenzung

Buchungen im alten Jahr:

| | |
|---|---|
| Gebäudekosten<br>an Bank | 6.000 DM |
| Aktive Rechnungsabgrenzung<br>an Gebäudekosten | 6.000 DM |
| G+V-Rechnung<br>an Gebäudekosten | 6.000 DM |
| Schlußbilanzkonto<br>an Aktive Rechnungsabgrenzung | 6.000 DM |

Buchungen im neuen Jahr:

| | |
|---|---|
| Aktive Rechnungsabgrenzung<br>an Eröffnungsbilanzkonto | 6.000 DM |
| Gebäudekosten<br>an Aktive Rechnungsabgrenzung | 6.000 DM |

## 26 : Sonstige Forderungen

Buchungen im alten Jahr:

| | |
|---|---|
| Sonstige Forderungen<br>an Haus- und Grundstückserträge | 1.000 DM |
| Haus- und Grundstückserträge<br>an G+V-Rechnung | 1.000 DM |
| Schlußbilanzkonto<br>an Sonstige Forderungen | 1.000 DM |

Buchungen im neuen Jahr:

| | |
|---|---|
| Sonstige Forderungen<br>an Eröffnungsbilanzkonto | 1.000 DM |
| Bank<br>an Sonstige Forderungen | 1.000 DM |

## 27 : Sonstige Verbindlichkeiten

Buchungen im alten Jahr:

| | |
|---|---|
| Gebäudekosten<br>an Sonstige Verbindlichkeiten | 2.000 DM |
| G+V-Rechnung<br>an Gebäudekosten | 2.000 DM |
| Sonstige Verbindlichkeiten<br>an Schlußbilanzkonto | 2.000 DM |

Buchungen im neuen Jahr:

| | |
|---|---|
| Eröffnungsbilanzkonto<br>an Sonstige Verbindlichkeiten | 2.000 DM |
| Sonstige Verbindlichkeiten<br>an Bank | 2.000 DM |

## 28 : Kalkulatorische Abschreibungen

| | |
|---|---|
| Anschaffungskosten | 120.000 DM |
| Index des Statistischen Bundesamtes 1,20 | 144.000 DM |
| Abschlag 10 % | 14.400 DM |
| Wiederbeschaffungswert einer gleich leistungsfähigen Anlage | 129.600 DM |
| Neue kalkulatorische Abschreibung | 25.920 DM |

Buchungssatz:

| | |
|---|---|
| Kalkulatorische Abschreibung<br>an verrechnete kalkulatorische Abschreibung | 25.920 DM |

## 29 : Verschätzung der Nutzungsdauer bei der kalkulatorischen Abschreibung

| | |
|---|---|
| Anschaffungskosten 1994 (= WBW) | 50.000 DM |
| ./. Abschreibung 2 · 5.000 | = 10.000 DM |
| Kalkulatorischer Restwert | 40.000 DM |
| Neue Abschreibung 6.250 DM | |
| Neuer kalkulatorischer Restwert 6.250 · 6 | = 37.500 DM |
| zu wenig abgeschrieben | 2.500 DM |

## 30 : Kalkulatorische Zinsen

| Jahr | durchschnittliches Kapital | Zinsfuß 12,5 % | Zinsen pro Jahr |
|---|---|---|---|
| 1 | 45.000 DM | | 5.625 DM |
| 2 | 35.000 DM | | 4.375 DM |
| 3 | 25.000 DM | | 3.125 DM |
| 4 | 15.000 DM | | 1.875 DM |
| 5 | 5.000 DM | | 625 DM |

## 31 : Kalkulatorische Wagniskosten

Kalkulatorische Wagniskosten für das fünfte Jahr:

12.000 DM
16.000 DM
14.000 DM
18.000 DM

60.000 DM : 4 = 15.000 DM

Buchungssatz für die kalkulatorischen Wagniskosten (Ausschuß):
Kalkulatorische Wagnisse
an verrechnete kalkulatorische Wagnisse 15.000 DM

Buchungssatz für die Istwagnisse:
Istwagnisse
an Bestandskonto

## 32 : Rückstellung für eine unterlassene Reparatur

Bei der Bildung der Rückstellung ist zu buchen:
Reparaturkosten an Rückstellungen für unterlassene Reparaturen

Nach Durchführung der Reparatur wird gebucht:

a) Rückstellungen für unterlassene Reparaturen
Vorsteuer
an Bank

b) Rückstellungen für unterlassene Reparaturen
Vorsteuer
a.o. Aufwand
an Bank

c) Rückstellungen für unterlassene Reparaturen
Vorsteuer
an Bank
an a.o. Ertrag

## 33 : Rückstellung für einen schwebenden Prozeß

Buchungssatz bei der Bildung der Rückstellung:

| | | |
|---|---|---|
| Prozeßkosten | | |
| an Prozeßrückstellungen | 100.000 DM | |

Buchungssatz bei Vorliegen des Urteils:

| | | |
|---|---|---|
| Prozeßrückstellungen | 100.000 DM | |
| außerordentliche Aufwendungen | 10.000 DM | |
| an Bank | | 110.000 DM |

## 34 : Gewerbesteuerrückstellung

| | |
|---|---|
| Gewerbeertrag | |
| | 500.000 DM |
| ./. Gewerbekapitalsteuer 2 ‰ von 300 % von 5 Mio. DM | 30.000 DM |
| | 470.000 DM |
| ./. Gewerbeertragsteuer 5 % von 300 % von 470.000 DM a.H. | 61.304 DM |
| Richtiger Gewerbeertrag | 408.696 DM |

| | |
|---|---|
| Gewerbekapitalsteuer | 30.000 DM |
| Gewerbeertragsteuer | 61.304 DM |
| Gewerbesteuer | 91.304 DM |

## 35 : Bildung der gesetzlichen Rücklage bei der Aktiengesellschaft

Die gesetzliche Rücklage beträgt noch nicht 10 % des gezeichneten Kapitals und muß folglich aufgestockt werden.

Um 5 Mio. DM Rücklage zu erreichen, müssen vom Jahresüberschuß 800.000 DM in die gesetzliche Rücklage eingestellt werden.

Die 800.000 DM machen 4 % des Jahresüberschusses in Höhe von 20 Mio. DM aus.

## 36 : Bildung einer Rücklage für Ersatzbeschaffung

Buchungen im Jahr des Ausscheidens des Wirtschaftsgutes:

| | | |
|---|---|---|
| Abschreibungen | | |
| an Maschinen | 10.000 DM | |
| | | |
| Sonstige Forderungen | 160.000 DM | |
| an Maschinen | | 90.000 DM |
| an Rücklage für Ersatzbeschaffung | | 70.000 DM |
| | | |
| Bank | | |
| an Sonstige Forderungen | 160.000 DM | |
| | | |
| G+V-Rechnung | | |
| an Abschreibungen | 10.000 DM | |
| | | |
| Rücklage für Ersatzbeschaffung | | |
| an Schlußbilanzkonto | 70.000 DM | |
| | | |
| Schlußbilanzkonto | | |
| an Bank | 160.000 DM | |

Buchungen im Jahr der Ersatzbeschaffung:

| | | |
|---|---|---|
| Eröffnungsbilanzkonto | | |
| an Rücklage für Ersatzbeschaffung | 70.000 DM | |
| | | |
| Bank | | |
| an Eröffnungsbilanzkonto | 160.000 DM | |
| | | |
| Maschinen | 120.000 DM | |
| Vorsteuer | 18.000 DM | |
| an Bank | | 138.000 DM |
| | | |
| Rücklage für Ersatzbeschaffung | 70.000 DM | |
| an Maschinen | | 52.500 DM |
| an außerordentlicher Ertrag | | 17.500 DM |

## 37 : Stille Reserven: Entstehung und Einteilung

Stille Reserven entstehen durch
- Mehrabschreibungen beim Vermögen
- Auslassungen bei der Inventur
- Niedrigbewertung des Vermögens
- Beibehaltung des Buchwertes eines Aktivpostens trotz Wertsteigerung
- Nichtaktivierung von Kosten bei der Ermittlung der Anschaffungs- und Herstellungskosten
- Überbewertung von Verbindlichkeiten und Rückstellungen.

Die stillen Reserven lassen sich in
- Zwangsreserven
- Schätzreserven
- Ermessensreserven und
- Willkürreserven einteilen.

## 38 : Stille Reserven: Auflösung

Stille Reserven werden aufgelöst durch
- Unterlassung von Abschreibungen
- Zuschreibungen
- Verkauf von Vermögensgegenständen
- Privatentnahme von Vermögensgegenständen
- den Verkauf des ganzen Unternehmens
- Auflösung von Rückstellungen
- Rückzahlung von Schulden.

## 39 : Fristen zur Aufstellung des Jahresabschlusses

Es handelt sich bei dem bilanzierenden Unternehmen um eine "Kleine Kapitalgesellschaft" im Sinne des § 267 HGB. Solche Kapitalgesellschaften liegen vor bei einer Bilanzsumme bis 3,9 Mio DM, einem Umsatz bis 8,0 Mio. DM und einer Arbeitnehmerzahl bis 50 im Jahresdurchschnitt. Die Rechtsfolgen der Merkmale treten gem. § 267 Abs. 4 nur ein, wenn zwei der drei Merkmale an den Abschlußstichtagen von zwei aufeinanderfolgenden Geschäftsjahren realisiert werden. Dies ist in der Aufgabe der Fall.

Kleine Kapitalgesellschaften müssen den Jahresabschluß grundsätzlich in den ersten drei Monaten des Geschäftsjahres erstellen. Eine Verlängerung der Frist auf sechs Monate ist möglich, wenn dies einem ordnungsmäßigen Geschäftsgang entspricht (§ 264 Abs. 1 HGB).

Das Vorstandsmitglied irrt sich also.

## 40 : Bilanzierungsgebote

Maßgeblich für die Bilanzierung von Vermögensgegenständen ist die wirtschaftliche Zugehörigkeit und nicht das rechtliche Eigentum.

Der Textileinzelhändler hat an der Ware weder Eigentum erworben noch ist ihm diese wirtschaftlich zuzurechnen. Bilanzieren muß folglich der Lieferant.

## 41 : Gliederungsvorschriften

Hier liegt eine Reihe von Verstößen gegen gesetzliche Vorschriften vor:

- Die Bezeichnung der Bilanzpositionen entspricht nicht den Vorschriften des § 266 HGB
- Die Reihenfolge der Bilanzpositionen auf beiden Bilanzseiten entspricht nicht den Vorschriften des HGB
- Die Einzelpositionen werden nicht aufgegliedert
- Das Saldierungsverbot wird nicht eingehalten
- Der Bilanzgewinn erscheint auf der falschen Bilanzseite
- Die Entwicklung des Anlagevermögens wird nicht aufgezeigt
- Die Rücklagen werden nicht aufgegliedert.

## 42 : Bilanzierungsverbote

Der junge Mitarbeiter muß noch viel dazulernen; er irrt in beiden Fällen.
Aktiviert werden darf nur ein derivativer Firmenwert, und Vertriebsgemeinkosten zählen auf keinen Fall zu den Herstellungskosten.

## 43 : Grundsätze ordnungsmäßiger Bilanzierung

Die geschilderte Vorgehensweise entspricht nicht dem Prinzip der formellen Bilanzkontinuität (§ 265 Abs. 1 HGB) und stellt gleichzeitig einen Verstoß gegen das Prinzip der Bilanzklarheit dar. Es wäre zu überprüfen, ob ein Bilanzdelikt vorliegt.

## 44 : Ermittlung des Geschäftswertes

| | | |
|---|---|---|
| Ertragswert | 500.000 · 8 | = 4.000.000 DM |
| Substanzwert | | |
| Bereinigte Aktiva | 5.500.000 DM | |
| – bereinigte Passiva | 2.500.000 DM | = 3.000.000 DM |
| Geschäftswert | | 1.000.000 DM |

## 45 : Ermittlung der Anschaffungskosten

| | | |
|---|---|---|
| Rechungspreis | 75.000 DM | |
| – 2 % Skonto | 1.500 DM | |
| + Montagekosten | 1.500 DM | Aufwendungen für die Versetzung in einen betriebsbereiten Zustand |
| + Frachtkosten | 250 DM | Anschaffungs- |
| + Rollgeld | 50 DM | neben- |
| + Transportversicherung | 200 DM | kosten |
| Anschaffungskosten | 75.500 DM | |

## 46 : Ermittlung der Herstellungskosten

a) Die absolute Untergrenze besteht aus den Einzelkosten, also:

| | |
|---|---|
| Fertigungsmaterial | 70.000 DM |
| Fertigungslohn | 90.000 DM |
| Untergrenze | 160.000 DM |

Die Obergrenze besteht aus den betriebswirtschaftlichen Herstellkosten zuzüglich den Verwaltungskosten:

| | |
|---|---|
| Fertigungsmaterial | 70.000 DM |
| Materialgemeinkosten | 10.000 DM |
| Fertigungslohn | 90.000 DM |
| Fertigungsgemeinkosten | 120.000 DM |
| Betriebswirtschaftliche Herstellkosten | 290.000 DM |
| Verwaltungsgemeinkosten | 20.000 DM |
| Handelsrechtliche Herstellungskosten | 310.000 DM |

b) Das Minimum der Herstellungskosten besteht auch hier aus den Einzelkosten:

| | |
|---|---|
| Fertigungsmaterial | 5.000 DM |
| Fertigungslohn | 12.000 DM |
| Sondereinzelkosten der Fertigung | 3.000 DM |
| Untergrenze der Herstellungskosten | 20.000 DM |

Das Maximum ergibt sich aus der Rechnung:

| | |
|---|---|
| Fertigungsmaterial | 5.000 DM |
| Fertigungslohn | 12.000 DM |
| Sondereinzelkosten der Fertigung | 3.000 DM |
| Materialgemeinkosten | 1.000 DM |
| Fertigungsgemeinkosten | 18.000 DM |
| Wertverzehr für das Anlagevermögen | 250 DM |
| Kosten der allgemeinen Verwaltung | 7.850 DM |
| Aufwendungen für soziale Einrichtungen | 300 DM |
| Aufwendungen für freiwillige soziale Leistungen | 200 DM |
| Aufwendungen für betriebliche Altersversorgung | 400 DM |
| Obergrenze der Herstellungskosten | 48.000 DM |

Die kalkulatorischen Zinsen und die Vertriebskosten dürfen nicht angesetzt werden.

## 47 : Auswirkungen verschiedener Wertansätze bei den Herstellungskosten

Bei einer Aktivierung zur Untergrenze werden Vermögens- und Ertragslage niedrig ausgewiesen.

Auf dem Bestandskonto erscheinen nur die Einzelkosten, die Gemeinkosten stellen Aufwand dar.

Bei einer Aktivierung zur Obergrenze werden Vermögens- und Ertragslage günstig dargestellt.

Die gesamten Kosten werden aktiviert, der Aufwand wird nicht durch die Gemeinkosten beeinflußt.

## 48 : Unterschied zwischen Herstellkosten und Herstellungskosten

Die Herstellkosten ergeben sich aus dem betriebswirtschaftlichen Kalkulationsschema. Die Herstellungskosten dienen der Bewertung von Vermögensgegenständen in der Bilanz. Sie haben eine Obergrenze und eine Untergrenze. Die Untergrenze unterschreitet die Höhe der Herstellkosten, die Obergrenze überschreitet sie. Im Gegensatz zu den Herstellkosten enthalten die Herstellungskosten grundsätzlich nur pagatorische Kosten. Alexander Dohna befindet sich also im Umrecht und auch Pfeiffer kann nicht völlig zugestimmt werden.

## 49 : Bewertung und Bilanzierung eines Besitzwechsels

| | |
|---|---|
| Wechselbetrag | 15.000,00 DM |
| – Abzinsung vom 1.1. - 15.2. 45 Tage zu 9 % | 168,75 DM |
| Barwert des Wechsels | 14.831,25 DM |

a) Der Wechsel ist mit dem Barwert in Höhe von 14.831,25 DM zu bilanzieren.

b) Bei Personenunternehmen kann der Wechsel unter der Position „Besitzwechsel" ausgewiesen werden, bei Kapitalgesellschaften sind Wechsel unter den Forderungen, bei Warenwechseln unter Forderungen aus Lieferungen und Leistungen auszuweisen.

## 50 : Gruppenwerte

| | | | |
|---|---|---|---|
| AB | 1.1. | 400 kg zu 6,— DM | 2.400 DM |
| Zugang | 3.5. | 300 kg zu 6,20 DM | 1.860 DM |
| Bestand | | 700 kg zu 6,09 DM | 4.260 DM |
| Zugang | 16.7. | 300 kg zu 6,40 DM | 1.920 DM |
| Bestand | | 1.000 kg zu 6,18 DM | 6.180 DM |
| Abgang | 25.7. | 500 kg zu 6,18 DM | 3.090 DM |
| Bestand | | 500 kg zu 6,18 DM | 3.090 DM |
| Zugang | 20.9. | 200 kg zu 6,45 DM | 1.290 DM |
| Bestand | | 700 kg zu 6,26 DM | 4.380 DM |
| Abgang | 30.9. | 400 kg zu 6,26 DM | 2.504 DM |
| SB | 31.12. | 300 kg zu 6,25 DM | 1.876 DM |

| | | | |
|---|---|---|---|
| AB | 1.1. | 400 kg zu 6,— DM | 2.400 DM |
| Zugänge | 3.5. | 300 kg zu 6.20 DM | 1.860 DM |
| | 16.7. | 300 kg zu 6,40 DM | 1.920 DM |
| | 20.9. | 200 kg zu 6.45 DM | 1.290 DM |
| | | 1.200 kg zu 6,23 DM | 7.470 DM |
| Abgänge | | 900 kg zu 6,23 DM | 5.607 DM |
| SB | 31.12. | 300 kg zu 6,23 DM | 1.863 DM |

Eine Gruppenbewertung ist möglich, wenn es sich bei den zu bewertenden Vermögensgegenständen um gleichartige Vermögensgegenstände handelt.

## 51 : Permanente lifo-Bewertung

| | | | |
|---|---|---|---|
| Anfangsbestand | 20 St. zu 80 DM | = | 1.600 DM |
| Zugang | 10 St. zu 85 DM | = | 850 DM |
| Bestand | 30 St. | = | 2.450 DM |
| Abgang | 10 St. zu 85 DM | = | 850 DM |
| | 5 St. zu 80 DM | = | 400 DM |
| Bestand | 15 St. | = | 1.200 DM |
| Zugang | 25 St. zu 86 DM | = | 2.150 DM |
| Bestand | 40 St. | = | 3.350 DM |
| Abgang | 25 St. zu 86 DM | = | 2.150 DM |
| | 5 St. zu 80 DM | = | 400 DM |
| Endbestand | 10 St. | = | 800 DM |

## 52 : Ermittlung des Rohergebnisses bei kleinen Kapitalgesellschaften

| | | |
|---|---|---|
| Umsatzerlöse | | 800.000 DM |
| + Bestandserhöhung unfertige Erzeugnisse | 20.000 DM | |
| – Bestandsminderung fertige Erzeugnisse | 80.000 DM | 60.000 DM |
| + Andere aktivierte Eigenleistungen | | 10.000 DM |
| + Sonstige betriebliche Erträge | | 50.000 DM |
| – Materialaufwand | | 500.000 DM |
| Rohergebnis | | 300.000 DM |

## 53 : Gewinnverwendung bei der Aktiengesellschaft

| | | |
|---|---|---|
| Vorläufiger Jahresüberschuß | | 1.800.000 DM |
| – Vorstandstantieme | 72.000 DM | |
| – Aufsichtsratstantieme | 60.000 DM | 132.000 DM |
| Jahresüberschuß | | 1.668.000 DM |
| + Gewinnvortrag (alt) | | 2.000 DM |
| | | 1.670.000 DM |

| | |
|---|---|
| – Einstellung in die gesetzliche Rücklage 5 % von 1.668.000 DM | 83.400 DM |
| – Einstellung in die anderen Gewinnrücklagen (1.668.000 DM – 83.400 DM) : 2 | 792.300 DM |
| Bilanzgewinn | 794.300 DM |
| – 9 % Dividende (794.300 · 100) : 8.000.000 = 9,92875 %) | 720.000 DM |
| Gewinnvortrag (neu) | 74.300 DM |

Buchungssätze:

| | | |
|---|---|---|
| 1. Gewinnvortrag an G+V-Rechnung | 2.000 DM | |
| 2. G+V-Rechnung | 1.802.000 DM | |
| an Sonstige Verbindlichkeiten | | 132.000 DM |
| an Gesetzliche Rücklage | | 83.400 DM |
| an andere Gewinnrücklagen | | 792.300 DM |
| an Bilanzgewinn | | 794.300 DM |
| 3. Bilanzgewinn | 794.300 DM | |
| an Dividendenkonto | | 720.000 DM |
| an Gewinnvortrag (Bilanz) | | 74.300 DM |

## 54 : Gründungsbuchungen bei einer OHG

| | | |
|---|---|---|
| Einbringungskonto A | an Eigenkapitalkonto A | 150.000 DM |
| Einbringungskonto B | an Eigenkapitalkonto B | 250.000 DM |

| | | |
|---|---|---|
| Bankkonto | 400.000 DM | |
| an Einbringungskonto A | | 150.000 DM |
| an Einbringungskonto B | | 250.000 DM |

## 55 : Gründungsbuchungen bei einer AG

Es fallen folgende Gründungsbuchungen an:

- Buchung der Einzahlungen in Höhe von 40 %
- Buchung des gezeichneten Kapitals und der ausstehenden Einlagen
- Buchung des Ausgabeagios
- Buchung des Agios als Kapitalrücklage
- Abschluß der Konten und Darstellung der Gründungsbilanz.

# Industriekontenrahmen (IKR)

## AKTIVA

### Anlagevermögen

### 0 Immaterielle Vermögensgegenstände und Sachanlagen

**00 Ausstehende Einlagen**
000 Ausstehende Einlagen
**01 Frei**
*Immaterielle Vermögensgegenstände*
**02 Konzessionen, gewerbliche Schutzrechte und ähnliche Rechte und Werte sowie Lizenzen an solchen Rechten und Werten**
020 Konzessionen
**03 Geschäfts- oder Firmenwert**
030 Geschäfts- oder Firmenwert
**04 Frei**
*Sachanlagen*
**05 Grundstücke, grundstücksgleiche Rechte und Bauten einschließlich der Bauten auf fremden Grundstücken**
050 Unbebaute Grundstücke
051 Bebaute Grundstücke
053 Betriebsgebäude
054 Verwaltungsgebäude
055 Andere Bauten
056 Grundstückseinrichtungen
057 Gebäudeeinrichtungen
059 Wohngebäude
**06 Frei**
**07 Technische Anlagen und Maschinen**
070 Anlagen und Maschinen der Energieversorgung
071 Anlagen der Materiallagerung und -bereitstellung
072 Anlagen und Maschinen der mechanischen Materialbearbeitung, -verarbeitung und -umwandlung
073 Anlagen für Wärme-, Kälte- und chemische Prozesse sowie ähnliche Anlagen
074 Anlagen für Arbeitssicherheit und Umweltschutz
075 Transportanlagen und ähnliche Betriebsvorrichtungen
076 Verpackungsanlagen und -maschinen
077 Sonstige Anlagen und Maschinen

### 1 Finanzanlagen

**10 bis 12 Frei**
**13 Beteiligungen**
130 Beteiligungen
**14 Frei**
**15 Wertpapiere des Anlagevermögens**
150 Wertpapiere des Anlagevermögens
**16 Sonstige Finanzanlagen**
160 Sonstige Finanzanlagen
**17 bis 19 Frei**

**Fortsetzung Kontenklasse 0**

078 Reservemaschinen und -anlageteile
079 Geringwertige Anlagen und Maschinen
**08 Andere Anlagen, Betriebs- und Geschäftsausstattung**
080 Andere Anlagen
081 Werkstätteneinrichtung
082 Werkzeuge, Werksgeräte und Modelle, Prüf- und Meßmittel
083 Lager- und Transporteinrichtungen
084 Fuhrpark
085 Sonstige Betriebsausstattung
086 Büromaschinen, Organisationsmittel und Kommunikationsanlagen
087 Büromöbel und sonstige Geschäftsausstattung
088 Reserveteile für Betriebs- und Geschäftsausstattung
089 Geringwertige Vermögensgegenstände der Betriebs- und Geschäftsausstattung
**09 Geleistete Anzahlungen und Anlagen im Bau**
090 Geleistete Anzahlungen auf Sachanlagen
095 Anlagen im Bau

### Umlaufvermögen

### 2 Umlaufvermögen und aktive Rechnungsabgrenzung

*Vorräte*
**20 Roh-, Hilfs- und Betriebsstoffe**
200 Rohstoffe/Fertigungsmaterial
2001 Bezugskosten
2002 Nachlässe
201 Vorprodukte/Fremdbauteile
2011 Bezugskosten
2012 Nachlässe
202 Hilfsstoffe
2021 Bezugskosten
2022 Nachlässe
203 Betriebsstoffe
2031 Bezugskosten
2032 Nachlässe
207 Sonstiges Material
2071 Bezugskosten
2072 Nachlässe
**21 Unfertige Erzeugnisse, unfertige Leistungen**
210 Unfertige Erzeugnisse
219 Unfertige Leistungen
**22 Fertige Erzeugnisse und Waren**
220 Fertige Erzeugnisse
228 Waren (Handelswaren)
2281 Bezugskosten
2282 Nachlässe
**23 Geleistete Anzahlungen auf Vorräte**
230 Geleistete Anzahlungen auf Vorräte

*Forderungen und sonstige Vermögensgegenstände (24–26)*
**24 Forderungen aus Lieferungen und Leistungen**
240 Forderungen aus Lieferungen und Leistungen
245 Wechselforderungen aus Lieferungen und Leistungen (Besitzwechsel)
247 Zweifelhafte Forderungen
248 Protestwechsel
**25 Frei**
**26 Sonstige Vermögensgegenstände**
260 Vorsteuer
263 Sonstige Forderungen an Finanzbehörden
265 Forderungen an Mitarbeiter
269 Übrige sonstige Forderungen
**27 Wertpapiere des Umlaufvermögens**
270 Wertpapiere des Umlaufvermögens
**28 Flüssige Mittel**
280 Guthaben bei Kreditinstituten (Bank)
|
284
285 Postgiro
286 Schecks
287 Bundesbank
288 Kasse
289 Nebenkassen

## Kontenklassen

PASSIVA

### 3 Eigenkapital und Rückstellungen

*Eigenkapital*

**30 Eigenkapital/ Gezeichnetes Kapital**

**Bei Einzelkaufleuten:**
300 Eigenkapital
3001 Privatkonto

**Bei Personengesellschaften:**
300 Kapital Gesellschafter A
3001 Privatkonto A
301 Kapital Gesellschafter B
3011 Privatkonto B
307 Kommanditkapital Gesellschafter C
308 Kommanditkapital Gesellschafter D

**Bei Kapitalgesellschaften:**
300 Gezeichnetes Kapital (Grundkapital/Stammkapital)

**31 Kapitalrücklage**
310 Kapitalrücklage

**32 Gewinnrücklagen**
321 Gesetzliche Rücklagen
323 Satzungsmäßige Rücklagen
324 Andere Gewinnrücklagen

**33 Ergebnisverwendung**
331 Jahresergebnis des Vorjahres
332 Ergebnisvortrag aus früheren Perioden
334 Veränderung der Gewinnrücklagen vor Bilanzergebnis
335 Bilanzgewinn/Bilanzverlust
336 Ergebnisausschüttung
339 Ergebnisvortrag auf neue Rechnung

**34 Jahresüberschuß/Jahresfehlbetrag**
340 Jahresüberschuß/ Jahresfehlbetrag

**35 Sonderposten mit Rücklageanteil**
350 Sonderposten mit Rücklageanteil

**36 Wertberichtigungen**
(Bei Kapitalgesellschaften als Passivposten der Bilanz nicht mehr zulässig)
361 – zu Sachanlagen
365 – zu Finanzanlagen
367 Einzelwertberichtigung zu Forderungen
368 Pauschalwertberichtigung zu Forderungen

**Fortsetzung Kontenklasse 2**

**29 Aktive Rechnungsabgrenzung (und Bilanzfehlbetrag)**
290 Aktive Jahresabgrenzung
292 Umsatzsteuer auf erhaltene Anzahlungen
299 (nicht durch Eigenkapital gedeckter Fehlbetrag)

### 4 Verbindlichkeiten und passive Rechnungsabgrenzung

**40 Frei**

**41 Anleihen**
410 Anleihen

**42 Verbindlichkeiten gegenüber Kreditinstituten**
420 Kurzfristige Bankverbindlichkeiten
425 Langfristige Bankverbindlichkeiten

**43 Erhaltene Anzahlungen auf Bestellungen**
430 Erhaltene Anzahlungen

**44 Verbindlichkeiten aus Lieferungen und Leistungen**
440 Verbindlichkeiten aus Lieferungen und Leistungen

**45 Wechselverbindlichkeiten**
450 Schuldwechsel

**46 und 47 Frei**

**48 Sonstige Verbindlichkeiten**
480 Umsatzsteuer
483 Sonstige Verbindlichkeiten gegenüber Finanzbehörden
484 Verbindlichkeiten gegenüber Sozialversicherungsträgern
485 Verbindlichkeiten gegenüber Mitarbeitern
486 Verbindlichkeiten aus vermögenswirksamen Leistungen
487 Verbindlichkeiten gegenüber Gesellschaftern (Dividende)
489 Übrige sonstige Verbindlichkeiten

**49 Passive Rechnungsabgrenzung**
490 Passive Jahresabgrenzung

**Fortsetzung Kontenklasse 3**

*Rückstellungen*

**37 Rückstellungen für Pensionen und ähnliche Verpflichtungen**
370 Rückstellungen für Pensionen und ähnliche Verpflichtungen

**38 Steuerrückstellungen**
380 Steuerrückstellungen

**39 Sonstige Rückstellungen**
391 – für Gewährleistung
393 – für andere ungewisse Verbindlichkeiten
397 – für drohende Verluste aus schwebenden Geschäften
399 – für Aufwendungen

ERTRÄGE

### 5 Erträge

**50 Umsatzerlöse für eigene Erzeugnisse u. andere eigene Leistungen**
500 Umsatzerlöse für eigene Erzeugnisse
5001 Erlösberichtigungen
505 Umsatzerlöse für andere eigene Leistungen
5051 Erlösberichtigungen

**51 Umsatzerlöse für Waren und sonstige Umsatzerlöse**
510 Umsatzerlöse für Waren
5101 Erlösberichtigungen
519 Sonstige Umsatzerlöse
5191 Erlösberichtigungen

**52 Erhöhung oder Verminderung des Bestandes an unfertigen und fertigen Erzeugnissen**
520 Bestandsveränderungen
5201 Bestandsveränderungen an unfertigen Erzeugnissen und nicht abgerechneten Leistungen
5202 Bestandsveränderungen an fertigen Erzeugnissen

**53 Andere aktivierte Eigenleistungen**
530 Aktivierte Eigenleistungen

**54 Sonstige betriebliche Erträge**
540 Mieterträge
541 Sonstige Erlöse (z. B. aus Provisionen oder Anlagenabgängen)
542 Eigenverbrauch
543 Andere sonstige betriebliche Erträge
544 Erträge aus Werterhöhungen von Gegenständen des Anlagevermögens (Zuschreibungen)
545 Erträge aus der Auflösung oder Herabsetzung von Wertberichtigungen auf Forderungen
546 Erträge aus dem Abgang von Vermögensgegenständen
548 Erträge aus der Herabsetzung von Rückstellungen
549 Periodenfremde Erträge

**55 Erträge aus Beteiligungen**
550 Erträge aus Beteiligungen

**56 Erträge aus anderen Wertpapieren und Ausleihungen des Finanzanlagevermögens**
560 Erträge aus anderen Finanzanlagen

**57 Sonstige Zinsen und ähnliche Erträge**
571 Zinserträge
573 Diskonterträge
578 Erträge aus Wertpapieren des Umlaufvermögens
579 Sonstige zinsähnliche Erträge

**58 Außerordentliche Erträge**
580 Außerordentliche Erträge

**59 Frei**

AUFWENDUNGEN

## 6 Betriebliche Aufwendungen

*Materialaufwand*

**60 Aufwendungen für Roh-, Hilfs- und Betriebsstoffe und für bezogene Waren**
- 600 Aufwendungen für Rohstoffe/ Fertigungsmaterial
- 601 Aufwendungen für Vorprodukte/Fremdbauteile
- 602 Aufwendungen für Hilfsstoffe
- 603 Aufwendungen für Betriebsstoffe/Verbrauchswerkzeuge
- 604 Verpackungsmaterial
- 605 Energie
- 606 Reparaturmaterial
- 607 Aufwendungen für sonstiges Material
- 608 Aufwendungen für Waren

**61 Aufwendungen für bezogene Leistungen**
- 610 Fremdleistungen für Erzeugnisse und andere Umsatzleistungen
- 614 Frachten u. Nebenkosten
- 615 Vertriebsprovisionen
- 616 Fremdinstandhaltung
- 617 Sonstige Aufwendungen für bezogene Leistungen

*Personalaufwand*

**62 Löhne**
- 620 Löhne einschl. tariflicher, vertraglicher oder arbeitsbedingter Zulagen
- 621 Urlaubs- und Weihnachtsgeld
- 622 Sonstige tarifliche oder vertragliche Aufwendungen für Lohnempfänger
- 623 Freiwillige Zuwendungen
- 625 Sachbezüge
- 626 Vergütungen an gewerbliche Auszubildende

**63 Gehälter**
- 630 Gehälter und Zulagen
- 631 Urlaubs- und Weihnachtsgeld
- 632 Sonstige tarifliche oder vertragliche Aufwendungen
- 633 Freiwillige Zuwendungen
- 635 Sachbezüge
- 636 Vergütungen an Auszubildende

**64 Soziale Abgaben und Aufwendungen für Altersversorgung und für Unterstützung**
- 640 Arbeitgeberanteil zur Sozialversicherung (Lohnbereich)
- 641 Arbeitgeberanteil zur Sozialversicherung (Gehaltsbereich)
- 642 Beiträge zur Berufsgenossenschaft
- 644 Aufwendungen für Altersversorgung
- 649 Aufwendungen für Unterstützung

**65 Abschreibungen**

*Abschreibungen auf Anlagevermögen*
- 651 Abschreibungen auf immaterielle Vermögensgegenstände des Anlagevermögens
- 652 Abschreibungen auf Sachanlagen
- 654 Abschreibungen auf geringwertige Wirtschaftsgüter
- 655 Außerplanmäßige Abschreibungen auf Sachanlagen
- 657 Unüblich hohe Abschreibungen auf Umlaufvermögen

*Sonstige betriebliche Aufwendungen (66–70)*

**66 Sonstige Personalaufwendungen**
- 660 Aufwendungen für Personaleinstellung
- 661 Aufwendungen für übernommene Fahrtkosten
- 662 Aufwendungen für Werkarzt und Arbeitssicherheit
- 663 Personenbezogene Versicherungen
- 664 Aufwendungen für Fort- und Weiterbildung
- 665 Aufwendungen für Dienstjubiläen
- 666 Aufwendungen für Belegschaftsveranstaltungen
- 667 Aufwendungen für Werksküche und Sozialeinrichtungen
- 668 Ausgleichsabgabe nach dem Schwerbehindertengesetz
- 669 Übrige sonstige Personalaufwendungen

**67 Aufwendungen für die Inanspruchnahme von Rechten und Diensten**
- 670 Mieten, Pachten
- 671 Leasing
- 672 Lizenzen und Konzessionen
- 673 Gebühren
- 675 Kosten des Geldverkehrs
- 676 Provisionsaufwendungen (außer Vertriebsprovisionen)
- 677 Rechts- und Beratungskosten

**68 Aufwendungen für Kommunikation (Dokumentation, Information, Reisen, Werbung)**
- 680 Büromaterial
- 681 Zeitungen und Fachliteratur
- 682 Postgebühren
- 685 Reisekosten
- 686 Bewirtung und Präsentation
- 687 Werbung
- 688 Spenden

## ERGEBNISRECHNUNGEN

### 7 Weitere Aufwendungen

**70 Betriebliche Steuern**
700 Gewerbekapitalsteuer
701 Vermögensteuer
702 Grundsteuer
703 Kraftfahrzeugsteuer
705 Wechselsteuer
707 Ausfuhrzölle
708 Verbrauchsteuern
709 Sonstige betriebliche Steuern

**71 bis 73 Frei**

**74 Abschreibungen auf Finanzanlagen und auf Wertpapiere des Umlaufvermögens und Verluste aus entsprechenden Abgängen**
740 Abschreibungen auf Finanzanlagen
742 Abschreibungen auf Wertpapiere des Umlaufvermögens
745 Verluste aus dem Abgang von Finanzanlagen
746 Verluste aus dem Abgang von Wertpapieren des Umlaufvermögens

**75 Zinsen und ähnliche Aufwendungen**
751 Zinsaufwendungen
753 Diskontaufwendungen
759 Sonstige zinsähnliche Aufwendungen

**76 Außerordentliche Aufwendungen**
760 Außerordentliche Aufwendungen

**77 Steuern vom Einkommen und Ertrag**
770 Gewerbeertragsteuer
771 Körperschaftsteuer
772 Kapitalertragsteuer

**78 und 79 Frei**

### Fortsetzung Kontenklasse 6

**69 Aufwendungen für Beiträge und Sonstiges sowie Wertkorrekturen und periodenfremde Aufwendungen**
690 Versicherungsbeiträge
692 Beiträge zu Wirtschaftsverbänden und Berufsvertretungen
693 Verluste aus Schadensfällen
694 Sonstige Aufwendungen
695 Abschreibungen auf Forderungen
696 Verluste aus dem Abgang von Vermögensgegenständen
698 Zuführungen zu Rückstellungen für Gewährleistung
699 Periodenfremde Aufwendungen

### 8 Ergebnisrechnungen

**80 Eröffnung/Abschluß**
800 Eröffnungsbilanzkonto
801 Schlußbilanzkonto
802 GuV-Konto Gesamtkostenverfahren
803 GuV-Konto Umsatzkostenverfahren

*Konten der Kostenbereiche für die GuV im Umsatzkostenverfahren*

**81 Herstellungskosten**

**82 Vertriebskosten**

**83 Allgemeine Verwaltungskosten**

**84 Sonstige betriebliche Aufwendungen**

*Konten der kurzfristigen Erfolgsrechnung (KER) für innerjährige Rechnungsperioden (Monat, Quartal oder Halbjahr)*

**85 Korrekturkonten zu den Erträgen der Kontenklasse 5**

**86 Korrekturkonten zu den Aufwendungen der Kontenklasse 6**

**87 Korrekturkonten zu den Aufwendungen der Kontenklasse 7**

**88 Kurzfristige Erfolgsrechnung (KER)**
880 Gesamtkostenverfahren
881 Umsatzkostenverfahren

**89 Innerjährige Rechnungsabgrenzung**
890 aktive Rechnungsabgrenzung
895 passive Rechnungsabgrenzung

## KOSTEN- UND LEISTUNGSRECHNUNG

### 9 Kosten- und Leistungsrechnung (KLR)

**90 Unternehmensbezogene Abgrenzungen** (neutrale Aufwendungen u. Erträge)

**91 Kostenrechnerische Korrekturen**

**92 Kostenarten und Leistungsarten**

**93 Kostenstellen**

**94 Kostenträger**

**95 Fertige Erzeugnisse**

**96 Interne Lieferungen und Leistungen sowie deren Kosten**

**97 Umsatzkosten**

**98 Umsatzleistungen**

**99 Ergebnisausweise**

In der Praxis wird die KLR gewöhnlich tabellarisch durchgeführt.

# Stichwortverzeichnis